suhrkamp taschenbuch
wissenschaft 2400

Der schottische Philosoph und Aufklärer Adam Smith (1723-1790) ist vor allem als Autor von *The Wealth of Nations* und damit als Wegbereiter der Ökonomie bekannt. Als Philosoph steht er dagegen bis heute im Schatten seines Freundes David Hume. Anlässlich seines 300. Geburtstags rückt der Band Smith' philosophisches Denken in den Mittelpunkt. Er enthält neben seinen bekannten ökonomischen Texten Auszüge der zentralen philosophischen Schriften zu Moral, Politik, Recht und Ästhetik – einige davon erstmals in deutscher Übersetzung – und erlaubt so, ihn als Philosoph neu zu entdecken. Smith' ökonomische Theorie erweist sich so als Teil seines philosophischen Denkens.

Norbert Paulo ist Vertretungsprofessor am Institut für Philosophie der Freien Universität Berlin und Leiter eines Forschungsprojekts an der Universität der Bundeswehr in München. Zuletzt ist erschienen: *Empirische Ethik* (hg. zus. mit Jan Christoph Bublitz, stw 2292).

Adam Smith
Philosophische Schriften

Herausgegeben
und mit einem Nachwort
von Norbert Paulo

Suhrkamp

Klimaneutral
Druckprodukt
ClimatePartner.com/14438-2110-1001

Erste Auflage 2023
suhrkamp taschenbuch wissenschaft 2400
Originalausgabe

Umschlag nach Entwürfen
von Willy Fleckhaus und Rolf Staudt
Druck und Bindung: C. H. Beck, Nördlingen
Printed in Germany
ISBN 978-3-518-30000-8

www.suhrkamp.de

Inhalt

Die Prinzipien, welche philosophische Untersuchungen leiten und lenken, illustriert durch: Die Geschichte der Astronomie

[33] Staunen [*wonder*], Überraschung [*surprise*] und Bewunderung [*admiration*] sind Worte, die zwar oft verwechselt werden, aber in unserer Sprache Gefühle bezeichnen, die zwar miteinander verwandt, aber in mancher Hinsicht auch verschieden und voneinander unabhängig sind. Was neu und einzigartig ist, erregt jenes Gefühl, das man mit Recht Staunen nennt; was unerwartet ist, nennt man Überraschung; und was groß oder schön ist, Bewunderung.

Wir staunen über alle außergewöhnlichen und seltenen Gegenstände, über alle seltenen Phänomene der Natur, über Meteore, Kometen, Eklipsen, über besondere Pflanzen und Tiere – also über alles, was wir bisher nur wenig oder gar nicht kannten, und wir staunen auch dann noch, wenn wir auf das, was wir sehen werden, vorbereitet sind.

Wir sind überrascht von Dingen, die wir schon oft gesehen haben, von denen wir aber am wenigsten erwartet haben, sie an dem Ort anzutreffen, an dem wir sie finden; wir sind überrascht vom plötzlichen Erscheinen eines Freundes, den wir schon tausendmal gesehen haben, von dem wir aber nicht glaubten, dass wir ihn jetzt sehen würden.

Wir bewundern die Schönheit einer Ebene oder die Größe eines Berges, obwohl wir beides schon oft gesehen haben und obwohl uns in beiden nichts anderes erscheint als das, was wir mit Sicherheit zu sehen erwartet haben.

[…]

[34] […] Wie alle anderen unterstützen und beleben sich auch diese Gefühle gegenseitig, wenn sie durch ein und denselben Gegenstand angeregt werden: Ein Gegenstand, den wir recht gut kennen und täglich sehen, erzeugt, obwohl er groß und schön ist, nur eine geringe Wirkung auf uns. Unsere Bewunderung wird schließlich weder durch Staunen noch durch Überraschung unterstützt; und wenn wir eine sehr genaue Beschreibung eines Ungeheuers gehört haben, wird unser Erstaunen umso geringer ausfallen, wenn

wir es sehen, weil unsere frühere Kenntnis davon unser Staunen in großem Maße einschränken wird.

Ziel dieses Aufsatzes ist es, insbesondere das Wesen und die Ursachen jedes dieser Gefühle zu untersuchen, deren Einfluss weitaus größer ist, als wir uns bei oberflächlicher Betrachtung vorstellen können. Ich werde mit der Überraschung beginnen.

Abschnitt I: Vom Effekt des Unerwartetseins oder über die Überraschung

Wenn sich ein Gegenstand zeigt, den man schon seit einiger Zeit erwartet und vorausgesehen hat, muss das Gemüt darauf vorbereitet gewesen sein und den Gegenstand sogar in gewissem Maße vorher erdacht haben. Denn die Vorstellung des Gegenstandes, die ihm schon so lange vor Augen stand, muss vorher einen gewissen Grad der gleichen Emotion erregt haben, die der Gegenstand selbst erregen würde, worin auch immer diese Emotion bestehen mag: Die Veränderung, die durch seine Gegenwart hervorgerufen wird, wird daher weniger stark sein, und die Emotion oder die Leidenschaft, die er erregt, gleitet allmählich und leicht in das Herz, ohne Gewalt, Schmerz oder Schwierigkeiten.

Aber das Gegenteil des Ganzen geschieht, wenn der Gegenstand unerwartet auftaucht. Dann ergießt sich die Leidenschaft auf einmal über das Herz, das, wenn es sich um eine starke Leidenschaft handelt, in die gewaltigsten und heftigsten Erschütterungen gerät, die manchmal sogar den plötzlichen Tod verursachen. Durch die Plötzlichkeit des Ausbruchs kann sogar der Rahmen der Vorstellungskraft gesprengt werden, so dass sie danach nie wieder zu ihrem früheren Grundton und ihrer Gelassenheit zurückzukehren vermag, sondern entweder in eine Raserei oder in gewohnheitsmäßigen Wahnsinn verfällt. Es führt [35] fast immer zu einem vorübergehenden Verlust der Vernunft oder der Aufmerksamkeit für andere Dinge, die die Situation oder unsere Pflicht erfordern.

Wie sehr wir die Wirkungen der heftigeren Leidenschaften fürchten, wenn sie plötzlich über das Gemüt kommen, geht aus den Vorbereitungen hervor, die alle Menschen für notwendig halten, wenn sie jemandem etwas mitteilen wollen, was diesen zu erregen vermag. Wer würde es vorziehen, seinem Freund auf einmal ein außerordentliches Unglück mitzuteilen, das ihm widerfahren ist, ohne vorher dafür Sorge zu tragen, ihn mit einer unbestimmten Angst zu erschrecken, um ihm, wenn man so sagen darf, sein Unglück anzukündigen und ihn dadurch auf den Empfang der Nachricht vorzubereiten und einzustellen?

[…]

Die Überraschung ist also nicht als eine ursprüngliche Emotion zu betrachten, die sich von allen anderen unterscheidet. Die heftige und plötzliche Veränderung, die das Gemüt erfährt, wenn irgendeine Emotion plötzlich auf es einwirkt, macht die ganze Natur der Überraschung aus.

[…]

[37] […]

Hierauf beruhen in hohem Maße einige der Wirkungen von Gewohnheit und Brauch. Es ist bekannt, dass die Gewohnheit die Lebendigkeit sowohl des Schmerzes als auch des Vergnügens abtötet, den Kummer dämpft, den wir für das eine empfinden, und die Freude mindert, die wir aus dem anderen ziehen sollten. Der Schmerz wird ohne Qual ertragen und die Freude ohne Entzücken genossen, weil die Gewohnheit und die häufige Wiederholung eines Gegenstandes schließlich das Gemüt oder den Körper in die gewohnheitsmäßige Stimmung und Veranlagung bringt, die sie für die Aufnahme des Eindrucks geeignet machen, ohne dass sie eine sehr heftige Veränderung erfahren.

Abschnitt II:
Vom Staunen oder über die Effekte der Neuheit

Es ist offensichtlich, dass der Verstand Freude daran hat, die Ähnlichkeiten zu beobachten, die zwischen verschiedenen Objekten zu entdecken sind. Durch solche [38] Beobachtungen bemüht er sich, alle seine Ideen zu ordnen und zu systematisieren und sie in richtige Klassen und Sortierungen einzuteilen. Wo er nur eine einzige Eigenschaft beobachten kann, die einer großen Vielfalt von sonst sehr verschiedenen Gegenständen gemeinsam ist, genügt ihm dieser eine Umstand, um sie alle miteinander zu verbinden, sie in eine gemeinsame Klasse einzuteilen und sie mit einem allgemeinen Namen zu bezeichnen. So werden alle Dinge, die sich selbst bewegen können – Tiere, Vögel, Fische, Insekten –, unter dem allgemeinen Namen Tier zusammengefasst; und diese wiederum, zusammen mit denen, denen diese Kraft fehlt, unter dem noch allgemeineren Wort Substanz: Und dies ist der Ursprung jener Zusammenstellungen von Gegenständen und Ideen, die in den Schulen Gattungen und Arten genannt werden, und jener abstrakten und allgemeinen Namen, die in allen Sprachen benutzt werden, um sie auszudrücken.

Je mehr wir in unserem Wissen und in unserer Erfahrung vorankommen, desto mehr Einteilungen und Untergliederungen der Gattungen und Arten sind wir geneigt und gezwungen, vorzunehmen. Wir beobachten eine größere Vielfalt von Besonderheiten unter den Dingen, die eine grobe Ähnlichkeit haben, und nachdem wir sie entsprechend diesen neu beobachteten Besonderheiten neu eingeteilt haben, sind wir nicht mehr damit zufrieden, einen Gegenstand einer entfernten Gattung oder einer sehr allgemeinen Klasse von Dingen zuordnen zu können, mit denen er nur eine lose und unvollkommene Ähnlichkeit hat. Eine Person, die mit der Botanik nicht vertraut ist, kann vielleicht erwarten, dass sie Ihre Neugier befriedigt, indem sie Ihnen sagt, dass ein bestimmtes Gemüse ein Wildkraut ist oder, vielleicht noch allgemeiner, dass es eine Pflanze ist. Aber ein Botaniker wird eine solche Antwort weder geben noch akzeptieren. Er hat die große Klasse von Gegenständen in eine Reihe von untergeordneten Kategorien unterteilt, entsprechend den Variationen, die seine Erfahrung unter ihnen entdeckt hat; und er will jede einzelne Pflanze einem Stamm von Gemüsen zuordnen, mit denen sie eine genauere Ähnlichkeit aufweist als mit vielen Dingen, die unter der umfassenden Gattung der Pflanzen zusammengefasst sind. Ein Kind bildet sich ein, dass es eine befriedigende Antwort gibt, wenn es sagt, dass ein Gegenstand, dessen Namen es nicht kennt, ein Ding ist, und es bildet sich ein, dass es Ihnen etwas mitteilt, wenn es auf diese Weise feststellt, zu welcher der beiden naheliegendsten und umfassendsten Klassen von Gegenständen ein bestimmter Eindruck zu rechnen ist: zu der Klasse der Realitäten oder festen Substanzen, die es *Dinge* nennt, oder zu der der Erscheinungen, die es *Nicht-Dinge* nennt.

Kurz gesagt, was immer uns begegnet, beziehen wir gern auf irgendeine Art oder Klasse von Dingen, mit denen es eine fast exakte Ähnlichkeit hat; und obwohl wir oft nicht mehr über Letztere wissen als über [39] Ersteres, neigen wir doch dazu, uns einzubilden, dass wir dadurch, dass wir dazu in der Lage sind, zeigen, dass wir es besser kennen und einen tieferen Einblick in seine Natur haben. Aber wenn uns etwas ganz Neues und Einzigartiges begegnet, fühlen wir uns außerstande, dies zu tun. Das Gedächtnis kann aus seinem gesamten Vorrat kein Bild hervorbringen, das dieser fremden Erscheinung auch nur annähernd ähnelt. Wenn es durch einige seiner Eigenschaften einer Art, die wir zuvor kennengelernt haben, zu ähneln und mit ihr verbunden zu sein scheint, so ist es durch andere Eigenschaften davon getrennt und unabhängig, ebenso wie von allen anderen Gruppierungen von Dingen, die wir bisher zu treffen vermochten. Es steht allein und für sich in der Vorstellung und weigert sich, mit irgendeiner Gruppe von Gegenständen gruppiert oder verwechselt zu werden. Die Vorstellungskraft und das Gedächtnis bemühen sich vergeblich und suchen erfolglos in all ihren Kategorien von Ideen, eine zu finden, unter die es eingeordnet werden kann. Sie schwanken ziellos von Gedanke zu Gedanke, und wir bleiben weiterhin unsicher und unschlüssig, wo wir es einordnen oder was wir von ihm halten sollen. Dieses Schwanken und vergebliche Erinnern, zusammen mit der Emotion oder Bewegung des Geistes, die sie hervorrufen, machen jenes Gefühl aus, das man eigentlich Staunen nennt. Sie verursachen jenes Starren und manchmal das Rollen der Augen, das Anhalten des Atems und das Anschwellen des Herzens, das wir alle bei uns selbst und bei anderen beobachten können, wenn wir über einen neuen Gegenstand staunen. Sie sind die natürlichen Symptome eines unsicheren und unschlüssigen Denkens. Was für ein Ding kann das sein? Welcher Art ist es? Das sind die Fragen, die wir uns bei einer solchen Gelegenheit ganz natürlich stellen. Wenn wir uns an viele solcher Gegenstände erinnern können, die dieser neuen Erscheinung genau ähneln und die sich der Vorstellungskraft auf natürliche Weise und gleichsam von selbst präsentieren, kommt unser Staunen vollständig ans Ende. Wenn wir uns nur an einige wenige erinnern können und es uns einige Mühe kostet, sie uns ins Gedächtnis zu rufen, so ist unser Staunen zwar geschmälert, aber nicht gänzlich aufgehoben. Wenn wir uns an gar nichts erinnern können, sondern ganz ratlos sind, dann hat unser Staunen das größte Ausmaß.

Mit welch gespannter Aufmerksamkeit untersucht ein Naturforscher eine einzelne Pflanze oder ein einzelnes Fossil, das ihm vorgelegt wird? Er ist durchaus in der Lage, sie der allgemeinen Gattung der Pflanzen oder Fossilien zuzuordnen; aber das befriedigt ihn nicht, und wenn er alle verschiedenen Stämme oder Arten der beiden betrachtet, die er bisher kennengelernt hat, weigern sich seiner Meinung nach alle, das neue Objekt unter sich aufzunehmen. Es steht in seiner Vorstellung allein [40] und gleichsam losgelöst von allen anderen Arten der Gattung, zu der es gehört. Er bemüht sich jedoch, es mit der einen oder anderen Art in Verbindung zu bringen. Manchmal meint er, es könne in diese, manchmal in jene andere Kategorie eingeordnet werden; und er ist nie zufrieden, bis er sich für eine entschieden hat, der es in den meisten seiner Eigenschaften ähnelt. Kann er das nicht, so erweitert er, wenn ich so sagen darf, die Grenzen einer Art, um ihm Platz zu machen, oder er schafft eine neue Art, um es aufzunehmen, und nennt es ein Schauspiel der Natur oder gibt ihm irgendeine andere Bezeichnung, unter der er alle Merkwürdigkeiten zusammenfasst, mit denen er sonst nichts anzufangen weiß. Aber zu irgendeiner Klasse von bekannten Gegenständen muss er es in Beziehung setzen, und zwischen ihm und ihnen muss er irgendeine Ähnlichkeit herausfinden, bevor er dieses Staunen, diese Ungewissheit und besorgte Neugierde loswerden kann, die durch sein eigenartiges Aussehen und durch seine Unähnlichkeit mit allen Gegenständen, die er bisher beobachtet hatte, erregt wurde.

Wie einzelne und individuelle Gegenstände unser Staunen erregen, wenn sie uns durch ihre ungewöhnlichen Eigenschaften und ihr einzigartiges Aussehen unsicher machen, welcher Art von Dingen wir sie zuordnen sollen, so wird eine Reihe von Gegenständen, die in einer ungewöhnlichen Abfolge auftreten, dieselbe Wirkung hervorrufen, obwohl keiner von ihnen für sich genommen etwas Besonderes ist.

Wenn ein gewohnter Gegenstand nach einem anderen auftritt, auf den er gewöhnlich nicht folgt, erregt er zuerst durch die Unerwartetheit das Gefühl, das man zu Recht Überraschung nennt, und danach, durch die Einzigartigkeit des Zeitpunkts oder der Reihenfolge seines Erscheinens, das Gefühl, das man zu Recht Staunen nennt. Erst sind wir überrascht, dass es da ist, und dann wundern wir uns, wie es dorthin gekommen ist. Die Bewegung eines kleinen Eisenstücks auf einem glatten Tisch ist an sich nichts Außergewöhnliches, doch wer sie das erste Mal ohne sichtbaren Anstoß als Folge der Bewegung eines in einiger Entfernung davon befindlichen Magnetiten beginnen sah, konnte sie nicht ohne die größte Überraschung betrachten; und wenn diese momentane Erregung vorüber war, würde er sich immer noch wundern, wie sie mit einem Ereignis zusammenkam, mit dem er nach dem gewöhnlichen Lauf der Dinge kaum einen Zusammenhang vermuten konnte.

Wenn zwei auch noch so ungleiche Gegenstände oft nacheinander beobachtet wurden und sich den Sinnen ständig in dieser Reihenfolge darboten, werden sie in der Phantasie so miteinander verbunden, dass die Vorstellung des einen die des anderen von selbst hervorzurufen und einzuführen scheint. Beobachtet man die Gegenstände noch immer so, wie sie aufeinander folgen, so wird diese Verbindung oder, wie sie genannt wurde, diese [41] Assoziation ihrer Ideen immer enger, und die Gewohnheit der Einbildungskraft, von der Vorstellung des einen zu der des anderen überzugehen, wird immer stärker gefestigt und bestätigt. Da sich ihre Vorstellungen schneller bewegen als die äußeren Gegenstände, läuft sie ihnen ständig voraus und nimmt daher jedes Ereignis, das nach diesem gewöhnlichen Lauf der Dinge eintritt, vorweg, bevor es geschieht. Wenn die Gegenstände in derselben Reihe aufeinanderfolgen, in der sich die Ideen der Einbildungskraft zu bewegen gewohnt sind, und in der sie, wenn auch nicht durch die den Sinnen dargebotene Kette von Ereignissen geleitet, die Tendenz erworben haben, von selbst fortzuschreiten, erscheinen diese Gegenstände alle eng miteinander verbunden, und der Gedanke fließt leicht mit ihnen, ohne Anstrengung und ohne Unterbrechung. Sie fügen sich in die natürliche Entwicklung der Einbildungskraft ein; und wie die Ideen, die einen solchen Ablauf von Dingen darstellten, sich gegenseitig einzuladen scheinen, jeder letzte Gedanke durch den vorangehenden aufgerufen wird und den folgenden hervorruft, so scheint, wenn die Gegenstände selbst auftreten, jedes letzte Ereignis auf dieselbe Weise durch das vorangehende eingeleitet zu werden und das folgende einzuleiten. Es gibt keine Unterbrechung, keinen Halt, keine Lücke, kein Intervall. Die durch eine so kohärente Kette von Dingen erregten Ideen scheinen gleichsam von selbst durch den Geist zu schweben, ohne dass er sich bemühen oder irgendeine Anstrengung machen müsste, um von einem von ihnen zum anderen zu gelangen.

Wenn aber dieser gewohnte Zusammenhang unterbrochen wird, wenn ein oder mehrere Gegenstände in einer ganz anderen Ordnung erscheinen als die, an die sich die Vorstellungskraft gewöhnt hat und auf die sie vorbereitet ist, dann geschieht das Gegenteil von all dem. Wir sind zunächst von der Unerwartetheit der neuen Erscheinung überrascht, und wenn diese momentane Erregung vorüber ist, wundern wir uns immer noch, wie sie an diesem Ort auftreten konnte. Die Vorstellungskraft hat nicht mehr die gewohnte Leichtigkeit, von dem Ereignis, das vorausgeht, zu dem, das danach kommt, überzugehen. Es handelt sich um eine Ordnung oder ein Gesetz der Abfolge, an das sie nicht gewöhnt ist und dem sie deshalb nur schwer folgen oder Beachtung schenken kann. Die Phantasie wird in ihrer natürlichen Bewegung oder Bahn, in der sie sich befand, angehalten und unterbrochen. Die beiden Ereignisse scheinen weit voneinander entfernt zu sein; sie versucht, sie zusammenzubringen, aber sie weigern sich, sich zu vereinigen, und sie fühlt oder meint zumindest, so etwas wie eine Lücke oder ein Intervall zwischen ihnen zu fühlen. Sie zögert natürlicherweise und hält gleichsam am Rande dieses Intervalls inne; sie bemüht sich, [42] etwas zu finden, das die Lücke ausfüllen kann, das wie eine Brücke diese scheinbar entfernten Objekte wenigstens so weit vereinigen kann, dass der Übergang des Gedankens zwischen ihnen glatt und natürlich und leicht wird. Die Annahme einer Kette von dazwischenliegenden, wenn auch unsichtbaren Ereignissen, die in einem Zug aufeinanderfolgen, der dem ähnelt, in dem sich die Einbildungskraft zu bewegen gewohnt ist, und die diese beiden unzusammenhängenden Erscheinungen miteinander verbinden, ist das einzige Mittel, mit dem die Einbildungskraft dieses Intervall ausfüllen kann, ist die einzige Brücke, die, wenn man so sagen darf, ihren Übergang von dem einen Objekt zum anderen erleichtern kann. Wenn wir also die Bewegung des Eisens als Folge der Bewegung des Magnetiten beobachten, starren und zögern wir und fühlen einen Mangel an Verbindung zwischen zwei Ereignissen, die in einer so ungewöhnlichen Reihenfolge auftreten. Wenn wir uns aber mit Descartes vorstellen, dass gewisse unsichtbare Ausströmungen um das eine herum zirkulieren und durch ihre wiederholten Impulse das andere antreiben, sich auf es zuzubewegen und seiner Bewegung zu folgen, füllen wir das Intervall zwischen ihnen aus, verbinden sie durch eine Art Brücke und beseitigen so das

Zögern und die Schwierigkeit, die die Einbildung beim Übergang vom einen zum anderen empfand. Dass sich das Eisen nach dem Magnetit bewegt, scheint nach dieser Hypothese in gewisser Weise dem gewöhnlichen Lauf der Dinge zu entsprechen. Die Bewegung nach dem Impuls ist eine Abfolge, mit der wir von allen Dingen am meisten vertraut sind. Zwei Gegenstände, die auf diese Weise miteinander verbunden sind, scheinen nicht mehr voneinander getrennt zu sein, und die Phantasie fließt sanft und leicht mit ihnen.

Dies ist die Natur dieser zweiten Art des Staunens, die durch eine ungewöhnliche Abfolge von Dingen entsteht. Der Stillstand, den der Lauf der Einbildungskraft dadurch erfährt, die Schwierigkeit, die die Einbildungskraft beim Übergang zwischen derart unzusammenhängenden Objekten empfindet, und der Eindruck, dass zwischen ihnen so etwas wie eine Lücke oder ein Intervall liegt, machen das ganze Wesen dieser Emotion aus. Sobald eine verbindende Kette von Zwischenereignissen entdeckt wird, verschwindet sie gänzlich. Das, was die Bewegung der Phantasie behindert hat, ist dann beseitigt. Wer wundert sich über die Maschinerie des Opernhauses, wenn er einmal hinter die Kulissen schauen durfte? Bei den Wundern der Natur kommt es jedoch selten vor, dass wir diese Verbindungskette so deutlich entdecken können. Bei einigen wenigen [43] scheint es so, als seien wir wirklich hinter die Kulissen gelassen worden, und unser Staunen ist damit völlig am Ende. So scheinen die Sonnen- und Mondfinsternisse, die einst mehr als alle anderen Himmelserscheinungen die Menschheit in Schrecken und Erstaunen versetzten, heute nicht mehr wundersam zu sein, da man die verbindende Kette gefunden hat, die sie mit dem gewöhnlichen Lauf der Dinge verknüpft. Sogar die vagen Hypothesen von Descartes und die noch unbestimmteren Vorstellungen von Aristoteles sowie die Schüler der beiden haben in den Fällen, in denen wir weniger erfolgreich waren, dazu beigetragen, den Erscheinungen der Natur einen gewissen Zusammenhang zu geben, um so das Staunen zu verringern, wenn auch nicht zu beseitigen. Wenn sie das Intervall zwischen den beiden unzusammenhängenden Objekten auch nicht vollständig ausfüllten, so verliehen sie ihnen doch eine Art von loser Verbindung, die ihnen vorher fehlte.

[....]

[45] [...] Philosophen [...] haben sich in gleicher Weise bemüht, durch eine ähnliche Verbindungskette die Schwerkraft, die Elastizi-

tät und sogar den inneren Zusammenhalt der natürlichen Körper mit einigen ihrer anderen Eigenschaften zu verbinden. Es handelt sich dabei aber durchweg um Kombinationen von Ereignissen, die der Einbildungskraft des größten Teils der Menschheit keinen Einhalt gebieten, weil sie weder Staunen hervorrufen noch die Einsicht bringen, dass es an dem strengsten Zusammenhang zwischen ihnen fehlt. Aber wie das feinere Ohr eines Musikers in den Tönen, die dem größten Teil der Menschen in Bezug auf Takt und Harmonie vollkommen angenehm erscheinen, einen Mangel sowohl am präzisesten Tempo als auch an der vollkommensten Gleichmäßigkeit entdecken wird, so wird das geübtere Denken eines Philosophen, der sein ganzes Leben mit dem Studium der verbindenden Prinzipien der Natur verbracht hat, oft einen Abstand zwischen zwei Gegenständen empfinden, die dem unbedachteren Beobachter sehr eng miteinander verbunden erscheinen. Indem er alle Verbindungen, die sich seiner Beobachtung jemals dargeboten haben, lange betrachtet und oft miteinander verglichen hat, hat er sich, wie der Musiker, sozusagen ein feineres Ohr und ein sensibleres Gefühl für Dinge dieser Art angeeignet. Und wie dem einen jene Musik als Dissonanz erscheint, die hinter der vollkommensten Harmonie zurückbleibt, so erscheinen dem anderen jene Ereignisse völlig getrennt und unzusammenhängend, die hinter dem strengsten und vollkommensten Zusammenhang zurückbleiben.

Die Philosophie ist die Wissenschaft von den verbindenden Prinzipien der Natur. Die Natur scheint nach aller Erfahrung, die die gewöhnliche Beobachtung machen kann, reich an Ereignissen zu sein, die einzeln und unzusammenhängend mit allem, was ihnen vorausgeht, erscheinen, die daher die leichte Bewegung der Einbildungskraft stören, die ihre Ideen durch unregelmäßige Anfänge und Sprünge aufeinanderfolgen lassen, wenn man so sagen darf, und die so in gewissem Maße dazu neigen, jene Verwirrungen und Ablenkungen einzuführen, die wir zuvor erwähnt haben. Die Philosophie versucht, durch die Darstellung der unsichtbaren Ketten, die all diese unzusammenhängenden Gegenstände zusammenbinden, Ordnung in dieses Chaos von aufeinanderprallenden und [46] unharmonischen Erscheinungen zu bringen, diesen Tumult der Einbildungskraft zu beschwichtigen und, wenn sie die großen Abläufe im Universum überblickt, die Dinge zu jenem Klang der Ruhe und Gelassenheit zurückzuführen, der sowohl in sich selbst am angenehmsten ist, als auch ihrer Natur am meisten entspricht. Die Philosophie kann daher als eine jener Künste betrachtet werden, die sich an die Vorstellungskraft wenden, und deren Theorie und Geschichte aus diesem Grund in den Bereich unseres Themas fallen. Versuchen wir, sie von ihren ersten Anfängen bis zu jenem Gipfel der Vollkommenheit zu verfolgen, von dem man gegenwärtig meint, dass sie ihn erreicht hat, und von dem man auch in fast allen früheren Zeiten angenommen hat, ihn erreicht zu haben. Sie ist die erhabenste der schönen Künste, und ihre Revolutionen waren die größten, die häufigsten und die bedeutendsten unter allen, die in der literarischen Welt stattgefunden haben. Ihre Geschichte muss daher in jeder Hinsicht die unterhaltsamste und lehrreichste sein. Untersuchen wir also alle verschiedenen Natursysteme, die in diesen westlichen Teilen der Welt, den einzigen Teilen, von deren Geschichte wir etwas wissen, nacheinander von den Gelehrten und Erfindern angenommen wurden, und zwar ohne ihre Absurdität oder Wahrscheinlichkeit oder ihre Übereinstimmung oder Unvereinbarkeit mit der Wahrheit und Wirklichkeit zu betrachten. Betrachten wir sie nur unter dem besonderen Gesichtspunkt, der zu unserem Thema gehört, und begnügen wir uns mit der Frage, inwieweit jede von ihnen geeignet war, die Einbildungskraft zu beruhigen und das Theater der Natur zu einem kohärenteren und daher prächtigeren Schauspiel zu machen, als es sonst zu sein schien. So wie sie daran gescheitert sind oder es geschafft haben, so sind sie auch stets daran gescheitert oder haben es geschafft, ihren Verfassern Ruhm und Ansehen zu bescheren. Dies wird sich als der Anhaltspunkt erweisen, der am besten geeignet ist, uns durch alle Labyrinthe der philosophischen Geschichte zu führen: Denn in der Zwischenzeit wird er dazu dienen, das Vorangegangene zu bestätigen und Licht auf das Nachfolgende zu werfen, wenn wir im Allgemeinen feststellen, dass kein System, wie gut es auch in anderer Hinsicht gestützt wurde, jemals in der Lage war, allgemeine Anerkennung in der Welt zu erlangen, dessen verbindende Prinzipien nicht solche waren, die der ganzen Menschheit vertraut waren. Warum ist die chemische Philosophie in allen Zeitaltern in der Dunkelheit dahingeschlichen und von der allgemeinen Menschheit so wenig beachtet worden, während andere Systeme, die weniger nützlich und nicht angenehmer für die Erfahrung sind, durch ganze Jahrhunderte hindurch allgemeine Bewunderung genossen haben? Die verbindenden Prinzipien der chemischen Philosophie sind solche, von denen die Allgemeinheit der Menschen nichts weiß, die sie selten gesehen hat und [47] mit denen sie nie vertraut war und die daher für sie nicht in der Lage sind, den Übergang der Phantasie zwischen zwei scheinbar unzusammenhängenden Objekten zu glätten. Salze, Schwefel und Quecksilber, Säuren und Laugen sind Prinzipien, die nur denen, die am Ofen leben, die Dinge klären können, deren häufigste Vorgänge aber dem größten Teil der Menschheit so unzusammenhängend erscheinen wie zwei Ereignisse, die die Chemiker durch sie miteinander verbinden würden. Diese Künstler aber erklärten sich die Dinge auf natürliche Weise durch Prinzipien, die ihnen selbst vertraut waren. So bemerkt Aristoteles, dass die frühen Pythagoräer, die zuerst die Arithmetik untersuchten, alle Dinge durch die Eigenschaften der Zahlen erklärten; und Cicero sagt uns, dass Aristoxenos, der Musiker, die Natur der Seele in der Harmonie fand. In gleicher Weise hat ein gelehrter Arzt kürzlich ein System der Moralphilosophie nach den Grundsätzen seiner eigenen Kunst gegeben, in dem Weisheit und Tugend der gesunde Zustand der Seele waren, die verschiedenen Laster und Torheiten, die verschiedenen Krankheiten, denen sie unterworfen war, in dem die Ursachen und Symptome dieser Krankheiten festgestellt wurden und in der gleichen medizinischen Richtung eine angemessene Heilmethode vorgeschrieben wurde. Auf dieselbe Weise haben andere auch Parallelen von Malerei und Poesie, von Poesie und Musik, von Musik und Architektur, von Schönheit und Tugend, von allen schönen Künsten geschrieben; Systeme, die allgemein ihren Ursprung den Erleuchtungen derer verdanken, die mit der einen Kunst vertraut waren, aber von der anderen nichts wussten; die sich daher die Phänomene dessen, was ihnen fremd war, durch jene erklärten, die ihnen vertraut waren; und bei denen aus diesem Grund die Analogie, die bei anderen Schriftstellern Anlass zu einigen raffinierten Vergleichen gibt, das große Scharnier wurde, um das sich alles drehte.

[48]

Abschnitt III: Vom Ursprung der Philosophie

In den frühen Zeitaltern der Gesellschaft, vor der Etablierung von Recht, Ordnung und Sicherheit, ist die Menschheit wenig daran interessiert, die verborgenen Ketten von Ereignissen zu entdecken, die die scheinbar unzusammenhängenden Erscheinungen der Natur miteinander verbinden. Ein Wilder, dessen Subsistenz prekär ist, dessen Leben jeden Tag den elementarsten Gefahren ausgesetzt ist, hat keine Neigung, sich mit der Erforschung dessen zu beschäftigen, was, wenn es entdeckt wird, keinem anderen Zweck zu dienen scheint, als das Theater der Natur zu einem zusammenhängenderen Spektakel für seine Phantasie zu machen. Viele dieser kleinen Unstimmigkeiten, die gewöhnlich die Philosophen verwirren, entgehen seiner Aufmerksamkeit völlig. Die größeren Unregelmäßigkeiten, deren Erhabenheit er nicht übersehen kann, rufen sein Erstaunen hervor. Kometen, Finsternisse, Donner, Blitze und Meteore überwältigen ihn naturgemäß durch ihre Größe, und er betrachtet sie mit einer Ehrfurcht, die an Angst grenzt. Seine Unerfahrenheit und Ungewissheit in Bezug auf alles, was sie betrifft – wie sie entstanden sind, wie sie verlaufen werden, was ihnen vorausging und was nach ihnen kommen wird –, versetzen ihn in Angst und Schrecken. Aber wie Pater Malbranche bemerkt, rechtfertigen sich unsere Leidenschaften selbst, das heißt, sie suggerieren uns Meinungen, die sie bestätigen. Da diese Erscheinungen ihn also erschrecken, ist er geneigt, alles zu glauben, was sie noch mehr zu Objekten seines Schreckens machen kann. Dass sie von einer intelligenten, wenn auch unsichtbaren Ursache ausgehen, von deren Rache und Missfallen sie entweder die Zeichen oder die Wirkungen sind, ist unter allen anderen diejenige Vorstellung, die am ehesten geeignet ist, diese Neigung zu verstärken, und ist daher diejenige, die er am ehesten anzunehmen geneigt ist. Dazu trägt auch die Feigheit und Kleinmütigkeit bei, die dem Menschen in seinem unzivilisierten Zustand so natürlich ist; ungeschützt durch die Gesetze der Gesellschaft, ausgesetzt, schutzlos, fühlt er sich bei jeder Gelegenheit schwach, bei keiner stark und sicher.

Aber nicht alle Unregelmäßigkeiten der Natur sind von dieser schrecklichen oder furchtbaren Art. Einige von ihnen sind durchaus schön und angenehm. Diese würde man daher aus derselben Impotenz des Verstandes heraus mit Liebe und Wohlgefallen, ja sogar mit Dankbarkeit betrachten; denn was immer die Ursache der Freude ist, erregt natürlich unsere Dankbarkeit. Ein [49] Kind geht zärtlich mit der Frucht um, die es mag, aber es zerschmettert den Stein, der ihm wehtut. Die Vorstellungen der Wilden sind davon nicht sehr verschieden. Die alten Athener, die die Axt, die versehentlich den Tod eines Menschen verursacht hatte, feierlich bestraften, errichteten Altäre und opferten dem Regenbogen. Gefühle, die diesen nicht unähnlich sind, können manchmal bei solchen Gelegenheiten sogar in der Brust der zivilisiertesten Menschen auftreten, werden aber bald durch die Einsicht gebremst, dass diese Dinge nicht ihr eigentlicher Gegenstand sind. Aber ein Wilder, dessen Vorstellungen ganz von der wilden Natur und der Leidenschaft geleitet werden, wartet auf keinen anderen Beweis dafür, dass eine Sache der richtige Gegenstand eines Gefühls ist, als dass sie es hervorruft. Die Ehrfurcht und Dankbarkeit, mit der ihn manche Erscheinungen der Natur erfüllen, überzeugen ihn davon, dass sie die angemessenen Objekte der Ehrfurcht und Dankbarkeit sind und daher von intelligenten Wesen stammen, die am Ausdruck dieser Empfindungen Gefallen finden. Er nimmt daher an, dass jeder Gegenstand der Natur, der durch seine Schönheit oder Größe, seinen Nutzen oder seine Schädlichkeit groß genug ist, um seine Aufmerksamkeit zu erregen, und dessen Vorgänge nicht vollkommen regelmäßig sind, unter der Leitung einer unsichtbaren und planenden Macht steht. [...] Daher der Ursprung des Polytheismus und jenes vulgären Aberglaubens, der alle unregelmäßigen Naturereignisse der Gunst oder dem Missfallen intelligenter, wenn auch unsichtbarer Wesen, Göttern, Dämonen, Hexen, Geistern und Feen zuschreibt. Denn es ist zu beobachten, dass in allen polytheistischen Religionen, sowohl bei den Wilden als auch in den frühen Zeiten des heidnischen Altertums, nur die unregelmäßigen Ereignisse der Natur dem Wirken und der Macht ihrer Götter zugeschrieben werden. Feuer brennt und Wasser erfrischt, schwere Körper sinken herab und leichtere Substanzen fliegen nach oben – all dies geschieht durch die Notwendigkeit ihrer je eigenen Natur. Nie wurde angenommen, dass die unsichtbare Hand Jupiters in diesen Dingen tätig sei. Aber [50] Donner und Blitz, Stürme und Sonnenschein, diese eher unregelmäßigen Ereignisse, wurden seiner Gunst oder seinem Zorn zugeschrieben. Der Mensch, die einzige gestaltende Kraft, die sie kannten, handelt nie ohne die Absicht, den natürlichen Lauf der Natur aufzuhalten oder zu ändern. Die anderen intelligenten Wesen, die sie sich vorstellten, aber nicht kannten, sollten natürlich auf dieselbe Weise handeln: nicht um den gewöhnlichen Lauf der Dinge zu unterstützen, der von selbst weiterging, sondern um ihn aufzuhalten, zu vereiteln und zu stören. Und so trat in den ersten Zeitaltern der Welt der niedrigste und kleinmütigste Aberglaube an die Stelle der Philosophie.

Aber wenn das Recht Ordnung und Sicherheit geschaffen hat und die Subsistenz nicht mehr prekär ist, steigt die Neugier der Menschen, und ihre Ängste nehmen ab. Die Muße, die sie dann genießen, macht sie aufmerksamer für die Erscheinungen der Natur, aufmerksamer für ihre kleinsten Unregelmäßigkeiten und begieriger danach zu wissen, was die Kette ist, die sie alle miteinander verbindet. Dass eine solche Kette zwischen all ihren scheinbar unzusammenhängenden Erscheinungen besteht, müssen sie notwendigerweise vermuten; und jener Großmut und jene Heiterkeit, die sich alle großzügigen Naturen aneignen, die in zivilisierten Gesellschaften aufgewachsen sind, wo sie so wenige Anlässe haben, ihre Schwäche zu spüren, und so viele, um sich ihrer Stärke und Sicherheit bewusst zu werden, lässt sie weniger geneigt sein, für diese verbindende Kette jene unsichtbaren Wesen heranzuziehen, die die Furcht und Unwissenheit ihrer rauen Vorväter hervorgebracht hatten. Diejenigen, die über ein gewisses Vermögen verfügen und deren Aufmerksamkeit weder mit Geschäften noch mit Vergnügungen beschäftigt ist, können die Leere ihrer Vorstellungskraft, die auf diese Weise von den gewöhnlichen Angelegenheiten des Lebens losgelöst ist, auf keine andere Weise ausfüllen, als indem sie sich mit der Abfolge der Ereignisse beschäftigen, die sie umgeben. Während die großen Gegenstände der Natur so vor ihnen vorbeiziehen, geschieht vieles in einer Ordnung, an die sie nicht gewöhnt sind. Ihre Vorstellungskraft, die mit Leichtigkeit und Freude den regelmäßigen Ablauf der Natur begleitet, wird durch diese scheinbaren Ungereimtheiten aufgehalten und in Verlegenheit gebracht; sie erregen ihr Staunen und scheinen einer Kette von Zwischenereignissen zu bedürfen, die, indem sie sie mit etwas Vorangegangenem verbindet, den [51] ganzen Lauf des Universums kohärent und aus einem Guss erscheinen lassen kann. Das Staunen also und nicht die Erwartung eines Vorteils aus ihren Entdeckungen ist das erste Prinzip, das die Menschen zum Studium der Philosophie antreibt, dieser Wissenschaft, die vorgibt, die verborgenen Zusammenhänge aufzudecken, die die verschiedenen Erscheinungen der Natur vereinen; und sie verfolgen dieses Studium um seiner selbst willen, als ein ursprüngliches Vergnügen oder Gut an sich, ohne seine Tendenz zu betrachten, ihnen die Mittel für viele andere Vergnügen zu verschaffen.

Griechenland und die griechischen Kolonien in Sizilien, Italien und Kleinasien waren die ersten Länder, die in diesen westlichen Teilen der Welt einen Zustand der zivilisierten Gesellschaft erreichten. In ihnen traten daher die ersten Philosophen auf, über deren Lehre wir etwas Genaues wissen. Recht und Ordnung scheinen in der Tat in den großen Monarchien Asiens und Ägyptens eingeführt worden zu sein, lange bevor sie in Griechenland Fuß fassten. Doch nach allem, was über die Gelehrsamkeit der Chaldäer und Ägypter gesagt wurde, ist die Frage, ob es in diesen Völkern jemals etwas gab, das den Namen Wissenschaft verdiente, oder ob jener Despotismus, der Sicherheit und Muße noch mehr zerstört als die Anarchie selbst, und der im ganzen Osten herrschte, das Wachstum der Philosophie verhinderte, eine Frage, die mangels entsprechender Zeugnisse nicht mit Bestimmtheit entschieden werden kann.

Da die griechischen Kolonien inmitten von Nationen angesiedelt wurden, die entweder ganz und gar barbarisch oder ganz und gar unkriegerisch waren und über die sie daher bald eine sehr große Autorität erlangten, scheinen sie aus diesem Grund einen beträchtlichen Grad an Einfluss und Wohlstand erreicht zu haben, bevor irgendein Staat im Mutterland jene extreme Armut überwunden hatte, die, da sie keinen Raum für eine offensichtliche Unterscheidung der Ränge lässt, notwendigerweise mit der Unordnung und Misswirtschaft einhergeht, die aus dem Fehlen jeglicher regelmäßigen Unterordnung resultiert. Da die griechischen Inseln vor der Invasion von Land- oder auch Seestreitkräften, die es zu jener Zeit kaum gab, sicher waren, scheinen sie auch aus diesem Grund dem Kontinent in jeder Hinsicht an Zivilisiertheit und Vervollkommnung voraus gewesen zu sein. Die ersten Philosophen wie auch die ersten Dichter scheinen also alle Eingeborene entweder der Kolonien oder der [52] Inseln gewesen zu sein. Von dort stammten Homer, Archilochos, Stesichoros, Simonides, Sappho und Anakreon. Thales und Pythagoras, die Begründer der beiden frühesten Schulen der Philosophie, entstammten einer asiatischen Kolonie beziehungsweise einer Insel. Keiner von ihnen gründete seine Schule im Mutterland.

Was das besondere System dieser beiden Philosophen war, oder ob ihre Lehre so methodisch war, dass sie den Namen eines Systems verdiente, lässt sich aufgrund der Unvollkommenheit sowie der Unklarheit der Traditionen, die uns über sie überliefert sind, nicht feststellen. Die Schule des Pythagoras scheint jedoch in der Erforschung der verbindenden Prinzipien der Natur weiter fortgeschritten zu sein als die des ionischen Philosophen. Die Berichte, die von Anaximander, Anaximenes, Anaxagoras und Archelaus, den Nachfolgern von Thales, gegeben werden, stellen die Lehren dieser Weisen als voll von unentwirrbaren Konfusionen dar. [...] [53] [...] In der Schule des Sokrates jedoch, bei Platon und Aristoteles, erhielt die Philosophie zum ersten Mal die Form, die sie, wenn man so sagen darf, in die allgemeine Bekanntschaft der Welt einführte. Von ihnen aus beginnen wir also, ihre Geschichte in allen Einzelheiten zu schildern. Was immer in den früheren Systemen wertvoll war, was mit ihren allgemeinen Prinzipien übereinstimmte, scheinen sie zu ihrem Eigenen gemacht zu haben. [...]

Abschnitt IV: Die Geschichte der Astronomie

Von allen Phänomenen der Natur sind die himmlischen Erscheinungen durch ihre Größe und Schönheit die universellsten Objekte der Neugierde der Menschheit. Wer den Himmel auch nur mit der geringsten Aufmerksamkeit betrachtete, konnte darin notwendigerweise drei Arten von Objekten unterscheiden: die Sonne, den Mond und die Sterne. Diese drei Objekte, die immer in der gleichen Lage und im gleichen Abstand zueinander erschienen und sich jeden Tag in parallelen Kreisen um die Erde zu drehen schienen, die sich von den Polen zum Äquator hin allmählich erweiterten, erweckten natürlich den Eindruck, als wären sie wie Edelsteine an der konkaven Seite des Firmaments befestigt und als würden sie durch die täglichen Umdrehungen dieses festen Körpers bewegt: Denn der azurblaue Himmel, in dem die Sterne anscheinend schweben, wurde aufgrund der Gleichförmigkeit ihrer scheinbaren

Bewegungen ohne weiteres als fester Körper angesehen, als Dach oder Außenwand des Universums, an dessen Innenseite all diese kleinen funkelnden Objekte befestigt waren.

Da Sonne und Mond häufig ihren Abstand und ihre Lage zu den anderen Himmelskörpern ändern, konnte man nicht davon ausgehen, dass sie mit diesen auf derselben Sphäre befestigt sind. Sie wiesen daher jedem von ihnen eine eigene Sphäre zu, sie nahmen also an, dass jeder von ihnen an der konkaven Seite eines festen und durchsichtigen Körpers befestigt sei, durch dessen Umdrehungen sie um die Erde getragen würden. [...] [55]

[...]

Dies ist das System der konzentrischen Sphären, das erste echte System der Astronomie, das die Welt gesehen hat, wie es in der italienischen Schule gelehrt wurde, bevor Aristoteles und seine beiden Zeitgenossen, Eudoxos und Kallippus, ihm all die Vollkommenheit verliehen haben, derer es fähig ist. Obwohl grob und wenig kunstvoll, vermag es [56] in der Vorstellung die großartigsten und scheinbar unzusammenhängendsten Erscheinungen des Himmels miteinander zu verbinden. Die Bewegungen der bemerkenswertesten Objekte in den Himmelsregionen, der Sonne, des Mondes und der Fixsterne, sind durch diese Hypothese ausreichend miteinander verbunden. Die Verfinsterungen dieser beiden großen Gestirne sind zwar nicht so leicht zu berechnen, aber nach diesem antiken System ebenso leicht zu erklären wie nach dem modernen. Als diese frühen Philosophen ihren Schülern die sehr einfachen Ursachen dieser schrecklichen Phänomene erklärten, geschah dies unter dem Siegel der heiligsten Geheimhaltung, um den Zorn des Volkes zu vermeiden und sich nicht dem Vorwurf der Pietätlosigkeit auszusetzen, wenn sie auf diese Weise den Göttern die Steuerung der Ereignisse abnahmen, die als die schrecklichsten Zeichen ihrer bevorstehenden Rache angesehen wurden. Die Schiefe der Ekliptik, die sich daraus ergebenden Veränderungen der Jahreszeiten, der Wechsel von Tag und Nacht und die unterschiedliche Länge der Tage und Nächte in den verschiedenen Jahreszeiten entsprechen ebenfalls ziemlich genau dieser antiken Lehre. Und wenn es außer der Sonne, dem Mond und den Fixsternen keine anderen Himmelskörper zu entdecken gegeben hätte, hätte diese alte Hypothese der Prüfung aller Zeiten standgehalten und wäre triumphierend bis in die fernste Nachwelt überliefert worden.

Wenn es den Glauben der Menschen durch seine Plausibilität gewann, erregte es ihr Staunen und ihre Bewunderung – Gefühle, die durch die Neuheit und Schönheit dieses Blicks auf die Natur, die es der Phantasie präsentierte, ihren Glauben noch mehr bestätigten. Bevor dieses System in der Welt gelehrt wurde, betrachtete man die Erde so, wie sie dem Auge erscheint, als eine weite, raue und unregelmäßige Ebene, die Grundlage und das Fundament des Universums, die auf allen Seiten vom Ozean umgeben ist und deren Wurzeln sich durch die gesamte unendliche Tiefe erstrecken, die sich unter ihr befindet. Der Himmel wurde als eine feste Halbkugel betrachtet, die die Erde bedeckte und sich am äußersten Horizont mit dem Ozean vereinigte. Die Sonne, der Mond und alle Himmelskörper stiegen aus dem östlichen Ozean auf, kletterten die konvexe Seite des Himmels hinauf, stiegen wieder in den westlichen Ozean hinab und kehrten von dort aus durch einige unterirdische Gänge in ihre ersten Gehäuse im Osten zurück. Diese Vorstellung war auch nicht auf das Volk beschränkt: Sie wurde von Xenophanes vertreten, dem Begründer der eleatischen Philosophie, welche nach der ionischen und der italienischen Schule die früheste Philosophie war, die in Griechenland aufkam. Auch Thales von Milet, der Aristoteles zufolge die Erde als auf einem riesigen Ozean aus Wasser schwimmend darstellte, mag fast dieselbe Meinung vertreten haben, ungeachtet [57] dessen, was uns Plutarch und Apuleius über seine astronomischen Entdeckungen erzählen, die alle eindeutig viel später entstanden sein müssen. Jenen, die keine andere Vorstellung von der Natur hatten als die, die sie aus einer so verworrenen Darstellung der Dinge ableiteten, muss jenes System als ansprechend erschienen sein, das die Erde als in Land und Wasser unterteilt darstellte, in sich ausgeglichen und im Zentrum des Universums schwebend, umgeben von den Elementen der Luft und des Äthers und bedeckt von acht glänzenden und kristallinen Sphären, von denen sich jede durch einen oder mehrere schöne und leuchtende Körper auszeichnete und die sich alle um ihr gemeinsames Zentrum drehten, mit unterschiedlichen, aber gleichmäßigen und ausgewogenen Bewegungen. Es scheint die Schönheit dieses Systems gewesen zu sein, die Platon die Vorstellung von so etwas wie einer harmonischen Proportion gab, die in den Bewegungen und Abständen der Himmelskörper zu entdecken sei, und die den früheren Pythagoräern die berühmte Vorstellung von der Musik der Sphären nahelegte: eine wilde und romantische Idee, die jedoch nicht schlecht mit der Bewunderung übereinstimmt, die ein so schönes System, das auch durch die Gunst der Neuheit empfohlen wird, zu wecken vermag.

Was auch immer die Mängel sind, unter denen diese Darstellung der Dinge leidet, sie sind derart, dass sie den ersten Beobachtern des Himmels nicht ohne weiteres auffallen konnten. Wenn auch nicht alle Bewegungen der fünf Planeten, so kann doch der größte Teil von ihnen leicht durch diese Darstellung verbunden werden. Sie und alle ihre Bewegungen sind die am wenigsten bemerkenswerten Objekte des Himmels; der größte Teil der Menschheit nimmt überhaupt keine Notiz von ihnen; und ein System, dessen einziger Fehler in der Erklärung liegt, die es von ihnen gibt, kann dadurch in ihren Augen nicht wesentlich beeinträchtigt werden. Wenn auch einige der Erscheinungen der Sonne und des Mondes, etwa die manchmal beschleunigten und dann wieder verzögerten Bewegungen dieser Gestirne, nur schlecht mit der Erklärung übereinstimmen, so sind auch diese Erscheinungen derart, dass sie nur durch die genaueste Beobachtung entdeckt werden können, und man darf sich daher nicht wundern, dass die Phantasie der ersten Forscher, wenn man so sagen darf, darüber hinweggeht und wenig Notiz davon nimmt.

Um diese Mängel zu beheben, hielt es Eudoxos, der Freund und Schüler Platons, für nötig, die Zahl der Himmelssphären zu erhöhen. Jeder Planet wird manchmal beobachtet, wie er sich in der ihm eigenen östlichen Richtung vorwärtsbewegt, manchmal, wie er sich zurückbewegt, und manchmal, wie er stehen bleibt. Anzunehmen, [58] dass die Planetensphäre durch ihre eigene Bewegung, wenn man so sagen darf, manchmal vorwärts, manchmal rückwärts rollt und manchmal weder das eine noch das andere tut, widerspricht allen natürlichen Neigungen der Einbildungskraft, die mit Leichtigkeit und Freude jede regelmäßige und geordnete Bewegung mitmacht, sich aber ständig gestoppt und unterbrochen fühlt, wenn sie sich bemüht, einer so unbeständigen und ungewissen Bewegung zu folgen. Sie würde natürlicherweise und aus eigenem Antrieb der direkten oder fortschreitenden Bewegung der Sphäre folgen, wird aber von Zeit zu Zeit, wenn man so sagen darf, durch die rückläufigen und stationären Erscheinungen des Planeten erschüttert und gewaltsam aus ihrer natürlichen Bahn geworfen. Zwischen der ungewissen und ihrer gewöhnlichen Bewegung empfindet die Phantasie einen Mangel an Verbindung, eine Lücke oder ein Intervall, das sie nicht ausfüllen kann, außer durch die Annahme einer Kette von Zwischenereignissen, die sie verbinden. Die Hypothese einer Reihe von anderen Sphären, die sich im Himmel drehen, und zwar neben denen, in denen die leuchtenden Körper selbst eingebettet sind, war die Kette, mit der Eudoxos versuchte, sie zu füllen. Jedem der fünf Planeten wies er vier dieser Sphären zu, eine, in der sich der leuchtende Körper selbst drehte, und drei weitere über ihm. Jede dieser Sphären hatte eine regelmäßige und konstante, aber eigentümliche Bewegung, die sie auf die eigentliche Planetensphäre übertrug und so die Vielfalt der Bewegungen bewirkte, die man bei diesen Körpern beobachten kann. Eine dieser Sphären hatte zum Beispiel eine oszillierende Bewegung, wie das Kreispendel einer Uhr. Wenn man eine Uhr wie eine Sphäre um ihre Achse dreht, wird das Pendel, während es mit ihr gedreht wird, weiterhin schwingen und dem Körper, der in ihm enthalten ist, sowohl seine eigenen Schwingungen als auch die Kreisbewegung der Uhr mitteilen; so dass diese oszillierende Sphäre, die selbst durch die Bewegung der Sphäre über ihr gedreht wird, der Sphäre unter ihr sowohl die kreisförmige als auch ihre eigene oszillierende Bewegung mitteilt. Durch die eine werden die täglichen Umdrehungen erzeugt, durch die andere die direkten, stationären und rückläufigen Erscheinungen des Planeten, der von einer dritten Sphäre die Umdrehung erhält, durch die er seine jährliche Periode vollzieht. Die Bewegungen all dieser Sphären waren an sich konstant und gleichmäßig, so dass die Vorstellungskraft sie leicht wahrnehmen und verfolgen konnte, und sie verbanden die sonst unzusammenhängende Vielfalt der Bewegungen, die auf der Planetensphäre zu beobachten waren. Da die Bewegungen der Sonne und des Mondes regelmäßiger sind als die der fünf Planeten, glaubte Eudoxos, die ganze Vielfalt der Bewegungen, die man in beiden entdecken konnte, miteinander verbinden zu können, indem er beiden je drei Sphären zuwies. [59] Da die Bewegung der Fixsterne vollkommen regelmäßig ist, hielt er eine Sphäre als für alle ausreichend. So belief sich die Gesamtzahl der Himmelssphären nach dieser Rechnung auf siebenundzwanzig. Kallippus, der etwas jüngere Zeitgenosse des Eudoxos, fand, dass selbst diese Zahl nicht ausreichte, um die große Vielfalt der Bewegungen, die er in diesen Körpern entdeckte, zusammenzufassen, und erhöhte sie deshalb auf vierunddreißig.

Aristoteles fand bei noch aufmerksamerer Beobachtung, dass selbst diese Anzahl nicht ausreichen würde, und fügte daher zweiundzwanzig weitere hinzu, was ihre Zahl auf sechsundfünfzig erhöhte. Spätere Beobachter entdeckten noch neue Bewegungen und neue Unregelmäßigkeiten in den Himmeln. Daher wurden dem System immer noch neue Sphären hinzugefügt, und einige von ihnen wurden sogar über das System der Fixsterne gestellt. Im sechzehnten Jahrhundert versuchte Fracostorio, begeistert von der Eloquenz von Platon und Aristoteles und von der Regelmäßigkeit und Harmonie ihres Systems, das selbst wunderschön ist, auch wenn es nur ungenau mit den Phänomenen übereinstimmt, diese antike Astronomie wiederzubeleben, die seit Langem durch die von Ptolemäus und Hipparchos ersetzt worden war. Er hielt es für nötig, die Anzahl der Himmelskugeln auf zweiundsiebzig zu vervielfachen; aber auch das war nicht genug.

Dieses System war nun ebenso kompliziert und komplex geworden wie die Erscheinungen selbst, zu deren einheitlicher und kohärenter Beschreibung es erfunden worden war. Die Einbildungskraft fand sich daher durch eine so verworrene Darstellung der Dinge nur wenig aus der Not befreit, in die die Erscheinungen sie gebracht hatten. Aus diesem Grund wurde nicht lange nach den Tagen des Aristoteles von Apollonios ein anderes System erfunden, das später von Hipparchos vervollkommnet und uns seither von Ptolemäus überliefert wurde, nämlich das kunstvollere System der exzentrischen Sphären und Epizykel.

In diesem System unterschieden sie zunächst zwischen der tatsächlichen und der [60] scheinbaren Bewegung der Himmelskörper. Diese, so stellten sie fest, müssen aufgrund ihrer immensen Entfernung notwendigerweise den Anschein erwecken, als würden sie sich in Kreisen drehen, die konzentrisch zur Erdkugel und zueinander sind; doch können wir demnach nicht sicher sein, dass sie sich wirklich in Kreisen drehen, denn wenn dies nicht der Fall wäre, sähen sie doch genauso aus. Sie glaubten, die rückläufigen und stationären Erscheinungen dieser höchst unregelmäßigen Himmelskörper erklären zu können, indem man annimmt, dass in der festen Hülle der Sphäre jedes der fünf Planeten eine weitere kleine Sphäre gebildet wurde, die Epizykel genannt wird und die sich um ihren eigenen Mittelpunkt dreht, während sie gleichzeitig durch die Drehung der großen Sphäre, zwischen deren konkaven und konvexen

Seiten sie eingeschlossen ist, um den Mittelpunkt der Erde getragen wird; ganz so, wie man sich ein kleines Rad vorstellt, das im äußeren Kreis eines großen Rades eingeschlossen ist und sich mehrmals um seine eigene Achse dreht, während sein Zentrum um die Achse des großen Rades getragen wird. Der Planet, so vermuteten sie, war am Umkreis befestigt und wirbelte um das Zentrum dieser kleinen Kugel, während er gleichzeitig durch die Bewegung der großen Sphäre um die Erde getragen wurde. Die Umdrehung dieser kleinen Sphäre oder des Epizykels war so, dass der Planet, wenn er sich im oberen Teil befand, das heißt, wenn er am weitesten entfernt und für das Auge am wenigsten wahrnehmbar war, in der gleichen Richtung wie das Zentrum des Epizykels oder wie die Sphäre, in der der Epizykel eingeschlossen war, umhergetragen wurde: Aber im unteren Teil, das heißt, wenn er dem Auge am nächsten und am deutlichsten wahrnehmbar war, wurde er in einer Richtung getragen, die der des Zentrums des Epizykels entgegengesetzt war: in der gleichen Weise, wie jeder Punkt im oberen Teil des äußeren Kreises eines Wagenrads sich vorwärts in der selben Richtung wie die Achse dreht, während jeder Punkt im unteren Teil sich rückwärts in einer zur Achse entgegengesetzten Richtung dreht. Die Bewegung des Planeten erschien daher von der Erde aus gesehen direkt, wenn er sich im oberen Teil des Epizykels befand, und rückläufig, wenn er sich im unteren Teil befand, oder er stieg vom unteren zum oberen Teil auf und erschien notwendigerweise stillstehend.

[61] Aber obwohl sie durch die Exzentrizität der großen Sphäre in gewissem Maße in der Lage waren, die ungleichen Geschwindigkeiten der Himmelskörper und durch die Umdrehungen der kleinen Sphäre die direkten, stationären und rückläufigen Erscheinungen der Planeten miteinander zu verbinden, gab es noch eine weitere Schwierigkeit, die bestehen blieb. Weder der Mond noch die drei wichtigsten Planeten erscheinen immer in demselben Teil des Himmels, wenn sie sich in ihren Phasen der verlangsamten Bewegung befinden oder wenn man annimmt, dass sie sich in der größten Entfernung von der Erde befinden. Das Apogäum oder der Punkt der größten Entfernung von der Erde in den Sphären eines jeden dieser Körper muss daher eine eigene Bewegung haben, die ihn nacheinander durch alle verschiedenen Punkte der Ekliptik führen kann. Sie nahmen daher an, dass, während die große exzentrische Sphäre sich ostwärts um ihren Mittelpunkt drehte, auch ihr

Mittelpunkt sich westwärts in einem eigenen Kreis um den Mittelpunkt der Erde drehte und so sein Apogäum durch alle verschiedenen Punkte der Ekliptik trägt.

Aber obwohl die Befürworter dieses Systems mit all seinen kombinierten und verworrenen Kreisen in der Lage waren, den wirklichen Ausrichtungen der Planeten einen gewissen Grad an Einheitlichkeit zu geben, fanden sie es unmöglich, die Geschwindigkeiten dieser angeblichen Sphären so an die Phänomene anzupassen, dass die Umdrehung einer von ihnen, wenn sie von ihrem eigenen Zentrum aus betrachtet wird, vollkommen gleichmäßig und einheitlich erscheinen sollte. Von diesem Punkt aus, dem einzigen Punkt, von dem aus die Geschwindigkeit dessen, was sich in einem Kreis bewegt, wirklich beurteilt werden kann, würden sie immer noch unregelmäßig und unbeständig erscheinen und somit die Phantasie in Verlegenheit bringen und irritieren. Sie erfanden daher für jede von ihnen einen neuen Kreis, den sogenannten Ausgleichskreis, von dessen Mittelpunkt aus sie alle vollkommen gleichmäßig erscheinen sollten: Das heißt, sie stellten die Geschwindigkeiten dieser Sphären so ein, dass die Umdrehung einer jeden von ihnen zwar unregelmäßig erscheinen würde, wenn man sie von ihrem eigenen Mittelpunkt aus betrachtet, dass es jedoch einen Punkt innerhalb seines Umfangs geben sollte, von dem aus ihre Bewegungen in gleichen Zeiten gleiche Teile des Kreises abzuschneiden scheinen, dessen Mittelpunkt dieser Punkt war.

Nichts kann deutlicher zeigen, wie sehr die Ruhe und Gelassenheit der Vorstellungskraft das höchste Ziel der Philosophie ist, als die Erfindung dieses Ausgleichskreises. Die Bewegungen der Himmelskörper erschienen unbeständig und unregelmäßig, sowohl in ihren Geschwindigkeiten als auch in ihren Bewegungsrichtungen. Sie waren daher so beschaffen, dass sie die Vorstellungskraft in Verlegenheit brachten und verwirrten, wann immer sie versuchte, sie nachzuvollziehen. Die Erfindung der exzentrischen Sphären, der Epizykel und der Bewegung der Zentren der exzentrischen Sphären neigte dazu, diese Verwirrung zu lindern, die unzusammenhängenden Erscheinungen miteinander zu verbinden und Harmonie und Ordnung in die Vorstellung des Verstandes [62] von den Bewegungen dieser Körper zu bringen. Dies geschah jedoch nur unvollkommen; es führte Gleichförmigkeit und Kohärenz in ihre tatsächlichen Ausrichtungen ein, aber ihre Geschwindigkeiten, wenn sie von dem einzigen Punkt aus gemessen wurden, von dem aus die Geschwindigkeit dessen, was sich in einem Kreis bewegt, wirklich beurteilt werden kann, nämlich dem Mittelpunkt dieses Kreises, blieben nach wie vor in gewissem Maße inkonstant und brachten daher die Vorstellungskraft in Verlegenheit. Der Verstand fand sich etwas von dieser Verlegenheit befreit, als er sich vorstellte, dass, wie unregelmäßig auch immer die Bewegungen jedes dieser Kreise erscheinen mochten, wenn man sie von ihrem eigenen Zentrum aus betrachtete, es doch in jedem von ihnen einen Punkt gab, von dem aus ihre Umdrehung vollkommen gleichmäßig und gleichförmig erscheinen würde und dem die Vorstellungskraft leicht folgen konnte. Die Philosophen versetzten sich in ihrer Phantasie in die Zentren dieser imaginären Kreise und erfreuten sich daran, von dort aus all die phantastischen Bewegungen zu betrachten, die gemäß der Harmonie und Ordnung angeordnet waren, die letztendlich das Ziel all ihrer Forschungen war. Hier genossen sie endlich jene Ruhe und Gelassenheit, die sie in allen Labyrinthen dieser verwickelten Hypothese gesucht hatten; und hier sahen sie diesen schönsten und prächtigsten Teil des großen Theaters der Natur, so angeordnet und konstruiert, dass sie mit Leichtigkeit und Freude allen Entwicklungen und Veränderungen beiwohnen konnten, die sich in ihm vollzogen.

[...]

Theorie der moralischen Gefühle

Vorwort des Verfassers

[3] Seit der ersten Veröffentlichung der Theorie der moralischen Gefühle, die bis in den Anfang des Jahres 1759 zurückliegt, sind mir mehrere Verbesserungen und eine große Zahl von Erläuterungen zu den Lehren, die in diesem Buch enthalten sind, eingefallen. Aber die mancherlei Beschäftigungen, welche das Leben mit all seinen Zufällen mir aufgezwungen hat, haben bis jetzt verhindert, dieses Werk mit jener Sorgfalt und Aufmerksamkeit wieder durchzusehen, wie ich es immer beabsichtigt hatte. [...]

Im letzten Absatz des vorliegenden Werks habe ich in der ersten Auflage gesagt, dass ich in einer anderen Abhandlung versuchen werde, eine Darstellung der allgemeinen Prinzipien des Rechts und der Regierung zu geben sowie der verschiedenen Umwälzungen, welche diese in den verschiedenen Zeitaltern und Entwicklungsabschnitten der Gesellschaft durchgemacht haben, nicht nur soweit es sich um die Rechtspflege handelt, sondern auch was die Verwaltung, die Staatseinkünfte, das Militärwesen und alle anderen Gegenstände der Gesetzgebung anbelangt. In der Untersuchung über Wesen und Ursachen des Reichtums der Völker habe ich dieses Versprechen zum Teil eingelöst, wenigstens insofern es sich um Verwaltung, Staatseinkünfte und Militärwesen handelt. Das auszuführen, was noch übrigbleibt – nämlich eine Theorie des Rechts, welche ich lange Zeit geplant habe –, daran bin ich bisher durch ebendie Beschäftigungen verhindert worden, die mich auch davon abgehalten haben, das vorliegende Werk einer Revision zu unterziehen. Mein bereits sehr vorgerücktes Alter lässt mir, wie ich wohl weiß, zwar sehr wenig Hoffnung, dass ich noch jemals imstande sein werde, dieses große Werk so, wie ich es wünschen würde, auszuführen; da ich aber die Absicht dazu doch noch nicht ganz aufgegeben habe und da ich immer noch den Wunsch hege, auch ferner zu tun, was ich vermag, um die übernommene Verpflichtung zu erfüllen, so habe ich den Absatz so stehen lassen, wie er vor mehr als dreißig Jahren veröffentlicht wurde, als ich noch keinen Zweifel daran hegen konnte, dass ich imstande sein werde, alles auszuführen, was er verspricht.

Erster Teil:
Über die Angemessenheit von Handlungen

Erster Abschnitt:
Über das Gefühl für das Angemessene

Erstes Kapitel:
Über Sympathie

[9] Mag man den Menschen für noch so egoistisch halten, es liegen doch offenbar gewisse Prinzipien in seiner Natur, die ihn dazu bestimmen, an dem Schicksal anderer Anteil zu nehmen, und die ihm selbst die Glückseligkeit dieser anderen zum Bedürfnis machen, obgleich er keinen anderen Vorteil daraus zieht, als das Vergnügen, Zeuge davon zu sein. Ein Prinzip dieser Art ist das Erbarmen oder das Mitleid, das Gefühl, das wir für das Elend anderer empfinden, sobald wir dieses entweder selbst sehen oder sobald es uns so lebhaft geschildert wird, dass wir es nachfühlen können. Dass wir oft darum Kummer empfinden, weil andere Menschen von Kummer erfüllt sind, ist eine Tatsache, die zu augenfällig ist, als dass es irgendwelcher Beispiele bedürfte, um sie zu beweisen; denn diese Empfindung ist wie alle anderen ursprünglichen Affekte der menschlichen Natur keineswegs auf die Tugendhaften und human Empfindenden beschränkt, obgleich diese sie vielleicht mit der höchsten Feinfühligkeit erleben mögen, sondern selbst der ärgste Grobian, der verhärtetste Verächter gesellschaftlicher Regeln ist nicht vollständig dieses Gefühls bar.

Da wir keine unmittelbare Erfahrung von den Gefühlen anderer Menschen besitzen, können wir uns nur so ein Bild von der Art und Weise machen, wie eine bestimmte Situation auf sie einwirken mag, dass wir versuchen uns vorzustellen, was wir selbst in der gleichen Lage fühlen würden. Mag auch unser eigener Bruder auf der Folterbank liegen – solange wir selbst uns wohl befinden, werden uns unsere Sinne niemals sagen, was er leidet. Sie konnten und können uns nie über die Schranken unserer eigenen Person hinaustragen und nur in der Phantasie können wir uns einen Begriff von der Art seiner Empfindungen machen. Auch dieses Vermögen kann uns auf keine andere Weise davon Kunde verschaffen, als indem es uns zum Bewusstsein bringt, welche Empfindungen wir hätten, würden wir uns in seiner Lage befinden. Es sind nur die Eindrücke unserer eigenen Sinne, nicht die der seinigen, welche unsere Phantasie nachbildet. Vermöge der Vorstellungskraft versetzen wir uns in seine Lage, mit ihrer Hilfe stellen wir uns vor, dass wir selbst die gleichen Qualen erlitten wie er, in unserer Phantasie treten wir gleichsam in seinen Körper ein und werden gewissermaßen eine Person mit ihm; von diesem Standpunkt aus bilden wir uns eine Vorstellung von seinen Empfindungen und erleben sogar selbst gewisse Gefühle, die zwar dem Grade nach schwächer, der Art nach aber den seinigen nicht ganz unähnlich sind. Wenn wir so seine Qualen gleichsam in uns aufnehmen, wenn wir sie ganz und gar zu unseren eigenen machen, dann werden sie schließlich anfangen auf unser eigenes Gemüt einzuwirken, und wir werden zittern und erschauern bei dem Gedanken an das, was er jetzt fühlen mag. Denn wie es uns maßlosen Kummer verursacht, wenn wir selbst uns in Schmerzen oder Nöten irgendwelcher Art befinden, so wird die gleiche Gemütsbewegung in uns auch erweckt, wenn wir uns bloß in der Phantasie vorstellen, dass wir in dieser Lage seien – und zwar in höherem oder geringerem Maße, je nachdem ob diese Vorstellung lebhafter oder schwächer von uns Besitz ergreift.

[10] Dass dies die Quelle des Mitgefühls ist, welches wir gegenüber dem Elend anderer empfinden, dass wir erst dann, wenn wir mit dem Leidenden in der Phantasie den Platz tauschen, dazu gelangen, seine Gefühle nachzuempfinden und durch sie innerlich berührt zu werden, das kann durch viele offenkundige Beobachtungen dargelegt werden, falls man es nicht schon hinreichend einleuchtend findet. Wenn wir beobachten, wie in diesem Augenblick jemand gegen das Bein oder den Arm eines anderen zum Schlag ausholt und dieser Schlag eben auf den anderen niedergehen soll, dann zucken wir unwillkürlich zusammen und ziehen unser eigenes Bein oder unseren eigenen Arm zurück; und wenn der Schlag den anderen trifft, dann fühlen wir ihn in gewissem Maße selbst und er schmerzt uns ebenso wie den Betroffenen. Wenn der Pöbel einen Seiltänzer angafft, der sich auf einem nur schlaff gespannten Seil bewegt, dann dreht und wendet sich jeder Einzelne von ihnen unwillkürlich und balanciert seinen eigenen Körper so, wie er es den Seiltänzer tun sieht und wie er es seinem Gefühle nach selbst tun müsste, wenn er in der Lage des Letzteren wäre. Diejenigen, die empfindliche Nerven und eine schwache Körperbeschaffenheit

besitzen, beklagen sich oft darüber, dass sie bei dem Anblick der Wunden und Geschwüre, welche von den Bettlern auf der Straße zur Schau gestellt werden, selbst ein Jucken oder ein Unbehagen an den entsprechenden Teilen ihres eigenen Körpers zu spüren pflegen. Das Grauen, das sie angesichts des Elends dieser Unglücklichen empfinden, wirkt gerade auf diese Teile ihres Körpers stärker als auf andere, weil jenes Grauen eben daraus entsteht, dass sie sich vorstellen, was sie selbst wohl leiden würden, wenn sie selbst die Unglücklichen wären, die sie vor sich sehen, und wenn gerade dieser Körperteil bei ihnen mit dieser erbarmenswürdigen Krankheit behaftet wäre. Die Kraft dieser Vorstellung ist allein ausreichend, um in ihrem schwächlichen Körperbau jenes Jucken und Unbehagen zu erzeugen, über welches sie klagen. Aber auch Menschen von kräftigster Körperbeschaffenheit beobachten, dass sie beim Anblick kranker Augen oft in ihren eigenen Augen einen sehr deutlich fühlbaren Schmerz empfinden, der aus der gleichen Ursache entsteht; denn dieses Organ ist eben bei dem stärksten Mann immer noch empfindlicher als irgendein anderer Körperteil bei dem schwächsten.

Aber nicht nur solche Umstände, die Schmerz oder Kummer hervorrufen, erwecken unser Mitgefühl. Welcher Affekt es auch immer ist, der durch irgendetwas beim zunächst Betroffenen erregt wird, stets wird in der Brust eines jeden aufmerksamen Beobachters bei dem Gedanken an die Lage des anderen ein ähnliches Gefühl entstehen. Unsere Freude über die Errettung jener Tragödien- oder Romanhelden, die unsere Anteilnahme erwecken, ist ebenso aufrichtig wie unser Kummer wegen ihrer Not, und das Mitgefühl mit ihrem Elend ist nicht wirklicher als das mit ihrem Glück. Wir teilen ihre Dankbarkeit gegenüber jenen treuen Freunden, die sie in ihren Bedrängnissen nicht verlassen, und von ganzem Herzen empfinden wir ihr Vergeltungsgefühl gegen jene treulosen Verräter, die sie beleidigt, im Stich gelassen oder betrogen haben. Bei allen Affekten, deren das menschliche Gemüt fähig ist, entsprechen die Gemütsbewegungen des Zuschauers immer dem Bild, das dieser sich von den Empfindungen des Leidenden macht, indem er sich in dessen Fall hineindenkt.

»Erbarmen« und »Mitleid« sind Wörter, die dazu bestimmt sind, unser Mitgefühl mit dem Kummer anderer zu bezeichnen. Obwohl die Bedeutung des Wortes »Sympathie« vielleicht ursprünglich die gleiche war, kann »Sympathie« heute doch ohne Verstoß gegen den Sprachgebrauch genutzt werden, um unser Mitgefühl mit jeder Art von Affekten zu bezeichnen.

[11] In manchen Fällen mag es den Anschein haben, Sympathie entstehe aus dem bloßen Anblick einer bestimmten Gemütsbewegung an einer anderen Person. In manchen Fällen mag es geradezu scheinen, dass die Affekte sich in einem Augenblick von einem Menschen auf einen anderen übertragen, und zwar bevor dieser noch irgendwelche Kenntnis davon hat, was es war, das in der zunächst betroffenen Person jene Affekte auslöste. Kummer und Freude zum Beispiel bewirken, wenn sie in Blick und Gebärden eines Menschen stark zum Ausdruck kommen, auch im Zuschauer sofort eine gleiche, schmerzliche oder freudige Gemütsbewegung eines gewissen Grades. Ein lächelndes Gesicht wirkt auf jeden, der es sieht, aufheiternd, eine sorgenvolle Miene andererseits erweckt Traurigkeit.

Dies gilt indessen nicht allgemein oder mit Bezug auf jeden Affekt. Es gibt Affekte, deren Ausdruck keinerlei Sympathie hervorruft, sondern eher die Wirkung hat, unseren Widerwillen und unsere Abneigung zu erwecken, solange wir die Ursache der Affekte nicht kennen. Das wütende Benehmen eines Zornigen wird uns wohl eher gegen ihn selbst aufbringen als gegen seine Feinde. Da wir nicht wissen, was seinen Zorn herausgefordert hat, können wir uns in seinen Fall nicht hineindenken und darum auch keinerlei Gefühle empfinden, die den Affekten gleichen würden, welche diese Herausforderung in ihm auslöste. Wir sehen dagegen ganz klar die Lage derjenigen Personen vor uns, gegen die sich sein Zorn richtet, und können uns vorstellen, welchen Gewalttätigkeiten sie wohl durch einen derart erzürnten Gegner ausgesetzt sein könnten. Darum sympathisieren wir mit ihrer Furcht und ihrem Vergeltungsgefühl und sind sofort bereit, gegen den Mann Partei zu ergreifen, von dessen Seite ihnen eine so große Gefahr zu drohen scheint.

Wenn schon die äußere Erscheinung von Kummer und Freude uns die gleichen Gemütsbewegungen – wenigstens in gewissem Ausmaß – einflößt, so kommt dies daher, dass sie in uns die allgemeine Vorstellung von irgendeinem Glück oder Unglück erweckt, das denjenigen betroffen haben muss, an dem wir sie beobachten; und bei diesen Affekten genügt das, um auf uns einen gewissen Einfluss zu haben. Die Wirkungen von Kummer und Freude enden bei demjenigen, der diese Gemütsbewegungen empfindet. Ihr Ausdruck erweckt nicht wie derjenige des Vergeltungsgefühls die Vorstellung eines anderen Menschen, an dem wir Anteil nehmen und dessen Interesse demjenigen des Ersteren zuwiderläuft. Die allgemeine Vorstellung eines Glücks oder Unglücks ruft deshalb eine gewisse Anteilnahme für denjenigen hervor, den es betroffen hat; die allgemeine Vorstellung einer Herausforderung dagegen erweckt keine Sympathie für den Zorn desjenigen, gegen den sie gerichtet war. Die Natur selbst lehrt uns, wie es scheint, dass wir diesem Affekt weniger gern unsere Zustimmung geben sollen und dass wir eher geneigt sein mögen, gegen ihn Partei zu ergreifen, solange wir nicht über seine Ursache unterrichtet sind.

Ja, auch unsere Sympathie mit der Freude oder dem Kummer eines anderen wird immer äußerst unvollkommen sein, solange wir die Ursachen dieser Affekte nicht kennen. Allgemeine Wehklagen, die nichts anderes zum Ausdruck bringen als die Qualen, die der Leidende empfindet, erwecken eher eine gewisse Neugierde in uns, den Wunsch, seine Lage kennenzulernen, verbunden mit einer gewissen Neigung, für ihn Sympathie zu empfinden, als ein wirklich deutlich erlebtes Gefühl der Sympathie. Die erste Frage, die wir stellen, ist diese: Was ist Ihnen passiert? Solange diese Frage nicht beantwortet ist, werden wir zwar ein gewisses Unbehagen fühlen, einerseits infolge der unklaren Vorstellung, die wir uns von seinem Unglück machen, [12] noch mehr aber, weil wir uns mit Vermutungen darüber quälen, was es wohl für ein Unglück gewesen sein mag – aber unser Mitgefühl für ihn wird nicht sehr beträchtlich sein.

Sympathie entspringt also nicht so sehr aus dem Anblick des Affektes als vielmehr aus dem Anblick der Situation, die den Affekt auslöst. Wir fühlen mitunter für einen anderen einen Affekt, dessen er selbst ganz und gar unfähig zu sein scheint. Wenn wir uns vermöge unserer Vorstellungskraft in seinen Fall hineindenken, entsteht dieser Affekt in unserer Brust, obwohl er durch die realen Umstände bei ihm nicht hervorgerufen wird. Wir erröten für die Schamlosigkeit und Rohheit eines anderen, obwohl er selbst scheinbar kein Gefühl für die Unschicklichkeit seines Betragens hat; denn wir können uns des Gedankens an jene Beschämung nicht erwehren, die uns ergreifen würde, wenn wir selbst uns auf so unvernünftige Weise betragen hätten.

Unter all den Plagen, denen die Menschheit durch das Los der Sterblichkeit ausgesetzt ist, wird wohl allen, die auch nur den geringsten Funken von Menschlichkeit besitzen, der Verlust der Vernunft als die allerfürchterlichste erscheinen, und sie werden diese letzte Stufe menschlichen Elends mit tieferem Erbarmen betrachten als jede andere. Aber der arme Unglückliche, der sich in diesem Zustand befindet, lacht und singt vielleicht und ist sich seines eigenen Elends ganz und gar nicht bewusst. Die Qual, welche die Menschenliebe beim Anblick eines solchen Kranken fühlt, kann also nicht der Widerschein einer Empfindung des Leidenden sein. Das Mitleid des Zuschauers muss vielmehr ganz und gar aus der Erwägung entstehen, was er selbst wohl fühlen würde, wenn er in die gleiche unselige Lage versetzt wäre und wenn er dabei gleichzeitig fähig wäre – was vielleicht unmöglich ist –, diese Lage mit seiner gegenwärtigen Vernunft und Urteilsfähigkeit zu betrachten.

Wie groß sind die Qualen einer Mutter, wenn sie das Ächzen ihres kleinen Kindes hört, das unter den Martern seiner Krankheit nicht auszudrücken vermag, was es fühlt. In ihrer Vorstellung von dem, was das Kind leidet, verbindet sie in Gedanken die wirkliche Hilflosigkeit des Kindes mit ihrem Bewusstsein von dieser Hilflosigkeit und mit ihren eigenen Schrecken vor den unbekannten Folgen, die dieser elende Zustand nach sich ziehen kann. Aus all dem gestaltet sie zu ihrem eigenen Kummer das vollständigste Bild des Elends und Jammers. Das Kind indessen fühlt nur das Unbehagen des gegenwärtigen Augenblicks, das niemals groß sein kann. In Bezug auf die Zukunft ist es ganz ohne Sorgen, und in seiner Gedankenlosigkeit und seinem Mangel an Voraussicht besitzt es ein Gegengift gegen Furcht und Angst, jene großen Peiniger des menschlichen Herzens, gegen welche Vernunft und Philosophie dieses immer vergeblich zu verteidigen suchen werden, wenn das Kind zum Mann herangewachsen sein wird.

Ja, wir empfinden Sympathie sogar mit den Toten, und ohne dass wir darauf achten würden, was in ihrer Lage wirklich wichtig ist, nämlich die furchtbare Zukunft, die sie erwartet, machen auf uns vielmehr jene Umstände besonderen Eindruck, die uns zwar in die Augen fallen, die aber auf ihre Glückseligkeit keinen Einfluss haben können. Es ist bejammernswert, denken wir, des Sonnenlichtes beraubt zu sein; ausgeschlossen zu sein vom Leben und vom Umgang mit Menschen, ins kalte Grab gelegt zu werden als eine Beute der Verwesung und des Gewürms der Erde. Der Tote ist bejammernswert, denken wir, weil niemand mehr in dieser Welt seiner gedenkt und er in kurzer Zeit aus der Liebe und fast sogar auch aus dem Gedächtnis seiner liebsten Freunde und Verwandten ausgelöscht sein wird. Sicherlich können wir, wie wir meinen, nie zu viel für [13] jene fühlen, die ein so fürchterliches Unglück betroffen hat. Es scheint uns, dass ihnen das Mitleid, welches wir ihnen zollen, nun doppelt gebührt, da sie in Gefahr sind, von jedermann vergessen zu werden; und durch die zwecklosen Ehrungen, die wir ihrem Andenken erweisen, bemühen wir uns – zu unserer eigenen Pein –, die trübselige Erinnerung an ihr Unglück künstlich in uns wachzuhalten. Dass unsere Sympathie ihnen keinen Trost gewähren kann, das scheint uns noch eine Zugabe zu ihrem Elend zu sein; das Bewusstsein, dass alles, was wir tun können, nutzlos ist und dass, was jede andere Not lindert – das Bedauern, die Liebe und die Klagen der Freunde –, ihnen keine Erleichterung ihrer Leiden verschaffen kann, trägt noch dazu bei, unser Gefühl für ihr Elend zu vergrößern. Die Glückseligkeit der Toten wird indessen ganz sicher durch keinen dieser Umstände berührt; auch wird der Gedanke an diese Dinge niemals die tiefe Sicherheit ihrer Ruhe stören können. Die Vorstellung von jener fürchterlichen und endlosen Melancholie, die unsere Phantasie naturgemäß ihrer Lage zuschreibt, entsteht ganz und gar daraus, dass wir mit der Veränderung, die sich an ihnen vollzogen hat, unser eigenes Bewusstsein von dieser Veränderung verbinden; sie entsteht daraus, dass wir uns selbst in ihre Situation versetzen und dass wir, wenn ich so sagen darf, unsere eigene lebende Seele in ihren unbeseelten Leichnam einquartieren und uns dann die Gefühle vorzustellen suchen, die wir in dieser Lage haben würden. Eben von dieser Täuschung unserer Phantasie kommt es, dass der Gedanke an unsere eigene künftige Auflösung uns so schrecklich ist und dass die Vorstellung jener Umstände, die uns zweifellos keinen Schmerz bereiten werden, wenn wir einmal tot sind, uns elend macht, solange wir noch am Leben sind. Und daraus entspringt eines der wichtigsten Prinzipien der menschlichen Natur: die Furcht vor dem Tod, das stärkste Gift für jedes Glück, aber auch die gewaltigste Schranke für die Ungerechtigkeit der Menschen, die, während sie den Einzelnen bedrückt und quält, doch die Gesellschaft hütet und beschützt.

Zweites Kapitel: Von dem Wohlgefallen, welches durch gegenseitige Sympathie erzeugt wird

Was immer jedoch die Ursache der Sympathie sein und auf welche Weise sie auch erregt werden mag, sicher ist, dass nichts unser Wohlgefallen mehr erweckt, als einen Menschen zu sehen, der für alle Gemütsbewegungen unserer Brust Mitgefühl empfindet, und dass uns nichts so sehr schockiert, wie das Gegenteil dessen. Diejenigen, die eine besondere Vorliebe dafür haben, alle unsere Empfindungen aus gewissen Verfeinerungen der Selbstliebe abzuleiten [gemeint sind vermutlich Thomas Hobbes und Bernard Mandeville, Anm. d. Hg.], sind keineswegs darum verlegen, einen ihren Prinzipien entsprechenden Grund für dieses Wohlgefallen und diesen Ärger anzugeben. Sie sagen, der Mensch sei sich eben seiner eigenen Schwäche und seines Bedürfnisses nach fremder Hilfe bewusst und freue sich, wenn er bemerkt, dass andere Menschen seinen Gefühlen beipflichten. Schließlich sei er dann deren Beistandes versichert. Er sei hingegen bekümmert, wenn er das Gegenteil bemerkt, weil er [14] dann ihren Widerstand gewärtigen müsse. Jedoch wird sowohl das Wohlgefallen als auch der Ärger stets so augenblicklich empfunden und oft auch bei solch geringfügigen Anlässen, dass offenbar keines dieser beiden Gefühle aus einer derartigen eigennützigen Betrachtung abgeleitet werden kann. Jemand, der sich bemüht hat, eine Gesellschaft zu unterhalten, wird sich ungemein kränken, wenn er nachher um sich blickt und sieht, dass keiner der anderen über seine Scherze lacht. Umgekehrt wird ihn die Heiterkeit der Gesellschaft höchst angenehm berühren und er wird diese Übereinstimmung ihrer Empfindungen mit seinen eigenen als den größten Beifall betrachten.

Es scheint mir jedoch das Vergnügen, das er darüber empfindet, nicht bloß daher zu kommen, dass seine Heiterkeit durch die Sympathie mit der Heiterkeit der anderen zu größerer Lebhaftigkeit gesteigert wird, noch scheint mir sein Ärger in dem anderen Falle ganz und gar von der Enttäuschung herzurühren, die er erleidet, wenn er dieses Vergnügen entbehren muss, obwohl dieser Umstand zweifellos dazu beiträgt. Wenn wir ein Buch oder ein Gedicht so oft gelesen haben, dass wir kein Vergnügen mehr daran finden, es allein zu lesen, so kann es uns doch noch Freude machen, es einem Gefährten vorzulesen. Für ihn hat es den ganzen Reiz der Neuheit, und wir nehmen dann an der Überraschung und Bewunderung teil, die es naturgemäß in ihm erweckt, die es aber in uns nicht mehr hervorzurufen vermag. Wir betrachten dann all die Gedanken, die es zur Darstellung bringt, eher in dem Lichte, in welchem sie ihm erscheinen, als in demjenigen, in welchem sie uns erscheinen würden. Wir unterhalten uns nun wieder über das Buch, und zwar aus Sympathie mit der Freude, die es ihm bringt und die so unsere eigene von neuem belebt. Umgekehrt würden wir uns ärgern, wenn ihm das Buch keine Freude brächte, und wir könnten dann kein Vergnügen mehr daran finden, es ihm vorzulesen. Ebenso verhält es sich nun in unserem Falle. Die Heiterkeit der Gesellschaft belebt zwar zweifellos unsere eigene Heiterkeit und ihr Schweigen muss uns zweifellos enttäuschen. Aber obwohl dies zu dem Vergnügen beitragen mag, das wir aus der Ersteren, und zu dem Missvergnügen, das wir aus dem Letzteren schöpfen, so ist dies doch keineswegs die einzige Ursache dieser Gefühle. Und dass diese Übereinstimmung der Empfindungen anderer Menschen mit unseren eigenen uns Vergnügen und das Fehlen derselben uns Missvergnügen bereitet, scheint auf diese Weise allein nicht erklärt werden zu können. Bei der Sympathie, welche meine Freunde gegenüber meiner Freude zum Ausdruck bringen, wäre es freilich möglich, dass diese Sympathie mir dadurch Vergnügen bereitete, dass sie diese meine Freude verstärkt; aber die Sympathie, die sie gegenüber meinem Kummer zum Ausdruck bringen, könnte mir doch nicht Freude bereiten, wenn sie bloß dahin wirken würde, diesen Kummer noch zu verstärken. Und doch verstärkt Sympathie die Freude und erleichtert den Kummer. Sie verstärkt die Freude, indem sie eine neue Quelle der Befriedigung darbietet, und sie erleichtert den Kummer, indem sie dem Herzen die einzige angenehme Empfindung einflößt, für die es in jenem Augenblick empfänglich ist.

[15] Man kann demgemäß auch beobachten, dass wir noch ängstlicher darauf bedacht sind, unseren Freunden von unseren unangenehmen Affekten Mitteilung zu machen als von unseren angenehmen, dass uns ihre Sympathie mit den Ersteren viel mehr Genugtuung bereitet als die mit den Letzteren und dass wir über ihren Mangel an Sympathie gegenüber unseren schmerzlichen Affekten einen viel größeren Ärger empfinden.

Wie erleichtert fühlen sich unglückliche Menschen, wenn sie

jemanden gefunden haben, dem sie die Ursache ihres Kummers mitteilen können? Auf seine Sympathie scheinen sie einen Teil ihrer Leiden abzuladen, und man sagt darum nicht zu Unrecht, dass er ihre Leiden »teile«. Er fühlt nicht nur einen Kummer, der mit demjenigen gleichartig ist, den sie selbst fühlen, sondern es ist gleichsam, als ob er einen Teil ihres Kummers auf sich genommen hätte und als ob, was er empfindet, das Gewicht dessen vermindern würde, was sie fühlen. Doch indem sie von ihrem Missgeschick erzählen, erneuern sie in gewissem Maße ihren Gram; sie erwecken in ihrem Gedächtnis die Erinnerung an jene Umstände, die den Anlass zu ihrer Betrübnis gebildet haben; ihre Tränen fließen stärker als zuvor, und sie überlassen sich nun leicht der ganzen Schwäche ihres Kummers. Dennoch finden sie an all dem Gefallen, und es ist offenkundig, dass es ihnen fühlbare Erleichterung gewährt; denn die Sympathie des Zuhörers ist für sie so süß, dass sie ihnen die Bitterkeit des Kummers mehr als aufzuwiegen scheint, den sie, um jene Sympathie zu erlangen, wieder belebt und erneuert haben. Andererseits ist es die grausamste Kränkung, die einem unglücklichen Menschen angetan werden kann, wenn man ihm zeigt, dass man sein Missgeschick leichtnimmt. Den anderen merken zu lassen, dass uns seine Freude nicht nahegeht, ist lediglich ein Mangel an Höflichkeit; aber keine ernste Miene zu machen, wenn er uns von seinem Kummer berichtet, ist wirklich eine arge Unmenschlichkeit.

Da Liebe ein angenehmer und Vergeltungsgefühl ein unangenehmer Affekt ist, sind wir nicht halb so ängstlich darauf bedacht, dass unsere Freunde unsere freundschaftlichen Gefühle gegenüber anderen teilen, als dass sie in unser Vergeltungsgefühl anderen gegenüber einstimmen. Wir können es ihnen verzeihen, wenn sie etwa für die Gunstbezeigungen wenig Interesse zeigen, die wir empfangen haben, aber wir verlieren alle Geduld, wenn ihnen die Beleidigungen gleichgültig zu sein scheinen, die man uns angetan hat. Auch sind wir nicht halb so ärgerlich über sie, wenn sie unsere Dankbarkeit nicht teilen, als wenn sie mit unserem Vergeltungsgefühl nicht sympathisieren. Sie dürfen es ohne weiteres unterlassen, unseren Freunden Freunde zu werden, aber sie können es kaum vermeiden, denjenigen feindlich gesinnt zu sein, mit denen wir im Streit liegen. Wir nehmen es ihnen selten übel, wenn sie mit den Ersteren in Feindschaft sind, obwohl wir auch deswegen manchmal eine ärgerliche Streiterei mit ihnen anfangen. Aber wir streiten uns ernsthaft mit ihnen, wenn sie mit den Letzteren in Freundschaft stehen. Die angenehmen Affekte der Liebe und der Freude sind imstande, dem Herzen Genugtuung und Erleichterung zu gewähren, ohne dass irgendein anderes Lustgefühl hinzutreten müsste. Die bitteren und schmerzlichen Gemütsbewegungen des Kummers und des Vergeltungsgefühls verlangen dagegen in stärkerem Maße nach dem heilenden Trost der Sympathie.

Wie derjenige, den ein Ereignis in erster Linie angeht, sich über unsere Sympathie freut und sich über deren Fehlen kränkt, so scheint es, dass auch wir uns freuen, wenn wir fähig sind, mit ihm zu sympathisieren, und dass wir uns kränken, wenn wir dazu nicht imstande sind. Wir eilen nicht nur, dem Glücklichen, der irgendeinen Erfolg errungen hat, unsere Glückwünsche auszusprechen, sondern auch [16], den Betrübten unseres Beileides zu versichern; und es scheint, dass die Freude, die wir an dem Umgang mit einem Menschen finden, mit dem wir in allen Gefühlen, die sein Herz bewegen, sympathisieren können, die Schmerzlichkeit jenes Kummers überwiege, den uns der Anblick seiner Lage bereitet. Umgekehrt ist es uns immer unangenehm, zu fühlen, dass wir mit ihm nicht sympathisieren können, und anstatt uns darüber zu freuen, dass wir von dem sympathetischen Schmerz befreit sind, kränkt es uns, wenn wir bemerken, dass wir seine Unruhe nicht teilen können. Wenn wir hören, wie jemand laut über sein Missgeschick klagt, und wir doch fühlen, dass dasselbe, wenn wir uns in den Fall ganz hineindenken, keinen solch gewaltigen Eindruck auf uns machen kann, dann werden wir über seinen Kummer Ärger empfinden, und weil wir an ihm nicht teilnehmen können, nennen wir ihn Kleinmütigkeit und Schwäche. Auf der anderen Seite erweckt es auch unseren Verdruss, einen Menschen wegen irgendeines kleinen bisschen Glücks, das er erreicht hat, allzu glücklich oder, wie wir sagen, in allzu gehobener Stimmung zu sehen. Seine Freude beleidigt geradezu unser Gefühl, und weil wir ihr nicht beizustimmen vermögen, nennen wir sie Leichtsinn und Torheit. Ja, es raubt uns sogar selbst die gute Laune, wenn unser Gefährte über einen Scherz lauter oder länger lacht, als dieser es unserer Ansicht nach verdient, das heißt länger, als wir unserem Gefühle nach selbst über ihn lachen könnten.

Drittes Kapitel: Von der Art und Weise, wie wir über die Schicklichkeit oder Unschicklichkeit der Gemütsbewegungen anderer Menschen je nach ihrer Übereinstimmung oder Nichtübereinstimmung mit unseren eigenen urteilen

Wenn die ursprünglichen Affekte desjenigen, der durch ein Ereignis in erster Linie betroffen wird, mit den sympathetischen Gemütsbewegungen des Zuschauers in voller Übereinstimmung stehen, dann werden sie notwendig diesem Letzteren als gerecht und richtig und als ihren Anlässen angemessen erscheinen; und umgekehrt, wenn dieser versucht, sich in den Fall hineinzudenken, und dabei bemerkt, dass diese Affekte nicht damit übereinstimmen, was er selbst fühlt, dann erscheinen sie ihm notwendig als ungerecht und falsch und als den Ursachen, die sie hervorrufen, unangemessen. Wenn wir also die Affekte eines anderen als ihren Gegenständen angemessen billigen, so bedeutet das nichts anderes, als zu bemerken, dass wir mit diesen Affekten gänzlich sympathisieren; und sie nicht als solche billigen, heißt bemerken, dass wir nicht gänzlich mit ihnen sympathisieren. Derjenige, der die Beleidigungen übel aufnimmt, die mir angetan worden sind, und bemerkt, dass ich sie genau ebenso übel aufnehme wie er, wird notwendigerweise mein Vergeltungsgefühl billigen. Derjenige, dessen Sympathie ebenso groß ist wie mein Kummer, wird nicht umhinkönnen, zuzugeben, dass mein Gram begründet und vernunftgemäß ist. Derjenige, der das gleiche Gedicht oder das gleiche Bild bewundert wie ich, und zwar es ebenso bewundert wie ich, wird sicherlich einräumen müssen, dass meine Bewunderung berechtigt ist. Derjenige, der über den gleichen Scherz lacht und ebenso lange darüber lacht wie ich, wird nicht gut in Abrede stellen können, dass mein Lachen schicklich und berechtigt ist. Umgekehrt wird derjenige, der bei diesen verschiedenen Gelegenheiten keine derartige Gemütsbewegung empfindet wie ich oder doch keine, die in irgendeinem Verhältnis zu meinen Gefühlen stände, nicht umhinkönnen, meine Empfindungen zu missbilligen, und zwar eben wegen ihrer Nichtübereinstimmung mit seinen eigenen. Wenn meine Erbitterung [17] jenes Maß überschreitet, mit welchem der Unwille, den mein Freund empfindet, noch übereinzustimmen vermag, wenn mein Kummer jene Grenzen überschreitet, bis zu welchen selbst das zarteste Mitleid meines Freundes mitzugehen vermöchte, wenn meine Bewunderung zu hoch oder zu niedrig ist, um mit der seinigen zusammenzupassen, wenn ich laut und herzlich lache, sobald er nur lächelt, oder umgekehrt, bloß lächle, wenn er laut und herzlich lacht – in allen diesen Fällen werde ich mir notwendig [...] seine Missbilligung zuziehen, und zwar in höherem oder geringerem Grade, je nachdem, ob zwischen seinen Empfindungen und den meinigen ein größeres oder geringeres Missverhältnis besteht. Und bei dieser Gelegenheit werden seine eigenen Empfindungen die Richtschnur und der Maßstab sein, nach welchem er die meinigen beurteilt.

Die Ansichten eines anderen billigen heißt diesen Ansichten beipflichten, und ihnen beipflichten heißt sie billigen. Wenn die gleichen Beweisgründe, die Sie überzeugen, mich ebenso überzeugen, dann werde ich notwendig Ihre Überzeugung billigen, wenn nicht, dann werde ich sie notwendig missbilligen. Und ich kann mir gar nicht vorstellen, dass ich das eine ohne das andere tun würde. Die Ansichten anderer billigen oder missbilligen bedeutet also, wie jedermann zugeben wird, nichts anderes, als deren Übereinstimmung oder Nichtübereinstimmung mit unseren eigenen bemerken. Ganz gleich aber verhält es sich in Bezug auf unsere Billigung oder Missbilligung der Empfindungen oder Affekte anderer.

Es gibt allerdings Fälle, in welchen wir scheinbar unsere Billigung erteilen, ohne dass irgendwelche Sympathie oder Übereinstimmung der beiderseitigen Empfindungen vorhanden wäre, und in denen es infolgedessen den Anschein haben könnte, dass hier das Gefühl der Billigung mit der Wahrnehmung dieser Übereinstimmung nicht identisch sei. Wenn wir der Sache kurz nachgehen, werden wir uns aber davon überzeugen können, dass sich selbst in diesen Fällen unsere Billigung letztlich auf eine Sympathie oder eine Übereinstimmung derselben Art gründet wie sonst. Ich will hierfür ein Beispiel anführen und wähle dazu einen ganz unwichtigen Fall, weil die Urteile der Menschen in Bezug auf solche Fälle sich weniger leicht durch falsche Denkmodelle fälschen und irreleiten lassen: Wir mögen oft einen Scherz billigen und das Lachen der Gesellschaft für ganz gerecht und richtig halten, obwohl wir selbst nicht lachen, vielleicht weil wir in schlechter Stimmung sind oder weil unsere Aufmerksamkeit gerade durch etwas anderes in Anspruch genommen wird. Die Erfahrung hat uns indessen gelehrt, welche Art von Späßen in den meisten Fällen fähig ist, uns zum Lachen zu bringen, und wir bemerken, dass dies ein derartiger Fall ist. Darum billigen wir das Lachen der Gesellschaft und fühlen, dass es ganz natürlich und dem Anlass angemessen ist, denn wir können zwar in unserer augenblicklichen Stimmung nicht leicht daran teilnehmen, sind uns aber dessen bewusst, dass wir sonst in den meisten Fällen recht herzlich mitlachen würden.

[...]

Die Empfindung oder die Neigung des Herzens, aus welcher eine Handlung hervorgeht und von welcher in letzter Linie ihr ganzer Wert oder Unwert abhängen muss, kann von zwei verschiedenen Gesichtspunkten oder in zwei verschiedenen Beziehungen betrachtet werden; erstens in Beziehung auf die Ursache, die sie hervorrief, oder den Beweggrund, der sie veranlasste, und zweitens in Beziehung auf den Endzweck, auf den sie hinzielt, oder die Wirkung, die sie hervorzubringen strebt.

In der Angemessenheit oder Unangemessenheit, der Verhältnismäßigkeit oder Unverhältnismäßigkeit, in welcher die Gemütsbewegung zu der Ursache oder dem Objekt, das sie erregt, zu stehen scheint, besteht die Schicklichkeit oder Unschicklichkeit, die Anständigkeit oder Unwürdigkeit der aus ihr folgenden Handlung.

In dem wohltätigen oder schädlichen Charakter der Wirkungen, auf welche die Gemütsbewegung abzielt oder die sie hervorzubringen strebt, liegt die Verdienstlichkeit oder die Verwerflichkeit der Handlung, das heißt die Eigenschaften, welche ihr entweder den Anspruch auf Lohn oder die Strafwürdigkeit verleihen.

Die Philosophen haben in neuerer Zeit hauptsächlich die Wirkungen in Betracht gezogen, auf welche die Gemütsbewegungen gewöhnlich abzielen, und haben dabei der Beziehung wenig Aufmerksamkeit geschenkt, in welcher diese Gemütsbewegungen zu den Ursachen stehen, die sie hervorrufen. Wenn wir jedoch im gewöhnlichen Leben das Verhalten eines Menschen und die Empfindungen beurteilen, die es geleitet haben, dann betrachten wir sie beständig von beiden eben erwähnten Gesichtspunkten aus. Wenn wir an einem Menschen das Übermaß der Liebe, des Kummers oder des Vergeltungsgefühls tadeln, dann überlegen wir nicht nur, welche verderblichen Wirkungen dasselbe hervorzubringen pflegt, sondern auch, wie geringfügig der Anlass zu diesem übermäßigen Affekt gewesen ist. Wir sagen dann, dass das Verdienst seines Lieblings nicht so groß, sein Unglück nicht so fürchterlich, die Beleidigung, die ihm zugefügt wurde, nicht so außergewöhnlich sei, um einen so heftigen Affekt zu rechtfertigen. Wir sagen dann, dass wir gegenüber der Heftigkeit seiner Gemütsbewegung Nachsicht geübt, ja, dass wir sie vielleicht gutgeheißen hätten, wenn die Ursache in irgendeiner Hinsicht dieser Heftigkeit angemessen gewesen wäre.

Wenn wir in dieser Weise über irgendeinen Affekt das Urteil fällen, er sei der Ursache, die ihn ausgelöst hat, angemessen oder unangemessen, dann ist es kaum möglich, dass wir uns hierzu irgendeiner anderen Richtschnur oder eines anderen Kanons bedienen als der entsprechenden Gemütsbewegung in uns selbst. Wenn wir uns mit unserem ganzen Herzen in den Fall einfühlen und dabei finden, dass die Empfindungen, die er in dem Beurteilten hervorrief, mit unseren eigenen Empfindungen zusammenpassen und übereinstimmen, [19] dann werden wir jene notwendig billigen, da sie ihren Objekten durchaus angemessen seien; andernfalls werden wir sie notwendig missbilligen, und sie werden uns als maßlos und als ihrem Gegenstande unangemessen erscheinen.

Jedes Vermögen, das ein Mensch in sich findet, ist der Maßstab, nach welchem er das gleiche Vermögen bei einem anderen beurteilt. Ich beurteile Ihren Gesichtssinn nach meinem Gesichtssinn, Ihr Gehör nach meinem Gehör, Ihre Vernunft nach meiner Vernunft, Ihr Vergeltungsgefühl nach meinem Vergeltungsgefühl, Ihre Liebe nach meiner Liebe. Ich habe kein anderes Mittel und kann kein anderes Mittel haben, sie zu beurteilen.

[...]

[43] [...]

Dritter Abschnitt:
Über den Einfluss von Wohlergehen und Unglück auf das Urteil der Menschen über die Schicklichkeit der Handlungen, und warum es in der einen Lage leichter ist, ihre Billigung zu erlangen, als in der anderen

Erstes Kapitel:
Dass unsere Sympathie mit dem Leiden im Allgemeinen eine lebhaftere Empfindung ist als unsere Sympathie mit der Freude, dass Erstere aber normalerweise nicht die Heftigkeit dessen erreicht, was die ursprünglich betroffene Person naturgemäß fühlt

Unsere Sympathie mit dem Leiden hat, obwohl sie durchaus nicht in höherem Grad wirklich ist, doch mehr Beachtung gefunden als unsere Sympathie mit der Freude. Das Wort Sympathie bezeichnet in seiner eigentlichsten und ursprünglichsten Bedeutung unser Mitgefühl mit den Leiden, nicht jenes mit den Vergnügungen der anderen. Ein kürzlich verstorbener, geistreicher und scharfsinniger Philosoph [gemeint ist Joseph Butler, Anm. d. Hg.] hielt es für notwendig, durch ausführliche Argumente zu beweisen, dass wir eine wirkliche Sympathie mit der Freude haben und dass Mitfreude ein Prinzip der menschlichen Natur sei. Niemand, glaube ich, hielt es jemals für notwendig, zu beweisen, dass Mitleid ein solches sei.

Vor allem ist unsere Sympathie mit dem Leid in gewissem Sinne umfassender [44] als jene mit der Freude. Auch wenn die Trauer maßlos ist, so haben wir doch immer noch einiges Mitgefühl mit ihr. Was wir fühlen, erreicht in diesem Falle allerdings nicht jene vollständige Sympathie, jene vollendete Harmonie und Übereinstimmung der Gefühle, welche Billigung hervorbringt. Wir weinen, schreien und jammern nicht mit dem Leidenden. Wir werden vielmehr seiner Schwachheit und der Maßlosigkeit seines Affektes gewahr, aber wir fühlen doch oft eine starke Bekümmernis um seinetwillen. Wenn wir dagegen die Freude eines anderen nicht durchaus teilen und nachempfinden können, so haben wir keinerlei Achtung oder Mitgefühl für sie. Der Mann, der aus einer unmäßigen und sinnlosen Freude, an der wir doch nicht teilnehmen können, hüpft und umhertanzt, erweckt unsere Verachtung und Empörung.

Überdies ist Schmerz, und zwar sowohl geistiger als auch körperlicher, eine lebhaftere Empfindung als Lust, und unsere Sympathie mit dem Schmerz bleibt zwar weit hinter dem zurück, was der Leidende selbst naturgemäß fühlt, aber sie ist doch im Allgemeinen eine lebendigere und klarere Empfindung als unsere Sympathie mit der Lust, obwohl diese Letztere, wie ich gleich zeigen werde, sich oft stärker der natürlichen Lebhaftigkeit des Originalaffekts nähert.

Hinzu kommt vor allem auch noch der Umstand, dass wir uns oft bemühen, unsere Sympathie mit dem Leid anderer zu unterdrücken. Immer, wenn wir nicht von dem Leidenden selbst beobachtet werden können, trachten wir um unserer selbst willen, diese Sympathie, so sehr wir können, zu überwinden, was uns nicht immer gelingt. Der Widerstand, den wir ihr entgegensetzen, und der Widerwille, mit dem wir ihr nachgeben, zwingt uns aber mit Notwendigkeit, von ihr in stärkerer Weise Notiz zu nehmen. Unserer Sympathie mit der Freude müssen wir diesen Widerstand hingegen nie entgegensetzen. Wenn irgendwelcher Neid mitspielt, dann fühlen wir niemals die geringste Geneigtheit zur Sympathie; und wenn dies nicht der Fall ist, dann geben wir ihr ohne jedes Widerstreben statt. Umgekehrt, da wir uns immer unseres Neides schämen, geben wir oft vor – und wünschen es manchmal wirklich –, mit der Freude anderer zu sympathisieren, während wir doch durch jene unangenehme Empfindung in Wirklichkeit außerstande sind, es zu tun. Wir behaupten dann, über das Glück unseres Nächsten froh zu sein, während wir vielleicht tatsächlich in unseren Herzen darüber traurig sind. Wir fühlen oft Sympathie mit den Leiden des anderen, wenn wir wünschten, davon befreit zu sein; und wir wären oft froh, mit seiner Freude sympathisieren zu können, und sind doch nicht imstande dazu. Die offenkundige Beobachtung, die sich uns deshalb hier naturgemäß aufdrängt, ist die, dass unsere Geneigtheit, mit Leiden zu sympathisieren, sehr stark sein muss, während dagegen unsere Neigung, mit der Freude zu sympathisieren, sehr schwach ist.

[45] Ungeachtet dieses Vorurteils wage ich indessen zu behaupten, dass, sobald in dem betreffenden Falle kein Neid im Spiel ist, unsere Geneigtheit, mit Freude zu sympathisieren, weit stärker ist als unsere Geneigtheit, mit Leid zu sympathisieren, und dass unser Mitgefühl für die angenehme Gemütsbewegung sich weit mehr der Lebhaftigkeit dessen nähert, was die in erster Linie betroffenen

Personen fühlen, als jenes, das wir für eine schmerzliche Gemütsbewegung empfinden.

Wir haben eine gewisse Nachsicht auch für jenen maßlosen Kummer, den wir nicht gänzlich nachempfinden können. Wir wissen, was für eine ungeheure Anstrengung erforderlich ist, bevor es dem Leidenden gelingt, seine Gemütsbewegung so weit herabzustimmen, dass sie in vollständiger Harmonie und Eintracht mit derjenigen des Zuschauers steht. Gelingt ihm dies nicht, so verzeihen wir ihm aus diesem Grunde sehr leicht. Aber wir haben keine solche Nachsicht für die Unmäßigkeit der Freude, weil wir uns nicht dessen bewusst sind, dass hier eine so ungeheure Anstrengung erforderlich wäre, um sie auf jenes Maß herabzustimmen, das wir selbst gänzlich nachempfinden könnten. Der Mann, der unter den größten Bedrängnissen seine Traurigkeit beherrschen kann, scheint uns der höchsten Bewunderung würdig; der aber, der in der Fülle des Glücks in gleicher Weise seine Freude zu meistern vermag, scheint uns kaum irgendwelches Lob zu verdienen. Wir fühlen wohl, dass der Abstand zwischen dem, was die ursprünglich betroffene Person natürlicherweise empfindet, und dem, was der Zuschauer nachfühlen kann, im ersten Fall weit größer ist als im zweiten.

Was kann der Glückseligkeit eines Menschen noch hinzugefügt werden, der sich im vollen Besitz seiner Gesundheit befindet, ohne Schulden ist und ein reines Gewissen hat? Für einen Menschen in dieser Lage kann man mit Fug und Recht jedes weitere Glück als überflüssig bezeichnen; und wenn er über ein solches übermäßig begeistert ist, so muss dies die Folge der ärgsten Leichtfertigkeit sein. Und doch kann seine Lage wohl mit gutem Grund als der natürliche und gewöhnliche Zustand der Menschen bezeichnet werden. Ungeachtet des gegenwärtigen Elends und der Verderbtheit der Welt, die mit so viel Recht beklagt wird, ist dies tatsächlich der Zustand, in dem sich die Mehrzahl der Menschen befindet. Die Mehrzahl der Menschen kann daher keine besondere Schwierigkeit darin finden, sich selbst in Gedanken zu dem Gefühl der Freude zu erheben, welches irgendein Glückszuwachs in dieser Situation ihrem Gefährten einzuflößen vermag.

Aber wenn auch wenig zu diesem Zustand hinzugefügt werden kann, so kann ihm doch viel genommen werden. Wenngleich der Abstand zwischen dieser Lage und dem höchsten Grad menschlichen Wohlergehens nur ganz unbedeutend ist, so ist doch die Entfernung zwischen ihr und der größten Tiefe des Elends gewaltig und ungeheuer. Aus diesem Grunde drückt Missgeschick notwendigerweise das Gemüt des Betroffenen weit mehr unter seinen natürlichen Zustand nieder, als Wohlergehen es über diesen erheben kann. Der Zuschauer muss es deshalb weit schwerer finden, mit dessen Sorge zu sympathisieren und mit ihr vollständig Schritt zu halten, als seine Freude vollkommen nachzuempfinden, und muss in dem ersteren Falle weit mehr von seiner eigenen natürlichen und gewöhnlichen Gemütsverfassung abweichen als in dem letzteren. Daher kommt es, dass unsere Sympathie mit dem Leid, obwohl sie oft eine lebhaftere Empfindung ist als unsere Sympathie mit der Freude, doch immer weit mehr hinter der Heftigkeit dessen zurückbleibt, was die zunächst betroffene Person naturgemäß fühlt.

Es ist angenehm, mit der Freude des anderen zu sympathisieren. Und [46] wenn nicht gerade der Neid es verhindert, gibt sich unser Herz mit Genugtuung den höchsten Regungen dieses herrlichen Gefühls hin. Aber es ist schmerzlich, den Kummer des anderen mitzuempfinden, und nur mit Widerstreben nehmen wir jedes Mal an ihm teil.[1] Wenn wir der Aufführung einer Tragödie beiwohnen, widersetzen wir uns der mitfühlenden Trauer, die die Darstellung uns einflößt, solange es uns möglich ist, und wir geben ihr schließlich nur Raum, wenn wir nicht mehr anders können; aber selbst dann bemühen wir uns, unsere Teilnahme vor anderen zu verbergen. Wenn wir Tränen vergießen, dann verhehlen wir sie sorgsam und fürchten, dass die Zuschauer, die diese übergroße Empfindsamkeit nicht teilen, sie als eine Verweichlichung und Schwäche ansehen könnten. Der Bedauernswerte, dessen Unglück unser Mit-

1 Es wurde mir [von David Hume, Anm. d. Hg.] entgegengehalten, dass, da ich das Billigungsgefühl, das immer angenehm ist, auf Sympathie gründe, es unvereinbar mit meinem System sei, irgendwelche unangenehme Sympathie zuzulassen. Ich antworte darauf, dass in dem Billigungsgefühl zwei Momente liegen, die man berücksichtigen muss. Erstens der auf Sympathie beruhende Affekt des Zuschauers; und zweitens das Gefühl, welches in diesem daraus entsteht, dass er die völlige Übereinstimmung zwischen seinem auf Sympathie beruhenden Affekt und dem ursprünglichen Affekt der zunächst betroffenen Person beobachtet. Dieses letztere Gefühl, in welchem das Billigungsgefühl eigentlich besteht, ist immer angenehm und erfreulich. Das andere kann angenehm oder unangenehm sein, je nach der Natur des ursprünglichen Affekts, dessen Züge es in gewissem Maße immer beibehalten muss.

gefühl wachruft, fühlt, dass wir nur mit Widerstreben an seinem Kummer teilnehmen dürften, und trägt uns daher sein Leid nur mit Furcht und Zögern vor; er verheimlicht sogar die Hälfte davon und schämt sich eben wegen dieser Hartherzigkeit der Menschen, der Fülle seiner Betrübnis freien Lauf zu lassen. Anders verhält es sich mit einem Menschen, der in Freude und im Glücke schwelgt. Immer, wenn uns nicht gerade Neid gegen ihn einnimmt, erweckt er unsere vollste Sympathie. Er scheut sich deshalb nicht, sich uns mit Freudenrufen mitzuteilen, in vollem Vertrauen darauf, dass wir von Herzen geneigt sein werden, an seiner Freude teilzunehmen.

[47] Warum sollten wir uns mehr schämen, vor den Leuten zu weinen, als zu lachen? Wir mögen oft ebenso gut Anlass zum Weinen wie ein anderes Mal zum Lachen haben, aber wir haben immer das Gefühl, dass die Zuschauer eher bereit sind, unsere angenehmen Gemütsbewegungen zu teilen, als die schmerzlichen. Es ist immer erbärmlich, zu klagen, selbst wenn wir von den fürchterlichsten Schicksalsschlägen bedrückt sind. Aber der Triumph des Sieges ist keineswegs immer unschön. Freilich dürfte die Klugheit uns oft raten, unser Glück mit mehr Mäßigung zu tragen; denn die Klugheit lehrt uns, jenen Neid und jene Missgunst zu meiden, die gerade dieser Triumph mehr als irgendetwas anderes zu erregen geeignet ist.

Wie herzlich ist der Beifall des Volkes, das niemals Neid auf seine Oberen hegt, bei einem Triumph oder einem öffentlichen Einzug? Und wie ruhig und mäßig ist im Allgemeinen seine Trauer bei einer Hinrichtung? Unsere Trauer bei einem Begräbnis kommt meistens auf nicht mehr als auf einen erkünstelten Ernst hinaus; aber unsere Fröhlichkeit bei einer Taufe oder einer Hochzeit kommt immer von Herzen und ist ohne jede Künstelei. Unsere Befriedigung über diese und alle anderen freudigen Anlässe ähnlicher Art ist, wenn auch nicht so lange andauernd, doch oft ebenso lebhaft wie jene der zunächst betroffenen Person. Immer, wenn wir von Herzen unseren Freunden Glück wünschen, was wir – zur Schande der menschlichen Natur – nur selten tun, dann wird ihre Freude buchstäblich unsere Freude; wir sind in diesem Augenblick so glücklich, wie sie es sind; unser Herz schwillt und fließt über von wirklicher Lust; Freude und Wohlgefallen glänzen aus unseren Augen und beseelen jeden Zug unserer Miene und jede Bewegung unseres Körpers.

Wenn wir dagegen auf der anderen Seite unseren Freunden unser Beileid in ihren Bekümmernissen bezeigen, wie wenig fühlen wir da im Vergleich zu dem, was sie fühlen? Wir setzen uns zu ihnen, wir blicken sie an, und während sie uns die näheren Umstände ihres Unglücks erzählen, hören wir ihnen mit Ernst und Aufmerksamkeit zu. Aber während ihre Erzählung jeden Augenblick durch jene natürlichen Ausbrüche des Affekts unterbrochen wird, die sie oft mitten im Reden beinahe zu ersticken scheinen, wie weit sind da die matten Regungen unserer Herzen davon entfernt, mit der Leidenschaftlichkeit ihrer Gefühle Schritt zu halten? Wir fühlen vielleicht gleichzeitig, dass ihre Leidenschaft natürlich und nicht stärker ist, als wir sie selbst bei einem gleichen Anlass empfinden würden. Wir mögen uns innerlich selbst über unseren Mangel an Gefühl Vorwürfe machen und uns vielleicht daraufhin in eine Art künstlicher Sympathie versetzen, die indes, auch wenn sie wirklich geweckt wird, doch immer die schwächste und vergänglichste ist, die man sich vorstellen kann, und die meistens, sowie wir das Zimmer verlassen haben, schon verschwindet und für immer dahin ist. Es scheint, dass die Natur, als sie uns mit unseren eigenen Sorgen belud, der Meinung war, diese seien für uns schwer genug, und dass sie deshalb nicht vorsah, dass wir mehr Anteil an den Sorgen anderer nehmen, als nötig ist, um uns zu veranlassen, sie zu lindern.

Gerade mit Rücksicht auf diese Stumpfheit unseres Gefühls für die Bekümmernisse anderer erscheint uns die Seelengröße, wenn sie der Mensch inmitten großen Leids bewahrt, immer so göttlich schön. Dessen Benehmen ist wohlgesittet und ansprechend, der imstande ist, seine Heiterkeit inmitten einer Anzahl geringfügiger Unfälle aufrechtzuerhalten. Größer als [48] ein Sterblicher erscheint uns derjenige, der mit der gleichen Heiterkeit die fürchterlichsten Plagen zu ertragen weiß. Wir fühlen, was für eine ungeheure Anstrengung erforderlich ist, um jene heftigen Gemütsbewegungen zum Schweigen zu bringen, die ihn in seiner Situation naturgemäß erschüttern und quälen. Es setzt uns in Erstaunen, wenn wir sehen, dass er sich selbst so vollständig beherrschen kann. Seine Standhaftigkeit fällt nun zugleich völlig zusammen mit unserer Unempfindlichkeit. Er verlangt von uns durchaus nicht jenen äußerst hohen Grad von Gefühlsfähigkeit, den wir, wie wir bemerken – und es kränkt uns, dies zu bemerken –, tatsächlich nicht besitzen. Es findet hier die vollkommenste Übereinstimmung zwischen seinen Empfindungen und den unsrigen statt und aus diesem Grunde erblicken wir auch in seinem Betragen die vollkommenste Schicklichkeit. Es ist das zugleich eine Schicklichkeit oder Korrektheit, die selten anzutreffen ist, und wir hätten nach unserer Erfahrung über die gewöhnliche Schwäche der menschlichen Natur vernünftigerweise nicht erwarten können, dass er fähig sein würde, sie aufrechtzuerhalten. Voll Überraschung und Erstaunen wundern wir uns über jene Geistesstärke, die einer so vornehmen und edlen Anstrengung fähig ist. Die Empfindung vollkommener Sympathie und Billigung bildet im Verein mit Staunen und Überraschung das, was im eigentlichen Sinne des Wortes Bewunderung genannt wird, wie wir dies im Früheren bereits mehr als einmal bemerkt haben. Cato, wie er, von allen Seiten durch seine Feinde eingeschlossen, unfähig, ihnen Widerstand zu leisten, es doch verschmäht, sich ihnen zu unterwerfen und durch die stolzen Grundsätze jenes Zeitalters zu dem Entschluss gezwungen wird, sich selbst zu zerstören; wie er trotz allem niemals zurückbebt vor den schweren Schicksalsschlägen, die ihn getroffen haben; niemals mit der klagenden Stimme des Elends demütig um jene erbärmlichen Tränen des Mitgefühls fleht, die zu vergießen wir immer so wenig willens sind; sondern sich vielmehr mit männlicher Tapferkeit wappnet und noch in dem Augenblick, bevor er seinen verhängnisvollen Entschluss ausführt, mit seiner gewohnten Ruhe alle Befehle gibt, die für die Sicherheit seiner Freunde notwendig sind – dies erscheint einem Seneca, jenem großen Prediger der Gefühllosigkeit, als ein Schauspiel, nach dem sogar die Götter selbst mit Wohlgefallen und Bewunderung blicken.

Wann immer wir im gewöhnlichen Leben irgendwelchen Beispielen solch heroischer Seelenstärke begegnen, machen sie stets den tiefsten Eindruck auf uns. Wir sind weit eher geneigt, für diejenigen zu weinen und Tränen zu vergießen, die auf diese Weise nichts für sich selbst zu fühlen scheinen, als für diejenigen, die der ganzen Schwäche des Kummers nachgeben; und in diesem besonderen Fall scheint der der Sympathie entspringende Kummer des Zuschauers weit über den ursprünglichen Affekt der zunächst betroffenen Person hinauszugehen. Die Freunde des Sokrates weinten alle, als er den Todestrank zu sich nahm, während er selbst die heiterste und fröhlichste Ruhe an den Tag legte. Bei allen derartigen Gelegenheiten macht der Zuschauer keine Anstrengung, um seinen mitfühlenden Kummer zu überwinden, und er hat auch keinen Anlass dazu. Er muss nicht fürchten, dass dieser Kummer ihn zu etwas

Extravagantem und Unangemessenem verleiten könnte; er ist vielmehr erfreut über die Empfindsamkeit seines eigenen Herzens und gibt ihr mit Wohlgefallen und Selbstbilligung nach. Gerne überlässt er sich deshalb den schwermütigsten Aussichten, die sich ihm naturgemäß in Bezug auf das Elend seines Freundes aufdrängen, für den er vielleicht niemals zuvor so überaus heftig [49] die zärtliche und tränenreiche Leidenschaft der Liebe gefühlt hatte. Ganz anders verhält es sich jedoch mit demjenigen, der durch das Unglück in erster Linie betroffen ist. Er muss seine Augen so weit wie möglich von allem abkehren, was an seiner Situation schrecklich oder unangenehm ist. Er fürchtet, dass eine allzu ernsthafte Aufmerksamkeit gegenüber jenen widerwärtigen Umständen einen so gewaltigen Eindruck auf ihn machen könnte, dass er sich selbst nicht mehr in den Schranken der Mäßigung halten kann und dass er dann nicht mehr die vollständige Sympathie und Billigung der Zuschauer auf sich ziehen kann. Er heftet deshalb seine Gedanken nur auf jene Umstände, die für ihn angenehm sind, nämlich auf den Beifall und die Bewunderung, die er durch die heldenhafte Seelenstärke seines Betragens verdienen wird. Das Bewusstsein darüber, einer so vornehmen und edlen Anstrengung fähig zu sein, das Gefühl, in dieser fürchterlichen Situation immer noch so handeln zu können, wie er es wünscht, begeistert ihn, erfüllt ihn mit Freude und macht ihn fähig, jene triumphierende Fröhlichkeit zu behaupten, die über den Sieg zu frohlocken scheint, den er so über sein Unglück gewonnen hat.

Auf der anderen Seite erscheint uns derjenige als ziemlich niedrig und verächtlich, der in Sorge und Niedergeschlagenheit versunken ist wegen irgendeines Unglücks, das ihn selbst betrifft. Wir können es nicht über uns bringen, für ihn zu fühlen, was er selbst für sich fühlt und was wir vielleicht für uns fühlen würden, wenn wir in seiner Lage wären; deshalb verachten wir ihn – ungerechterweise vielleicht, wenn irgendein Gefühl als ungerecht angesehen werden könnte, zu welchem wir von Natur unwiderstehlich bestimmt werden. Schwächlicher Kummer erscheint niemals in irgendwelcher Hinsicht anziehend, ausgenommen den Fall, wo er mehr aus dem entspringt, was wir für andere fühlen, als aus demjenigen, was wir für uns selbst fühlen. Ein Sohn mag seinem Kummer über den Tod eines zärtlichen und ehrwürdigen Vaters freien Lauf lassen, ohne dass man ihn deswegen besonders tadeln würde. Sein Kummer gründet sich hauptsächlich auf eine Art von Sympathie, die er für seinen dahingeschiedenen Vater empfindet, und wir nehmen an diesem menschlichen Gefühl bereitwillig teil. Wenn er sich aber der gleichen Schwachheit überließe, um irgendeines Missgeschicks willen, das nur ihn selbst berührt, dann würde er nicht mehr einer solchen Nachsicht begegnen. Wenn er in seinem Vermögensverhältnisse bis zu Ruin und Bettelei heruntergebracht würde, wenn er den fürchterlichsten Gefahren ausgesetzt wäre, wenn er selbst schließlich zur öffentlichen Hinrichtung hinausgeführt würde und wenn er dann eine einzige Träne auf dem Schafott vergösse, so würde er sich für immer in der Meinung aller feinfühligen und edel denkenden Menschen in Unehre bringen. Ihr Mitleid für ihn würde immerhin sehr stark und aufrichtig sein; aber da es doch immer noch hinter dieser maßlosen Schwachheit zurückbleiben würde, würden sie keine Nachsicht mit demjenigen haben, der sich selbst in den Augen der Welt so bloßstellen konnte. Sein Betragen würde sie mehr mit Scham erfüllen als mit Kummer; und die Unehre, die er so auf sich geladen hätte, würde ihnen als der beklagenswerteste Umstand in seinem Unglück erscheinen. Wie entehrte es das Andenken des unerschrockenen Herzogs von Biron, der so oft im Felde dem Tode getrotzt hatte, dass er auf dem Schafott weinte, als er in Gedanken den Zustand betrachtete, in den er [50] gefallen war, und sich zugleich das Ansehen und den Ruhm ins Gedächtnis zurückrief, von dem ihn seine eigene Unbesonnenheit so unglückselig herabgestürzt hatte!

Zweites Kapitel:
Über den Ursprung des Ehrgeizes und über die Standesunterschiede

Weil die Menschen geneigt sind, aufrichtiger mit unserer Freude zu sympathisieren als mit unserem Leid, pflegen wir gewöhnlich mit unserem Reichtum zu prunken und unsere Armut zu verbergen. Nichts ist für uns so kränkend, wie wenn wir gezwungen sind, unsere Notlage den Blicken der Allgemeinheit preiszugeben und dabei zu fühlen, dass, obwohl unsere Situation für die Augen aller Menschen offen daliegt, doch kein Sterblicher auch nur die Hälfte dessen fühlt, was wir leiden. Ja, es kommt hauptsächlich von dieser Rücksicht auf die Gefühle der Menschen, dass wir den Reichtum anstreben und dass wir der Armut zu entrinnen trachten. Denn welchem Zweck dienen all die Mühseligkeit und all die lärmende Geschäftigkeit dieser Welt? Was ist der Zweck von Habsucht und Ehrgeiz und der Jagd nach Reichtum, Macht und Vorrang? Ist es der, den natürlichen Bedürfnissen Genüge zu tun? Der Lohn des geringsten Arbeiters reicht aus, um diese zu befriedigen. Wir sehen, dass er ihm Nahrung und Kleidung gewährt, den Komfort eines Hauses und einer Familie. Wenn wir seine Haushaltung streng prüften, dann würden wir bemerken, dass er einen großen Teil des Lohnes für bloße Bequemlichkeiten ausgibt, die als überflüssig betrachtet werden können, und dass er bei außerordentlichen Gelegenheiten sogar etwas dafür anwenden kann, um seine Eitelkeit zu befriedigen und vornehm auftreten zu können. Was ist aber dann an unserer Abneigung gegenüber seiner Lage schuld, und warum würden diejenigen, die in den besseren Lebensständen aufgewachsen sind, ihr Schicksal für schlechter halten als den Tod, wenn es sie in solche Verhältnisse versetzte, dass sie – sei es auch, ohne arbeiten zu müssen – von derselben einfachen Kost leben, unter demselben niedrigen Dach wohnen und in denselben einfachen Sachen sich kleiden sollten wie er? Bilden sie sich ein, dass in einem Palast ihr Magen besser oder ihr Schlaf gesünder sei als in einer Hütte? Das Gegenteil ist so oft bemerkt worden und ist tatsächlich so überaus offenkundig, dass, auch wenn es niemals bemerkt worden wäre, sich niemand darüber täuschen könnte. Woher entsteht dann also jener Wetteifer, der sich durch alle verschiedenen Stände der Menschen hindurchzieht, und welches sind die Vorteile, die wir bei jenem großen Endziel menschlichen Lebens, das wir die Verbesserung unserer Verhältnisse nennen, im Sinne haben? Dass man uns bemerkt, dass man auf uns achtet, dass man mit Sympathie, Wohlgefallen und Billigung von uns Kenntnis nimmt, das sind alles Vorteile, die wir daraus zu gewinnen hoffen dürfen. Es ist die Eitelkeit, nicht das Wohlbefinden oder das Vergnügen, was uns daran anzieht. Eitelkeit aber beruht immer auf der Überzeugung, dass wir der Gegenstand der Aufmerksamkeit und Billigung sind. Der reiche Mann [51] rühmt sich seines Reichtums, weil er fühlt, dass dieser naturgemäß die Aufmerksamkeit der Welt auf ihn lenkt und dass die Menschen geneigt sind, an all jenen angenehmen Gemütsbewegungen gerne teilzunehmen, welche die Vorteile seiner Situation ihm so leicht einflößen müssen. Bei dem

Gedanken daran scheint sich ihm das Herz in der Brust zu weiten und aufzugehen, und er pflegt aus diesem Grunde mehr in seinen Wohlstand vernarrt zu sein als wegen aller anderen Vorteile, die ihm dieser verschafft. Der Arme auf der anderen Seite schämt sich seiner Armut. Er fühlt, dass sie ihn entweder aus dem Blick der Menschen ausschließt oder dass diese doch, wenn sie irgend Notiz von ihm nehmen, kaum irgendwelches Mitgefühl mit dem Elend und der Not haben werden, die er erduldet. Über beides kränkt er sich. Denn wenngleich es zwei gänzlich verschiedene Dinge sind, ob man übersehen wird oder ob man Missbilligung erfährt, so ist doch das Gefühl, nicht beachtet zu werden, notwendigerweise ein Dämpfer für die schönste Hoffnung und eine Enttäuschung für den sehnlichsten Wunsch der menschlichen Natur, da die Dunkelheit uns vor dem Tageslicht der Ehre und der Anerkennung schützt. Unbeachtet kommt und geht der arme Mann und inmitten einer Menschenmenge befindet er sich in der gleichen Verborgenheit, wie wenn er in seine Hütte eingeschlossen wäre. Jene niedrigen Sorgen und jene kümmerlichen Interessen, welche einen Menschen in seiner Lage beschäftigen, gewähren ausschweifenden und fröhlich gestimmten Leuten keine Unterhaltung. Sie wenden ihre Augen von ihm ab oder, wenn das Übermaß seines Elends sie zwingt, nach ihm zu blicken, dann geschieht es nur, um einen so unangenehmen Gegenstand aus ihrer Mitte hinwegzustoßen. Die Glücklichen und Stolzen staunen über die Unverschämtheit menschlichen Elends und wundern sich, dass dieses es wagen könne, sich vor ihnen zur Schau zu stellen, und dass es sich herausnehme, mit dem ekelhaften Anblick seiner Not die Heiterkeit ihres Glückes zu stören. Dagegen wird der Mann von Rang und Namen von aller Welt beobachtet. Jedermann ist begierig, nach ihm zu schauen und wenigstens durch Sympathie jene Freude und jene Heiterkeit nachzuempfinden, mit welcher seine glücklichen Verhältnisse ihn naturgemäß erfüllen müssen. Alle seine Handlungen beschäftigen das Interesse des Publikums. Kaum ein Wort kann ihm entfallen, kaum eine Gebärde ihm entschlüpfen, die wirklich ganz und gar unbeachtet bleiben würde. In einer großen Versammlung ist er derjenige, auf den sich die Augen aller richten; auf ihn scheinen ihre Affekte erwartungsvoll zu harren, um jene Bewegung und Richtung anzunehmen, die er ihnen mitteilen wird; und wenn sein Betragen nicht ganz und gar ungereimt ist, so hat er jeden Augenblick Gelegenheit, die Teilnahme der Menschen zu wecken und die Beachtung und das Mitgefühl eines jeden Einzelnen aus der Menge auf sich zu lenken. Dies ist es, was die Größe, ungeachtet der Zurückhaltung, die sie auferlegt, ungeachtet des Freiheitsverlustes, mit dem sie verknüpft ist, doch zum Gegenstand des Neides macht, was in den Augen der Menschen all jene Beschwerlichkeit, all jene Angst, all jene Kränkungen aufwiegt, die man auf der Jagd nach ihr auf sich nehmen muss, und was zugleich Ersatz bietet für das, was noch viel wichtiger ist – nämlich für all jene Muße, für all jenes Behagen, für all jene sorglose Sicherheit, die auf immer verwirkt sind, sobald man die Größe wirklich erreicht hat.

[...]

[**61**] [...]

Drittes Kapitel: Über die Verfälschung unserer moralischen Gefühle, die aus diesem unserem Hang entsteht, die Reichen und Mächtigen zu bewundern, dagegen Personen in ärmlichen und niedrigen Verhältnissen zu verachten oder hintanzusetzen

Dieser Hang, die Reichen und Mächtigen zu bewundern und beinahe göttlich zu verehren und Personen in ärmlichen und niedrigen Verhältnissen zu verachten oder wenigstens zurückzusetzen, ist zwar notwendig, um die Standesunterscheidung und die Ordnung der Gesellschaft zu begründen und aufrechtzuerhalten, aber er ist zugleich auch die größte und allgemeinste Ursache der Verfälschung unserer ethischen Gefühle. Dass Wohlstand und hoher Rang oft mit jener Achtung und der Bewunderung betrachtet werden, welche [**62**] allein der Weisheit und Tugend gebühren, und dass die Verachtung, die doch eigentlich nur dem Laster und der Torheit zukommen, sich oft in höchst ungerechter Weise gegen Armut und Schwäche kehrt, das ist die Klage der Moralphilosophen zu allen Zeiten gewesen.

Wir wollen sowohl achtungswürdig sein als auch geachtet werden. Wir fürchten, sowohl verachtenswert zu sein, als auch verachtet zu werden. Wenn wir uns aber in der Welt umsehen, dann finden wir bald, dass keineswegs Weisheit und Tugend die einzigen Gegenstände der Achtung, noch Laster und Torheit die einzigen Gegenstände der Verachtung sind. Häufig sehen wir die achtungsvolle Aufmerksamkeit der Welt stärker auf die Reichen und Vornehmen sich richten als auf die Weisen und Tugendhaften. Häufig sehen wir, dass die Laster und Torheiten des Mächtigen weit weniger verabscheut werden als die Armut und Schwäche des Unschuldigen. Die Achtung und Bewunderung der Menschen zu verdienen, zu erwerben und zu genießen, das sind die größten Ziele des Ehrgeizes und des Wetteifers. Zwei verschiedene Wege bieten sich uns, die beide in gleicher Weise zur Erreichung jenes so sehr ersehnten Zieles führen sollen; der eine führt durch das Streben nach Weisheit und die Betätigung der Tugend; der andere durch den Erwerb von Reichtum und Vornehmheit. Zwei verschiedene Gesinnungsarten bieten sich uns zur Nacheiferung dar: stolzer Ehrgeiz und prahlerische Habgier auf der einen Seite, demütige Bescheidenheit und angemessene Gerechtigkeit auf der anderen. Zwei verschiedene Modelle, zwei verschiedene Gemälde breiten sich vor uns aus, nach denen wir unseren Charakter und unser Betragen bilden können; das eine schimmernder und glänzender in seiner Färbung, das andere richtiger und von erlesenerer Schönheit in seinen Umrissen; das eine drängt sich der Beachtung eines jeden planlos umherschweifenden Auges auf, das andere zieht kaum die Aufmerksamkeit irgendeines anderen Menschen auf sich, als die eines besonders eifrigen und sorgsamen Beobachters. Es sind hauptsächlich die Weisen und Tugendhaften, eine auserwählte, doch, wie ich fürchte, nur kleine Schar, die die wahren und ständigen Bewunderer von Weisheit und Tugend bilden. Die meisten Menschen bewundern und verehren Reichtum und Größe, und, was noch außergewöhnlicher erscheinen mag, sie sind meist ganz uneigennützige Bewunderer und Verehrer dieser Güter.

Die Achtung, die wir für Weisheit und Tugend fühlen, ist zweifellos verschieden von derjenigen, die wir für Reichtum und Vornehmheit empfinden. Und es erfordert kein sehr feines Unterscheidungsvermögen, um diese Verschiedenheit zu bemerken. Aber ungeachtet dieser Verschiedenheit zeigen diese Gefühle untereinander doch eine sehr beträchtliche Ähnlichkeit. In einigen eigentümlichen Zügen weichen sie zweifellos voneinander ab, aber im allgemeinen Aussehen und im ganzen Erscheinungsbild sind sie einander so ähnlich, ja beinahe gleich, dass unaufmerksame Beobachter sehr leicht das eine irrtümlich für das andere halten können.

Es gibt kaum einen Menschen, der nicht den Reichen und Vornehmen bei gleichem Grade des persönlichen Verdienstes mehr achten würde als den Armen und Niedrigen. Von den meisten Menschen wird sogar die Anmaßung und Eitelkeit der Ersteren weit mehr bewundert als das wirkliche und echte Verdienst der Letzteren. Es wäre vielleicht kaum mit guten Sitten oder auch nur mit gutem Sprachgebrauch vereinbar, zu sagen, dass Reichtum und hoher Rang an sich und abgesehen von Verdienst und Tugend unsere Achtung verdienen. Wir müssen indessen zugeben, dass sie dieser Achtung beinahe ständig teilhaft werden, und sie können darum in gewisser Hinsicht als deren natürliche Objekte betrachtet werden. [63] Gewiss, jene hohen Stellungen können durch Laster und Torheit völlig ihres Ansehens beraubt werden. Aber das Laster und die Torheit müssen sehr groß sein, bevor sie diese vollständige Entehrung bewirken können. Die Verworfenheit eines Mannes von Welt wird mit weit weniger Verachtung und Abneigung betrachtet, als die eines Mannes aus niedrigerem Stande. Dem Letzteren wird gemeinhin eine einzige Übertretung der Regeln der Mäßigkeit und Schicklichkeit weit mehr übelgenommen als dem Ersteren die beständige und eingestandene Missachtung dieser Regeln.

Glücklicherweise ist in den mittleren und unteren Gesellschaftsklassen der Weg zur Tugend und der zum Glück – zu jenem Glück wenigstens, wie es Menschen in solchen Ständen vernünftigerweise jemals zu erreichen hoffen dürfen – in den meisten Fällen fast durchaus derselbe. In all den mittleren und niedrigeren Berufen können wirkliche und echte berufliche Fähigkeiten, verbunden mit kluger, rechtschaffener, standhafter und mäßiger Lebensführung nur sehr selten eines guten Erfolges ermangeln. Gute Fähigkeiten werden freilich manchmal auch dort den Sieg davontragen, wo die Lebensführung keineswegs korrekt ist. Indessen wird eine gewohnheitsmäßige Unklugheit, Ungerechtigkeit, Schwäche oder Verschwendungssucht auch die glänzendsten beruflichen Fähigkeiten stets verdunkeln und manchmal ganz und gar ihrer Wirkung berauben. Menschen der niedrigeren und mittleren Gesellschaftsstände können überdies niemals mächtig genug sein, um über dem Gesetz zu stehen, das sie im Allgemeinen in einer Art von Furcht und Achtung wenigstens gegenüber den wichtigeren Regeln der Gerechtigkeit halten muss. Auch hängt der Erfolg solcher Leute beinahe immer von der Gunst und der guten Meinung ihrer Nachbarn und Standesgenossen ab, und dieser können sie selten teilhaftig werden, sofern sie sich nicht einer wenigstens halbwegs geordneten Lebensführung befleißigen. Das gute alte Sprichwort, Ehrlichkeit sei die beste Politik, bewährt also in solchen Lagen beinahe immer seine volle Wahrheit. In solchen Verhältnissen können wir deshalb im Allgemeinen einen beträchtlichen Grad von Tugend erwarten und zum Glück für die Sittlichkeit der Gesellschaft ist dies die Lage des weitaus größten Teiles der Menschheit.

In den höheren Lebensständen liegt die Sache unglücklicherweise nicht immer ebenso günstig. An den fürstlichen Höfen, in den Salons der Vornehmen, wo Erfolg und Beförderung nicht von der Achtung verständiger und wohlunterrichteter Standesgenossen abhängen, sondern von der grillenhaften und törichten Gunst unwissender, eingebildeter und stolzer Vorgesetzter, da tragen allzu oft Schmeichelei und Falschheit den Sieg davon über Verdienst und Fähigkeiten. In diesen Gesellschaftskreisen wird die Fähigkeit, Gefallen zu erregen, weit mehr beachtet als die Fähigkeit, wirkliche Dienstleistungen zu vollbringen. In ruhigen und friedlichen Zeiten, wenn der Sturm in weiter Ferne ist, wünscht der Fürst oder der Hochgestellte nur unterhalten zu werden, und er ist sogar imstande, sich einzubilden, dass er kaum irgendwelcher Dienstleistungen der Menschen bedürfe oder dass diejenigen, die ihn unterhalten, auch hinreichend fähig wären, ihm zu dienen. Der äußerliche Anstand, der wertlose äußere Schliff jenes nichtigen und närrischen Dinges, das man einen Mann von Welt nennt, werden gemeinhin mehr bewundert als die echten und mannhaften Tugenden eines Kriegers, eines Staatsmannes, eines Philosophen oder eines Gesetzgebers. All die großen und ehrwürdigen Tugenden, all die Tugenden, die einen Menschen für Ratsversammlung und Parlament oder für das Feld tüchtig machen, werden von den frechen und hohlen Schmeichlern, die gemeinhin in solchen verderbten Gesellschaftskreisen die größte Rolle spielen, mit der äußersten Verachtung und Verspottung behandelt. [**64**]

[…]

Gerade durch unsere Neigung, die Reichen und Vornehmen zu bewundern und infolgedessen nachzuahmen, werden diese in die Lage versetzt, das zu begründen oder doch zu leiten, was man die Mode nennt. Ihre Kleidung ist die modische Kleidung, die Sprache ihrer Unterhaltung der moderne Sprachstil, ihr Auftreten und ihr Betragen das moderne Benehmen. Sogar ihre Laster und Torheiten werden modern, und die Mehrzahl der Menschen ist stolz darauf, sie gerade in jenen Eigenschaften, die sie entehren und erniedrigen, nachzuahmen und ihnen darin ähnlich zu werden. Eitle Menschen geben sich oft den Anschein einer modernen Verworfenheit, die sie selbst im Herzen nicht gutheißen und deren sie vielleicht in Wirklichkeit gar nicht schuldig sind. Sie wünschen gelobt zu werden für dasjenige, was sie selbst nicht für lobenswürdig halten, und sie schämen sich gewisser altmodischer Tugenden, die sie manchmal im Geheimen betätigen und für die sie insgeheim eine wahrhafte Verehrung hegen. Es gibt Heuchler des Reichtums und der Vornehmheit ebenso wie solche der Religiosität und der Tugend; und ein eitler Mann ist ebenso imstande, sich auf ersterem Gebiet für etwas auszugeben, was er nicht ist, wie ein verschlagener Mensch auf dem letzteren es tut. Er legt sich die Ausstattung und die glänzende Lebensweise der über ihm Stehenden bei, ohne zu bedenken, dass alles, was an jenen Dingen lobenswürdig sein mag, doch seinen ganzen Wert und seine ganze Schicklichkeit daher ableitet, dass es zu jener Situation und jenem Vermögen passt, die eine solche Ausgabe erfordern und auch leicht bestreiten können. So mancher arme Mann setzt seine Ehre darein, für reich gehalten zu werden, ohne zu bedenken, dass die Pflichten – wenn man solche Narrheiten mit einem so überaus verehrungswürdigen Namen benennen will –, die der Ruf des Reichtums ihm auferlegt, ihn bald an den Bettelstab bringen und so seine Lage noch weit mehr der Situation derjenigen unähnlich machen müssen, die er bewundert und nachahmt, als dies ursprünglich der Fall gewesen war.

[…]

[109]

Dritter Teil: Über die Grundlagen der Urteile, die wir über unsere eigenen Gefühle und unser eigenes Verhalten fällen, und über das Pflichtgefühl

Erstes Kapitel: Über das Prinzip der Selbstbilligung und Selbstmissbilligung

In den ersten zwei Teilen dieser Abhandlung habe ich hauptsächlich den Ursprung und die Grundlage jener Urteile in Betracht gezogen, die wir über Gefühle und Verhalten anderer Personen fällen. Ich gehe nun dazu über, den Ursprung derjenigen Urteile, die uns selbst betreffen, einer ausführlicheren Betrachtung zu unterziehen.

Das Prinzip, nach welchem wir unser eigenes Verhalten natürlicherweise billigen oder missbilligen, scheint ganz dasselbe zu sein wie dasjenige, nach dem wir die gleichen Urteile über das Betragen anderer Leute fällen. Wir billigen oder missbilligen das Verhalten eines anderen Menschen derart, dass wir uns in seine Lage hineindenken und nun unsere Gefühle darauf prüfen, ob wir mit den Empfindungen und Beweggründen, die es leiteten, sympathisieren können oder nicht. Und in gleicher Weise billigen oder missbilligen wir unser eigenes Betragen, indem wir uns in die Lage [110] eines anderen Menschen versetzen und es gleichsam mit seinen Augen und von seinem Standort aus betrachten und nun zusehen, ob wir von da aus an den Empfindungen und Beweggründen, die auf unser Betragen einwirken, Anteil nehmen und mit ihnen sympathisieren könnten oder nicht. Es gibt keine Möglichkeit, unsere Empfindungen und Beweggründe zu überblicken und irgendein Urteil über sie zu fällen, solange wir uns nicht von unserem natürlichen Standort entfernen und sie aus einem gewissen Abstand von uns selbst anzusehen trachten. Wir können dies aber auf keine andere Weise tun, als indem wir versuchen, sie mit den Augen anderer Leute zu betrachten, das heißt so, wie andere Leute sie wohl betrachten würden. Demgemäß muss jedes Urteil, das wir über sie fällen können, stets eine gewisse unausgesprochene Bezugnahme auf die Urteile anderer haben, und zwar entweder auf die Urteile, wie sie wirklich sind oder wie sie unter bestimmten Bedingungen sein würden oder aber wie sie unserer Meinung nach sein sollten. Wir bemühen uns, unser Verhalten so zu prüfen, wie es ein anderer gerechter und unparteiischer Zuschauer prüfen würde. Wenn wir uns erst in seine Lage versetzen und wir dann immer noch allen Affekten und Beweggründen zustimmen, die unser Verhalten bestimmten, dann billigen wir dieses Verhalten aus Sympathie mit der Billigung dieses gerechten Richters, den wir in Gedanken aufgestellt haben. Fällt die Prüfung anders aus, dann teilen wir seine Missbilligung und verurteilen unser Verhalten.

Wäre es möglich, dass ein menschliches Wesen an einem einsamen Ort und ohne jede Gemeinschaft und Verbindung mit Angehörigen seiner Gattung bis zum Mannesalter heranwachsen könnte, dann könnte es sich über seinen Charakter und über die Schicklichkeit oder Verwerflichkeit seiner Empfindungen und seines Verhaltens ebenso wenig Gedanken machen wie über die Schönheit oder Hässlichkeit seines eigenen Gesichts. All das sind Dinge, die es nicht leicht erblicken kann, auf die es natürlicherweise nicht achtet und für die es doch auch nicht mit einem Spiegel ausgerüstet ist, der sie seinem Blicke darbieten könnte. Bringe jenen Menschen in Gesellschaft anderer, und er ist sogleich mit dem Spiegel ausgerüstet, dessen er vorher entbehrte. Dieser Spiegel liegt in den Mienen und in dem Betragen derjenigen, mit denen er zusammenlebt, die es ihm stets zu erkennen geben, wenn sie seine Empfindungen teilen und wenn sie sie missbilligen. Hier erst erblickt er zum ersten Mal die Schicklichkeit und Unschicklichkeit seiner eigenen Affekte, die Schönheit und Hässlichkeit seines eigenen Herzens. Bei einem Menschen, der von Geburt an jeder Gesellschaft fremd war, würden die Objekte seiner Leidenschaften, die äußeren Körper, die ihn fördern oder schädigen, seine ganze Aufmerksamkeit in Anspruch nehmen. Die Affekte selbst, die Begierden und Abneigungen, die Freuden und Leiden, die durch diese Gegenstände erregt werden, können, obwohl sie doch von allen Dingen ihm am unmittelbarsten gegenwärtig sind, kaum jemals zu Gegenständen seines Nachdenkens werden. Die Vorstellung von ihnen könnte ihn niemals so sehr interessieren, [111] dass sie seine aufmerksame Betrachtung wachrufen könnte. Die Betrachtung seiner Freude könnte in ihm keine neue Freude, die Betrachtung seines Leids kein neues Leid erwecken, obwohl die Betrachtung der Ursachen jener Affekte oft beides erregen konnte. Bringe ihn in Gesellschaft und alle seine Affekte werden sogleich zu Ursachen neuer Affekte werden. Er wird bemerken, dass die Menschen manche dieser Affekte billigen und gegen andere Widerwillen empfinden. Er wird in dem einen Falle erfreut, im anderen niedergeschlagen sein; seine Begierden und Abneigungen, seine Freuden und Leiden werden nun oft zu Ursachen neuer Begierden und neuer Abneigungen, neuer Freuden und neuer Leiden werden: Sie werden ihn darum jetzt aufs tiefste berühren und oft seine aufmerksame Betrachtung wachrufen.

Unsere ersten Vorstellungen von körperlicher Schönheit und Hässlichkeit sind von der Gestalt und der körperlichen Erscheinung der anderen abgeleitet, nicht von unserer eigenen. Indes werden wir bald dessen inne, dass andere die gleiche Kritik an uns üben. Es freut uns, wenn unser Äußeres ihr Gefallen erregt, und es beleidigt uns, wenn es offensichtlich ihren Widerwillen hervorruft. Wir werden nun ängstlich bemüht sein, in Erfahrung zu bringen, inwiefern unsere äußere Erscheinung ihren Tadel oder ihre Billigung verdient. Wir prüfen unsere Gestalt Glied [112] um Glied und bemühen uns – indem wir vor einen Spiegel treten oder ein anderes Auskunftsmittel anwenden – so sehr als möglich, uns aus der Entfernung und mit den Augen anderer Menschen zu betrachten. Wenn wir nach dieser Prüfung mit unserem Aussehen zufrieden sind, dann können wir leichter die ungünstigen Urteile anderer Menschen ertragen. Wenn wir dagegen fühlen, dass wir ganz natürlicherweise Gegenstand ihres Missfallens und Widerwillens sind, dann quält uns jedes Zeichen ihrer Missbilligung über alle Maßen. Ein Mann, der leidlich wohlgebildet ist, wird dir gern erlauben, über irgendeine kleine Unregelmäßigkeit an seinem Körper zu lachen; einem Menschen jedoch, der wirklich missgestaltet und hässlich ist, sind gewöhnlich alle derartigen Scherze unerträglich. Jedenfalls ist es einleuchtend, dass wir um unsere Schönheit und Hässlichkeit nur wegen ihrer Wirkung auf andere Menschen besorgt sind. Wenn wir keine Verbindung mit der Gesellschaft hätten, dann wäre uns beides vollkommen gleichgültig.

In ganz gleicher Weise richtet sich unsere moralische Beurteilung zunächst auf Charakter und Verhalten anderer, und wir alle sind nur allzu sehr geneigt, unser Augenmerk darauf zu richten, wie jeder von ihnen uns berührt. Aber wir erfahren bald, dass andere Leute mit ihren Urteilen über unseren Charakter und unser Verhalten ebenso freigebig sind. Wir werden nun ängstlich darauf bedacht sein, in Erfahrung zu bringen, inwiefern wir ihren Tadel oder ihren Beifall verdienen und ob wir ihnen wirklich als so angenehme oder unangenehme Geschöpfe erscheinen mussten, als welche sie uns hinstellen. Wir fangen deshalb an, unsere Affekte und unser Betragen zu prüfen und Betrachtungen darüber anzustellen, wie diese ihnen erscheinen müssen, indem wir bedenken, wie sie uns wohl erscheinen würden, wenn wir uns an ihrer Stelle befänden. Wir stellen uns vor, dass wir Zuschauer unseres eigenen Verhaltens sind, und versuchen uns vorzustellen, welche Wirkung es in diesem Licht auf uns hätte. Dies ist der einzige Spiegel, der es uns ermöglicht, die Schicklichkeit unseres eigenen Verhaltens einigermaßen mit den Augen anderer Leute zu untersuchen. Wenn es uns bei dieser Untersuchung gefällt, dann sind wir leidlich zufriedengestellt. Wir können dann dem Beifall gegenüber gleichgültiger sein und bis zu einem gewissen Grad auch den Tadel der Welt geringschätzen; denn wir sind sicher, dass wir – mag man uns noch so sehr missverstehen und unser Verhalten missdeuten – von Rechts wegen Billigung verdienen. Umgekehrt sind wir, wenn wir an der Richtigkeit unseres Verhaltens zweifeln, gerade deswegen ängstlicher darauf bedacht, ihre Billigung zu gewinnen, und, vorausgesetzt, dass wir noch nicht mit der Schande auf du und du sind, wie man sich auszudrücken pflegt, so quält uns dann besonders der Gedanke an den Tadel der Welt, der uns nun mit doppelter Strenge trifft.

[113] Wenn ich mich bemühe, mein eigenes Verhalten zu prüfen, wenn ich mich bemühe, über dasselbe ein Urteil zu fällen und es entweder zu billigen oder zu verurteilen, dann teile ich mich offenbar in all diesen Fällen gleichsam in zwei Personen. Es ist einleuchtend, dass ich als Prüfer und Richter eine Rolle spiele, die verschieden ist von jenem anderen Ich, nämlich von der Person, deren Verhalten geprüft und beurteilt wird. Die erste Person ist der Zuschauer, dessen Empfindungen in Bezug auf mein Verhalten ich nachzufühlen trachte, indem ich mich an seine Stelle versetze und überlege, wie dieses Verhalten mir wohl erscheinen würde, wenn ich es von diesem eigentümlichen Gesichtspunkt aus betrachte. Die zweite Person ist der Handelnde, die Person, die ich im eigentlichen Sinne mein Ich nennen kann und über deren Verhalten ich mir – in der Rolle eines Zuschauers – eine Meinung zu bilden suche. Die erste Person ist der Richter, die zweite ist die Person, über

die gerichtet wird. Dass jedoch der Richter in jeder Beziehung mit demjenigen, über den gerichtet wird, identisch sein sollte, das ist ebenso unmöglich, wie dass die Ursache in jeder Beziehung mit der Wirkung identisch wäre.

Liebenswert und belohnungswürdig zu sein, das heißt Liebe zu verdienen und Belohnung zu verdienen, das sind die wichtigsten Kennzeichen der Tugend, hassenswert und strafwürdig zu sein, die des Lasters. Alle diese Kennzeichen haben aber eine unmittelbare Beziehung auf die Gefühle anderer. Man sagt von der Tugend nicht darum, sie sei liebenswert oder verdienstlich, weil sie der Gegenstand ihrer eigenen Liebe oder ihrer eigenen Dankbarkeit ist, sondern weil sie diese Gefühle bei anderen Menschen hervorruft. Das Bewusstsein, dass sie allgemein in so günstigem Lichte betrachtet wird, bildet die Quelle jener inneren Ruhe und Selbstzufriedenheit, die sie natürlicherweise begleitet, so wie der Argwohn einer entgegengesetzten Beurteilung die Qualen des Lasters hervorruft. Welches Glück ist so groß, als geliebt zu werden und dabei zu wissen, dass wir Liebe verdienen? Welches Elend ist so groß, als gehasst zu werden und dabei zu wissen, dass wir Hass verdienen?

Zweites Kapitel: Von dem Verlangen nach Lob und dem Verlangen nach Lobenswürdigkeit; und von der Furcht vor Tadel und der Furcht vor Tadelnswürdigkeit

Der Mensch wünscht naturgemäß nicht nur, geliebt zu werden, sondern auch liebenswert zu sein, das heißt, so zu sein, dass er den natürlichen und schicklichen Gegenstand der Liebe bildet. Er fürchtet von Natur aus [114] nicht nur, gehasst zu werden, sondern auch hassenswert zu sein, das heißt, so zu sein, dass er den natürlichen und schicklichen Gegenstand des Hasses bildet. Er will nicht nur Lob, sondern Lobenswürdigkeit, er wünscht so zu sein, dass er, wenn er auch von niemandem gelobt werden würde, dennoch der natürliche und schickliche Gegenstand des Lobes wäre. Er fürchtet nicht nur Tadel, sondern Tadelnswürdigkeit, er fürchtet so zu sein, dass er, wenn er auch von niemandem getadelt würde, dennoch der natürliche und schickliche Gegenstand des Tadels wäre. Das Verlangen nach Lobenswürdigkeit entstammt keineswegs durchaus dem Verlangen nach Lob. Diese zwei Prinzipien ähneln zwar einander, sie sind miteinander verbunden und oft sogar vermischt, aber sie sind trotzdem in mancher Beziehung unterschieden und voneinander unabhängig.

Die Liebe und Bewunderung, die wir naturgemäß für diejenigen empfinden, deren Charakter und Verhalten wir billigen, erweckt mit Notwendigkeit in uns den Wunsch, selbst der Gegenstand der gleichen angenehmen Empfindungen zu werden und so liebenswert und bewundernswürdig wie diejenigen zu sein, die wir am meisten lieben und bewundern. Der Wetteifer, der ängstliche Wunsch, uns vor anderen auszuzeichnen, gründet sich ursprünglich auf die Bewunderung, die wir für die ausgezeichnete Vortrefflichkeit anderer hegen. Und es kann uns nicht Genüge tun, wenn wir bloß bewundert werden, und zwar wegen solcher Dinge, um derentwillen man andere Leute bewundert. Wir müssen wenigstens glauben, dass wir bewundernswert seien wegen solcher Dinge, um derentwillen auch sie bewundernswert sind. Um jedoch diese Genugtuung zu erlangen, müssen wir zu unparteiischen Zuschauern unseres eigenen Charakters und Verhaltens werden. Wir müssen uns bemühen, sie mit den Augen anderer zu betrachten, das heißt, so, wie andere Leute sie wahrscheinlich betrachten würden. Wenn sie, in diesem Lichte gesehen, uns noch so erscheinen, wie wir es wünschen, dann sind wir glücklich und zufrieden. Aber es stärkt unsere Glückseligkeit und Zufriedenheit noch ungemein, wenn wir finden, dass andere Menschen, die unseren Charakter und unser Verhalten doch buchstäblich mit den Augen sehen, mit denen wir nur in der Phantasie sie zu sehen trachten, sie nun genau in dem gleichen Licht erblicken, in dem auch wir sie erblickt hatten. Ihre Billigung verstärkt notwendig unsere Selbstbilligung. Ihr Lob kräftigt notwendig in uns selbst das Bewusstsein unserer Lobenswürdigkeit. In diesem Falle ist das Verlangen nach Lobenswürdigkeit so weit davon entfernt, gänzlich aus dem Verlangen nach Lob zu entspringen, dass vielmehr hier das Verlangen nach Lob – in großem Maße wenigstens – aus demjenigen nach Lobenswürdigkeit herzustammen scheint.

Das aufrichtigste Lob kann uns nur wenig Freude bereiten, wenn es nicht als irgendeine Art von Beweis für unsere Lobenswürdigkeit betrachtet werden kann. Es genügt keineswegs, dass man uns Achtung und Bewunderung auf diese oder jene Weise, vielleicht bloß aus Unwissenheit oder Irrtum, entgegenbringt. Wenn wir uns dessen bewusst sind [115], dass wir es nicht verdienen, in so günstigem Ruf zu stehen, und dass man, wenn man die Wahrheit über uns wüsste, uns mit ganz anderen Gefühlen betrachten würde, dann ist unsere Genugtuung weit davon entfernt, vollständig zu sein. Wer uns seinen Beifall für solche Handlungen spendet, die wir nicht vollbracht haben, oder um solcher Beweggründe willen, die in Wahrheit keinerlei Einfluss auf unser Verhalten hatten, der erteilt nicht uns, sondern einer anderen Person seinen Beifall. Aus seinen Lobsprüchen können wir keinerlei Genugtuung schöpfen. Für uns sollten sie vielmehr quälender als jeder Tadel sein, und sie sollten in unserem Geiste beständig die peinlichste aller Betrachtungen hervorrufen, nämlich die Betrachtung darüber, was wir sein sollen und was wir doch in Wahrheit nicht sind. Eine Frau, die sich schminkt, könnte doch – so sollte man meinen – auf die Komplimente wenig eitel sein, die man ihrer Gesichtsfarbe zollt. Diese Komplimente sollten ihr eher – so würden wir erwarten – zu Bewusstsein bringen, welche Gefühle ihre wirkliche Gesichtsfarbe erwecken würde, und müssten sie durch diesen Gegensatz noch mehr kränken. Sich über solchen unbegründeten Beifall zu freuen, ist ein Beweis von äußerster Oberflächlichkeit, Leichtfertigkeit und Schwäche. Gerade dies ist es, was man im eigentlichen Sinne Eitelkeit nennt und was die Grundlage der lächerlichsten und verachtenswertesten Laster bildet, der Laster der Affektiertheit und der gemeinen Lügenhaftigkeit, Torheiten, von denen man – wenn uns die Erfahrung nicht lehrte, wie gewöhnlich sie sind – meinen sollte, dass uns schon der geringste Funke gesunden Menschenverstandes vor ihnen bewahren müsste. [...]

Wie ein grundlos und aus Unkenntnis gespendetes Lob keine wahrhafte Freude gewähren kann, keine Befriedigung, die einer ernsten Prüfung standhalten würde, so gewährt uns dagegen der Gedanke oft einen wirklichen Trost, dass unser Verhalten – mag man uns auch in Wirklichkeit kein Lob gespendet haben – trotzdem von der Art gewesen ist, dass es Lob verdiente, und dass es in jeder Hinsicht jenem Maßstab und jenen Regeln angemessen war, nach welchen naturgemäß und gemeinhin Lob und Billigung gewährt werden. Wir freuen uns nicht nur über das Lob, sondern auch darüber, dass wir etwas getan haben, was des Lobes würdig ist. Wir [116] freuen uns bei dem Gedanken, dass wir uns der Billigung wert gemacht haben, mag uns auch in Wirklichkeit niemals

Billigung zuteilwerden; und es kränkt uns, zu denken, dass wir in Wahrheit den Tadel derer verdient haben, mit denen wir zusammenleben, mag auch niemals dieses Gefühl des Tadels uns gegenüber wirklich geäußert werden. Der Mann, der sich dessen bewusst ist, dass er genau jene Regeln des Verhaltens beobachtet hat, von denen die Erfahrung ihn lehrt, dass sie im Allgemeinen angemessen und richtig sind, der denkt mit Genugtuung an die Schicklichkeit seines Betragens. Wenn er es in dem Licht betrachtet, in welchem der unparteiische Zuschauer es betrachten würde, dann stimmt er nachträglich noch von ganzem Herzen all den Beweggründen zu, die ihn dabei geleitet haben. Er blickt auf jeden Abschnitt desselben mit Wohlgefallen und Billigung zurück, und mögen auch die Menschen niemals erfahren, was er getan hat, er selbst betrachtet sich doch nicht so sehr in dem Licht, in dem sie ihn tatsächlich erblicken, als vielmehr jenem Licht entsprechend, in dem sie ihn sehen würden, wenn sie besser unterrichtet wären. Er nimmt in Gedanken den Beifall und die Bewunderung vorweg, die ihm in diesem Falle gezollt werden würden, und er lobt und bewundert sich selbst aus Sympathie mit Empfindungen, die freilich in Wirklichkeit nicht vorhanden sind, die aber allein infolge der Unwissenheit des Publikums von diesem nicht gefühlt werden, Empfindungen, die, wie er weiß, die natürlichen und gewöhnlichen Wirkungen eines solchen Verhaltens sind, Empfindungen, die seine Einbildungskraft fest mit diesem verbindet und die er einer Vorstellungsgewohnheit entsprechend, die er sich erworben hat, als etwas betrachtet, das natürlich und schicklicherweise aus einem solchen Betragen folgen sollte. Es hat Menschen gegeben, die freiwillig ihr Leben fortwarfen, um nach dem Tode einen Ruhm zu erwerben, dessen sie sich doch nicht mehr erfreuen konnten. Ihre Einbildungskraft nahm inzwischen jenen Ruhm vorweg, den man ihnen in künftigen Zeiten zuerkennen musste. Jener Beifall, den sie niemals hören sollten, klang jetzt schon in ihren Ohren, der Gedanke an jene Bewunderung, deren Folgen sie niemals fühlen sollten, wirkte auf ihre Herzen, verbannte aus ihrer Brust das gewaltigste aller natürlichen Furchtgefühle und begeisterte sie zur Vollbringung von Taten, die schier jenseits des Bereichs der menschlichen Natur zu liegen scheinen. Tatsächlich aber besteht sicher kein großer Unterschied zwischen jener Billigung, die uns erst dann zuerkannt wird, wenn wir uns ihrer nicht mehr erfreuen können, und jener, die uns zwar niemals wirklich zuerkannt wird, die uns aber zuteilwerden würde, wenn die Welt jemals die wahren Umstände in Bezug auf unser Verhalten richtig erführe. Wenn die eine oft so gewaltige Wirkungen hervorruft, so kann es uns nicht wundernehmen, dass auch die andere stets in hohem Grad berücksichtigt wird.

Als die Natur den Menschen für die Gesellschaft bildete, da gab sie ihm zur Aussteuer ein ursprüngliches Verlangen mit, seinen Brüdern zu gefallen, und eine ebenso ursprüngliche Abneigung, ihnen zu schaden. Sie lehrte ihn, Freude über deren freundliche Gesinnung und Schmerz über ihre unfreundliche Gesinnung zu empfinden. Sie bewirkte es, dass ihm deren Billigung um ihrer selbst willen äußerst schmeichelhaft und angenehm und deren Missbilligung überaus kränkend und beleidigend erscheint.

[117] Aber dieses Verlangen nach der Billigung seiner Brüder und diese Abneigung gegen deren Missbilligung würden nicht allein hingereicht haben, um den Menschen für jene Gesellschaft geeignet zu machen, für die er geschaffen war. Darum hat die Natur ihn nicht nur mit dem Verlangen begabt, gelobt und gebilligt zu werden, sondern auch mit dem Verlangen, so zu sein, dass er gelobt werden sollte, oder so zu sein, wie er selbst es an anderen Menschen billigt. Das erste Verlangen hätte nur den Wunsch in ihm erwecken können, für die Gesellschaft geeignet zu scheinen. Das zweite war notwendig, um ihn zu einem Menschen zu machen, der eifrig bemüht ist, wirklich für die Gesellschaft tauglich zu sein. Das erste hätte ihn nur dazu antreiben können, Tugend zu heucheln und Laster zu verhehlen. Das zweite war notwendig, um ihm die wirkliche Liebe zur Tugend und den wirklichen Abscheu vor dem Laster einzuflößen. In jedem gebildeten Geist scheint dieses zweite Verlangen das stärkere von den beiden zu sein. Nur die schwächlichsten und oberflächlichsten Menschen können sich an jenem Lob sehr ergötzen, von dem sie selbst wissen, dass es durchaus unverdient ist. Ein schwacher Mensch mag manchmal daran Gefallen finden, ein weiser Mann wird es bei jeder Gelegenheit von sich weisen. Aber ein weiser und verständiger Mann wird zwar wenig Freude über ein Lob fühlen, wenn er weiß, dass er des Lobes nicht würdig ist, dagegen wird er oft die höchste Freude empfinden, wenn er etwas tut, wovon er weiß, dass es lobenswert ist, mag er auch wissen, dass ihm kein Lob jemals dafür zuteilwerden wird. Die Billigung der Menschen zu erlangen, wo ihm keine Billigung gebührt, das kann

für ihn niemals etwas Wichtiges sein. Jene Billigung zu erlangen, wo sie ihm tatsächlich gebührt, das mag mitunter für ihn nicht sehr wichtig sein. Aber so zu sein, dass er Billigung verdient, das muss für ihn immer das Allerwichtigste sein.

Lob zu begehren oder auch nur es anzunehmen, wo es uns nicht gebührt, kann nur die Folge der verachtenswertesten Eitelkeit sein. Lob zu begehren, wo es uns wirklich gebührt, heißt nicht mehr verlangen, als dass ein äußerst wesentlicher Akt der Gerechtigkeit uns erwiesen werde. Die Liebe zu gerechtem, zu wahrem Ruhm, auch um seiner selbst willen und unabhängig von jedem Vorteil, den er daraus gewinnen kann, ist auch eines weisen Mannes nicht unwürdig. Dennoch wird er ihm oft gleichgültig gegenüberstehen oder ihn sogar verachten, und niemals wird er mehr dazu geneigt sein, als wenn er die vollständigste Sicherheit besitzt, dass sein Verhalten in jedem Punkte vollkommen richtig gewesen ist. In diesem Fall bedarf seine Selbstbilligung keiner Bestätigung und Verstärkung durch die Billigung anderer. Sie ist allein hinreichend und er ist mit ihr zufrieden. Diese Selbstbilligung ist, wenn nicht das einzige, so doch das Hauptziel, das zu erreichen er besorgt sein kann oder besorgt sein sollte. Die Liebe zu ihr ist die Liebe zur Tugend. [...]

[119] [...] Nur die leichtfertigsten und oberflächlichsten unter den Menschen sind es, die sich an jenem Lob wirklich zu ergötzen vermögen, von dem sie selbst wissen, dass es durchaus unverdient ist. Indessen ist unverdiente Schande häufig imstande, sogar Menschen von mehr als gewöhnlicher Geistesstärke ernstlich zu kränken. Allerdings erlernen es sogar Leute von höchst mittelmäßiger Geistesstärke leicht, jene albernen Geschichten zu verachten, die so häufig in der Gesellschaft in Umlauf gesetzt werden und die niemals verfehlen, an ihrer eigenen Sinnlosigkeit und Unrichtigkeit im Laufe von ein paar Wochen oder von ein paar Tagen abzusterben. Aber für einen schuldlosen Menschen – mag er auch eine mehr als gewöhnliche Seelenstärke besitzen – ist die ernstliche, wenngleich falsche Beschuldigung eines Verbrechens oft nicht bloß ärgerlich, sondern wahrhaft kränkend und schmerzlich, besonders wenn diese Beschuldigung unglücklicherweise gerade durch irgendwelche zufälligen Umstände gestützt wird, die ihr ein Ansehen von Wahrscheinlichkeit verleihen. Es drückt ihn der Gedanke nieder, dass irgendjemand so niedrig von seinem Charakter denken sollte, um ihn für fähig zu halten, dass er sich jenes Verbrechens schuldig

gemacht habe. Obwohl er sich seiner Schuldlosigkeit vollkommen bewusst ist, scheint doch schon die Beschuldigung – selbst in seiner eigenen Vorstellung – einen Schatten von Unehre und Schande auf seinen Charakter zu werfen. Auch sein gerechter Unwille über eine so grobe Beleidigung, die doch zu rächen häufig unschicklich und manchmal sogar unmöglich sein mag, ist an sich eine sehr schmerzliche Empfindung. Es gibt keine größere Qual für die menschliche Brust, als heftiges Vergeltungsgefühl, das nicht befriedigt werden kann. Ein schuldloser Mensch, der durch die falsche Bezichtigung eines schändlichen oder hassenswerten Verbrechens auf das Schafott gebracht wird, erleidet das grausamste Unglück, das die Unschuld überhaupt erdulden kann. Seine seelischen Qualen mögen in einem solchen Falle häufig größer sein, als die [120] Qualen derjenigen, welche um eines ähnlichen Verbrechens willen Strafe erleiden, dessen sie sich jedoch tatsächlich schuldig gemacht haben. Verworfene Verbrecher, wie etwa gemeine Diebe oder Straßenräuber, haben häufig nur wenig Gefühl für die Niedrigkeit ihres Verhaltens und empfinden infolgedessen keinerlei Gewissensbisse. Ohne sich über die Gerechtigkeit oder Ungerechtigkeit der Strafe viel Gedanken zu machen, haben sie sich bereits daran gewöhnt, den Galgen als das Los zu betrachten, das ihnen höchstwahrscheinlich einmal zuteilwerden wird. Wenn ihnen dann wirklich dieses Los zuteilwird, dann betrachten sie sich selbst bloß als nicht ganz so glücklich wie manche ihrer Genossen und fügen sich in ihr Schicksal ohne jeden anderen Verdruss als etwa den, der aus der Furcht vor dem Tode entspringen mag, eine Furcht, die, wie wir dies häufig sehen, selbst von solch nichtswürdigen Schelmen oft so leicht und so vollständig überwunden zu werden vermag. Den unschuldigen Menschen dagegen quält außer der Unruhe, die diese Furcht auch bei ihm auslösen mag, und noch weit mehr als sie, seine Empörung über das Unrecht, das ihm angetan worden ist. Grauen überkommt ihn bei dem Gedanken, welche Schande durch die Bestrafung über sein Andenken gebracht werden mag, und er sieht voraus – was ihm die höchste Qual bereitet –, dass selbst seine liebsten Freunde und Angehörigen sich in Zukunft nicht mit Bedauern und Zuneigung seiner erinnern werden, sondern mit Scham und mit Abscheu wegen seines, wie sie meinen, schändlichen Verhaltens, und so scheinen sich die Schatten des Todes um ihn mit einer schwärzeren und traurigeren Düsternis zusammenzuschließen, als sie sie sonst für ihn besessen hätten. Es steht zu hoffen, dass solche für die Ruhe der Menschheit verhängnisvollen Vorfälle sich äußerst selten in einem Lande ereignen; aber sie ereignen sich mitunter in allen Staaten, sogar in solchen, in denen die Rechtspflege im Allgemeinen sehr gut ist. Der unglückliche Calas, ein Mann von mehr als gewöhnlicher Seelenstärke – er wurde zu Toulouse wegen eines vermeintlichen Mordes an seinem Sohn, an dessen Tod er in Wahrheit völlig unschuldig war, gerädert und verbrannt –, schien noch mit seinem letzten Atemzug nicht so sehr um Abwendung der grausamen Strafe zu bitten als vielmehr um Befreiung von der Schmach, die die Beschuldigung über sein Andenken bringen musste. Als er schon gerädert war und eben in die Flammen geworfen werden sollte, ermahnte ihn der Mönch, der der Exekution beiwohnte, das Verbrechen zu bekennen, wegen dessen er verurteilt worden war. *Mein Vater*, sagte Calas, *vermögt ihr sogar zu glauben, dass ich schuldig bin?*

Den Menschen, die sich in so unglücklicher Lage befinden, kann jene niedrige Philosophie, deren Gesichtskreis sich auf dieses Leben beschränkt, vielleicht nur wenig Trost gewähren. Alles, was das Leben oder selbst den Tod erträglich machen könnte, ist ihnen genommen. Sie sind zum Tode und zu immerwährender Schande verurteilt. Religion allein kann ihnen eine wirkliche Tröstung gewähren. Sie allein vermag ihnen zu sagen, dass es nur von geringer Bedeutung ist, was Menschen von ihrem Verhalten denken mögen, während doch der alles sehende Richter der Welt es billigt. Sie allein kann [121] ihnen die Aussicht auf eine andere Welt darbieten, eine Welt von höherer Unparteilichkeit, Menschlichkeit und Gerechtigkeit als diese gegenwärtige, eine Welt, in der ihre Unschuld zur rechten Zeit kundwerden muss und ihre Tugend schließlich ihren Lohn finden wird; dasselbe gewaltige Prinzip, das allein imstande ist, das triumphierende Laster mit Schrecken zu schlagen, gewährt also auch der entehrten und verhöhnten Unschuld die einzig wirksame Tröstung.

Bei geringeren Vergehen ereignet es sich häufig ebenso wie bei schweren Verbrechen, dass einen feinfühligen Menschen die ungerechte Beschuldigung desselben schwerer trifft als den wirklichen Übeltäter das Bewusstsein seiner tatsächlichen Schuld. Ein buhlerisches Weib lacht sogar über die wohlbegründeten Mutmaßungen und Verdächtigungen, die über ihr Betragen in Umlauf gesetzt werden. Eine noch so wenig begründete Mutmaßung der gleichen Art ist für eine unschuldige Jungfrau ein tödlicher Schlag. Wir können es, wie ich glaube, als eine allgemeine Erfahrungsregel aufstellen, dass ein Mensch, der sich mit Vorbedacht einer schändlichen Tat schuldig gemacht hat, selten viel Gefühl für die Schande haben wird und dass gar ein Mensch, der sich gewohnheitsmäßig solcher Taten schuldig macht, kaum jemals ein solches Gefühl überhaupt besitzen wird.

[...]

[123] [...]

Es gibt einige besonders edle und schöne Künste, in welchen der Grad der Trefflichkeit der Leistungen nur durch eine gewisse Feinheit des künstlerischen Geschmacks bestimmt werden kann, wobei jedoch dessen Entscheidungen immer noch einigermaßen unsicher erscheinen. Es gibt aber auch solche Künste, in denen das Gelingen einer Leistung entweder einen klaren Beweis oder doch eine befriedigende Überprüfung zulässt. Unter den Bewerbern um die höchste Trefflichkeit in den verschiedenen Künsten ist die Besorgnis um die öffentliche Meinung stets bei der ersten Gruppe von Künsten stärker als bei der letzteren.

Die Schönheit der Dichtkunst ist eine Sache von solcher Feinheit, dass ein junger Anfänger kaum jemals sicher sein kann, sie erreicht zu haben. Nichts erfreut ihn darum so sehr als die günstigen Urteile seiner Freunde und des Publikums und nichts kränkt ihn so ernstlich als deren ungünstige Urteile. Die ersteren befestigen die gute Meinung, die er über seine Leistungen so gerne hegen möchte, die letzteren erschüttern sie. Erfahrungen und Erfolge mögen ihm mit der Zeit ein wenig mehr Vertrauen zu seinem eigenen Urteil einflößen. Indessen kann er zu jeder Zeit durch ungünstige Urteile des Publikums aufs schwerste getroffen und gekränkt werden. Racine war über den Misserfolg seiner Phädra, der feinsten Tragödie vielleicht, die in irgendeiner Sprache vorhanden ist, so verdrossen, dass er – obwohl er in der vollen Blüte seines Lebens und auf der Höhe seiner Fähigkeiten stand – beschloss, nichts mehr für die Bühne zu schreiben. Dieser große Dichter pflegte häufig seinem Sohn zu erzählen, dass die armseligste und unvernünftigste Kritik ihm stets mehr Missvergnügen verursacht habe, als das höchste und gerechteste Lob ihm jemals Vergnügen bereiten konnte. Die außergewöhnliche Empfindlichkeit Voltaires selbst für den geringsten Tadel dieser Art ist jedermann wohl bekannt. Die Dunciade des

Herrn Pope ist ein bleibendes Denkmal dafür, wie sehr selbst dem korrektesten, elegantesten und harmonischsten aller englischen Dichter die Kritik der niedrigsten und verachtenswertesten Schriftsteller naheging. Von Gray – der mit der Erhabenheit eines Milton die Eleganz und [124] den harmonischen Stil eines Pope vereinigte und dem sonst nichts fehlte, um ihn vielleicht zum ersten Dichter der englischen Sprache zu machen, als dass er ein wenig mehr hätte schreiben sollen – erzählt man, dass ihn eine törichte und sinnlose Parodie zweier seiner schönsten Oden so sehr verletzt habe, dass er von da ab nie mehr ein größeres Werk in Angriff nahm. Diejenigen Prosaschriftsteller, die sich selbst als sogenannte schöngeistige Autoren ansehen, nähern sich einigermaßen den Poeten in ihrer Empfindlichkeit.

Mathematikern dagegen, welche die vollständigste Gewissheit von der Wahrheit und von der Wichtigkeit ihrer Entdeckungen besitzen können, ist es häufig äußerst gleichgültig, welche Aufnahme sie beim Publikum finden mögen. Die zwei größten Mathematiker, die ich jemals zu kennen die Ehre hatte und die meiner Meinung nach die beiden größten unter den zu meiner Zeit lebenden überhaupt waren, Dr. Robert Simson in Glasgow und Dr. Matthew Stewart in Edinburgh, schienen niemals auch nur den geringsten Verdruss über die Teilnahmslosigkeit zu empfinden, mit der die Unwissenheit des Publikums einige ihrer wertvollsten Werke aufnahm. Das Meisterwerk Sir Isaac Newtons, seine *Mathematischen Prinzipien der Physik*, wurde – wie ich mir habe sagen lassen – durch mehrere Jahre vom Publikum nicht beachtet. Es ist wahrscheinlich, dass die Gemütsruhe dieses großen Mannes infolge dieser Nichtbeachtung niemals eine Unterbrechung – und sei es auch nur eine solche von einer einzigen Viertelstunde – erfahren hat. Naturwissenschaftler nähern sich in ihrer Unabhängigkeit von der öffentlichen Meinung stark den Mathematikern und erfreuen sich in ihren Urteilen über das Verdienst ihrer eigenen Entdeckungen und Beobachtungen bis zu einem gewissen Grade der gleichen Gewissheit und Seelenruhe. Vielleicht wird mitunter auch das sittliche Verhalten dieser verschiedenen Klassen von Schriftstellern einigermaßen durch diesen überaus großen Unterschied ihrer Stellung gegenüber dem Publikum beeinflusst.

[125] Mathematiker und Naturwissenschaftler geraten infolge ihrer Unabhängigkeit von der öffentlichen Meinung nur selten in

Versuchung, sich in Parteien und Klüngel zu vereinigen, sei es zur Hebung ihres eigenen Ansehens, sei es zur Unterdrückung desjenigen ihrer Rivalen. Sie sind beinahe immer Menschen von einer äußerst liebenswerten Einfachheit der Sitten, sie leben in gutem Einvernehmen untereinander, jeder Einzelne von ihnen ist froh über das Ansehen, das der andere genießt, sie beteiligen sich nicht an Intrigen, um sich den Beifall des Publikums zu sichern, sondern sie freuen sich, wenn man ihre Werke gutheißt, ohne sich besonders darüber zu kränken oder zu ärgern, wenn man sie unbeachtet lässt.

Es verhält sich dagegen nicht immer ganz so mit Dichtern und denjenigen, die sich als sogenannte schöngeistige Schriftsteller fühlen. Sie neigen sehr stark dazu, sich in eine Art literarischer Parteien zu spalten, wobei jede Clique – häufig offen und fast immer insgeheim – der tödliche Feind des Ansehens einer jeden anderen ist und all die niedrigen Künste der Intrige und Verhetzung anwendet, um die öffentliche Meinung für die Werke ihrer Mitglieder und gegen diejenigen ihrer Feinde und Rivalen einzunehmen. [...] In England hielt es der liebenswürdige Herr Addison nicht seines edlen und bescheidenen Charakters unwürdig, sich an die Spitze einer kleinen Kabale ähnlicher Art zu stellen, um das wachsende Ansehen Popes niederzuhalten. Herr Fontenelle hat, während er die Lebensläufe und Charaktere der Mitglieder der Akademie der Wissenschaften, einer Gesellschaft von Mathematikern und Naturforschern, beschreibt, häufig Gelegenheit, die liebenswürdige Schlichtheit ihrer Sitten zu feiern, eine Eigenschaft, die, wie er bemerkt, so allgemein unter ihnen war, dass sie eher für diese ganze Klasse von Schriftstellern für charakteristisch gelten konnte als für irgendeinen unter ihnen. Hingegen scheint d'Alembert, als er die Lebensläufe und Charaktere der [126] Mitglieder der Französischen Akademie beschrieb, einer Gesellschaft von Dichtern und schöngeistigen Schriftstellern oder solchen, die dafür gelten, nicht so häufig Gelegenheit gehabt zu haben, eine derartige Beobachtung zu machen, und erkühnt sich niemals, diese liebenswürdige Eigenschaft als charakteristisch für jene Klasse von Schriftstellern hinzustellen, die er feiert.

Unsere Unsicherheit in Bezug auf unsere Verdienste und unser Bestreben, günstig von ihnen zu denken, sollten im Verein miteinander ganz naturgemäß in uns den Wunsch erwecken, die Meinung anderer Leute über unsere Verdienste kennenzulernen, sie sollte bewirken, dass wir uns außerordentlich freuen, wenn diese Meinung für uns günstig ist, und uns außerordentlich kränken, wenn sie anders ist; aber sie sollte nicht den Wunsch in uns erwecken, uns durch Intrigen und Kabalen jene günstige Meinung zu sichern und die ungünstige Meinung am Entstehen zu hindern. [...]

[127] [...]

Kein Mensch kann vollkommen oder auch nur leidlich damit zufrieden sein, dass er in seinem Verhalten alles Tadelnswerte vermieden hat, sofern er nicht zugleich auch dem Tadel und den Vorwürfen entgangen ist. Ein weiser Mann wird häufig auf das Lob nicht achten, auch wenn er es im höchsten Maße verdient hat; aber er wird in allen Angelegenheiten, die ernstlich von Bedeutung sind, höchst sorgfältig bestrebt sein, sein Verhalten so einzurichten, dass er nicht nur alles vermeidet, was ihn des Tadels würdig machen würde, sondern so weit als möglich auch jeder Gelegenheit ausweicht, bei der er voraussichtlich getadelt werden könnte. Er wird freilich niemals den Tadel dadurch zu vermeiden suchen, dass er etwas tut, was er für tadelnswert hält; dass er etwas unterlässt, wozu er verpflichtet wäre, oder dass er irgendeine Gelegenheit sich entgehen ließe, etwas zu tun, was er für wirklich und in hohem Grade lobenswert hält. Mit diesen Einschränkungen wird jedoch auch er den Tadel höchst ängstlich und sorgfältig zu vermeiden suchen. Es ist selten ein Zeichen großer Weisheit, wenn jemand um Lob – sei es auch um lobenswürdiger Handlungen willen – sehr besorgt ist, sondern [128] im Allgemeinen eher ein Zeichen einer gewissen Schwäche. Wenn jemand aber bemüht ist, auch dem Schatten eines Tadels oder Vorwurfs zu entgehen, so muss darin durchaus keine Schwäche liegen, sondern es mag vielmehr häufig eine äußerst lobenswürdige Klugheit sein.

»Viele Menschen«, sagt *Cicero*, »verachten den Ruhm, die sich über ungerechten Tadel doch sehr stark und ernstlich kränken, und dies scheint mir äußerst widersprechend.« Dieser Widerspruch scheint mir jedoch in den unveränderlichen Prinzipien der menschlichen Natur begründet zu sein.

Der allweise Schöpfer der Natur hat auf diese Weise den Menschen gelehrt, die Gefühle und Urteile seiner Brüder zu achten; sich mehr oder weniger [130] zu freuen, wenn sie sein Betragen gutheißen, und sich mehr oder weniger verletzt zu fühlen, wenn sie es missbilligen. Er hat den Menschen, wenn ich so sagen darf, zum unmittelbaren Richter der Menschen gemacht und hat ihn auch in dieser wie in mancher anderen Beziehung nach seinem Bilde geschaffen und ihn zu seinem Statthalter auf Erden bestellt, damit er das Verhalten seiner Brüder beaufsichtige. Diese sind durch die Natur unterwiesen worden, jene Macht und jene Gerichtsbarkeit anzuerkennen, die dem Menschen übertragen wurde, sich mehr oder weniger gedemütigt und gekränkt zu fühlen, wenn sie sich seinen Tadel zugezogen haben, und sich mehr oder weniger gehoben zu fühlen, wenn sie seinen Beifall erlangt haben.

Obgleich aber der Mensch auf diese Weise zum unmittelbaren Richter der Menschen gemacht worden ist, so erhielt er dieses Richteramt doch nur in der ersten Instanz; und es gibt eine Berufung von seinem Richterspruch an ein weit höheres Tribunal, an das Tribunal ihres eigenen Gewissens, an jenes Tribunal des vorgestellten unparteiischen und wohlunterrichteten Zuschauers, an das des inneren Menschen, des großen Richters und Schiedsherren über ihr Verhalten. Die Rechtsprechung jedes dieser beiden Tribunale gründet sich auf Prinzipien, die in mancher Hinsicht zwar ähnlich und verwandt, in Wirklichkeit aber doch voneinander verschieden und abweichend sind. Die Gerichtsbarkeit des äußeren Menschen [131] gründet sich durchaus auf den Wunsch nach wirklichem Lob und auf die Abneigung gegen wirklichen Tadel. Die Gerichtsbarkeit des inneren Menschen gründet sich ganz und gar auf den Wunsch, lobenswürdig zu sein, und auf die Abneigung dagegen, tadelnswert zu sein; diese Gerichtsbarkeit gründet sich auf den Wunsch, jene Eigenschaften zu besitzen und jene Handlungen zu vollbringen, die wir an anderen Menschen lieben und bewundern, und auf die Furcht, jene Eigenschaften zu besitzen und jene Handlungen zu vollbringen, die wir an anderen Menschen hassen und verachten. Wenn der äußere Mensch uns für solche Handlungen Beifall spenden sollte, die wir nicht vollbracht haben, oder wegen solcher Beweggründe, die für uns nicht bestimmend waren, dann wird der innere Mensch sofort jenen Stolz und jene gehobene Gemütsstimmung dämpfen, welche solche grundlose Beifallsbezeigungen sonst hervorrufen könnten, indem er uns sagt, dass wir uns verächtlich machen, wenn wir sie annehmen, da wir ja wohl wissen, dass wir sie nicht verdienen. Wenn umgekehrt der äußere Mensch uns Vorwürfe machen sollte, sei es wegen Handlungen, die wir niemals vollführt haben, sei es wegen gewisser Beweggründe, die doch auf diejenigen Handlungen keinen Einfluss hatten, die wir wirklich vollbracht haben, dann kann der innere Mensch sogleich den falschen Urteilsspruch richtigstellen und uns die Versicherung geben, dass wir keineswegs jenen Tadel verdienen, der uns so ungerechterweise erteilt wurde. Mitunter jedoch scheint in diesem und manchem anderen Falle der innere Mensch gleichsam verblüfft und verwirrt durch die Heftigkeit und das Geschrei des äußeren Menschen. Die Gewalt und der Lärm, mit welchen der Tadel manchmal über uns ausgegossen wird, scheint unser natürliches Gefühl für das Lobenswerte und das Tadelnswürdige zu betäuben und zu lähmen; und die Urteile des inneren Menschen werden dadurch zwar vielleicht nicht gänzlich verändert oder verkehrt, aber doch so sehr in der Beständigkeit und Festigkeit ihrer Entscheidung erschüttert, dass ihre natürliche Wirkung, die darin besteht, die Ruhe der Seele zu sichern, häufig in hohem Maße vernichtet wird. Wir werden kaum wagen, uns freizusprechen, wenn alle unsere Brüder uns laut verurteilen. Der von uns in Gedanken vorgestellte unparteiische Zuschauer unseres Verhaltens scheint seiner Meinung zu unseren Gunsten nur mit Furcht und Zögern Ausdruck zu geben, wenn die Meinung aller wirklichen Zuschauer, wenn die Meinung aller derjenigen, mit deren Augen und von deren Standort aus er unser Verhalten anzusehen trachtet, einhellig und entschieden gegen uns ist. In solchen Fällen scheint dieser Halbgott in unserer Brust wie die Halbgötter der Dichter teilweise zwar von unsterblicher Abkunft, teilweise jedoch auch von sterblicher Abstammung zu sein. Solange seine Urteilssprüche sich fest und beständig durch das Gefühl für das Lobenswerte leiten lassen, scheint er seiner göttlichen Herkunft entsprechend zu handeln; sobald er sich jedoch durch die Urteile unwissender und schwacher Menschen in Erstaunen und Verwirrung setzen lässt, dann enthüllt er seine Verbindung mit der Sterblichkeit und scheint eher der menschlichen als der göttlichen Seite seiner Abstammung entsprechend vorzugehen.

In solchen Fällen liegt der einzige wirksame Trost des bedrückten und gekränkten Menschen in der Berufung an ein noch höheres Tribunal, an das des alles sehenden Richters der Welt, dessen Augen niemals getäuscht und dessen Urteile niemals verkehrt werden können. Nur ein festes Vertrauen auf das niemals irrende, wahrhaft richtige Urteil dieses hohen Tribunals, vor welchem seine Unschuld zur rechten Zeit sich offenbaren [132] und seine Tugend schließlich ihren Lohn finden muss, kann ihn aufrechterhalten angesichts der

Schwächlichkeit und Verzagtheit seiner Seele, angesichts der Verwirrung und Bestürzung des Menschen in seiner Brust, den die Natur eingesetzt hat als den großen Hüter nicht nur seiner Unschuld, sondern auch seiner Seelenruhe in diesem Leben. So hängt unsere Glückseligkeit in diesem Leben in vielen Fällen ab von der demütigen Hoffnung und Erwartung eines künftigen Lebens; einer Hoffnung und Erwartung, die tief verwurzelt ist in der menschlichen Natur, die allein deren erhabenen Vorstellungen von ihrer eigenen Würde zu stützen vermag, die allein die traurige Aussicht auf das beständig näher rückende Sterben erhellen und ihre Heiterkeit unter den schwersten Plagen aufrechterhalten kann, denen sie infolge der Verwirrung und Ordnungslosigkeit dieses Lebens manchmal ausgesetzt sein mag. [...]

[134] [...]

Drittes Kapitel: Über den Einfluss und die Autorität des Gewissens

Obgleich aber die Billigung seines eigenen Gewissens in manchen außerordentlichen Fällen dem Menschen in seiner Schwäche kaum Genüge tun kann, obgleich das Zeugnis des in Gedanken vorgestellten unparteiischen Zuschauers, des großen Inwohners seiner Brust, nicht immer allein imstande ist, ihm Halt zu gewähren, so ist doch in allen Fällen der Einfluss und die Autorität dieses Prinzips sehr groß; und nur, wenn wir diesen inneren Richter zu Rate ziehen, können wir jemals die Dinge, die uns selbst betreffen, in ihrer richtigen Gestalt und in ihren wahren Maßen erblicken oder können wir jemals einen richtigen Vergleich zwischen unseren eigenen Interessen und denen anderer Menschen ziehen.

Wie dem Auge des Körpers Gegenstände groß oder klein erscheinen, nicht so sehr [135] ihren wirklichen Maßen entsprechend, als vielmehr entsprechend der größeren oder geringeren Entfernung ihres Standortes, so erscheinen sie auch in gleicher Weise dem, was man das natürliche Auge des Geistes nennen könnte; und wir stellen die Fehler bei beiden Organen so ziemlich auf die gleiche Art richtig. In meiner gegenwärtigen Situation scheint eine ungeheure Landschaft von Wiesen und Wäldern und fernen Gebirgen nicht mehr Platz einzunehmen als den des kleinen Fensters, an dem ich schreibe, und unverhältnismäßig kleiner zu sein als die Stube, in der ich eben sitze. Ich kann auf keine andere Weise einen richtigen Vergleich zwischen jenen großen Objekten und den kleinen Gegenständen ziehen, die um mich sind, als indem ich mich wenigstens in der Phantasie an einen anderen Standort versetze, von wo ich beide aus ungefähr gleicher Entfernung überblicken kann, so dass ich mir dadurch ein Urteil über ihre wahren Größenverhältnisse zu bilden vermag. Gewohnheit und Erfahrung haben mich gelehrt, dies so leicht und schnell zu tun, dass ich mir dessen kaum bewusst werde, und ein Mensch muss gewissermaßen schon mit der Psychologie des Gesichtssinnes bekannt sein, ehe er es sich ganz zum Bewusstsein bringen kann, wie klein jene entfernten Gegenstände dem Auge erscheinen würden, wenn nicht die Phantasie sie – aus dem Wissen um ihre wahre Größe heraus – gleichsam ausdehnte und vergrößerte.

Ebenso erscheint uns infolge der ursprünglichen, egoistischen Affekte der menschlichen Natur der Verlust oder Gewinn eines ganz kleinen eigenen Vorteils von ungeheuer größerer Wichtigkeit, er erregt eine weit leidenschaftlichere Freude oder Betrübnis, ein weit brennenderes Verlangen oder Widerstreben, als die bedeutendste Angelegenheit eines anderen Menschen, zu dem wir in keiner besonderen näheren Beziehung stehen. Solange seine Interessen von diesem Standpunkt aus angesehen werden, können sie niemals unseren eigenen das Gleichgewicht halten, können sie niemals uns abhalten, zu tun, was immer geeignet sein mag, unsere Interessen zu fördern, mag es auch für ihn noch so verderblich sein. Ehe wir einen gerechten Vergleich zwischen jenen entgegengesetzten Interessen anstellen können, müssen wir unseren Standort verändern. Wir dürfen sie weder von unserem noch auch von seinem Platze aus betrachten, weder mit unseren eigenen Augen noch mit den seinigen, sondern wir müssen sie von dem Platze und mit den Augen einer dritten Person ansehen, die in keiner näheren Beziehung zu einem von uns beiden steht und die mit Unparteilichkeit zwischen uns richtet. Auch hier haben Gewohnheit und Erfahrung uns gelehrt, [136] dies so leicht und schnell zu tun, dass wir uns dessen kaum bewusst werden; und es erfordert auch in diesem Falle einen gewissen Grad von Überlegung und sogar von Psychologie, um uns zu überzeugen, wie wenig Interesse wir an den wichtigsten Angelegenheiten unseres Nächsten nehmen würden, wie wenig wir durch alles das berührt werden würden, was ihn betrifft, wenn nicht das Gefühl für das Schickliche und Gerechte jene Ungleichheit richtigstellte, welche sonst naturgemäß unsere Empfindungen beherrschen würde.

Stellen wir uns vor, dass das große chinesische Reich mit all seinen Myriaden von Einwohnern plötzlich durch ein Erdbeben verschlungen würde, und überlegen wir, wie ein human gesinnter Mensch in Europa, der keinerlei Beziehung zu jenem Weltteil hätte, dadurch berührt werden würde, wenn er von diesem fürchterlichen Unglück Kenntnis erhielte. Er würde, denke ich, zunächst seiner Trauer über das Missgeschick jenes unglücklichen Volks sehr lebhaften Ausdruck geben, er würde sich mancherlei trübseligen Betrachtungen über die Unsicherheit des menschlichen Lebens hingeben und über die Eitelkeit aller Arbeiten und Werke der Menschen, die in einem Augenblick so völlig vernichtet werden können. Er würde vielleicht auch, wenn er ein nachdenklicher Mensch wäre, mancherlei Überlegungen über die Wirkungen anstellen, die dieses Unglück für den Handel Europas und für den Geschäftsverkehr der Welt im Allgemeinen nach sich ziehen dürfte. Und wenn er mit all dieser artigen Philosophie fertig wäre, wenn er einmal all diesen humanen Empfindungen geziemend Ausdruck gegeben hätte, dann würde er seinem Geschäft oder seinem Vergnügen nachgehen, sich seiner Erholung oder seiner Zerstreuung widmen und alles das mit der gleichen Gemächlichkeit und Ruhe, als ob kein derartiger Vorfall sich ereignet hätte. Der geringfügigste Unfall, der ihm selbst zustoßen könnte, würde in ihm eine weit stärkere Beunruhigung hervorrufen. Das Bewusstsein, dass er morgen seinen kleinen Finger verlieren müsste, würde ihn schon heute nachts nicht schlafen lassen; dagegen wird er bei dem Untergang von hundert Millionen seiner Brüder mit der tiefsten Seelenruhe schnarchen – vorausgesetzt, dass er diese niemals gesehen hätte –, und die Vernichtung jener ungeheuren Menschenmenge scheint offenbar eine Sache zu sein, [137] die ihn weit weniger berührt als dieses erbärmliche Missgeschick, das ihn selber angeht. Würde also ein human gesinnter Mensch, um dieses erbärmliche Missgeschick von sich abzuwenden, bereit sein, das Leben von hundert Millionen seiner Brüder zu opfern, vorausgesetzt, dass er diese niemals gesehen hätte? Die menschliche Natur wird mit Abscheu vor diesem Gedanken zurückschrecken und niemals hat die Welt in ihrer größten Verworfenheit und Verderbtheit einen solchen Schurken hervorgebracht, der fähig gewesen wäre, diesen Gedanken zu hegen. Aber woher kommt dieser Unterschied? Wenn unsere passiven Gefühle fast immer so gemein und egoistisch sind, wie kommt es, dass die Prinzipien, die unser Handeln bestimmen, oft so edelmütig und vornehm sind? Wenn uns immer alles das, was uns selbst betrifft, um so viel tiefer berührt als alles das, was andere betrifft, was ist es dann, was den Edelmütigen in allen Fällen, den niedrig Denkenden wenigstens manchmal fähig macht, seine eigenen Interessen den größeren Interessen anderer zu opfern? Es ist nicht die sanfte Gewalt der Menschlichkeit, es ist nicht jener schwache Funke von Wohlwollen, den die Natur im menschlichen Herzen entzündet hat, die derart imstande wären, den stärksten Antrieben der Selbstliebe entgegenzuwirken. Es ist eine stärkere Gewalt, ein zwingenderer Beweggrund, der sich in solchen Fällen äußert. Es ist Vernunft, Grundsatz, Gewissen, es ist der Inwohner unserer Brust, der innere Mensch, der große Richter und Schiedsherr über unser Verhalten. Er ist es, der uns, so oft wir im Begriffe stehen, so zu handeln, dass wir die Glückseligkeit anderer in Mitleidenschaft ziehen, mit einer Stimme, die imstande ist, unsere vermessensten Leidenschaften in Bestürzung zu versetzen, zuruft, dass wir nur *einer* aus der Menge sind und in keiner Hinsicht besser als irgendein anderer dieser Menge; und dass wir, wenn wir uns so blind und so schändlich vor allen anderen den Vorzug geben, das Vergeltungsgefühl, den Abscheu und die Verwünschungen der Menschen verdienen. Dieser unparteiische Zuschauer allein lehrt uns die wirkliche Geringfügigkeit unseres eigenen Selbst und alles dessen, was uns angeht, erkennen und nur durch das Auge dieses unparteiischen Zuschauers können die natürlichen Täuschungen der Selbstliebe richtiggestellt werden. Er zeigt uns die Schönheit des Edelmuts und die Hässlichkeit der Ungerechtigkeit; er zeigt uns, wie schön es ist, auf den größten eigenen Vorteil zu verzichten und ihn dem noch größeren Interesse anderer Menschen aufzuopfern, und wie hässlich es ist, einem anderen auch nur das geringste Unrecht zuzufügen, um dadurch für uns selbst einen Vorteil zu erlangen, und wäre dieser auch noch so groß. Es ist nicht die Liebe zu unserem Nächsten, es ist nicht die Liebe zur Menschheit, was uns in vielen Fällen zur Betätigung jener göttlichen Tugenden antreibt. Es ist eine stärkere Liebe, eine mächtigere Neigung, die in solchen Fällen im Allgemeinen eingreift: die Liebe zu allem, was ehrenwert und edel ist, das Verlangen nach Größe, Würde und Erhabenheit unseres Charakters.

Sobald die Glückseligkeit oder das Unglück anderer in irgendeiner Beziehung von unserem [138] Verhalten abhängen, wagen wir es nicht – wie die Selbstliebe es uns einflüstern möchte –, den Vorteil des einen dem Vorteil der vielen vorzuziehen. Der innere Mensch ruft uns sofort zu, dass wir dabei uns selbst zu hoch und andere zu niedrig werten und dass wir, wenn wir so vorgehen, die Verachtung und den Zorn unserer Brüder verdienen. Und diese Empfindung ist keineswegs nur auf solche Menschen beschränkt, die sich durch außergewöhnliche Seelengröße oder durch besondere Tugend auszeichnen. Sie ist jedem auch nur leidlich guten Soldaten im tiefsten Innern eingepflanzt, denn sein Gefühl sagt ihm, dass er zum Gespött seiner Kameraden werden würde, wenn man von ihm glauben könnte, er sei imstande, vor einer Gefahr zurückzuschrecken, oder er könne zögern, sein Leben in die Schanze zu schlagen oder selbst es wegzuwerfen, sobald das Interesse des Dienstes dies von ihm fordert.

[...]

[139] [...] Die allergewöhnlichste Erziehung hat uns schon gelehrt, in allen wichtigen Fällen so zu handeln, dass wir eine Art von Unparteilichkeit zwischen uns und anderen einhalten, und sogar der gewöhnliche Verkehr des täglichen Lebens ist imstande, die Prinzipien unseres Handelns bis zu einem gewissen Grade von sittlicher Richtigkeit umzubilden. Dagegen ist nur eine äußerst kunstvolle und verfeinerte Erziehungsweise – wie man gesagt hat – fähig, die Ungleichheiten in unseren passiven Gefühlen zu berichtigen, und wir müssen zu diesem Zweck, wie man behauptet hat, zu der strengsten und tiefsten Philosophie unsere Zuflucht nehmen.

Zweierlei Gruppen von Philosophen haben es versucht, uns diese schwierigste von allen Lektionen der Moral beizubringen. Die eine Gruppe hat sich bemüht, unser Gefühl für die Interessen anderer zu steigern; die andere hat versucht, die Empfindlichkeit für unsere eigenen Interessen herabzusetzen. Die Philosophen der einen Art wollten, dass wir für andere ebenso viel empfinden, wie wir von Natur aus für uns selbst empfinden. Die der zweiten Art wollten, dass wir für uns selbst nur so viel empfinden, wie wir naturgemäß für andere empfinden. Beide Gruppen sind wohl in ihren Lehren allzu weit gegangen und haben dabei jenes rechte Maß beträchtlich überschritten, welches Natur und Sittlichkeit vorschreiben.

Die Philosophen der ersten Art sind jene weinerlichen und trübsinnigen Moralisten, die uns beständig vorwerfen, dass wir uns glücklich fühlen, während so viele unserer Brüder sich im Elend befinden [...]. [140] [...] Man muss aber vor allem sagen, dass diese übertriebene Sympathie mit einem Unglück, von dem wir nichts wissen, ganz und gar sinnlos und unvernünftig scheint. Wenn man die ganze Erde in Betracht zieht, so sieht man, dass durchschnittlich auf einen Menschen, welcher Schmerzen oder Elend erduldet, zwanzig andere kommen, die sich in Wohlstand und Freuden oder doch wenigstens in erträglichen Umständen befinden. Es kann sicherlich kein Grund angegeben werden, warum wir eher mit dem einen weinen als mit den zwanzig anderen uns freuen sollten. Dieses künstliche Mitleid ist aber nicht nur sinnlos, sondern es scheint überdies auch dem Menschen ganz unmöglich zu sein, dasselbe in sich hervorzurufen; und diejenigen, welche eine solche Gemütsstimmung zur Schau tragen, fühlen gemeinhin nichts als eine gewisse erkünstelte und sentimentale Traurigkeit, welche ihnen nicht vom Herzen kommt, sondern nur die Wirkung hat, ihren Gesichtsausdruck und ihre Reden ohne Grund trübselig und unangenehm zu machen. Schließlich aber wäre diese Gemütsstimmung, wenn man sie auch in sich zustande bringen könnte, vollständig nutzlos und könnte zu keinem anderen Zwecke dienen, als die Person elend zu machen, die sie besäße. Die größte Anteilnahme, die wir dem Schicksal jener Menschen entgegenbringen könnten, mit denen uns keine Bekanntschaft oder nähere Beziehung verbindet, und die gänzlich außerhalb des Bereiches unseres Einflusses stehen, könnte nur uns selbst in Ängstlichkeit versetzen, ohne dass sie irgendwelche Vorteile für die betreffenden Menschen im Gefolge hätte. Wozu sollten wir uns wegen der Leute auf dem Mond beunruhigen? Alle Menschen, auch jene, die am weitesten von uns entfernt sind, haben zweifellos Anspruch auf unsere guten Wünsche und wir geben ihnen unsere guten Wünsche gerne. Wenn sie aber trotzdem unglücklich sein sollten, dann würde es uns keineswegs zu unseren Pflichten zu gehören scheinen, dass wir uns deswegen irgendwelche Sorgen machen. Darum scheint es weise von der Natur eingerichtet, dass wir nur wenig an dem Schicksal derjenigen Menschen Anteil nehmen, denen wir weder Dienste erweisen noch Schaden zufügen können und die in jeder Beziehung so überaus weit von uns entfernt sind; und wenn es möglich wäre, die ursprüngliche Beschaffenheit unseres Gemüts in dieser Hinsicht zu ändern, so könnten wir durch diese Änderung doch nichts gewinnen.

[...]

Zu den Moralisten, welche sich bemühen, die natürliche Unbilligkeit in unseren passiven Gefühlen dadurch richtigzustellen, dass sie unser Gefühl für dasjenige herabzusetzen suchen, was uns selbst besonders angeht, können wir alle antiken Philosophenschulen zählen, besonders aber die antiken Stoiker. Der Mensch soll sich nach der Lehre der Stoiker nicht als ein abgesondertes und vereinzeltes Wesen ansehen, sondern als einen Bürger der Welt, als ein Glied des gewaltigen Gemeinwesens der Natur. Er soll zu allen Zeiten gerne seine Einwilligung dazu geben, dass für die Vorteile dieser großen Gemeinschaft seine eigenen kleinen Interessen geopfert werden. Was immer ihn selbst betrifft, sollte ihn nicht näher berühren als das, was irgendeinen anderen gleich wichtigen Teil dieses ungeheuren Systems angeht. Wir sollten uns selbst nicht in dem Lichte betrachten, in welches unsere eigenen egoistischen Leidenschaften uns gerne setzen möchten, sondern in dem Licht, [141] in welchem irgendein anderer Bürger der Welt uns betrachten würde. Was uns selbst zustößt, sollten wir ganz so ansehen wie das, was unserem Nächsten zustößt, oder – was auf dasselbe hinauskommt – so wie unser Nächster dasjenige ansieht, was uns zustößt. »Wenn unser Nächster«, sagt Epiktet, »sein Weib verliert oder seinen Sohn, so gibt es niemanden, der sich nicht dessen bewusst wäre, dass das ein menschliches Unglück ist, ein natürliches Ereignis, durchaus in Übereinstimmung mit dem gewöhnlichen Lauf der Dinge; aber wenn das Gleiche uns selbst zustößt, dann schreien wir auf, als ob wir das schrecklichste Unglück erlitten hätten. Indessen sollten wir uns erinnern, wie es uns berühren würde, wenn dieses Ereignis einem anderen zugestoßen wäre, und so, wie wir uns bei seinem Unglück verhalten würden, so sollten wir uns auch in unserem eigenen verhalten«.

Jene Unglücksfälle, welche Einzelpersonen betreffen und für welche wir leicht mehr fühlen, als es den Regeln der Billigkeit entsprechen würde, sind von zweierlei Art. Es sind entweder solche, [142] die uns nur mittelbar berühren und in erster Linie gewisse andere Personen betreffen, die uns ganz besonders teuer sind, wie etwa unsere Eltern, unsere Kinder, unsere Geschwister, unsere nächsten Freunde. Oder es sind solche, die uns selbst unmittelbar und direkt berühren, indem sie unseren Körper, unser Vermögen oder unseren Ruf treffen, wie etwa Schmerz, Krankheit, das Herannahen des Todes, Armut, Schande usw.

In Unglücksfällen der ersten Art können unsere Gefühle zweifellos jenes Maß sehr weit überschreiten, welches die genaue Regel der Schicklichkeit zulassen würde. Aber sie können auch ebenso gut hinter jenem Maß zurückbleiben und dies wird auch häufig der Fall sein. Derjenige, der nicht mehr fühlen würde, wenn sein eigener Vater oder sein eigener Sohn stirbt oder sich im Elend befindet, als wenn dieses Schicksal den Vater oder den Sohn eines anderen Menschen betrifft, der würde uns weder im ersten Fall als guter Sohn noch im zweiten als guter Vater erscheinen. Eine solche unnatürliche Gleichgültigkeit wäre weit davon entfernt, unseren Beifall hervorzurufen, sondern würde vielmehr unsere höchste Missbilligung erfahren. Indessen gibt es unter jenen Gefühlen der Zuneigung zwischen Familienmitgliedern einige, die besonders leicht durch ihr Übermaß, und andere, die mehr durch ihre allzu geringe Stärke Anstoß erregen. Die Natur hat in der weisesten Absicht bei den meisten, vielleicht bei allen Menschen, die elterliche Zärtlichkeit zu einem weit stärkeren Gefühl gemacht als die kindliche Liebe. Die Erhaltung und Fortpflanzung der Art hängen ganz und gar von der Ersteren ab und nicht von der Letzteren. In der Mehrzahl der Fälle hängt die Existenz und Erhaltung des Kindes durchaus von der Fürsorge der Eltern ab. Selten aber hängen die Existenz und Erhaltung der Eltern von jener des Kindes ab. Deshalb hat die Natur der elterlichen Liebe eine solche Stärke verliehen, dass es im Allgemeinen nicht nötig erscheint, sie noch anzufachen, sondern eher, sie zu dämpfen. Und selten bemühen sich Moralisten, uns zu lehren, wie wir der Verliebtheit, der maßlosen Zuneigung, der ungerechten Bevorzugung, die wir gerne unseren Kindern vor denen anderer Leute zuteilwerden lassen, nachhängen sollen, sondern sie trachten im Allgemeinen eher uns zu lehren, wie wir sie zügeln sollen. Dagegen ermahnen sie uns zu der zärtlichsten Liebe gegenüber unseren Eltern und fordern von uns, dass wir uns ihnen in ihrem Alter in geziemender Weise für die Güte erkenntlich zeigen, die sie uns in unserer Kindheit und unserer Jugend erwiesen hatten. In den zehn Geboten wird uns befohlen, Vater und Mutter zu ehren. Aber der Liebe zu unseren Kindern wird keine Erwähnung getan. Die Natur selbst hat uns zur Erfüllung dieser letzteren Pflicht in ausreichender Weise angeleitet. Man wird selten einem Menschen vorwerfen, dass er sich so stelle, als liebe er seine Kinder mehr, als dies wirklich der Fall ist. Man hat aber schon wiederholt einen

Menschen verdächtigt, dass er seine Liebe zu seinen Eltern in unaufrichtiger, prahlerischer Weise zur Schau trage. Aus dem gleichen Grunde ist oft genug der absichtlich zur Schau gestellte Kummer einer Witwe der Unaufrichtigkeit geziehen worden. Wir würden wohl auch ein Übermaß solch liebevoller Zuneigung achten, wenn wir es für aufrichtig halten könnten; und obgleich wir es vielleicht nicht durchaus billigen würden, so würden wir es doch auch nicht ernstlich verurteilen. Dass auch dieses Übermaß lobenswürdig erscheint, wenigstens in den Augen desjenigen, der es heuchelt, dafür bildet ebendieses Heucheln schon den Beweis.

Aber sogar das Übermaß jener Art von Gefühlen der Zuneigung, die gewöhnlich durch [143] ihr Übermaß Anstoß zu erregen pflegen, kann zwar tadelnswert, aber gewiss niemals hassenswert erscheinen. Wir tadeln die maßlose Verliebtheit und Besorgnis von Eltern als eine Übertriebenheit, die sich in letzter Linie auch für das Kind schädlich erweisen kann und die inzwischen jedenfalls für die Eltern selbst äußerst beschwerlich ist. Aber wir werden sie leicht verzeihen und werden sie niemals mit Hass und Abscheu betrachten. Dagegen erscheint uns das Fehlen dieses gewöhnlich übermäßig starken Gefühls immer als ganz besonders hassenswert. Derjenige, der offensichtlich sogar für seine eigenen Kinder nichts fühlt und sie bei allen Gelegenheiten mit unverdienter Strenge und Härte behandelt, scheint uns der ärgste und verabscheuungswürdigste Rohling zu sein. Der rechte Sinn für das sittlich Richtige ist so weit davon entfernt von uns zu verlangen, dass wir jene außerordentliche Empfindsamkeit gänzlich ausrotten, die wir von Natur aus dem Unglück unserer nächsten Angehörigen entgegenbringen, dass er vielmehr stets weit mehr durch das Fehlen jener Empfindsamkeit als durch ihr Übermaß beleidigt wird. Die stoische Apathie scheint uns in solchen Fällen niemals angemessen, und all die metaphysischen Sophismen, durch die man sie zu stützen pflegt, können selten zu etwas anderem führen als dazu, die harte Gefühllosigkeit eines Narren zur zehnfachen Stärke ihrer ursprünglichen Taktlosigkeit aufzublasen. [...]

Anders verhält es sich mit jenen Unglücksfällen, die unmittelbar und geradezu uns selbst berühren, indem sie unseren Körper, unser Vermögen oder unser Ansehen treffen. Hier wird das Gefühl für das sittlich Richtige weit eher durch ein Übermaß als durch den Mangel an Empfindsamkeit auf unserer Seite verletzt werden, und es wird nur sehr wenige Fälle geben, in welchen wir uns allzu stark der stoischen Apathie und Gleichgültigkeit nähern könnten.

[...]

[145] [...]

Ein ganz kleines Kind besitzt keine Selbstbeherrschung, sondern, welches auch immer seine Gemütsbewegungen sein mögen, Furcht oder Schmerzempfindung oder Zorn, es wird immer mit Aufwand aller Kräfte sich bemühen, durch sein heftiges Geschrei die Aufmerksamkeit seiner Pflegerin oder seiner Eltern wachzurufen. Solange es unter der Obhut solch parteiischer Beschützer bleibt, ist sein Zorn der erste und vielleicht der einzige Affekt, den es zu mäßigen gelehrt wird. Denn diese Beschützer sind oft um ihrer eigenen Ruhe willen gezwungen, es durch Lärmen und Drohen zu schrecken und in eine ruhigere Stimmung zu versetzen; und so wird der Affekt, der es gleichsam zum Angriff getrieben hat, nun im Zaume gehalten durch jenen anderen Affekt, der es lehrt, auf seine eigene Sicherheit bedacht zu sein. Sobald es aber einmal alt genug ist, um zur Schule zu gehen oder um mit seinesgleichen zu verkehren, dann wird es bald bemerken, dass die anderen keine solche parteiische Nachsicht üben. Von Natur aus hegt es den Wunsch, ihre Gunst zu gewinnen und ihrem Hass und ihrer Verachtung zu entgehen. Schon die Rücksicht auf seine eigene Sicherheit lehrt es, sich dementsprechend zu verhalten; und es wird bald bemerken, dass dies auf keine andere Weise geschehen kann, als wenn es nicht nur seinen Zorn, sondern auch alle anderen Affekte bis auf einen solchen Grad mäßigt, dass sie seinen Spielkameraden und Gefährten noch gut dünken können. Es tritt so in die große Schule der Selbstbeherrschung ein, es trachtet mehr und mehr Herr seiner selbst zu werden und fängt an, seine Gefühle einer gewissen Disziplin zu unterwerfen; freilich wird auch die Übung eines ganzen Lebens – und wäre seine Dauer noch so lang – nur sehr selten ausreichen, um diese Disziplin zu wirklicher Vollendung zu bringen.

[...]

[146] [...]

Ein Mann von wahrer Charakterfestigkeit und Standhaftigkeit aber, ein Weiser und Gerechter, der in der großen Schule der Selbstbeherrschung und in dem Treiben und der Geschäftigkeit der Welt gestählt worden ist, ein Mensch, der vielleicht oft der Gewalttätigkeit und der Ungerechtigkeit des Parteikampfes und den Mühsalen und Gefahren des Krieges ausgesetzt war, ein solcher Mann wird bei allen Gelegenheiten die Herrschaft über seine passiven Gefühle behaupten; und er wird stets, mag er nun in der Einsamkeit oder in Gesellschaft sein, fast die gleiche Haltung bewahren, ja, er wird sogar nahezu das Gleiche empfinden. Im Gelingen oder im Missgeschick, im Glück oder in widrigen Verhältnissen, vor Freunden oder vor Feinden, war er oft gezwungen, diese seine Standhaftigkeit gegen Anfechtungen zu behaupten. Er hat niemals auch nur für einen Augenblick zu vergessen gewagt, welches Urteil wohl der unparteiische Zuschauer über seine [147] Empfindungen und über sein Verhalten fällen würde. Niemals hat er es gewagt, auch nur einen Augenblick lang den Menschen in seiner eigenen Brust außer Acht zu lassen. Er hatte sich daran gewöhnt, mit den Augen dieses »inneren Menschen« alles zu betrachten, was immer sich auf ihn selbst bezog. Diese Gewohnheit ist ihm geradezu zur zweiten Natur geworden. Seine beständige Übung und sein Streben waren darauf gerichtet, nicht nur sein äußeres Verhalten und Betragen so einzurichten, sondern so weit als möglich auch seine innersten Empfindungen und Gefühle so umzumodeln, dass sie mit denen dieses hehren und ehrfurchtgebietenden Richters in Übereinstimmung wären, und freilich war dazu eine immer wieder erneute Bemühung notwendig. Er heuchelt nicht etwa die Empfindungen jenes unparteiischen Zuschauers, sondern er macht sie sich wirklich zu eigen. Er identifiziert sich beinahe mit ihm, er wird beinahe selbst jener unparteiische Zuschauer und fühlt sogar kaum mehr anders, als jener große Schiedsrichter über sein Betragen ihn fühlen heißt.

[...]

[149] [...]

Die unfehlbare Gewissheit, mit welcher alle Menschen sich früher oder später in alles fügen, was nun einmal zu ihrer ständigen Lebenslage wird, mag uns vielleicht zu der Ansicht bestimmen, dass die Stoiker wenigstens insoweit der richtigen Meinung sehr nahe waren, als sie die Behauptung aufstellten, es bestehe in Bezug auf wirkliche Glückseligkeit kein wesentlicher Unterschied zwischen einer ständigen Lebenslage und einer anderen. Oder, wenn es doch einen solchen Unterschied gebe, dann sei dieser gerade nur ausreichend, um einige dieser Situationen zum Gegenstand einer einfachen Wahl oder Bevorzugung, jedoch nicht, um sie zum Gegenstand eines ernsthaften und heftigen Verlangens zu machen. Und er sei auf der anderen Seite zwar ausreichend, um andere dieser Situationen zum Gegenstand einer einfachen Zurückweisung zu stempeln, weil sie ein zu Vermeidendes und Abzutuendes seien, nicht aber, um sie zum Gegenstand einer ernstlichen oder heftigen Abneigung zu machen. Die Glückseligkeit besteht in der Ruhe und im Genuss. Ohne Ruhe kann es keinen Genuss geben, und wo völlige Seelenruhe ist, da gibt es kaum etwas, was nicht fähig wäre, uns zu unterhalten. In jeder dauernden Lebenslage, in der keine Aussicht auf eine Änderung besteht, kehrt aber das Gemüt eines jeden Menschen nach längerer oder kürzerer Zeit wieder in seinen natürlichen und gewöhnlichen Zustand der Ruhe zurück. Aus Glück und Wohlergehen sinkt es nach einer gewissen Zeit wieder in jenen Zustand hinab, aus Widerwärtigkeiten hebt es sich nach einer gewissen Zeit wieder zu ihm empor. In der Gefangenschaft und Einsamkeit der Bastille fand sogar der weltmännische und leichtfertige Graf de Lauzun nach einer gewissen Zeit wieder so viel Ruhe, dass er imstande war, sich mit dem Füttern einer Spinne zu unterhalten. Ein höherstehender Geist hätte vielleicht früher schon seine Ruhe wiedererlangt und in seinen eigenen Gedanken eine weit bessere Unterhaltung gefunden.

Die Hauptquelle des Elends und der Zerrüttungen des menschlichen Lebens scheint aus einer Überschätzung des Unterschiedes zwischen einer dauernden Lebenslage und einer anderen zu entspringen. Habgier überschätzt den Unterschied zwischen Armut und Reichtum; Ehrgeiz den Unterschied zwischen Privatleben und öffentlicher Stellung; Ruhmsucht den Unterschied zwischen Unbekanntheit und ausgebreitetem Ansehen. Ein Mensch, der unter dem Einfluss einer jener maßlosen Affekte steht, ist nicht nur in seiner gegenwärtigen Lebenslage elend, sondern er wird oft auch geneigt sein, den Frieden der Gesellschaft zu stören, um jene andere Lage zu erreichen, die er so töricht bewundert. Und doch könnte ihm die geringste Beobachtung des menschlichen Lebens zur Genüge zeigen, dass ein gebildeter Geist in all den gewöhnlichen Lebenslagen gleich ruhig, gleich heiter und gleich zufrieden sein kann. Manche von diesen Lebenslagen mögen es zweifellos wert sein, dass wir sie anderen vorziehen: Keine von ihnen könnte es dagegen wert sein, dass wir ihr mit jenem leidenschaftlichen Eifer nachjagen, der uns antreibt, die Regeln der Klugheit oder die Regeln der Gerechtigkeit zu verletzen – oder unsere Seelenruhe für alle Zukunft zu zerstören, sei es nun durch die Scham, die uns bei der Erinnerung an unsere eigene Torheit überkommen wird, sei es durch die Gewissensbisse, die aus dem Abscheu vor unserer eigenen Ungerechtigkeit entspringen müssten. [...] [150] [...] In den glänzendsten und erhabensten Lagen, die unsere eitle Phantasie uns vorzuspiegeln vermag, sind die Freuden, aus welchen wir unsere wahre Glückseligkeit zu schöpfen gedenken, beinahe immer die gleichen wie diejenigen, die uns schon in unserer gegenwärtigen niedrigen Stellung allzeit zur Verfügung stehen und zur Hand sind. Wenn wir von den nichtigen Freuden der Eitelkeit und des hohen Ranges absehen, so können wir in der niedrigsten Lebensstellung, sofern sich in ihr nur persönliche Freiheit findet, ganz die gleichen Freuden antreffen, wie sie uns die erhabenste Stellung gewähren kann; und die Freuden der Eitelkeit und des hohen Ranges sind selten mit vollkommener Seelenruhe verträglich, die doch die Grundlage und Voraussetzung jedes wahren und befriedigenden Genusses bilden. Und es ist keineswegs immer sicher, dass wir in der glänzenden Lebenslage, nach welcher wir streben, uns jener wahren und befriedigenden Vergnügen mit der gleichen Sicherheit und Ruhe werden erfreuen können wie in der niedrigen Lage, die aufzugeben wir so überaus begierig sind. Prüfen Sie die Berichterstattung der Geschichte, sammeln Sie alle Ereignisse, die sich im Umkreise Ihrer eigenen Erfahrung zugetragen haben, überlegen Sie mit Aufmerksamkeit, welches das Betragen fast aller Menschen gewesen ist, die im privaten oder öffentlichen Leben besonders unglücklich gewesen sind und von denen Sie gelesen oder gehört haben oder an die Sie sich erinnern, und Sie werden sehen, dass das Unglück der überwiegenden Mehrzahl derselben daraus entstanden ist, dass sie nicht wussten, wann es ihnen wohl erging und wann es für sie richtig und schicklich war, stille zu sitzen und zufrieden zu sein. Die Inschrift auf dem Grabstein jenes Mannes, der sich bemüht hatte, seine leidlich gute Gesundheit durch das Einnehmen von Medizin zu verbessern: »Ich befand mich wohl, ich wünschte mich besser zu befinden – nun, hier bin ich«, kann im Allgemeinen mit vollem Recht auf das Elend enttäuschter Habgier und gekränkten Ehrgeizes angewendet werden.

[...]

[156] [...]

Viertes Kapitel: Über das Wesen des Selbstbetruges und über den Ursprung und den Nutzen allgemeiner Regeln

Um die Richtigkeit der Urteile, die wir über die Schicklichkeit unseres eigenen Verhaltens fällen, in ihr Gegenteil zu verkehren, ist es nicht immer notwendig, dass sich der wirkliche und unparteiische Zuschauer gerade in weiter Ferne befinde. Auch wenn er ganz nahe, auch wenn [157] er gegenwärtig ist, wird manchmal die Heftigkeit und Ungerechtigkeit unserer egoistischen Affekte ausreichen, den Menschen in unserer Brust dahin zu beeinflussen, dass er einen Bericht über unser Verhalten abgibt, der durchaus von den wahren Umständen des Falles abweicht und durch diese nicht gerechtfertigt werden kann.

Es gibt zweierlei Gelegenheiten, bei denen wir unser eigenes Verhalten einer Prüfung unterziehen und versuchen, es in dem Lichte zu sehen, in welchem der unparteiische Zuschauer es betrachten würde: erstens, wenn wir im Begriffe stehen, zu handeln, zweitens, nachdem wir gehandelt haben. In beiden Fällen wird unsere Betrachtungsweise sehr leicht parteiisch sein, und am meisten dann, wenn es gerade am wichtigsten wäre, dass sie unparteiisch sein sollte.

Wenn wir im Begriffe stehen, zu handeln, wird die Heftigkeit des Affekts uns selten das, was wir zu tun willens sind, mit der Unparteilichkeit eines unvoreingenommenen und gleichgültigen Menschen überlegen lassen. Die heftigen Gemütsbewegungen, die uns in diesem Augenblick durchströmen, verfärben unser Bild von den wirklichen Verhältnissen sogar dann, wenn wir bemüht sind, uns in die Lage eines anderen zu versetzen und die Gegenstände, die uns angehen, in dem Lichte zu betrachten, in welchem sie ihm natürlicherweise sich darstellen müssen. Die Wucht unserer Affekte ruft uns immer wieder auf unseren eigenen Standort zurück, von dem aus alles durch die Selbstliebe vergrößert und verzerrt erscheint. Von der Art und Weise, in welcher diese Gegenstände einem anderen erscheinen würden, von dem Bilde, das er von ihnen gewinnen würde, vermögen wir, wenn ich so sagen darf, immer nur einen momentanen Schimmer aufzufangen, der in einem Augenblick wieder verschwindet und der auch, solange er anhält, nicht ganz richtig ist. […]

Sobald allerdings die Handlung vorüber ist und die Affekte, die uns zu ihr antrieben, sich gelegt haben, dann vermögen wir mit kühlerem Sinne die Empfindungen des gleichgültigen Zuschauers nachzufühlen. Was früher in hohem Grad unser Interesse erweckte, wird uns nun fast so gleichgültig, wie es ihm immer war, und wir können jetzt unser Betragen mit der gleichen Aufrichtigkeit und Unparteilichkeit prüfen wie er. Der Mensch von heute wird nicht mehr von [158] denselben Leidenschaften bewegt, die den Menschen von gestern verwirrten: Und wenn der Paroxysmus des Gefühls ebenso wie in einem anderen Falle der Paroxysmus des Elends völlig vorüber ist, vermögen wir uns gleichsam mit dem gedachten Menschen in unserer Brust zu identifizieren und selbst aus unserem eigenen Wesen heraus wie in jenem Falle unsere Situation, so in dem jetzigen unser Verhalten mit den strengen Augen eines ganz unparteiischen Zuschauers zu betrachten. Aber verglichen mit früher sind unsere Urteile nun oft von geringer Bedeutung und sie vermögen häufig nicht mehr zu erzielen als ein wertloses Bedauern und unnütze Reue, ohne dass sie uns darum vor gleichen Irrtümern in der Zukunft schützen würden. Es ist indessen auch in diesen Fällen selten, dass unsere Urteile ganz unparteiisch ausfallen. Die Meinung, die wir von unserem Charakter hegen, hängt ganz und gar von den Urteilen ab, die wir über unser vergangenes Verhalten fällen. Es ist so unangenehm, von sich selbst schlecht zu denken, dass wir oft absichtlich unseren Blick von den Umständen abkehren, die jene Beurteilung ungünstig ausfallen lassen könnten. Man pflegt zu sagen, dass derjenige ein mutiger Chirurg sei, dessen Hand nicht zittert, wenn er an sich selbst eine Operation vornimmt; ebenso kühn aber ist derjenige, der nicht zögert, den geheimnisvollen Schleier der Selbsttäuschung wegzureißen, der seinem Blick sonst die Hässlichkeiten seines eigenen Verhaltens verbirgt. Bevor wir unser eigenes Verhalten in einem so ungünstigen Lichte sehen wollen, bemühen wir uns nur allzu oft – törichter- und schwächlicherweise –, lieber jene unbilligen Affekte von neuem zu entfachen, die uns zuvor schon vom rechten Weg weggeführt hatten; wir bemühen uns, unseren alten Hass künstlich wieder zu wecken, und suchen unsere fast vergessenen Vergeltungsgefühle wieder frisch zu entflammen, wir machen sogar Anstrengungen, um dieses jämmerliche Vorhaben durchzuführen, und verharren so in Ungerechtigkeit bloß darum, weil wir einmal ungerecht waren und weil wir uns schämen und fürchten, einzusehen, dass wir im Unrecht waren.

So parteiisch ist die Art, wie die Menschen, nicht nur im Zeitpunkt der Handlung, sondern auch nachher noch die Schicklichkeit ihres Betragens beurteilen; und so schwer fällt es ihnen, dieses Verhalten in dem Lichte zu sehen, in welchem ein unbeteiligter Zuschauer es betrachten würde. Gäbe es aber tatsächlich ein besonderes Seelenvermögen, mittels dessen die Menschen ihr eigenes Verhalten beurteilen würden – wie man es von dem moralischen Sinn annimmt –, wären sie wirklich mit einer eigentümlichen Wahrnehmungskraft begabt, welche die Schönheit oder Hässlichkeit von Affekten und Neigungen zu unterscheiden vermöchte, dann wären diesem Seelenvermögen die eigenen Affekte des Menschen in unmittelbarerer Weise gegeben und dasselbe würde daher mit größerer Pünktlichkeit über sie urteilen als über die Affekte anderer Menschen, die es nur gleichsam aus größerer Entfernung betrachten könnte.

Dieser Selbstbetrug, diese verhängnisvolle Schwäche bildet die Quelle, aus der vielleicht die Hälfte aller Zerrüttungen des menschlichen Lebens entspringt. Sähen wir uns in dem Lichte, in welchem andere [158] uns sehen oder in dem sie uns sehen würden, wenn sie alles über uns wüssten, dann wäre im Allgemeinen eine Änderung zum Besseren unvermeidlich. Wir könnten sonst den Anblick nicht ertragen.

Indessen hat uns die Natur dieser Schwäche, die von so großer Bedeutung ist, nicht ganz überlassen, ohne uns ein Heilmittel gegen sie zu geben; sie hat uns nicht völlig den Täuschungen der Selbstliebe preisgegeben. Die fortgesetzten Beobachtungen, die wir über das Verhalten anderer Menschen machen, bringen uns unmerklich dazu, dass wir uns gewisse allgemeine Regeln darüber bilden, was zu tun oder zu meiden schicklich und angemessen ist. Manche ihrer Handlungen sind unseren natürlichen Empfindungen zuwider. Wir hören aber auch, wie alle, die um uns sind, dem gleichen Abscheu gegen diese Handlungen Ausdruck geben. Das bestärkt uns noch in unserem natürlichen Gefühl von ihrer Hässlichkeit und macht dieses noch heftiger. Es gibt uns die Überzeugung, dass wir sie in dem richtigen Lichte gesehen haben, sobald wir bemerken, dass andere sie in dem gleichen Lichte sehen. Wir fassen darum den Entschluss, niemals solcher Handlungen schuldig zu werden und uns auf keinen Fall jemals auf solche Weise zum Gegenstand allgemeiner Missbilligung zu machen. So stellen wir für uns selbst die allgemeine Regel auf, es seien alle jene Handlungen zu vermeiden, die uns hassenswert, verächtlich oder straffällig machen müssten und die uns zum Gegenstand aller jener Gefühle machen würden, gegen die wir die größte Scheu und Abneigung empfinden. Andere Handlungen dagegen erwecken unsere Billigung, und wir hören, wie alle, die um uns sind, der gleichen günstigen Meinung über diese Handlungen Ausdruck geben. Jedermann ist eifrig bemüht, sie zu ehren und zu belohnen. Sie erregen alle jene Gefühle, nach denen wir natürlicherweise das stärkste Verlangen tragen, die Liebe, die Dankbarkeit, die Bewunderung der Menschen. Es erwacht darum in uns der Ehrgeiz, gleiche Handlungen zu vollbringen, und ganz natürlich bilden wir dann für uns eine Regel anderer Art, nämlich die, es sei jede Gelegenheit, auf diese Weise zu handeln, mit größter Sorgfalt aufzusuchen.

Auf diese Art werden die allgemeinen Regeln der Sittlichkeit gebildet. Sie gründen sich letzten Endes auf die Erfahrung darüber, was unser natürliches Gefühl für Verdienst und sittliche Richtigkeit in bestimmten Einzelfällen billigt oder missbilligt. Wir billigen oder verurteilen ursprünglich gewisse Handlungen nicht deshalb, weil sie sich bei näherer Prüfung als mit einer bestimmten allgemeinen Regel verträglich oder unvereinbar erweisen. Vielmehr wird umgekehrt die allgemeine Regel danach gebildet, dass wir aus der Erfahrung gelernt haben, wie alle Handlungen einer gewissen Art, oder unter gewissen Umständen verübt, gebilligt oder missbilligt werden. Wenn ein Mann zum ersten Mal Zeuge eines unmenschlichen Mordes war, der aus Habsucht, Neid oder unberechtigtem Vergeltungsgefühl begangen wurde und noch dazu an einem Menschen, der den Mörder liebte und ihm Vertrauen schenkte, wenn jener Mann die letzten Todesqualen des Sterbenden mit ansah, wenn er hörte, wie er mit verlöschendem Atem mehr über die Treulosigkeit und Undankbarkeit seines falschen Freundes klagte als über die Gewalttat, die an ihm verübt worden war, dann musste jener Mann, um die ganze Abscheulichkeit dieser Handlung sich klarzumachen, gewiss nicht erst Überlegungen darüber anstellen, dass es eine der heiligsten Regeln des Verhaltens sei, die es verbietet, einem Unschuldigen das Leben zu nehmen, und dass die Tat eine offenkundige Verletzung dieser Regel und infolgedessen eine sehr tadelnswerte Handlung war. Vielmehr würde offenbar sein Abscheu vor diesem Verbrechen augenblicklich erwachen und längst, ehe er sich eine solche allgemeine Regel gebildet hätte. Die allgemeine Regel, [160] die er nachträglich sich bilden mag, würde sich vielmehr umgekehrt auf den Abscheu gründen, den er naturnotwendig bei dem Gedanken an diese oder an irgendeine andere bestimmte Handlung gleicher Art in seiner Brust erwachsen fühlte.

[...]

Wenn diese allgemeinen Regeln freilich erst einmal gebildet worden sind, wenn sie allgemein anerkannt und durch die übereinstimmenden Empfindungen der Menschen festgesetzt sind, dann berufen wir uns häufig auf sie als auf die Richtmaße für unser Urteil bei solchen Erörterungen, die den Grad von Lob oder Tadel betreffen, welcher gewissen Handlungen verwickelter und zweifelhafter Natur gebührt. Man zitiert sie bei solchen Gelegenheiten gemeinhin als die letzte Grundlage für unsere Entscheidung darüber, was an menschlichem Verhalten richtig und unrichtig ist; und dieser Umstand scheint einige sehr hervorragende Schriftsteller dazu verleitet zu haben, ein ganzes Lehrgebäude so anzulegen, als ob sie dabei von der Voraussetzung ausgegangen wären, dass die Urteile der Menschen über Recht und Unrecht von allem Anfang an auf die gleiche Weise gebildet würden wie die Entscheidungen eines Gerichtshofes, indem man nämlich zunächst die allgemeine Regel in Erwägung zieht und dann erst zusieht, ob gerade die bestimmte Handlung, die eben zur Beurteilung steht, im eigentlichen Sinne unter die Regel falle.

[...]

[171]

Sechstes Kapitel: In welchen Fällen das Pflichtgefühl allein Prinzip unseres Handelns sein und in welchen Fällen es mit anderen Triebfedern zusammenwirken soll

Die Religion allein gewährt so starke Triebfedern zur Übung der Tugend und schützt uns durch so mächtige Hemmungen vor den Versuchungen des Lasters, dass viele dadurch zu der Meinung gebracht wurden, religiöse Prinzipien seien die einzigen lobenswerten Triebfedern des Handelns. Wir sollen weder aus Dankbarkeit belohnen, sagen sie, noch aus Vergeltungsgefühl bestrafen; niemals sollten wir aus natürlicher Zuneigung unsere Kinder in ihrer Hilflosigkeit beschützen oder der Schwäche unserer Eltern Beistand gewähren. Alle Neigung zu einzelnen Objekten sollte in unserer Brust ausgelöscht sein und eine große Neigung sollte die Stelle aller anderen einnehmen, die Liebe zur Gottheit, der Wunsch, uns ihr angenehm zu machen und unser Verhalten in jeder Hinsicht ihrem Willen gemäß zu lenken. Wir sollen nicht aus Dankbarkeit dankbar, wir sollten nicht aus Menschlichkeit wohltätig sein, wir sollten nicht aus Liebe zu unserem Vaterlande patriotisch, noch aus Liebe zur Menschheit edelmütig und gerecht sein. Das einzige Prinzip und die einzige Triebfeder unseres Verhaltens bei der Erfüllung aller dieser verschiedenen Pflichten sollte das Bewusstsein bilden, dass Gott uns befohlen hat, sie zu erfüllen. Ich werde mir jetzt nicht die Zeit nehmen, diese Ansicht im Besonderen zu prüfen; ich will nur bemerken, dass wir nicht erwartet hätten, diese Ansicht von einer Sekte vertreten zu finden, die sich zu einer Religion bekennt, deren erste Vorschrift es zwar ist, den Herrn unseren Gott zu lieben mit unserem ganzen Herzen, mit unserer ganzen Seele und mit unserer ganzen Kraft, deren zweite Vorschrift es aber ist, unseren Nächsten zu lieben wie uns selbst; und wir lieben doch uns selbst sicherlich um unserer selbst willen und nicht bloß darum, weil uns befohlen wurde, uns zu lieben. Dass das Pflichtgefühl das einzige Prinzip unseres Verhaltens sein solle, das ist keineswegs die Vorschrift des Christentums, wohl aber, dass es das herrschende und führende sein soll, wie die Philosophie und wie allerdings auch der gemeine Menschenverstand es vorschreiben. Es mag indes fraglich scheinen, in welchen Fällen unsere Handlungen hauptsächlich oder gänzlich aus dem Pflichtgefühl oder aus der Rücksicht auf allgemeine Regeln entspringen sollen und in welchen Fällen gewisse andere Empfindungen oder Neigungen mitwirken und einen bestimmenden Einfluss ausüben sollen.

Die Entscheidung dieser Frage, die vielleicht überhaupt nicht mit sehr großer Genauigkeit gegeben werden kann, wird von zweierlei Umständen abhängen; erstens von der natürlichen Anmut oder Hässlichkeit der Empfindung oder Neigung, die uns – unabhängig von aller Rücksicht auf allgemeine Regeln – zu einer Handlung treiben würde, und zweitens von der Bestimmtheit und Genauigkeit – oder der Laxheit und Ungenauigkeit der allgemeinen Regeln selbst.

I. Es wird, sage ich, erstens von der natürlichen Anmut oder [172] Hässlichkeit der Neigung selbst abhängen, inwiefern unsere Handlungen aus ihr entspringen sollen oder ob sie nicht vielmehr ausschließlich aus einer Rücksichtnahme auf allgemeine Regeln hervorgehen sollen.

Alle jene schönen und vielbewunderten Handlungen, zu denen die wohlwollenden Neigungen uns antreiben, sollen ebenso sehr aus diesen Affekten selbst als aus irgendwelcher Rücksichtnahme auf allgemeine Verhaltungsregeln hervorgehen. Ein Wohltäter wird das Gefühl haben, dass ihm sein Verhalten nur schlecht vergolten wurde, wenn derjenige, dem er seine guten Dienste erwiesen hat, diese nur aus einem gewissen kühlen Pflichtbewusstsein und ohne jedes Gefühl der Zuneigung ihm gegenüber erwidert. Ein Ehemann wird auch mit der allergehorsamsten Frau unzufrieden sein, wenn er der Meinung ist, dass ihr Verhalten durch kein anderes Gefühl bestimmt wird als durch die Achtung vor jenen Pflichten, die das Verhältnis, in dem sie zu ihm steht, ihr auferlegt. Wenn ein Sohn es auch an keiner jener Dienstleistungen fehlen lässt, die die Kindespflicht ihm vorschreibt, wenn ihm aber dabei jene liebevolle Verehrung mangelt, die zu fühlen sich so sehr für ihn ziemt, dann wird sich der Vater mit Recht über seine Gleichgültigkeit beschweren können. Ebenso könnte ein Sohn mit seinem Vater nicht ganz zufrieden sein, wenn dieser zwar alle Pflichten seiner Stellung erfüllte, aber nichts von jener väterlichen Liebe besäße, die man von ihm hätte erwarten können. In Bezug auf alle solche wohlwollenden und sozialen Neigungen ist es uns angenehm, wenn wir sehen, dass das Pflichtgefühl eher dazu angewendet wird, jene Neigungen in Schranken zu halten, als sie zu verstärken, eher um uns abzuhalten, zu viel zu tun, als um uns anzutreiben, zu tun, was wir sollen. Es bereitet uns Freude, einen Vater zu sehen, der seiner maßlosen Liebe Einhalt tun muss, einen Freund, der seinem natürlichen Edelmut Schranken setzen, den Empfänger einer Wohltat, der die allzu stürmische Dankbarkeit zurückhalten muss, die sein Herz überwältigt.

Der entgegengesetzte Grundsatz gilt im Allgemeinen in Bezug auf die übelwollenden und unsozialen Affekte. Wir sollen aus Dankbarkeit und aus dem natürlichen Edelmut unseres Herzens belohnen, ohne Widerstreben und ohne überlegen zu müssen, wie sehr es sittlich richtig ist, zu belohnen; strafen jedoch sollen wir stets mit Widerstreben und mehr aus dem Gefühl, dass es in diesem Falle sittlich richtig ist zu bestrafen, als aus irgendeinem wilden Hang zur Rache. Nichts ist schöner als das Betragen eines Menschen, der die größten Beleidigungen offenbar mehr aus dem Gefühl heraus ahndet, dass sie Vergeltung verdienen und mit Recht als Gegenstand des Vergeltungsgefühls gelten, als weil er wirklich die Furien dieser hässlichen Leidenschaft fühlt; der wie ein Richter nur die allgemeine Regel im Auge hat, die festsetzt, welche Vergeltung jeder einzelnen Beleidigung zukommt; der, wenn er diese Regel ausführt, weniger Gefühl für dasjenige hat, was er selbst erduldet hatte, als für das, was der Beleidiger nun erdulden muss, der trotz seines Zornes der Barmherzigkeit eingedenk ist, der stets geneigt ist, jene Regel auf die edelste und günstigste Weise auszulegen und alle Erleichterungen zu bewilligen, die nur die unparteiischste Menschenfreundlichkeit gestatten kann und die nur irgend mit dem gesunden Menschenverstand vereinbar sind.

[…]

[174] […]

II. Es wird, sage ich, zweitens zum Teil von der Bestimmtheit und Genauigkeit oder der Laxheit und Ungenauigkeit der allgemeinen Regeln selbst abhängen, inwieweit unsere Handlungen ganz und gar aus der Rücksichtnahme auf sie hervorgehen sollen.

Die Mehrzahl der allgemeinen Regeln, die von den einzelnen Tugenden gelten, die allgemeinen Regeln, die bestimmen, was die Pflichten der Klugheit, der Nächstenliebe, des Edelmutes, der Dankbarkeit, der Freundschaft sind, diese Regeln sind in vielen Beziehungen unbestimmt und ungenau, sie lassen viele Ausnahmen zu und erfordern so viele Modifikationen, dass es uns kaum möglich ist, unser Verhalten ganz und gar durch die Rücksicht auf sie zu bestimmen und einzurichten. Die gewöhnlichen sprichwörtlichen Maximen der Klugheit, die sich auf allgemeine Erfahrung gründen, sind vielleicht die besten allgemeinen Regeln, die man über diesen Gegenstand geben kann. Wenn man sich indessen in gekünstelter Weise ganz strenge und buchstäblich an sie halten wollte, so wäre dies offenbar die unsinnigste und lächerlichste Pedanterie. Von allen Tugenden, die ich eben erwähnt habe, ist vielleicht die Dankbarkeit diejenige, deren Regeln die bestimmtesten sind und die wenigsten Ausnahmen zulassen. Dass wir für Dienste, die uns erwiesen wurden, sobald als wir können, eine Gegenleistung abstatten sollen, die einen gleichen, ja wenn möglich einen höheren Wert besitzt, das möchte wohl eine ziemlich klare Regel zu sein scheinen und dazu eine solche, die kaum irgendeine Ausnahme zuließe. Bei der oberflächlichsten Prüfung wird es sich jedoch herausstellen, dass diese Regel im höchsten Grade unbestimmt und ungenau ist und zehntausend Ausnahmen zulässt. Wenn Ihr Wohltäter Sie in Ihrer Krankheit pflegte, sollen Sie ihn dann in seiner Krankheit pflegen? Oder können Sie die Pflicht der Dankbarkeit auch erfüllen, indem Sie ihm eine Gegenleistung anderer Art gewähren? Wenn Sie ihn pflegen sollen, wie lange sollen Sie ihn pflegen? Durch die gleiche Zeit, wie er Sie pflegte, oder länger und um wie viel länger? Wenn Ihr Freund Ihnen in einer Notlage Geld leiht, sollen Sie ihm Geld leihen, wenn er in Not ist? Wie viel sollen Sie ihm leihen? Wann sollen Sie ihm leihen? Jetzt, oder morgen, oder nächsten Monat? Und auf wie lange Zeit? Es ist offenbar, dass man keine allgemeine Regel aufstellen kann, nach welcher man auf irgendeine dieser Fragen in allen Fällen eine genaue Antwort geben könnte. Der Unterschied zwischen seinem Charakter und dem Ihrigen, zwischen seinen Verhältnissen und den Ihren mag so groß sein, dass Sie durchaus dankbar sein und es dabei doch ablehnen können, ihm auch nur einen halben Penny zu leihen; und umgekehrt: Sie mögen willens sein, ihm das Zehnfache der Summe, die er Ihnen geliehen hat, zu leihen oder gar zu schenken, und man mag Sie dennoch der schwärzesten Undankbarkeit anklagen und Ihnen vorwerfen, dass Sie nicht den hundertsten Teil der Pflicht erfüllt habt, die auf Ihnen lastet. Da indessen die Pflichten der Dankbarkeit vielleicht die heiligsten von all den Pflichten sind, die die wohltätigen Tugenden uns vorschreiben, so sind die allgemeinen Regeln, die diese Pflichten der Dankbarkeit festsetzen, wie ich bereits sagte, noch die allergenauesten. Diejenigen Regeln, welche die Handlungen bestimmen, die durch Freundschaft, Menschlichkeit, Gastfreundlichkeit oder Edelmut gefordert werden, sind noch weit vager und unbestimmter.

[175] Es gibt jedoch eine Tugend, auf deren Gebiet allgemeine Regeln mit der größten Genauigkeit jede äußere Handlung bestimmen, die sie erfordert. Diese Tugend ist die Gerechtigkeit. Die Regeln der Gerechtigkeit sind im höchsten Grade genau und lassen keine anderen Ausnahmen oder Modifikationen zu als solche, die ganz ebenso genau bestimmt werden können wie die Regeln selbst und die im Allgemeinen tatsächlich aus ganz den gleichen Prin-

zipien folgen wie diese. Wenn ich einem Menschen zehn Pfund schulde, dann verlangt die Gerechtigkeit, dass ich ihm ganz genau zehn Pfund zahle, sei es zu der Zeit, die wir vereinbart haben, sei es, wann er es fordert. Was ich leisten soll, wie viel ich leisten soll, wann und wo ich es leisten soll, die ganze Art und die näheren Umstände der vorgeschriebenen Handlung, alles das ist ganz genau festgesetzt und bestimmt. Wenn es also auch ungeschickt und pedantisch sein mag, sich in gekünstelter Weise allzu genau an die gewöhnlichen Regeln der Klugheit oder des Edelmuts zu halten, so liegt doch durchaus keine Pedanterie darin, wenn man sich fest an die Regeln der Gerechtigkeit hält. Im Gegenteil, ihnen gebührt die heiligste, unverbrüchliche Achtung; und niemals werden die Handlungen, welche diese Tugend fordert, richtiger vollbracht, als wenn der Hauptbeweggrund zu ihrer Vollbringung eine ehrfurchtsvolle, heilige Achtung gegen jene allgemeinen Regeln war, die diese Handlungen verlangen. Wenn es sich um die Betätigung anderer Tugenden handelt, da soll unser Verhalten eher durch eine gewisse Vorstellung von dem, was schicklich ist, durch ein gewisses Gefühl für eine besondere Art des Verhaltens geleitet werden als durch irgendwelche Rücksicht auf einen fest bestimmten Grundsatz oder eine Regel; und wir sollen hier mehr den Zweck und den Grund der Regel als diese Regel selbst ins Auge fassen. Anders verhält es sich dagegen in Bezug auf die Gerechtigkeit: Hier ist gerade derjenige, der am wenigsten klügelt und sich vielmehr mit der hartnäckigsten Festigkeit an die allgemeinen Regeln selbst hält, der Lobenswerteste und Zuverlässigste. Möge auch der Zweck der Regeln der Gerechtigkeit der sein, uns von einer Schädigung unseres Nächsten abzuhalten, so kann es doch häufig sogar dann ein Verbrechen sein, diese Regeln zu verletzen, wenn wir selbst mit einem gewissen Anschein von Berechtigung vorgeben könnten, dass die Verletzung der Regel in diesem besonderen Fall keinen Schaden tun könne. Ein Mann wird oft in dem Augenblick ein Schurke, in dem er anfängt – sei es auch nur in seinem Herzen – sich auf derartige Spitzfindigkeiten einzulassen. In dem Augenblick, in dem er daran denkt, von dem festen und unbedingten Gehorsam gegenüber all dem abzuweichen, was jene unverletzlichen Gebote ihm vorschreiben, verdient er nicht mehr das allgemeine Vertrauen, und kein Mensch kann sagen, bis zu welchem Maße von Schuld er noch gelangen werde. Der Dieb bildet sich ein, er tue nichts Böses, wenn er reichen Leuten Dinge stiehlt, die sie, wie er meint, leicht entbehren können und von denen sie vielleicht niemals wissen werden, dass sie ihnen gestohlen worden sind. Der Ehebrecher bildet sich ein, er tue nichts Böses, wenn er die Frau seines Freundes verführt, vorausgesetzt, dass er seine Umtriebe vor jedem Verdacht des Gatten verberge und den Frieden der Familie nicht störe. Wenn wir einmal anfangen, uns solchen Klügeleien zu überlassen, dann ist keine Ungeheuerlichkeit so groß, dass wir ihrer nicht fähig sein sollten.

Die Regeln der Gerechtigkeit können mit den Regeln der Grammatik verglichen werden, die Regeln der anderen Tugenden dagegen mit jenen Regeln, wie sie die Ästhetiker für die Erlangung des Erhabenen und des Eleganten in Stil und Darstellung aufstellen. Die einen sind fest bestimmt, genau und unverzichtbar. Die anderen sind lax, vage und unbestimmt, und sie bieten uns eher eine allgemeine Vorstellung jener Vollkommenheit dar, der wir nachstreben sollen, [176] als dass sie uns irgendeine sichere und untrügliche Anleitung geben würden, um sie zu erwerben. Ein Mensch kann nach Regeln grammatikalisch richtig schreiben lernen, und zwar mit absoluter Unfehlbarkeit, und ebenso kann er vielleicht gelehrt werden, gerecht zu handeln. Aber es gibt keine Regeln, deren Beobachtung uns unfehlbar dahin führen könnte, Eleganz oder Erhabenheit des Stils zu erlangen; obzwar es freilich einige gibt, die uns einigermaßen dazu verhelfen können, jene vagen Vorstellungen richtigzustellen und zu befestigen, die wir sonst über jene Vollkommenheiten hegen würden. Und es gibt keine Regeln, deren Erkenntnis uns unfehlbar lehren könnte, bei allen Gelegenheiten mit Klugheit, mit rechter Seelengröße oder mit der richtigen Wohltätigkeit zu handeln; obzwar es freilich einige gibt, die uns befähigen mögen, in mancher Hinsicht die unvollkommenen Vorstellungen richtigzustellen und zu befestigen, die wir sonst von jenen Tugenden gehegt haben mögen.

Es mag sich manchmal ereignen, dass wir, von dem ernstlichsten Wunsch erfüllt, so zu handeln, dass wir die allgemeine Billigung verdienen, dennoch die richtigen Regeln des Verhaltens verfehlen und so gerade durch jenen Grundsatz in die Irre geführt werden, der uns doch leiten sollte. Es ist umsonst, wenn man erwarten wollte, dass die Menschen in diesem Falle unser Betragen durchaus billigen würden. Sie können jene sinnlose Vorstellung, die wir uns von unserer Pflicht machten und die uns in unserem Handeln bestimmte, nicht nachfühlen, noch können sie an einer jener Handlungen inneren Anteil nehmen, die aus ihr erfolgten. Es liegt indessen immer noch etwas Achtenswertes in dem Charakter und Betragen eines Menschen, der durch ein falsches Gefühl der Verpflichtung oder durch das sogenannte »irrende Gewissen« wider Willen ins Laster gestürzt wurde. Wie verhängnisvoll er auch durch dieses irrende Gewissen in die Irre geführt worden sein mag – bei edelmütigen und human denkenden Menschen wird er eher Mitleid als Hass oder Vergeltungsgefühl erwecken. Sie werden vielmehr die Schwäche der menschlichen Natur beklagen, die uns sogar dann solch unglücklichen Täuschungen aussetzt, wenn wir uns gerade am aufrichtigsten bemühen, die Vollkommenheit zu erlangen, und wenn wir gerade nach einem Grundsatz zu handeln trachten, der der beste unter allen ist, die uns überhaupt leiten können. Falsche Religionsvorstellungen sind fast die einzigen Ursachen, die eine wirklich bedeutende Umkehrung aller unserer natürlichen Gefühle in dieser Art herbeiführen können; und jenes Prinzip, welches den Regeln der Pflicht die höchste Autorität verleiht, ist allein imstande, unsere Vorstellung von diesen Regeln in größerem Maße zu verdrehen. In allen anderen Fällen ist der gesunde Menschenverstand hinreichend, um uns, wenn auch vielleicht nicht zu der höchsten sittlichen Richtigkeit des Verhaltens, so doch wenigstens zu einem Betragen anzuleiten, das von dieser Richtigkeit nicht sehr weit entfernt ist; und, vorausgesetzt, dass wir im Ernst das Verlangen tragen, gut zu tun, wird unser Betragen im großen Ganzen immer lobenswürdig sein. Dass es das erste Gesetz der Pflicht ist, dem Willen der Gottheit zu gehorchen, darüber sind alle Menschen einig. Was aber die einzelnen Gebote anbelangt, die jener Wille uns auferlegen mag, darüber gehen die Ansichten der Menschen weit auseinander. In diesem Punkte ziemt sich darum die größte gegenseitige Nachsicht und Duldsamkeit; und obzwar es die Verteidigung der Gesellschaft erfordert, dass Verbrechen bestraft werden, aus welchen Beweggründen immer sie hervorgehen mögen, so wird doch ein guter Mensch nur mit Widerwillen wegen eines Verbrechens strafen, das offenbar aus falschen Vorstellungen über religiöse Pflicht entsprungen ist. Er wird niemals gegen Personen, die ein solches Verbrechen begangen haben, jenen Unwillen empfinden, den er gegen andere Verbrecher fühlt, sondern wird eher ihre unglückliche Festigkeit und Seelenstärke bedauern und mitunter sogar bewundern, [177] und zwar zur selben Zeit, als er ihr Verbrechen bestraft. Im Mahomet, einer der feinsten Tragödien Voltaires, wird sehr schön dargestellt, wie unsere Empfindungen gegenüber jenen Verbrechen sein sollen, die aus solchen Beweggründen hervorgehen. In jenem Trauerspiel werden zwei junge Leute verschiedenen Geschlechts, beide von äußerst unschuldiger und tugendhafter Denkart, die keine andere Schwäche besitzen, als – was sie uns umso teurer macht – eine starke gegenseitige Liebe füreinander, eben durch die stärksten Beweggründe, durch die Vorstellungen einer falschen Religion, dazu getrieben, einen entsetzlichen Mord zu begehen, der allen Prinzipien der menschlichen Natur zuwiderläuft. Ein verehrungswürdiger Greis, der für sie beide stets die zärtlichste Zuneigung an den Tag gelegt hat, für den sie, obgleich er der erklärte Feind ihrer Religion war, die höchste Verehrung und Achtung empfunden hatten und der in Wahrheit – was sie allerdings nicht wussten – ihr Vater war, wird ihnen nun als das Opfer bezeichnet, das Gott ausdrücklich aus ihren Händen gefordert hatte, und es wird ihnen befohlen, ihn zu töten. Während sie nun im Begriffe stehen, dieses Verbrechen auszuführen, werden sie von all den Seelenqualen gemartert, die aus dem Kampf entspringen, der sich zwischen der Vorstellung der Unbedingtheit religiöser Pflicht abspielt, nämlich Mitleid, Dankbarkeit, Verehrung für das Alter und Liebe gegenüber der Menschenfreundlichkeit einerseits und die Tugend desjenigen, den sie eben verderben sollen, andererseits. Die Darstellung dieses Kampfes bietet eines der interessantesten und vielleicht das lehrreichste Schauspiel, das jemals auf eine Bühne gebracht worden ist. Indessen gewinnt schließlich das Pflichtgefühl die Oberhand über all die liebenswürdigen Schwächen der menschlichen Natur. Die Helden führen das Verbrechen aus, das ihnen auferlegt worden ist; aber im nächsten Augenblick schon entdecken sie ihren Irrtum und die Täuschung, der sie zum Opfer gefallen sind, und geraten außer sich vor Entsetzen, Gewissensbissen und Vergeltungsgefühl. Gleiche Gefühle, wie wir sie für den unglücklichen Seid und seine Palmira empfinden, sollten wir gegen jeden Menschen hegen, der in ähnlicher Weise durch die Religion in die Irre geführt wurde, sofern wir sicher sind, dass es wirklich die Religion war, die ihn auf den falschen Weg gebracht hat, und dass sie nicht nur den Vorwand abgab, der als Mantel über gewisse Leidenschaften gebreitet werden sollte, die zu den schlechtesten menschlichen Eigenschaften gehören.

Wie ein Mensch Unrecht tun kann, indem er einem unrichtigen Pflichtgefühl folgt, so mag mitunter in ähnlichen Fällen die Natur die Oberhand gewinnen und ihn dazu bringen, dass er im Widerspruch zu diesem Pflichtgefühl recht handelt. In diesem Falle kann es uns nicht missfallen, jenen Beweggrund die Oberhand gewinnen zu sehen, der, wie wir meinen, obsiegen soll, obgleich der Handelnde selbst schwach genug ist, darüber anders zu denken. Da jedoch sein Verhalten ein Ausfluss der Schwäche ist und nicht einem festen Grundsatz entstammt, sind wir weit davon entfernt, ihm eine Zustimmung zu gewähren, die auch nur annähernd einer vollen Billigung gleichkäme. Ein bigotter römisch-katholischer Christ, der während des Blutbades der Bartholomäusnacht so sehr vom Mitleid überwältigt worden wäre, dass er einige unglückliche Protestanten rettete, obgleich er es für seine Pflicht hielt, sie zu töten, würde uns keinen Anspruch auf jenen vollen Beifall zu besitzen scheinen, den wir ihm gewährt hätten, wenn er den gleichen Edelmut mit völliger Selbstbilligung geübt hätte. [178] Wir mögen uns über die Menschenfreundlichkeit seiner Gemütsart freuen, aber wir würden ihn dennoch mit einer Art Mitleid betrachten, die ganz unvereinbar ist mit der Bewunderung, die der vollendeten Tugend gebührt. Ebenso verhält es sich mit allen anderen Affekten. Wir sehen es nicht ungern, wenn sie sich auch dann, in sittlich richtiger Weise, äußern, sobald eine falsche Vorstellung von Pflicht die betreffende Person dazu anleiten würde, diese Affekte in Schranken zu halten. Ein sehr frommer Quäker, der, nachdem er auf die eine Wange geschlagen wurde, nun, anstatt die andere hinzuhalten, seine wörtliche Auslegung des Gebotes unseres Heilands so weit vergäße, dass er dem Rohling, der ihn angegriffen hat, eine gehörige Lektion erteilte, würde uns keineswegs missfallen. Wir würden lachen und wären über seine feurige Gemütsart belustigt und würden ihn um ihretwillen eher desto besser leiden können. Aber wir würden ihn keineswegs mit jener ungeteilten Achtung ansehen, die unserer Ansicht nach einem Menschen gebühren würde, der bei gleicher Gelegenheit gleich richtig gehandelt hätte – jedoch aus dem rechten Gefühl für dasjenige, was zu tun richtig war. Keine Handlung kann schicklicherweise tugendhaft genannt werden, die nicht von dem Gefühl der Selbstbilligung begleitet ist.

[179]

Vierter Teil: Über den Einfluss der Nützlichkeit auf das Gefühl der Billigung

Erstes Kapitel: Über die Schönheit, welche allen Erzeugnissen der Kunst durch den Anschein der Nützlichkeit verliehen wird, der sich in ihnen ausdrückt, und über den ausgedehnten Einfluss dieser Art von Schönheit

Dass die Nützlichkeit eine der Hauptquellen der Schönheit bildet, ist von jedermann bemerkt worden, der nur mit einiger Aufmerksamkeit überlegt hat, was denn das Wesen der Schönheit ausmacht. An einem Hause gewährt der Eindruck der Wohnlichkeit dem Beschauer ebenso wohl Vergnügen wie seine regelmäßige Bauart, und wenn er in jener Beziehung einen Mangel bemerkt, stört ihn dies ebenso sehr, als wenn er etwa sieht, dass die Fenster, die in ihrer Lage einander entsprechen, verschiedene Formen haben oder dass das Tor nicht genau in der Mitte des Gebäudes angebracht ist. Wenn wir an einem System oder einer Maschine bemerken, dass sie geeignet sind, den Zweck zu verwirklichen, für den sie bestimmt waren, so verleiht dies in unseren Augen dem Ganzen eine gewisse Schicklichkeit und Schönheit und macht uns schon die bloße Vorstellung und die Betrachtung desselben angenehm. Das ist so augenfällig, dass es noch niemand übersehen hat.

Die Ursache, warum Nützlichkeit gefällt, ist auch erst kürzlich von einem geistreichen und liebenswürdigen Philosophen [gemeint ist David Hume, Anm. d. Hg.] angegeben worden, der die größte Tiefe des Gedankens mit der größten Eleganz des Ausdrucks verbindet, und der die seltene und glückliche Gabe besitzt, die abstrusesten Gegenstände nicht nur mit der vollkommensten Klarheit, sondern auch mit der lebendigsten Beredsamkeit zu behandeln. Seiner Ansicht nach gefällt die Nützlichkeit eines Gegenstandes dem Besitzer desselben, weil sie ihn beständig an das Vergnügen und die Bequemlichkeit erinnert, die der Gegenstand zu fördern geeignet ist. Jedes Mal, wenn er auf ihn blickt, kommt ihm dieses Vergnügen in den Sinn, und der Gegenstand wird auf diese Weise zu einer Quelle beständiger Genugtuung und anhaltenden Genusses. Der Zuschauer nimmt infolge der Sympathie an den Empfindungen des Besitzers teil und sieht notwendig den Gegenstand in dem gleichen angenehmen Licht. Wenn wir die Paläste der Großen besuchen, können wir nicht umhin, an die Genugtuung zu denken, die wir genießen würden, wenn wir selbst die Herren davon wären und wenn so kunstvolle und geistreich ersonnene Mittel zur Förderung der Bequemlichkeit sich in unserem Besitz befänden. Ein ähnlicher Grund wird dafür angegeben, warum der Anschein der Unbequemlichkeit einen Gegenstand sowohl für den Eigentümer als für den Beschauer unangenehm machen muss.

Dass jedoch diese Eignung, diese glückliche Erfindung eines Erzeugnisses der Kunst oft höher geschätzt wird als der Zweck, für den es bestimmt war, und dass die genaue Anordnung der Mittel zur Herbeiführung irgendeiner Bequemlichkeit oder eines Vergnügens häufig mehr Beachtung findet als jene Bequemlichkeit oder jenes Vergnügen selbst, [180] in deren Erreichung ihr ganzer Sinn zu liegen scheint, davon hat, soviel ich weiß, bisher noch niemand Kenntnis genommen. Dass dies indessen sehr häufig der Fall ist, das kann man an Tausenden von Beispielen beobachten, und zwar sowohl in den geringfügigsten als in den wichtigsten Angelegenheiten des menschlichen Lebens.

Wenn jemand in sein Zimmer tritt und alle Sessel in der Mitte der Stube stehen findet, wird er auf seinen Diener ärgerlich sein und wird vielleicht lieber die Mühe auf sich nehmen, die Sessel an ihre Plätze und mit der Rückseite an die Wand zu stellen, als dass er sie weiter in dieser Unordnung sehen möchte. Dass diese neue Anordnung ihm richtiger scheint, kommt aber nur daher, dass sie eine höhere Bequemlichkeit bietet, indem sie den Fußboden in größerem Maße frei lässt. Um diese Bequemlichkeit zu erreichen, nimmt er bereitwillig eine Mühe auf sich, die alles Ungemach übersteigt, das ihm aus dem Mangel jener Bequemlichkeit hätte erwachsen können; zumal doch nichts leichter war, als dass er sich auf einen der Stühle gesetzt hätte, was er ja doch wahrscheinlich tun wird, wenn seine Arbeit vorüber ist. Was er wollte, war also, wie es scheint, nicht so sehr diese Bequemlichkeit als jene Anordnung der Dinge, die sie befördert. Und doch ist es diese Bequemlichkeit, was ihm jene Anordnung letzten Endes empfiehlt und was ihr ihre ganze Schicklichkeit und Schönheit verleiht.

In gleicher Weise wird eine Uhr, die an einem Tag mehr als zwei Minuten nachgeht, von einem Uhrenliebhaber verachtet werden. Er wird sie vielleicht um ein paar Guineen verkaufen und um fünfzig Guineen eine andere erstehen, die in vierzehn Tagen nicht einmal um eine Minute zurückbleibt. Indessen ist doch der einzige Nutzen einer Uhr der, uns zu sagen, wie spät es ist, und zu verhindern, dass wir irgendeine Verpflichtung, die wir auf uns genommen haben, versäumen oder durch unsere Unwissenheit in diesem Punkt irgendein anderes Ungemach erleiden. Man wird aber durchaus nicht immer finden, dass gerade derjenige, der in Bezug auf dieses Instrument so genau ist, im Allgemeinen gewissenhafter und pünktlicher wäre als andere Menschen oder dass er aus irgendeinem anderen Grund ein größeres Interesse daran hätte, genau zu wissen, wie viel Uhr es ist. Woran ihm besonders liegt, das ist nicht so sehr die Erlangung einer Kenntnis dieser Art als vielmehr die Vollkommenheit des Instruments, das dazu dient, sie zu erlangen.

Wie viele Menschen ruinieren sich, indem sie ihr Geld für frivole Gebrauchsgegenstände ausgeben? Was diesen Liebhabern von Spielereien an diesen gefällt, das ist nicht so sehr der Nutzen dieser Instrumente als vielmehr deren Eignung und Geschicklichkeit, einen solchen Nutzen zu leisten. Alle ihre Taschen sind mit kleinen Gegenständen vollgestopft, die der Bequemlichkeit dienen sollen. Sie erfinden neue Taschen, die in den Kleidern anderer Leute nicht zu finden sind, um eine noch größere Anzahl davon bei sich tragen zu können. Sie gehen herum, beladen mit einer Menge von Schmuckstücken, die an Gewicht und manchmal auch an Wert hinter einem gewöhnlichen jüdischen Kästchen nicht zurückbleibt, wovon ja manches mitunter einen gewissen geringen Nutzen haben mag, der aber im Ganzen jederzeit sehr leicht entbehrt werden kann und dessen Nützlichkeit sicherlich nicht die Mühe verlohnt, dass man eine solche Last mit sich schleppe.

[181] Aber unser Verhalten wird nicht nur in Bezug auf so geringfügige Dinge durch dieses Prinzip bestimmt. Dieses Prinzip bildet vielmehr auch oft die geheime Triebfeder der ernstesten und wichtigsten Bestrebungen sowohl des Privat- als des öffentlichen Lebens.

Ein Mann, der armer Leute Kind ist, den jedoch der Himmel in seinem Zorn mit Ehrgeiz heimgesucht hat, wird, wenn er anfängt um sich zu blicken, die Verhältnisse des Reichen bewundern. Er wird die ärmliche Behausung seines Vaters für seine Bequemlichkeitsansprüche zu klein finden und sich vorstellen, um wie viel besser und angenehmer er in einem Palast untergebracht wäre. Es ärgert ihn, dass er zu Fuß gehen oder die Anstrengung des Reitens ertragen muss; er sieht, wie höherstehende Personen sich in Wagen herumfahren lassen, und stellt sich vor, wie auch er in einem solchen mit weit geringerer Unbequemlichkeit reisen könnte. Er fühlt, dass er von Natur träge ist und dass es sein Wunsch wäre, sich so wenig als möglich mit seinen eigenen Händen zu bedienen, und sein Urteil geht dahin, dass ein zahlreiches Gefolge von Dienern ihn eines großen Teils seiner Mühe überheben würde. Hätte er einmal all das erreicht, so denkt er, dann würde er zufrieden stillsitzen, würde innerlich ruhig sein und sich an der Betrachtung der Glückseligkeit und Ruhe seiner Lebenslage erfreuen. Er ist ganz bezaubert von diesem Bilde einer in weiter Ferne liegenden, künftigen Glückseligkeit. In seiner Phantasie scheint es ihm wie das Leben irgendeiner höheren Art von Wesen, und um dieses Ziel zu erreichen, weiht er sich für immer dem Streben nach Reichtum und Größe. Um die Bequemlichkeiten zu erlangen, die diese gewähren, unterwirft er sich allein im ersten Jahr, ja schon im ersten Monat seiner Bemühungen größeren körperlichen Anstrengungen und größeren seelischen Beschwerden, als er sein ganzes Leben hindurch infolge des Mangels jener Bequemlichkeiten hätte erdulden können. Er trachtet, sich in einer mühevollen Beschäftigung hervorzutun. Mit äußerstem, unnachgiebigem Fleiß arbeitet er Tag und Nacht, um Talente zu erwerben, die diejenigen all seiner Mitbewerber übertreffen sollen. Dann trachtet er zunächst, jene Talente an das Licht der Öffentlichkeit zu bringen, und mit gleicher Beharrlichkeit bewirbt er sich um jede Gelegenheit, diese Talente zu beschäftigen. Zu diesem Zweck macht er aller Welt den Hof; er erweist denjenigen Dienste, die er hasst, und ist denjenigen gegenüber unterwürfig, die er verachtet. Sein ganzes Leben hindurch jagt er hinter dem Bild einer gewissen künstlichen und vornehmen Ruhe her, die er vielleicht niemals erreichen wird und der er eine wirkliche Seelenruhe opfert, die zu erwerben jederzeit in seiner Macht steht. Und sollte er im höchsten Greisenalter jene Ruhe endlich erlangen, dann wird er finden, dass sie in keiner Hinsicht der Sorglosigkeit und Zufriedenheit jener niedrigen Lebenslage vorzuziehen war, die er um ihretwillen preisgegeben hatte. Dann erst, wenn er bei dem

Bodensatz des Lebens angelangt, wenn sein Körper von den Mühen der Arbeit und von Krankheiten zerstört, sein Gemüt durch die Erinnerung an tausend Beleidigungen und Enttäuschungen aufgerieben und verärgert ist, Beleidigungen, die er seiner Meinung nach von der Ungerechtigkeit seiner Feinde oder von der Treulosigkeit und Undankbarkeit seiner Freunde erlitten hat, dann erst fängt er an, zu bemerken, dass Reichtum und Größe bloß Schmuckstücke sind, dass ihr Nutzen lächerlich gering ist, dass sie um nichts mehr geeignet sind, die Gesundheit des Körpers oder die Ruhe der Seele ihm zu verschaffen, als jene Pinzetten-Etuis für alle möglichen Dinge, wie sie ein Liebhaber solcher Spielereien ansammelt, und dass sie wie diese demjenigen, der sie mit sich herumschleppt, mehr Beschwerlichkeit bereiten, als sie ihm Vorteile und Bequemlichkeit bieten können. Es besteht zwischen ihnen kein anderer wirklicher Unterschied, als dass die Bequemlichkeiten, welche die einen gewähren, etwas leichter bemerkbar sind [182] als die der anderen. Die Paläste, die Gärten, die Ausstattung, das Gefolge des Hochgestellten, das sind Dinge, deren augenscheinliche Bequemlichkeit jedermann auffällt. Es ist nicht notwendig, dass ihre Besitzer uns erst zeigen müssten, worin ihr Nutzen besteht. Ganz von selbst begreifen wir mit Leichtigkeit ihren Nutzen, freuen uns aus Sympathie mit ihren Besitzern und billigen darum die Befriedigung, welche sie diesen zu gewähren vermögen. Die kunstvolle Feinheit eines Zahnstochers oder eines Ohrlöffels dagegen, einer Vorrichtung zum Schneiden der Nägel oder irgendwelcher anderen derartigen Schmuckstücke ist nicht so augenfällig. Die Bequemlichkeit, die sie bieten, mag vielleicht gleich groß sein, aber sie ist nicht so auffallend, und wir begreifen darum nicht so leicht die Befriedigung, die sie demjenigen gewähren, der sie besitzt. Darum richtet sich die Eitelkeit der Menschen mit gutem Grund weniger leicht auf diese Dinge als auf die Pracht des Reichtums und der Größe; und darin besteht der einzige Vorteil dieser Letzteren. Sie befriedigen weit wirksamer jenen Hang, sich vor anderen auszuzeichnen, der dem Menschen so natürlich ist. Ein Mensch, der allein auf einem wüsten Eiland leben müsste, könnte vielleicht im Zweifel sein, ob ein Palast oder eine Zusammenstellung jener kleinen, der Bequemlichkeit dienenden Instrumentchen, wie sie gewöhnlich in einem Pinzetten-Etui vereinigt sind, mehr zu seiner Glückseligkeit beitragen und ihm den größeren Genuss bereiten würde. Wenn er dagegen in der Gesellschaft leben soll, dann kann freilich von einem Vergleich zwischen diesen Gütern keine Rede sein, weil wir eben auch in diesem Falle, wie in allen anderen (sofern wir in der Gesellschaft leben), mehr auf die Empfindungen des Zuschauers achten als auf jene der zunächst betroffenen Person und eher in Betracht ziehen, wie deren Situation anderen erscheinen wird, als wie sie sich ihr selbst darstellt. Wenn wir indessen näher untersuchen, warum der Zuschauer die Verhältnisse der Reichen und Großen mit so viel Bewunderung auszeichnet, dann werden wir finden, dass dies nicht wegen der größeren Behaglichkeit oder des größeren Vergnügens geschieht, deren sie sich, wie man annimmt, erfreuen, als vielmehr wegen der zahllosen kunstvollen und eleganten Vorrichtungen, die dazu dienen, diese Behaglichkeit und dieses Vergnügen zu fördern. Der Zuschauer bildet sich nicht einmal ein, dass sie wirklich glücklicher sind als andere Leute: Aber er meint, dass sie mehr Mittel zur Glückseligkeit besitzen. Und gerade die geistreiche und kunstvolle Anordnung jener Mittel zu dem Zweck, für den sie bestimmt sind, bildet die Hauptquelle seiner Bewunderung. Aber in jener Ermattung und Müdigkeit, wie sie Krankheit und Alter mit sich bringen, da verschwindet das Vergnügen, das die eitlen und leeren Vorzüge des Reichtums und hohen Ranges bereiten. Wenn sich ein Mensch einmal in dieser Lage befindet, dann sind diese Vorzüge nicht mehr imstande, ihm jene mühevollen Anstrengungen erträglich erscheinen zu lassen, in die sie ihn früher verstrickt hatten. Er flucht nun in seinem Herzen dem Ehrgeiz und bedauert vergebens, dass er die Ruhe und die Sorglosigkeit seiner Jugend – Freuden, die nun für immer entflohen sind – törichterweise für etwas aufgeopfert hat, das ihm, nachdem er es endlich erlangt hat, keine wirkliche Befriedigung gewähren kann. In diesem erbärmlichen Licht erscheinen Reichtum und hoher Rang jedem, sobald er durch Verdrossenheit oder Krankheit dahin gebracht wurde, seine eigene Lage mit Aufmerksamkeit zu beobachten und zu überlegen, was es ist, das ihm tatsächlich zur Glückseligkeit fehlt. Macht und Reichtum erscheinen ihm dann als das, was sie wirklich sind, als ungeheure und mühsam konstruierte Maschinen, ersonnen, um ein paar wertlose Bequemlichkeiten für [183] körperliches Wohlbefinden zustande zu bringen, Maschinen, die aus den feinsten und zartesten Federn zusammengesetzt sind, Maschinen, die mit der sorgfältigsten Aufmerksamkeit in Ordnung gehalten werden müssen und die trotz aller unserer Sorgfalt jeden Augenblick imstande sind, in zahllose Stücke zu zerbersten und unter ihren Trümmern ihren unglücklichen Besitzer zu zerschmettern. Sie sind ungeheure Gebäude, die aufzubauen die Arbeit eines Lebens kostet, die aber jeden Augenblick denjenigen, der sich in ihnen aufhält, zu begraben drohen und die, solange sie stehen, ihn zwar vor manchen geringeren Unbequemlichkeiten behüten mögen, die ihn aber keineswegs gegen die strengeren Härten der Jahreszeit zu schützen vermögen. Sie halten zwar die Regenschauer des Sommers ab, aber nicht die Winterstürme, sie lassen ihren Besitzer vielmehr immer noch so sehr wie früher, ja mitunter noch mehr als zuvor der Angst, der Furcht und der Sorge ausgesetzt, den Krankheiten, den Gefahren und dem Tode.

Obzwar diese pessimistische Philosophie, mit der jeder Mensch in Zeiten der Krankheit oder Niedergeschlagenheit vertraut ist, jene Hauptziele allen Verlangens der Menschen so ganz ihres Wertes beraubt, so werden wir doch, wenn wir uns bei besserer Gesundheit und in besserer Laune befinden, niemals verfehlen, sie wieder in einem günstigeren Lichte zu betrachten. Unsere Vorstellungskraft, die in Leid und Sorge auf unsere eigene Person eingeschränkt und in ihr gleichsam eingesperrt zu sein scheint, breitet sich in Zeiten der Ruhe und des Wohlergehens wieder auf alles aus, was uns umgibt. Wir sind dann entzückt von der Schönheit und Bequemlichkeit der Einrichtung, die in den Palästen und in der Haushaltung der Reichen herrscht, und bewundern es, wie alles darauf abgestimmt ist, um ihre Behaglichkeit zu fördern, ihren Bedürfnissen zuvorzukommen, ihre Wünsche zu befriedigen und ihre nichtigsten und unbedeutendsten Gelüste zu unterhalten und zu ergötzen. Wenn wir die wirkliche Befriedigung, die alle diese Dinge zu gewähren imstande sind, an und für sich und abgesondert von der Schönheit der Anordnungen in Betracht ziehen, die zu dem Zwecke getroffen wurden, diese Befriedigung zu fördern, so wird sie uns immer in höchstem Grad verächtlich und geringfügig erscheinen. Aber wir betrachten sie selten in diesem abstrakten und philosophischen Lichte. Wir vermengen sie vielmehr in unseren Gedanken ganz unwillkürlich mit der Ordnung, der regelmäßigen und harmonischen Bewegung des Systems, der Maschine oder der wirtschaftlichen Einrichtung, mittels deren sie hervorgebracht wird. Die Freuden, welche Wohlstand und hoher Rang bieten, drängen sich aber, wenn sie in diesem Zusammenhang betrachtet werden, der Vorstellungskraft als etwas Großes und Schönes und Edles auf, dessen Erlangung wohl alle die Mühen und Ängste wert ist, die wir so gerne auf sie zu verwenden pflegen.

Und es ist gut, dass die Natur uns in dieser Weise betrügt. Denn diese Täuschung ist es, was den Fleiß der Menschen erweckt und in beständiger Bewegung erhält. Sie ist es, was sie zuerst antreibt, den Boden zu bearbeiten, Häuser zu bauen, Städte und staatliche Gemeinwesen zu gründen, alle die Wissenschaften und Künste zu erfinden und auszubilden, die das menschliche Leben veredeln und verschönern, die das Antlitz des Erdballs durchaus verändert haben, die die rauen Urwälder in angenehme und fruchtbare Ebenen verwandelt und das pfadlose, [184] öde Weltmeer zu einer neuen Quelle von Einkommen und zu der großen Heerstraße des Verkehres gemacht haben, welche die verschiedenen Nationen der Erde untereinander verbindet. Durch diese Mühen und Arbeiten der Menschen ist die Erde gezwungen worden, ihre natürliche Fruchtbarkeit zu verdoppeln und eine größere Menge von Einwohnern zu erhalten. Es ist vergebens, dass der stolze und gefühllose Grundherr seinen Blick über seine ausgedehnten Felder schweifen lässt und ohne einen Gedanken an die Bedürfnisse seiner Brüder in seiner Phantasie die ganze Ernte, die auf diesen Feldern wächst, selbst verzehrt. Das ungezierte und vulgäre Sprichwort, dass das Auge mehr fasse als der Bauch, hat sich nie vollständiger bewahrheitet als in Bezug auf ihn. Das Fassungsvermögen seines Magens steht in keinem Verhältnis zu der maßlosen Größe seiner Begierden, ja, sein Magen wird nicht mehr aufnehmen können als der des geringsten Bauern. Den Rest muss er unter diejenigen verteilen, die auf das sorgsamste das Wenige zubereiten, das er braucht, unter diejenigen, die den Palast einrichten und instand halten, in welchem dieses Wenige verzehrt werden soll, unter diejenigen, die all den verschiedenen Kram und Tand besorgen und in Ordnung halten, der in der Haushaltung der Vornehmen gebraucht wird; sie alle beziehen so von seinem Luxus und seiner Launenhaftigkeit ihren Teil an lebensnotwendigen Gütern, den sie sonst vergebens von seiner Menschlichkeit oder von seiner Gerechtigkeit erwartet hätten. Der Ertrag des Bodens erhält zu allen Zeiten ungefähr jene Anzahl von Bewohnern, die er zu erhalten fähig ist. Nur dass die Reichen aus dem ganzen Haufen dasjenige auswählen, was das Kostbarste und ihnen Angenehmste ist. Sie verzehren wenig mehr als die Armen; trotz ihrer natürlichen Selbstsucht und Raubgier und obwohl sie nur ihre eigene Bequemlichkeit im Auge haben, obwohl der einzige Zweck, welchen sie durch die Arbeit all der Tausende, die sie beschäftigen, erreichen wollen, die Befriedigung ihrer eigenen eitlen und unersättlichen Begierden ist, trotzdem teilen sie doch mit den Armen den Ertrag aller Verbesserungen, die sie in ihrer Landwirtschaft einführen. Von einer unsichtbaren Hand werden sie dahin geführt, beinahe [185] die gleiche Verteilung der zum Leben notwendigen Güter zu verwirklichen, die zustande gekommen wäre, wenn die Erde zu gleichen Teilen unter alle ihre Bewohner verteilt worden wäre; und so fördern sie, ohne es zu beabsichtigen, ja ohne es zu wissen, das Interesse der Gesellschaft und gewähren die Mittel zur Vermehrung der Gattung. Als die Vorsehung die Erde unter eine geringe Zahl von Herren und Besitzern verteilte, da hat sie diejenigen, die sie scheinbar bei ihrer Teilung übergangen hat, doch nicht vergessen und nicht ganz verlassen. Auch diese Letzteren genießen ihren Teil von allem, was die Erde hervorbringt. In all dem, was das wirkliche Glück des menschlichen Lebens ausmacht, bleiben sie in keiner Beziehung hinter jenen zurück, die scheinbar so weit über ihnen stehen. In dem Wohlbefinden des Körpers und in dem Frieden der Seele stehen alle Lebensstände einander nahezu gleich und der Bettler, der sich neben der Landstraße sonnt, besitzt jene Sicherheit und Sorglosigkeit, für welche Könige kämpfen.

Das gleiche Prinzip, die gleiche Liebe zum geordneten Ganzen, die gleiche Rücksicht auf die Schönheit der Ordnung, der Kunst und wohl ersonnener Pläne, trägt häufig auch sehr viel dazu bei, uns jene Einrichtungen zu empfehlen, die bestimmt sind, die allgemeine Wohlfahrt zu fördern. Wenn ein Patriot sich um die Verbesserung irgendeines Teiles der öffentlichen Verwaltung bemüht, so entspringt sein Verhalten nicht immer bloß aus der Sympathie für die Glückseligkeit derjenigen, die die wohltätigen Früchte dieser Verbesserung ernten werden. Es geschieht gewöhnlich nicht aus Mitgefühl mit den Kärrnern und Fuhrleuten, wenn ein vom Gemeingeist erfüllter Mann auf Verbesserung der Landstraßen drängt. Wenn die Gesetzgebung Prämien aussetzt oder andere aufmunternde Maßnahmen trifft, um die Leinen- oder Wollmanufakturen zu fördern, so entspringt ein solches Vorgehen selten bloß aus Sympathie für diejenigen, welche billige oder teure Stoffe tragen, noch viel weniger aus Sympathie für die Fabrikanten oder Kaufleute. Die Vervollkommnung der Verwaltung, die Ausbreitung des Handels und der Manufaktur sind große und hochwichtige Angelegenheiten. Die Betrachtung derselben macht uns deshalb Vergnügen und es ist uns an allem, was dazu dienen kann, sie zu fördern, viel gelegen. Sie bilden einen Teil des großen Systems der Regierung und die Räder der Staatsmaschine scheinen mit ihrer Hilfe sich in größerer Harmonie und mit größerer Leichtigkeit zu bewegen. Es macht uns Vergnügen, die Vervollkommnung eines so schönen und großartigen Systems zu betrachten und wir sind nicht ruhig, bis wir jedes Hindernis, das auch nur im mindesten die Regelmäßigkeit seiner Bewegungen stören oder hemmen kann, beseitigt haben. Indessen werden alle Einrichtungen der Regierung und Verwaltung doch nur in dem Verhältnis geschätzt, als sie ebendie Tendenz haben, die Glückseligkeit derer, die unter ihnen leben, zu fördern. Das ist ihr einziger Nutzen und ihr einziger Zweck. Es scheint jedoch, dass wir mitunter aus einem gewissen Systemgeist und einer gewissen Liebe zur Kunst und zu Erfindungen überhaupt die Mittel höher schätzen als den Zweck und dass wir eher aus der Absicht heraus, ein bestimmtes schönes und geordnetes System zu vervollkommnen und zu verbessern, darauf bedacht sind, die Glückseligkeit unserer Mitmenschen zu fördern, als aus irgendeinem unmittelbaren Bewusstsein oder Gefühl davon, welches ihre Leiden oder ihre Freuden sind. Es hat Menschen gegeben, die vom höchsten Gemeingeist beseelt waren und die sich doch in anderer Beziehung den Gefühlen der Menschlichkeit nicht sehr zugänglich gezeigt haben. Und umgekehrt hat es Menschen gegeben, die von der edelsten Menschenfreundlichkeit erfüllt waren und die doch, wie es scheint, [186] gänzlich jedes Gemeingeistes bar waren. Jedermann wird im Kreise seiner Bekannten Beispiele der einen und der anderen Art zu finden vermögen. Wer hat jemals weniger Menschlichkeit oder mehr Gemeingeist besessen als der berühmte Gesetzgeber Moskaus [gemeint ist Peter der Große, Anm. d. Hg.]? Der gesellige und gutherzige Jakob der Erste von Großbritannien scheint umgekehrt kaum irgendwelches Gefühl für den Ruhm oder die Interessen seines Staates gehabt zu haben. Wenn Sie den Fleiß eines Menschen erwecken wollen, der für das Gefühl des Ehrgeizes beinahe tot zu sein scheint, so wird es meistens zwecklos sein, ihm die Glückseligkeit der Reichen und Großen zu schildern oder ihm zu erzählen, dass sie im Allgemeinen gegen Sonne und Regen geschützt und dass sie selten hungrig sind, dass ihnen selten kalt ist und dass sie selten der Ermüdung oder irgendwelcher Entbehrung ausgesetzt sind. Die eloquenteste Mahnung dieser Art wird wenig Wirkung auf ihn haben. Wenn Sie Erfolg haben wollen, müssen Sie ihm die Bequemlichkeit und die Anordnung der verschiedenen Gemächer in den Palästen beschreiben; Sie müssen ihm die Zweckmäßigkeit ihrer Einrichtungen auseinandersetzen und ihm die Zahl, die Rangordnung und die verschiedenen Funktionen all der Bedienten darlegen. Wenn irgendetwas fähig ist, auf ihn Eindruck zu machen, so wird es dies sein. Und doch sind alle diese Dinge nur bestimmt, Sonne und Regen abzuhalten und ihre Besitzer gegen Hunger und Kälte, gegen Mangel und Ermüdung zu schützen. Wenn Sie nun anderseits der Brust eines Menschen die Tugend patriotischer Gesinnung einpflanzen wollen, der sich um das Interesse seines Landes gar nicht bekümmert, so wird es meist ganz ebenso zwecklos sein, ihm zu erzählen, welcher höheren und günstigeren Lebensbedingungen sich die Untertanen eines wohlregierten Staates erfreuen; dass sie etwa besser wohnen, dass sie besser gekleidet und dass sie besser genährt sind. Derartige Betrachtungen werden gewöhnlich keinen großen Eindruck auf ihn machen. Sie werden aber viel eher imstande sein, ihn zu überzeugen, wenn Sie ihm das große System der öffentlichen Verwaltung beschreiben, welches diese günstigen Lebensbedingungen zuwege bringt, wenn Sie ihm die Zusammenhänge und gegenseitigen Abhängigkeiten seiner einzelnen Teile, ihre wechselseitige Unterordnung untereinander und ihre allgemeine Eignung, die Glückseligkeit der Menschen zu befördern, auseinandersetzen, wenn Sie ihm zeigen, wie dieses System in seinem Land eingeführt werden könnte, woran es liegt, dass es nicht schon im gegenwärtigen Zeitpunkt dort eingerichtet ist, wie jene Hindernisse aus dem Weg geräumt werden könnten und wie alle die einzelnen Räder der Regierungsmaschine dahin gebracht werden könnten, dass sie mit größerer Harmonie und Reibungslosigkeit laufen, ohne einander dabei zu stoßen oder sich gegenseitig in ihrer Bewegung zu hemmen. Es ist kaum möglich, dass ein Mensch einen solchen Vortrag anhören sollte, ohne dadurch einen gewissen Gemeingeist in sich erweckt zu fühlen. Er wird – wenigstens in diesem Augenblick – ein gewisses Verlangen in sich fühlen, jene Hindernisse zu beseitigen und eine so schöne und wohlgeordnete Maschine in Gang zu bringen. Nichts wirkt so sehr dahin, den Gemeingeist zu fördern, als das Studium der Politik, das Studium der verschiedenen Systeme der bürgerlichen Regierung, ihrer Vorteile und Nachteile, der Verfassung unseres eigenen Landes, seiner Stellung und seiner Interessen im Verhältnis zu fremden Nationen, seines Handels, seiner Verteidigung gegen außen, der Missstände, unter denen es leidet, der Gefahren, denen es ausgesetzt sein kann, und Betrachtungen darüber, wie man die einen beseitigen und sich gegen die anderen schützen könnte. Aus diesem Grunde [187] sind politische Untersuchungen, wenn ihre Vorschläge richtig, vernünftig und ausführbar sind, die nützlichsten von allen Betätigungen spekulativen Nachdenkens. Aber auch die schwächsten und schlechtesten derartigen Untersuchungen sind nicht ganz ohne Nutzen. Sie dienen wenigstens dazu, die politischen Leidenschaften der Menschen zu beleben und sie dazu anzuregen, die Mittel ausfindig zu machen, um die Glückseligkeit der Gesellschaft zu fördern.

Zweites Kapitel: Von der Schönheit, welche der Anschein der Nützlichkeit den Charakteren und Handlungen der Menschen verleiht, und inwiefern die Wahrnehmung dieser Schönheit als eines der ursprünglichen Prinzipien der Billigung betrachtet werden kann

Die Charaktere der Menschen können ebenso wie die Erfindungen der Kunst oder die Einrichtungen der bürgerlichen Verfassung entweder geeignet sein, die Glückseligkeit der Individuen und der Gesellschaft zu fördern oder aber sie zu hemmen. Ein kluger, gerechter, tatkräftiger, entschlossener und besonnener Charakter verspricht sowohl seinem Besitzer selbst als auch jedem, der mit ihm in Verbindung steht, Wohlergehen und Befriedigung. Ein unbesonnener, unverschämter, träger, verweichlichter und genusssüchtiger Charakter bedeutet für das Individuum Verderben und für alle, die mit ihm zu tun haben, Unglück. Eine Gemütsbeschaffenheit der ersten Art besitzt mindestens ebenso viel Schönheit, wie sie der allervollkommensten Maschine zukommen mag, die je zur Förderung des angenehmsten Zwecks erfunden wurde. Und die zweite besitzt all die Hässlichkeit, wie sie der ungeschicktesten und plumpsten Ausgeburt der Phantasie eines Erfinders eigen ist. Welche Einrichtung der Verfassung könnte so viel dazu beitragen, die Glückseligkeit der Menschen zu fördern, als die allgemeine Herrschaft von Weisheit und Tugend? Jede Regierung und Verfassung ist nur ein unvollkommenes Heilmittel gegen den Mangel der Letzteren. Alle Schönheit, die der bürgerlichen Verfassung aufgrund ihrer Nützlichkeit zukommen kann, muss darum in weit höherem Grad diesen Letzteren zukommen. Und umgekehrt, welche bürgerliche Verwaltung kann so verderblich und unheilbringend sein wie die Laster des Menschen? Die unheilvollen Wirkungen einer schlechten Regierung kommen ja nur davon, dass sie nicht hinreichenden Schutz gegen die Übelstände bietet, welche die Bosheit der Menschen verursacht.

Diese Schönheit und Hässlichkeit, welche den verschiedenen Charakteren infolge ihrer Nützlichkeit oder Schädlichkeit zuzukommen scheint, pflegt ganz besonders denjenigen aufzufallen, die die Handlungen und das Verhalten der Menschen in einem abstrakten und philosophischen Lichte betrachten. Wenn ein Philosoph darangeht, eine Untersuchung darüber anzustellen, warum Menschlichkeit gebilligt oder warum Grausamkeit verurteilt wird, dann wird er sich nicht immer in besonders klarer und deutlicher Weise die Vorstellung irgendeiner einzelnen Handlung der Grausamkeit oder der Menschlichkeit zu bilden suchen, sondern er wird gewöhnlich mit der vagen und unbestimmten Idee zufrieden sein, welche die allgemeinen Namen jener Eigenschaften in ihm erwecken. Aber gerade nur in besonderen Beispielen wird die Schicklichkeit [188] oder Unschicklichkeit, die Verdienstlichkeit oder die Verwerflichkeit der Handlungen ganz offenkundig und deutlich erkennbar. Nur wenn besondere einzelne Beispiele gegeben werden, nehmen wir ganz deutlich die Übereinstimmung oder Nichtübereinstimmung zwischen unseren eigenen Gefühlen und jenen des Handelnden wahr, nur dann fühlen wir in dem einen Fall, dass sich in uns die soziale Empfindung der Dankbarkeit, im anderen Falle ein auf Sympathie beruhendes Vergeltungsgefühl gegen ihn regt. Wenn wir Tugend und Laster in abstrakter und allgemeiner Weise betrachten, dann schwinden scheinbar die Eigenschaften, durch welche sie diese verschiedenen Empfindungen hervorrufen, zum größten Teile, und die Empfindungen selbst werden weniger auffallend und weniger deutlich erkennbar. Umgekehrt scheinen dann die glücklichen Wirkungen der Tugend und die unheilvollen Folgen des Lasters sich der Betrachtung besonders stark aufzudrängen und sich gleichsam von allen anderen Eigenschaften dieser beiden Verhaltungsarten besonders deutlich abzuheben und unter ihnen am meisten hervorzuragen.

Derselbe geistvolle und anregende Schriftsteller, der zuerst darlegte, warum Nützlichkeit gefällt, wurde von dieser Art, die Dinge zu betrachten, so vereinnahmt, dass er unsere ganze Billigung der Tugend in eine Wahrnehmung dieser Art von Schönheit – die aus dem Anschein der Nützlichkeit entspringt – auflöste. Keine Eigenschaften des Gemüts, bemerkt er, werden als tugendhaft gebilligt, als solche, die entweder ihrem Besitzer selbst oder anderen Personen nützlich oder angenehm sind; und keine Eigenschaften werden als lasterhaft missbilligt, als solche, die eine entgegengesetzte Tendenz besitzen. Und tatsächlich scheint die Natur unsere Gefühle der Billigung und Missbilligung so glücklich den Interessen des Einzelnen und der Gesellschaft angepasst zu haben, dass man auch nach der strengsten Prüfung, wie ich glaube, finden dürfte, dass dies im Allgemeinen wirklich der Fall ist. Aber ich behaupte dennoch, dass der Anblick dieser Nützlichkeit oder Schädlichkeit nicht die erste, noch auch die wichtigste Quelle unserer Billigung und Missbilligung bildet. Diese Gefühle werden zweifellos durch die Wahrnehmung der Schönheit oder Hässlichkeit, die aus dieser Nützlichkeit oder Schädlichkeit herstammen, gesteigert und verstärkt. Trotzdem aber sage ich, sie sind ihrem Ursprung und ihrem Wesen nach von dieser Wahrnehmung verschieden.

Denn es scheint vor allem unmöglich, dass die Billigung der Tugend eine Empfindung der gleichen Art sein sollte wie jene, mit welcher wir ein wohnliches und gut angelegtes Gebäude billigen; oder dass wir keinen anderen Grund haben sollten, einen Menschen zu loben, als jenen, um dessentwillen wir einen Schubladenschrank anpreisen.

Und zweitens wird man bei näherer Prüfung finden, dass die Nützlichkeit einer Gesinnung selten den ersten Grund unserer Billigung derselben bildet und dass die Empfindung der Billigung immer ein Gefühl von der sittlichen Richtigkeit dieser Gesinnung in sich enthält, das von der Wahrnehmung ihrer Nützlichkeit ganz verschieden ist. Wir können dies in Bezug auf alle Eigenschaften bemerken, die als tugendhaft gebilligt werden, und zwar sowohl in

Bezug auf solche, die diesem System gemäß ursprünglich als uns selbst nützlich, [189] wie auch in Bezug auf solche, die aufgrund ihrer Nützlichkeit für andere geschätzt werden.

Die Eigenschaften, welche für uns selbst die nützlichsten sind, sind vor allem überlegener Verstand und hervorragende Vernunft, die uns befähigen, auch die entfernteren Folgen aller unserer Handlungen zu erkennen und die Vorteile oder Schäden vorauszusehen, die vermutlich aus ihnen entstehen werden; und zweitens Selbstbeherrschung, die uns befähigt, uns gegenwärtiger Lust zu enthalten oder gegenwärtigen Schmerz zu ertragen, um in einem künftigen Zeitpunkte eine größere Lust zu erlangen oder einem größeren Schmerz zu entgehen. In der Verbindung dieser zwei Eigenschaften besteht die Tugend der Klugheit, und das ist von allen Tugenden diejenige, die für den Einzelnen am nützlichsten ist.

Was nun die erste dieser beiden Eigenschaften anlangt, so ist schon bei einem früheren Anlass bemerkt worden, dass höherer Verstand und Vernunft ursprünglich als richtig und treffend gebilligt werden und nicht bloß als nützlich und vorteilhaft. In den abstrakten Wissenschaften, besonders in der höheren Mathematik, sind die größten und bewundernswertesten Leistungen der menschlichen Vernunft erbracht worden. Inwiefern aber jene Wissenschaften dem Einzelnen oder der Allgemeinheit nützlich sind, das ist nicht ohne weiteres einleuchtend, und diese Behauptung zu beweisen, erfordert eine Untersuchung, die nicht immer sehr leicht zu begreifen sein wird. Es war also nicht ihre Nützlichkeit, was diese Wissenschaften zunächst der allgemeinen Bewunderung empfahl. Auf diese Eigenschaft legte man auch früher nur wenig Gewicht und hob sie erst hervor, als es notwendig wurde, denjenigen eine Erwiderung entgegenzuhalten, die, da sie selbst keinen Geschmack für solche erhabene Entdeckungen hatten, sich bemühten, sie wegen ihrer angeblichen Nutzlosigkeit herabzusetzen.

In gleicher Weise wird jene Selbstbeherrschung, durch welche wir unsere gegenwärtigen Gelüste im Zaume halten, um sie in Zukunft bei einer anderen Gelegenheit ausgiebiger befriedigen zu können, ebenso sehr unter dem Gesichtspunkt ihrer sittlichen Richtigkeit gebilligt als unter dem ihrer Nützlichkeit. Wenn wir in dieser Weise handeln, scheinen die Empfindungen, die unser Verhalten bestimmen, genau mit denjenigen des Zuschauers übereinzustimmen. Der Zuschauer fühlt ja nicht die Kraft, mit der uns jene augenblicklichen Gelüste antreiben. Für ihn ist die Lust, die wir in einer Woche oder in einem Jahre genießen werden, genau ebenso wichtig wie jene, die wir in diesem Augenblick genießen sollen. Wenn wir nun um der gegenwärtigen Lust willen die zukünftige opfern, dann erscheint ihm deshalb unser Betragen im höchsten Grade töricht und unbesonnen, und er kann den Prinzipien nicht beipflichten, die uns dabei bestimmten. Umgekehrt, wenn wir uns gegenwärtiger Lust enthalten, um uns eine größere künftige Lust zu sichern, wenn wir so handeln, als ob der weit entfernte Gegenstand uns ebenso wichtig wäre wie jener, der sich unmittelbar unseren Sinnen aufdrängt, dann wird er – da unsere Neigungen dann genau mit seinen eigenen übereinstimmen – nicht umhinkönnen, unser Benehmen zu billigen; und da er aus Erfahrung weiß, wie wenige Menschen dieser Selbstbeherrschung fähig sind, wird er unser Verhalten mit Erstaunen und großer Bewunderung betrachten. Daher kommt jene besondere Hochachtung, mit der natürlicherweise alle Menschen eine standhafte Beharrlichkeit in der [190] Betätigung von Genügsamkeit, Fleiß und Arbeitseifer betrachten, mag diese Beharrlichkeit auch auf kein anderes Ziel gerichtet sein als auf den Erwerb von Vermögen. Die entschlossene Standhaftigkeit eines Menschen, der stets in dieser Weise handelt und der, um einen großen, obzwar entfernten Vorteil zu erlangen, nicht nur auf alle augenblicklichen Vergnügen Verzicht leistet, sondern deshalb auch die größten geistigen und körperlichen Anstrengungen erträgt, wird gewiss unsere höchste Billigung erwecken. Jene Ansicht von seinem Interesse und seinem Glück, die das Verhalten dieses Menschen zu lenken scheint, kommt ganz genau mit der Vorstellung überein, die wir uns naturgemäß davon bilden. Es findet hier die vollkommenste Übereinstimmung zwischen seinen Empfindungen und den unsrigen statt, und dies ist zugleich eine Übereinstimmung, die wir aufgrund unserer Erfahrung von der gewöhnlichen Schwachheit der menschlichen Natur vernünftigerweise nicht erwartet haben konnten. Wir werden darum sein Verhalten nicht nur billigen, sondern bis zu einem gewissen Grad sogar bewundern und es eines ganz beträchtlichen Beifalls für würdig halten. Das Bewusstsein, diese Billigung und Achtung verdient zu haben, ist aber auch das Einzige, was imstande ist, den Handelnden zu einem derartigen Verhalten zu ermuntern. An dem Vergnügen, dessen wir uns in zehn Jahren erfreuen sollen, ist uns so wenig gelegen im Vergleiche mit jenem, welches wir heute genießen können, der Affekt, den das erste erregt, ist naturgemäß so schwach im Vergleich mit jener heftigen Gemütsbewegung, die das letztere zu verursachen pflegt, dass jenes niemals imstande wäre, diesem irgendwie das Gleichgewicht zu halten, wenn es nicht durch das Gefühl der sittlichen Richtigkeit unterstützt würde und durch das Bewusstsein, dass wir die Achtung und Billigung aller Menschen verdienen, weil wir auf diese Weise gehandelt haben, und dass sich mit Recht ihre Verachtung und ihr Spott gegen uns kehren würden, wenn wir uns anders verhalten hätten.

Menschlichkeit, Gerechtigkeit, Edelmut und Gemeinsinn sind diejenigen Eigenschaften, die für die anderen am nützlichsten sind. Worin die sittliche Richtigkeit der Menschlichkeit und Gerechtigkeit liegt, ist bei einem früheren Anlass dargelegt worden, wo gezeigt wurde, wie sehr die Achtung und Billigung, die wir jenen Eigenschaften entgegenbringen, von der Übereinstimmung zwischen den Neigungen des Handelnden und denen des Zuschauers abhängt.

Die Schicklichkeit oder sittliche Richtigkeit des Edelmutes und des Gemeinsinnes gründet sich auf das gleiche Prinzip wie jene der Gerechtigkeit. Edelmut ist verschieden von Menschlichkeit. Diese zwei Eigenschaften, die auf den ersten Blick so nahe miteinander verwandt zu sein scheinen, sind keineswegs immer in einem Menschen vereinigt. Menschlichkeit ist die Tugend der Frau, Edelmut die des Mannes. Das schöne Geschlecht, das gemeinhin weit mehr Zärtlichkeit besitzt als das unsere, hat selten ebenso viel Edelmut wie dieses. Dass Frauen selten beträchtliche Schenkungen machen, ist eine Beobachtung des bürgerlichen Rechts.[2] Menschlichkeit besteht nur in dem äußerst feinen Mitgefühl, welches der Zuschauer gegenüber den Empfindungen der zunächst Betroffenen hegt, so dass er wegen ihrer Leiden bekümmert ist, [191] wegen der ihnen angetanen Beleidigungen Vergeltungsgefühl empfindet und wegen ihres Glücks von Freude erfüllt ist. Handlungen, die von höchster Menschlichkeit getragen sind, erfordern doch keine Selbstverleugnung, keine Selbstbeherrschung, keine große Anstrengung des Gefühls für sittliche Richtigkeit. Ihr Wesen liegt nur darin, dass wir das tun, was dieses äußerst feine Sympathiegefühl uns von selbst zu

2 Raro mulieres donare solent.

tun antreiben würde. Anders aber verhält es sich mit dem Edelmut. Wir sind niemals edelmütig oder großherzig, außer wenn wir in irgendeiner Hinsicht einem anderen Menschen vor uns selbst den Vorzug geben und irgendein großes und wichtiges eigenes Interesse einem gleichen Interesse eines Freundes oder eines Höherstehenden opfern. Derjenige, der seine Ansprüche auf ein Amt, dass das höchste Ziel seines Ehrgeizes bildete, deshalb aufgibt, weil er der Meinung ist, dass die Dienste, die ein anderer geleistet hat, diesem ein größeres Anrecht darauf geben; derjenige, der sein Leben wagt, um das Leben seines Freundes zu verteidigen, das, wie er glaubt, von größerer Wichtigkeit ist, sie beide handeln nicht aus Menschlichkeit und auch nicht, weil sie ein feineres Gefühl für das hätten, was den andern betrifft, als für das, was sie selbst angeht. Beide betrachten vielmehr die entgegengesetzten Interessen nicht in dem Licht, in welchem sie ihnen selbst naturgemäß erscheinen, sondern in jenem, in welchem sie sich andern darstellen. Jedem Zuschauer mag das Glück oder die Erhaltung des Lebens dieses andern mit Recht wichtiger sein als ihr Glück und ihr Leben, aber ihnen selbst kann es nicht wichtiger sein. Wenn sie also dem Interesse dieses andern ihr eigenes opfern, dann passen sie sich den Empfindungen des Zuschauers an und handeln in großmütiger Selbstüberwindung so, wie es eben jener Ansicht der Dinge entspricht, welche sich ihrem eigenen Gefühl nach jedem Dritten naturgemäß aufdrängen muss. Dem Soldaten, der sein Leben wegwirft, um seinen Offizier zu verteidigen, würde vielleicht der Tod jenes Offiziers nicht sehr nahegehen, wenn er ohne ein Verschulden seinerseits eintreten sollte; und ein sehr geringfügiges Ungemach, das ihm selbst zustieße, könnte ihm vielleicht einen weit lebhafteren Kummer bereiten. Sobald er sich aber bemüht, so zu handeln, dass er Beifall verdient und dass der unparteiische Zuschauer den Prinzipien seines Verhaltens beipflichten muss, dann wird er fühlen, dass für jeden anderen, außer für ihn selbst, sein eigenes Leben ein Nichts ist, verglichen mit demjenigen seines Offiziers, und dass er, wenn er sein Leben dem des Offiziers opfert, ganz richtig und ganz in Übereinstimmung mit den Ansichten handelt, welche sich jedem unparteiischen Zuschauer naturgemäß aufdrängen müssten.

Ebenso verhält es sich mit den höheren Äußerungen des Gemeinsinnes und des Patriotismus. Wenn ein junger Offizier sein Leben aufs Spiel setzt, um den Ländern seines Souveräns noch etwas hinzuzufügen, wie unbedeutend es auch sein mag, dann geschieht dies nicht, weil ihm selbst die Erwerbung des neuen Territoriums ein mehr erstrebenswertes Ziel wäre als die Erhaltung seines eigenen Lebens. Ihm selbst ist sein Leben von unendlich höherem Wert als ein ganzes Königreich, das er für den Staat, dem er dient, erobern könnte. Sobald er aber jene beiden Ziele miteinander vergleicht, dann betrachtet er sie nicht mehr in dem Lichte, in dem sie ihm selbst ganz natürlicherweise erscheinen, sondern in jenem Lichte, in welchem sie der Nation erscheinen, für die er kämpft. Ihr ist der glückliche Ausgang des Krieges von höchster Bedeutung, das Leben eines Privatmannes jedoch kaum von irgendwelchem Belang. Wenn er sich in ihre Lage versetzt, fühlt er sofort, dass er mit seinem Blut gar nicht zu verschwenderisch sein kann, wenn er dadurch, dass er es vergießt, ein so wertvolles [192] Ziel zu fördern vermag. Darin liegt das Heldenmütige seines Verhaltens, dass er aus einem Gefühl für das Pflichtmäßige und für das sittlich Richtige der stärksten aller natürlichen Neigungen zuwiderhandelte. Es gibt manchen ehrenwerten Engländer, den in seinem Privatberuf der Verlust einer Guinee ernstlicher aufregen würde als der Verlust von Menorca für die englische Nation und der doch, wenn es in seiner Macht gestanden wäre, diese Festung zu verteidigen, tausendmal eher sein Leben geopfert hätte, als dass er sie durch seine Schuld in die Hände des Feindes hätte fallen lassen. Als Brutus der Ältere seine Söhne zum Vollzug der Todesstrafe führen ließ, weil sie sich gegen die erwachende Freiheit Roms verschworen hatten, da opferte er diejenige Neigung, die, hätte er nur sein eigenes Herz zu Rate gezogen, die stärkere gewesen wäre, der schwächeren Neigung auf. Naturgemäß hätte Brutus der Tod seiner eigenen Söhne weit näher gehen müssen als alle die ungünstigen Folgen, die sich möglicherweise für Rom aus dem Fehlen eines so großen Beispiels hätten ergeben können. Aber er betrachtete seine Söhne nicht mit den Augen des Vaters, sondern mit denen des römischen Bürgers. Und so sehr dachte er sich in die Empfindungen hinein, die seiner Eigenschaft als römischer Bürger entsprachen, dass er jenem Band keine Beachtung schenkte, das ihn selbst mit ihnen verknüpfte; und einem römischen Bürger schienen selbst die Söhne eines Brutus nur Verachtung zu verdienen, wenn auch bloß das geringste Interesse Roms gegen ihr Leben in die Waagschale geworfen wurde. In diesem Falle gründet sich wie in allen anderen derartigen Fällen unsere Bewunderung nicht so sehr auf die Nützlichkeit als vielmehr auf die unerwartete und eben darum uns so groß, so edel und erhaben dünkende sittliche Richtigkeit solcher Handlungen. Zweifellos verleiht ihnen diese Nützlichkeit, wenn wir einmal auch sie in Betracht ziehen, eine neue Schönheit und empfiehlt jene Handlungen aus diesem Grunde noch mehr unserer Billigung. Indessen wird diese Schönheit hauptsächlich von solchen Menschen bemerkt, die sich viel dem Nachdenken und theoretischen Betrachtungen widmen, und sie bildet keineswegs diejenige Eigenschaft, die derartige Handlungen den natürlichen Empfindungen der großen Menge zunächst empfiehlt.

Es ist auch bemerkenswert, dass die Empfindung der Billigung, sofern sie wirklich aus der Wahrnehmung dieser Schönheit der Nützlichkeit entspringt, keinerlei Beziehung auf die Empfindungen anderer hat. Wäre es möglich, dass ein Mensch ohne jede Verbindung mit der Gesellschaft zum Mann aufwüchse, so könnten deshalb seine Handlungen ihm nichtsdestoweniger angenehm oder unangenehm sein, und zwar wegen ihrer Tendenz, seine Glückseligkeit oder seinen Nachteil zu befördern. Er könnte eine Schönheit dieser Art in Klugheit, Mäßigkeit und gutem Verhalten und eine derartige Hässlichkeit in dem entgegengesetzten Betragen wahrnehmen; er könnte in dem einen Falle seine eigene Gemütsverfassung und seinen Charakter mit jener Art von Befriedigung betrachten, mit der wir eine sinnreich erfundene Maschine ansehen; oder in dem andern Falle mit jener Art von Abneigung und Unbefriedigung, mit welcher wir eine sehr ungeschickte und plumpe Erfindung betrachten. [193] Da indessen diese Wahrnehmungen nur eine Sache des Geschmackes sind und all die Schwachheit und Zartheit jener Art von Wahrnehmungen besitzen, auf deren Richtigkeit der Geschmack im eigentlichen Sinne beruht, würden sie wahrscheinlich von einem Menschen, der sich in dieser einsamen und elenden Lage befände, nicht sehr beachtet werden. Ja, auch wenn sie sich ihm aufdrängen sollten, würden sie doch keineswegs – bevor er in Verbindung mit der Gesellschaft getreten ist – den gleichen Einfluss auf ihn ausüben, den sie infolge jener Verbindung haben würden. Er würde bei dem Gedanken an eine derartige Hässlichkeit nicht von innerer Scham niedergedrückt werden, noch würde das Bewusstsein der entgegengesetzten Schönheit seine Seele in geheimem Triumph erheben. Er würde in dem einen Falle nicht frohlocken, weil er der Meinung wäre, Belohnung zu verdienen, und im andern Falle nicht zittern, weil er fürchten müsste, straffällig geworden zu sein. Alle derartigen Empfindungen setzen die Vorstellung eines anderen Wesens voraus, das der natürliche Richter über diejenige Person ist, die sie fühlt; und nur aus Sympathie mit den Entscheidungen dieses Schiedsrichters über ihr Verhalten kann diese Person in dem einen Falle den Triumph der Selbstbilligung und im andern die Schmach der Selbstverurteilung erleben.

[...]

Siebenter Teil: Über einige Systeme der Moralphilosophie

[...]

[327]

Vierter Abschnitt: Von der Art, in welcher verschiedene Autoren die praktischen Regeln der Sittlichkeit dargestellt haben

[...]

[341] Man hätte vielleicht erwarten sollen, dass die Erörterungen, welche die Rechtsgelehrten über die verschiedenen Unvollkommenheiten und Verbesserungen des Rechtes in verschiedenen Ländern angestellt haben, ihnen schon Anlass zu einer Untersuchung darüber hätte geben können, welches die natürlichen Regeln der Gerechtigkeit, unabhängig von allen positiven Einrichtungen, seien. Man hätte erwarten sollen, dass diese Erörterungen sie dahin hätten führen müssen, die Aufstellung eines Systems anzustreben, das man mit gutem Recht als ein System des Naturrechts hätte bezeichnen können, oder eine Theorie von den allgemeinen Prinzipien, welche sich durch die Gesetze aller Völker hindurchziehen und zugleich deren Grundlage bilden sollten. Obgleich aber die Erörterungen der Rechtsgelehrten etwas in dieser Art hervorgebracht haben und obgleich niemand die Gesetze eines einzelnen Landes systematisch behandelt hat, ohne in sein Werk mancherlei Beobachtungen dieser Art einzumengen, so ist man doch erst in letzter Zeit dazu gelangt, dass man an ein solches allgemeines System gedacht hat oder dass die Rechtsphilosophie für sich allein und ohne

Rücksicht auf die besonderen Einrichtungen irgendeines Volkes behandelt wurde. Bei keinem der alten Moralphilosophen finden wir den Versuch einer Aufzählung der einzelnen Regeln der Gerechtigkeit. Cicero handelt in seinem *De Officiis* und Aristoteles in seiner *Nikomachischen Ethik* von der Gerechtigkeit in der gleichen allgemeinen Weise, in der sie von allen anderen Tugenden handeln. In den *Gesetzen* von Cicero und Platon, in denen wir doch eigentlich den Versuch einer Aufzählung jener Regeln der natürlichen Billigkeit hätten erwarten dürfen, die durch die positiven Gesetze eines jeden Staates erzwungen werden sollten, findet sich dennoch nichts von dieser Art. Ihre Gesetze sind Gesetze der Verwaltung, nicht solche der Gerechtigkeit. Grotius scheint der Erste gewesen zu sein, [342] der den Versuch machte, der Welt so etwas wie ein System jener Prinzipien zu schenken, welche sich durch die Gesetze aller Nationen hindurchziehen und deren Grundlage bilden sollten; und sein Werk über das Recht des Krieges und des Friedens ist trotz all seiner Unvollkommenheiten vielleicht bis zum heutigen Tag das beste Werk, das über dieses Thema geschrieben worden ist. Ich werde in einer anderen Abhandlung eine Darstellung der allgemeinen Prinzipien des Rechts und der Regierung zu geben versuchen sowie der verschiedenen Umwälzungen, die sie in den verschiedenen Zeitaltern und Epochen der Gesellschaft durchgemacht haben, und zwar nicht nur insofern es sich um die Gerechtigkeit (oder Rechtspflege) handelt, sondern auch was Verwaltung, Staatseinkünfte und Militärwesen und alle sonstigen Gegenstände der Gesetzgebung anbelangt. Ich werde deshalb hier nicht auf weitere Einzelheiten in Bezug auf die Geschichte der Jurisprudenz eingehen.

Vorlesungen über Jurisprudenz

[397]

Einführung

Jurisprudenz ist diejenige Wissenschaft, welche die allgemeinen Grundsätze untersucht, die die Grundlage der Gesetze aller Nationen bilden sollten. Grotius scheint der Erste gewesen zu sein, der versuchte, der Welt so etwas wie ein geregeltes System eines Naturrechts zu geben; sein Buch über das Recht des Krieges und des Friedens ist trotz all seiner Unvollkommenheiten vielleicht bis zum heutigen Tag das beste Werk über diesen Gegenstand. Es ist gewissermaßen ein Buch mit Fallbeispielen für Herrscher und Staaten, das festlegt, in welchen Fällen Krieg geführt und wie weit er fortgesetzt werden darf. Weil Staaten keinen gemeinsamen Herrscher haben und sich gegenseitig in einem Naturzustand befinden, ist Krieg die einzige Methode, Unrecht wiedergutzumachen. Grotius meint, dass Krieg immer dort rechtmäßig ist, wo ein Staat ein Unrecht erleidet, das ein unparteiischer ziviler Richter sühnen würde. Das hat ihn naturgemäß dazu geführt, Staatsverfassungen und die Grundsätze des Privatrechts zu untersuchen, ebenso wie die Rechte der Herrscher und der Untertanen, die Natur von Verbrechen, Verträgen, Eigentum und was immer noch Gegenstand des Rechts darstellt. Die dies behandelnden beiden ersten Bücher seines Werks bilden deshalb eine vollständige Darstellung des Rechts.

Der nächste Autor von Bedeutung nach Grotius war Hobbes. Er hatte eine tiefe Abneigung gegen die Kirchenmänner, und die damals herrschende Frömmelei veranlasste ihn, die Unterwerfung des menschlichen Gewissens unter kirchliche Autorität als Grund für die Auseinandersetzungen und Bürgerkriege zu verstehen, die sich in England zur Zeit Karls I. und Cromwells ereigneten. Im Gegensatz dazu nahm er sich vor, ein Moralsystem aufzustellen, in welchem das menschliche Gewissen der staatlichen Macht unterworfen wäre und welches den Willen des Herrschers zur alleinigen Verhaltensregel erklärte. Seiner Meinung nach befand sich die Menschheit vor der Errichtung des Staates in einem Kriegszustand; und um die Mängel eines Naturzustandes zu umgehen, gingen die Menschen einen Vertrag ein, einem die Auseinandersetzungen ein für alle Mal entscheidenden Herrscher zu gehorchen. Nach Hobbes bildete Gehorsam gegenüber dem Herrscher den Staat, ohne welchen keine Tugend sein konnte; entsprechend war Gehorsam Grundlage und Wesen der Tugend.

[398] Die Geistlichen hielten sich für verpflichtet, dieser verderblichen Tugendlehre entgegenzutreten, und bekämpften sie, indem sie sich zu zeigen bemühten, dass der Naturzustand kein Kriegszustand sei und dass im Gegenteil die Gesellschaft auch ohne staatliche Institutionen überleben könnte – wenn auch nicht in einer so friedlichen Art. Sie wollten zeigen, dass der Mensch in diesem Zustand über gewisse ihm zustehende Rechte verfüge, wie das Recht auf seinen Körper, auf die Früchte seiner Arbeit und die Erfüllung der Verträge. Mit dieser Absicht schrieb Pufendorf sein großes Werk. Die einzige Absicht des ersten Teils ist die Widerlegung von Hobbes, obwohl es in Wirklichkeit keinen Sinn macht, sich über Gesetze oder Eigentumsübertragung im Naturzustand auszulassen, weil ja niemals ein solcher Zustand existiert.

Der nächste Autor, der zu diesem Thema schrieb, war der preußische Baron von Cocceji. Fünf Bände seines Werks sind in Folio publiziert, wovon vieles sehr gescheit und klar ist, insbesondere über die Gesetze. Im letzten Band gibt er eine Übersicht über einige deutsche Systeme.

Ansonsten sind keine nennenswerten Abhandlungen darüber veröffentlicht worden.

[Zur Einteilung]

Jurisprudenz ist die Theorie der allgemeinen Grundsätze des Rechts und des Staates, *[5] oder die Theorie der Regeln, anhand welcher Staaten zu leiten sind. Sie versucht auch die Grundlagen verschiedener Regierungssysteme zu zeigen, sowie, wie weit sie auf Vernunft gegründet sind.* Die vier großen Teilbereiche des Rechts sind: Gerechtigkeit, Polizeiwesen, Steuern und Heerwesen. Gegenstand der Gerechtigkeitslehre ist die Sicherheit der Gesellschaftsmitglieder vor Verletzung, *vor allem ihres Eigentums; der innere Friede* bildet die Grundlage des Staates. Gegenstand des Polizeiwesens ist der billige Preis von Gütern, die öffentliche Sicherheit und die Sauberkeit, falls die beiden Letzten nicht zu unbedeutend für eine solche Vorlesung sind. Unter diesem Kapitel wollen wir den Reichtum eines Staates betrachten. *[6] Dies beinhaltet nicht nur den freien Binnenhandel, sondern auch das Warenangebot und den Reichtum der benachbarten Länder.*

Es ist unumgänglich, dass die Beamten, die Zeit und Arbeit für die Geschäfte des Staates erbringen, dafür entschädigt werden sollen. Dafür und für die Begleichung der Staatsausgaben muss eine Kasse errichtet werden. Hier liegt der Ursprung der Steuern. Es geht in diesem Kapitel darum, die geeigneten Mittel zur Erhebung von Staatseinkünften durch die vom Volk gezahlten Steuern, Gebühren etc. festzulegen. Im Allgemeinen sind Einkünfte vorzuziehen, die vom Volk am wenigsten spürbar erhoben werden können; *[6] sie sollten dessen Fleiß [...] weder vermindern noch behindern.* Wir werden deshalb auch zu zeigen versuchen, inwiefern die Gesetze Großbritanniens und anderer europäischer Nationen in dieser Hinsicht ausgearbeitet sind.

Weil das beste Polizeiwesen keine Sicherheit geben kann, solange sich ein Staat nicht gegen äußere Anfechtungen und Angriffe zur Wehr setzen kann, bildet das Heerwesen die vierte vom Recht eingerichtete Sache; dabei sollen die verschiedenen [399] Gattungen des Heerwesens mit ihren Vor- und Nachteilen sowie die Einrichtung stehender Heere, von Milizarmeen usw. beleuchtet werden.

Danach wird noch auf das Völkerrecht einzugehen sein, worunter die gegenseitigen Forderungen unabhängiger Staaten, die Ansprüche von Fremden und die legitimen Gründe zur Kriegseröffnung inbegriffen sind.

Erster Teil: Von der Gerechtigkeit

Der Zweck der Gerechtigkeit ist der Schutz vor Verletzung. *[7] Gerechtigkeit wird immer dann verletzt, wenn jemand etwas verliert, worauf er ein Recht hat oder das er billigerweise von jemand anderem verlangen kann, oder auch: wenn wir ihn ohne Grund anfechten oder schädigen.* Ein Mensch kann in verschiedener Hinsicht verletzt werden:

1. als Mensch,
2. als Familienmitglied,
3. als Bürger.

In seiner Eigenschaft als Mensch kann er verletzt werden in seinem Körper, seinem Ruf oder seinem Eigentum, in seiner Eigenschaft als Familienmitglied als Vater, als Sohn, als Ehegatte oder -gattin, als Herr oder Diener, als Vormund oder Mündel. Die Beziehungen der beiden Letzten zueinander können nämlich als Familienbeziehung angesehen werden, bis das Mündel für sich selbst sorgen kann.

Als Mitglied eines Staates kann ein Amtsträger durch Ungehorsam oder ein Untertan durch Unterdrückung verletzt werden, usw. *[8] In all diesen Beispielen betrifft die Verletzung jene Stellung, nach welcher die Person betrachtet wird.*

Ein Mensch kann erstens an seinem Körper verletzt werden, nämlich durch Verwundung, Verstümmelung, Tötung oder durch Einschränkung seiner Freiheit.

Zweitens in seinem Ruf, entweder durch eine falsche Darstellung seiner Person infolge von Rachegefühlen oder Bestrafung, zum Beispiel indem man ihn als Dieb oder Räuber bezeichnet, seinen wirklichen Wert mindert und ihn unter den Durchschnitt seines Berufsstandes hinabzudrücken sucht. Der Charakter eines Arztes wird verletzt, wenn wir der Öffentlichkeit glaubhaft machen wollen, er töte seine Patienten, anstatt sie zu kurieren, denn durch eine solche Darstellung verliert er seinen Beruf. Hingegen verletzen wir einen Menschen nicht, wenn wir ihm das gebührende Lob für seine Verdienste vorenthalten. Wir verletzen Sir Isaac Newton oder Herrn Pope nicht, wenn wir von Sir Isaac sagen, dass er kein besserer Wissenschaftler als Descartes war, oder von Pope, dass er als Dichter nicht besser war als der Durchschnitt seiner Zeit. Mit solchen Bezeichnungen geben wir ihnen zwar nicht das ihnen zustehende Lob, doch wir verletzen sie nicht, weil wir sie nicht unter den professionellen Durchschnitt einordnen. Diese Rechte, die einen Menschen vor Anfechtungen seines Leibes und seines Rufes schützen sollen, nennt man natürliche, oder, wie die Zivilrechtler sagen: *iura hominum naturalia.*

[9] Baron Pufendorf folgend unterscheidet Herr Hutcheson zwischen jura perfecta *und* imperfecta, *also vollkommenen und unvollkommenen Rechten. Vollkommene Rechte sind solche, auf welche wir einen unmittelbaren Anspruch haben und bei Verweigerung die Erfüllung einfordern können. Unvollkommene Rechte sind solche, die Pflichten entsprechen, die uns gegenüber erfüllt werden sollten, aber auf die wir keinen Rechtstitel zur Einforderung haben. […] Die gebräuchliche Art,*

das Wort Recht zu verstehen, bezieht sich auf vollkommene Rechte und damit auf die kommutative Gerechtigkeit, während unvollkommene Rechte sich auf die distributive Gerechtigkeit beziehen. Nur erstere werden hier betrachtet; letztere fallen eigentlich nicht unter das Recht, sondern gehören zum Bereich der Moral.

Drittens kann ein Mensch in seinem Eigentum oder Besitz verletzt werden. Seine diesbezüglichen Rechte nennt man erworbene oder *iura adventitia*; von ihnen gibt es zwei Arten: dingliche und persönliche. Ein dingliches Recht ist eines, welches sich auf eine reale Sache bezieht und *a quocumque possessore* eingefordert werden kann, so zum Beispiel alle Besitztümer, Häuser oder Möbel.

[400] Persönliche Rechte sind solche, die in einem förmlichen Rechtsverfahren von einer bestimmten Person eingefordert werden können, aber nicht *a quocumque possessore*. Dies sind alle Schulden oder Verträge, deren Zahlung oder Erfüllung nur von einer bestimmten Person verlangt werden können. *[10] Wenn einer einem anderen ein Pferd verkauft, dieses aber nicht geliefert wird, so hat der Käufer ein persönliches Recht gegenüber dem Verkäufer und kann das Pferd jederzeit von ihm verlangen. Verkauft aber der Besitzer dieses Pferd ein zweites Mal einem anderen, der es bona fide übernimmt, so kann der erste Käufer es nicht vom zweiten verlangen, obwohl er ein Rechtsmittel gegen den Verkäufer hat. Der Fall ist aber ein anderer, wenn der erste Käufer das Pferd übernommen hat, es dem Verkäufer für eine kurze Zeit überlässt, und dieser es dann an einen zweiten Käufer weiterverkauft. Nun hat der erste Käufer gegenüber selbst dem bona fide handelnden zweiten Käufer ein persönliches Einforderungsrecht.*

Von den dinglichen Rechten gibt es vier: Eigentum, Dienstbarkeiten, Pfandrechte und ausschließliche Privilegien.

Eigentum ist all unser Besitz, der *a quocumque possessore* zurückverlangt werden kann, wenn er auf irgendeine Art verloren gegangen ist, gestohlen oder geraubt wurde.

Dienstbarkeiten sind Auflagen auf dem Eigentum anderer. So kann ich die Freiheit haben, ein Feld eines anderen zu durchqueren, um von meinem Land auf eine öffentliche Straße zu gelangen, oder ich kann ein Recht haben, mein Vieh zur Tränke auf ein mit Wasser ausreichend versorgtes Landstück des Nachbarn zu führen, wenn es auf meinem keines hat. Solche Auflagen auf dem Eigentum anderer nennt man Dienstbarkeiten. Diese Rechte waren ursprünglich persönlicher Art, doch die Mühsal und die Auslagen für eine rechtliche Auseinandersetzung, die mit deren Erfüllung dann verbunden waren, wenn das angrenzende Eigentum durch mehrere Hände ging, veranlasste die Gesetzgeber, sie zu dinglichen und *a quocumque possessore* einforderbaren Rechten zu machen. Später wurde das Eigentum jeweils mit dieser Dienstbarkeit belastet übertragen.

Pfandrechte, alle Faustpfänder und Hypotheken eingeschlossen, sind Sicherheiten für etwas anderes, das wir rechtlich beanspruchen können. Die Gesetze der meisten zivilisierten Länder betrachten diese als Sachenrecht und gestehen die Freiheit zu, diese als solche einzufordern.

Ausschließliche Privilegien sind etwa die eines Buchhändlers, ein Buch für eine bestimmte Anzahl Jahre zu verkaufen und jede andere Person während dieser Zeit daran zu hindern, dies auch zu tun. Diese Rechte sind mehrheitlich staatlich geschaffene, obwohl es einige natürliche gibt, so hat zum Beispiel unter Jägern schon vor der Entstehung staatlicher Herrschaft jemand, der einen Hasen aufgestöbert und eine gewisse Zeit verfolgt hat, das ausschließliche Recht, ihn zu jagen, und er kann jeden anderen mit einer frischen Meute von Hunden daran hindern, sich einzumischen.

Ebenfalls hat ein Erbe ein ausschließliches Recht, jede andere Person daran zu hindern, von seinem Erbe Besitz zu ergreifen, auch wenn er sich noch nicht entschieden hat, ob es wirklich in seinem Interesse ist, es anzutreten und die darauf bestehenden Belastungen abzuzahlen.

Persönliche Rechte sind dreierlei Art und entstehen aus einem Vertrag, Quasivertrag oder einer deliktischen Handlung.

Der Ursprung eines Vertrages ist die vernünftige Erwartung, welche die versprechende Person in derjenigen erweckt, an die sie sich bindet; deren Erfüllung kann mit Gewalt durchgesetzt werden.

Quasivertrag ist das Recht auf eine Entschädigung für notwendige Mühe und Auslagen in Zusammenhang mit der Angelegenheit eines anderen. Wenn jemand zum Beispiel eine Uhr auf der Straße findet, so hat er einen Anspruch auf Finderlohn und auf Entschädigung der ihm bei der [401] Suche nach dem Besitzer entstehenden Auslagen. [...]

Ein Delikt liegt vor, wenn jemandem ein Schaden zugefügt wurde, sei es durch Vorsatz oder durch Fahrlässigkeit. Eine Person hat nur das Recht, diesen von einer bestimmten Person zu fordern.

Die Gegenstände dieser sieben Rechte machen das gesamte Vermögen eines Menschen aus.

Der Ursprung der natürlichen Rechte ist ganz offensichtlich *[13] und braucht, weil unmittelbar einleuchtend, nicht weiter erklärt zu werden.* Es zweifelt niemand daran, dass eine Person ein Recht auf seinen unverletzten Körper und, solange es keinen triftigen Grund zur Einschränkung gibt, auf unbeschränkte Freiheit hat. *[13] Auch der Fall der Verletzung des guten Rufs muss nicht groß bewiesen werden. Dessen Erwerb ist eines der wichtigsten Anliegen eines Menschen, und dessen Verletzung ist eine der schlimmsten und hässlichsten Schädigungen, die ihm zugefügt werden können.* Doch der Fall der erworbenen Rechte wie des Eigentums verlangt weitere Erklärung. Eigentum und staatliche Herrschaft hängen nämlich eng miteinander zusammen: Die Erhaltung des Eigentums und der ungleiche Besitz gaben Anlass zur Einrichtung der Herrschaft, und die Eigentumsverhältnisse wechseln mit der Form der Herrschaft. Die Zivilrechtler beginnen zuerst mit dem Staat und behandeln danach Eigentum und andere Rechte. Andere Autoren, die darüber geschrieben haben, beginnen mit diesen und betrachten dann die Familie und den Staat. Jede dieser Darstellungsmethoden hat ihre spezifischen Vorteile, doch im Ganzen scheint diejenige des Zivilrechts vorzuziehen zu sein.

Vom Öffentlichen Recht

Es gibt zwei Grundsätze, welche die Menschen veranlassen, in eine bürgerlich-staatliche Gesellschaft einzutreten; wir werden sie die Grundsätze der Autorität und des Nutzens nennen. An der Spitze jeder kleinen Gemeinschaft oder Verbindung von Menschen finden wir eine Person von überragenden Fähigkeiten: In einer kriegerischen Gesellschaft ist sie von überragender Kraft und in einer kultivierten von überragender geistiger Fähigkeit. Alter und langer Besitz von Macht haben ebenfalls eine Tendenz, Autorität zu verstärken. Das Alter ist in unserer Vorstellung auf natürliche Weise mit Weisheit und Erfahrung verknüpft, und ein beständiger Besitz der Macht verleiht eine Art Recht zu deren Ausübung. Aber mehr noch als alle diese Eigenschaften trägt größerer Reichtum dazu bei, Autorität zu verleihen. Das entspringt aber nicht etwa der Abhängigkeit der Armen von den Reichen, denn im Allgemeinen sind die Armen unabhängig und erhalten sich durch ihre Arbeit. Und doch, obwohl sie keinen Nutzen von den Reichen erwarten, sind sie geneigt, ihnen Respekt zu zollen. Dieser Grundsatz wird vollständig erklärt in der *Theorie der moralischen Gefühle*, wo gezeigt wird, wie unsere Sympathie mit unseren Oberen größer ist als mit den uns Gleich- oder Tiefergestellten: Wir bewundern ihre glückliche Situation, fühlen uns mit Vergnügen in diese ein und streben danach, sie zu fördern.

Da unter den Großen überragende Fähigkeiten des Körpers oder des Geistes nicht so leicht von anderen zu unterscheiden sind, ist es passender – wie auch üblicher –, [402] sich am Reichtum zu orientieren. Es ist offensichtlich, dass eine alte Familie, also eine, die schon lange hervorragt, durch ihren Reichtum mehr Autorität besitzt als andere. Ein Emporkömmling ist immer unangenehm: Wir beneiden ihn um seine Überlegenheit über uns, gleichzeitig halten wir uns für ebenso berechtigt, reich zu sein, wie ihn. Sagt man mir, dass der Großvater eines Mannes sehr arm gewesen sei und sogar von meiner Familie abhängig, so akzeptiere ich seinen Enkel nur sehr widerwillig über mir und bin nicht sonderlich bereit, mich seiner Autorität zu unterwerfen. Höheres Alter, überragende Fähigkeiten des Körpers oder des Geistes, Ehrwürdigkeit der Familie und größerer Reichtum scheinen mir die vier Dinge zu sein, die einem Menschen Autorität über andere geben.

Der zweite Grundsatz, der jemanden zum Gehorsam gegenüber einem Magistraten veranlasst, ist der Nutzen. Jedermann anerkennt die Notwendigkeit dieses Grundsatzes zur Erhaltung von Gerechtigkeit und Frieden in der Gesellschaft. Durch staatliche Institutionen kann der Ärmste Genugtuung gegenüber Rechtsverletzungen der Reichsten und Mächtigsten erfahren. Und obwohl es zweifelsohne in einzelnen Fällen Unregelmäßigkeiten geben mag, so unterwerfen wir uns diesen, um größere Übel zu vermeiden. Es ist der Sinn für öffentlichen Nutzen, mehr denn für privaten, der Menschen zum Gehorsam geneigt macht. Es kann durchaus manchmal in meinem Interesse sein, nicht zu gehorchen und einen Sturz der Regierung zu wünschen. Dennoch merke ich, dass andere Menschen anderer Meinung sind und mich in diesem Unterfangen nicht unterstützen würden. So unterwerfe ich mich ihrer Entscheidung im Sinne des großen Ganzen.

Wenn eine Regierung seit Langem in einem Lande besteht, von

eigenen Einkünften lebt und zudem noch von einem Manne mit großen Fähigkeiten geführt wird, dann liegt vollendete Autorität vor.

In allen Staaten greifen beide Grundsätze in einem gewissen Maße, aber in einer Monarchie überwiegt der Grundsatz der Autorität, in einer Demokratie jener des Nutzens. In Britannien, wo wir eine gemischte Verfassung haben, waren die vor einiger Zeit unter den Namen der Whigs und der Tories gebildeten Faktionen von diesen beiden Grundsätzen beherrscht: Jene unterwarfen sich mit Bezug auf den Nutzen und die Vorteile, die sie daraus zogen, während diese behaupteten, die Regierung sei eine göttliche Einrichtung und dagegen anzutreten sei ebenso verbrecherisch wie die Gehorsamsverweigerung eines Kindes gegenüber seinen Eltern. Die Menschen folgen diesen Grundsätzen im Allgemeinen nach Maßgabe ihrer natürlichen Neigungen. In einer unerschrockenen, tapferen und geschäftigen Veranlagung dominiert der Grundsatz des Nutzens, während eine friedliche und sanfte Gemütsart gewöhnlich mit einer zahmen Unterwerfung unter die Obrigkeit zufrieden ist.

In diesem Lande ist es eine weit verbreitete Ansicht gewesen, dass der Vertrag die Grundlage des Gehorsams gegenüber dem Herrscher darstelle. Dass dies aber nicht der Fall ist, wird aus den folgenden Gründen ersichtlich.

Erstens ist diese Vertragstheorie auf Großbritannien beschränkt, doch Regierungen gibt es auch dort, wo man nie darüber nachgedacht hat, was sogar auf die Mehrheit der Bürger in diesem Lande zutrifft. Frag einen [403] gemeinen Träger oder Tagelöhner, warum er dem Herrscher Gehorsam leiste, so wird er sagen, dass es richtig sei, dass er es andere tun sehe, dass er bestraft würde, wenn er es nicht täte, oder vielleicht, dass es eine Sünde gegen Gott wäre, es nicht zu tun. Aber nie wird er einen Vertrag als Grund für seinen Gehorsam erwähnen.

Zweitens mag es zwar richtig sein, dass, wenn einst bestimmte Regierungsgewalten bestimmten Personen unter bestimmten Bedingungen anvertraut wurden, der Gehorsam derjenigen, die anvertrauten, auf einem Vertrag beruhen mag, doch ihre Nachkommen haben damit nichts zu schaffen; sie sind sich dessen nicht einmal bewusst und können somit auch nicht dadurch verpflichtet werden. Man kann sagen, dass sie dadurch, dass sie im Land bleiben, stillschweigend dem Vertrag zustimmen und durch ihn verpflichtet sind. Aber wie können sie vermeiden, darin zu bleiben? Man hat sie nicht befragt, ob sie in dieses Land geboren werden wollen oder nicht. Und wie sollen sie es verlassen können? Die meisten Leute kennen keine andere Sprache, kein anderes Land, sind arm und können sich nicht weit von jenem Ort entfernen, wo sie zur Erarbeitung ihres Lebensunterhalts geboren wurden. Zu sagen, dass ein Mensch durch seinen Verbleib im Lande einem Gehorsamsvertrag gegenüber einer Regierung zustimme, ist so, als würde man jemanden auf ein Schiff bringen und ihm dann, wenn das Schiff ein gutes Stück vom Land entfernt ist, sagen, dass er durch seine Anwesenheit auf dem Schiff einen Vertrag eingegangen sei, dem Kapitän zu gehorchen. Die Grundlage einer Verpflichtung kann nicht ein Grundsatz sein, mit dem die Menschen gänzlich unvertraut sind. Sie müssen eine wenn auch nur verworrene Idee des Grundsatzes haben, nach welchem sie handeln.

Aber nochmals: Gesetzt, es gäbe einen ursprünglichen Vertrag und die Möglichkeit, durch Verlassen eines Staates explizit zu erklären, dass man nicht länger dessen Untertan sein und von der Verpflichtung ihm gegenüber befreit werden wolle, so ist es doch so, dass jeder Staat auf seine Untertanen Anspruch erhebt und sie für derartige Praktiken bestrafen würde. Im Übrigen wäre es höchst ungerecht, wenn ihr Verbleiben im Land die Zustimmung zu einer früheren Übereinkunft bedeuten würde. Nochmals: Gäbe es einen ursprünglichen Vertrag, so würden doch Fremde, die in ein Land nach Verlassen eines anderen einreisen, diesem ihre deutlichste Zustimmung geben. Doch verdächtigt ein Staat Fremde ständig, eine Zuneigung zu ihrem früheren Staat zu hegen, und es wird ihnen nie das gleiche Vertrauen entgegengebracht wie frei geborenen Untertanen. Das englische Recht ist derart von dieser Ansicht beeinflusst, dass ein Fremder nie ein Regierungsamt innehaben kann, selbst wenn er durch ein Parlamentsgesetz naturalisiert worden wäre. Zudem: Bestünde ein solcher Vertrag, warum sollte der Staat einen Treueeid fordern, wenn einer in seine Dienste tritt? Wenn man einen früheren Vertrag voraussetzt, was sollte dann der Grund sein, ihn zu erneuern? Treuebruch und Hochverrat sind in allen Nationen ein viel größeres und strenger bestraftes Verbrechen als der Bruch eines Vertrags, der ja nur seine Erfüllung fordert. Sie müssen demnach auf einer anderen Basis beruhen, denn der kleinere Vertrag kann auf keinen Fall [404] den größeren beinhalten. Der

Vertrag ist demnach nicht die Grundlage des Gehorsams gegenüber dem Staate, sondern die früher erläuterten Grundsätze von Autorität und Nutzen.

[Von der Natur des Staates und seiner Entwicklung in den ersten Gesellschaftsformen]

Wir werden nun die Natur der Regierung erklären: ihre verschiedenen Formen, was zu ihrer Etablierung führte und wodurch sie erhalten wird.

Wie verschieden die Formen auch sein mögen, so kann man diese doch auf drei Formen reduzieren, nämlich monarchische, aristokratische und demokratische Regierungen. Diese können auf vielfältige Weise gemischt werden; in der Regel benennen wir die Regierung nach der vorherrschenden Form.

Eine monarchische Regierung ist diejenige, in welcher die oberste Gewalt und Autorität einem Einzigen anvertraut ist, der tun kann, was ihm beliebt; Krieg und Frieden beschließen, Steuern verordnen usw.

Eine aristokratische Regierung haben wir dort, wo ein bestimmter Stand in einem Staate, sei es der reichste oder der von bestimmten Familien, Magistraten bestellen kann, welche die Staatsgeschäfte führen.

Eine demokratische Regierung gibt es dort, wo die Führung der Staatsgeschäfte dem ganzen Volkskörper gemeinsam zukommt.

Diese beiden letzten Regierungsformen können wir auch republikanische nennen, womit die Regierungsformen in monarchische und republikanische zu unterscheiden wären.

Um die Regierung richtig zu verstehen, ist es notwendig, ihre erste Erscheinungsform zu betrachten und aufzuzeigen, wie die anderen Erscheinungsformen aus dieser heraus entstanden sind.

In einem Volk von Jägern gibt es eigentlich überhaupt keine Regierung. Die Gesellschaft besteht aus einigen unabhängigen Familien, die im selben Dorf leben, die gleiche Sprache sprechen und übereingekommen sind, gemeinsam für ihrer aller Sicherheit zu sorgen. Aber sie haben keine Autorität übereinander. Die ganze Gesellschaft nimmt sich jeglicher Rechtsverletzung an. Wenn möglich, entscheiden sie unter den betroffenen Parteien; wenn das nicht möglich ist, schließen sie den Rechtsbrecher aus der Gesellschaft aus, töten ihn oder liefern ihn der Rache des Geschädigten aus. Aber das ist keine richtige Regierung, denn obwohl es einige geben mag, denen man großen Respekt entgegenbringt und die großen Einfluss in der Entscheidungsfindung haben, so können sie doch nichts ohne die Zustimmung aller tun.

So gibt es unter Jägern keine richtige Regierung; sie leben gemäß den Gesetzen der Natur.

Es war die Aneignung von Rindern und Schafen, welche die Ungleichheit des Besitzes mit sich brachte, die erstmals Anlass zu einer richtigen Regierung gab. Ohne Eigentum kann es keine Regierung geben, denn ihr wahrer Zweck ist die Sicherung des Reichtums und der Schutz der Reichen vor den Armen, *[208] die, würden sie nicht vom Staate daran gehindert, bald mit offener Gewalt die anderen auf eine Gleichheit mit ihnen zurückstutzen würden.* Besaß in diesem Hirtenstadium einer fünfhundert Ochsen und ein anderer keinen, so hätte Ersterer diese nicht für sich beanspruchen können, wenn nicht eine Art Staat sie ihm gesichert hätte. Diese Ungleichheit des Besitzes, welche die Unterscheidung von [405] reich und arm nach sich zog, gab den Reichen mehr Einfluss über die Armen. Denn wer keine Herde hatte, war abhängig von denjenigen, die eine besaßen. Mit Jagen konnten die Armen ihren Unterhalt schließlich nicht mehr verdienen, weil die Reichen das nun zahm gewordene Wild zu ihrem Eigentum gemacht hatten. Diejenigen also, die Herden hatten, bekamen zwangsläufig einen großen Einfluss über die anderen, und entsprechend finden wir im Alten Testament, dass Abraham, Lot und die anderen Patriarchen wie kleine Fürsten lebten. Es ist festzustellen, dass diese Ungleichheit des Besitzes in einem Volk von Hirten einen größeren Einfluss nach sich zog als in allen späteren Völkern. Sogar heute kann einer ein großes Landgut durchbringen und sich doch keine Abhängigen verschaffen. Gewerbe und Manufakturen mögen dadurch wachsen, aber es schafft sehr wenig Abhängige. In einem Hirtenvolk ist dies anders: Sie können ihr Eigentum nicht vertun, weil es keinen häuslichen Luxus gibt; aber sie geben es als Naturalgaben den Armen und erwerben damit einen solchen Einfluss, dass die Armen gleichsam zu ihren Sklaven werden.

Wir gehen nun daran, zu erklären, wie ein Einziger mehr Einfluss erwerben konnte als alle anderen und wie Anführer eingeführt wurden. Ein Volk besteht aus vielen Sippen, die sich getroffen haben und übereingekommen sind zusammenzuleben. Bei den öffentlichen Zusammenkünften wird es immer jemanden geben, der einen überragenden Einfluss über die anderen erlangt und in großem Maße deren Entscheidungen führt und regiert; das ist die Herrschaft des Anführers in einer barbarischen Gesellschaft. Weil der Häuptling der Führer des Volkes ist, wird sein Sohn natürlicherweise der Anführer der Jungen, und beim Tod des Vaters fällt dessen Autorität auf ihn. Damit wird das Amt des Anführers erblich. Seine Macht wird mit dem Fortschreiten der Gesellschaft durch verschiedene Umstände immer größer. Die Geschenke, die er erhält, steigern seinen Reichtum und damit auch seine Autorität. Denn in barbarischen Gesellschaften geht niemand zum Anführer oder spricht bei ihm in eigener Sache vor, ohne etwas in der Hand zu haben. In einer zivilisierten Gesellschaft ist derjenige, der das Geschenk gibt, dem Empfänger überlegen, aber bei einem barbarischen Volke ist genau das Gegenteil der Fall.

Wir werden nun die verschiedenen Gewalten betrachten, die natürlicherweise zu einer Regierung gehören, wie diese verteilt sind und wie sie sich in frühen Gesellschaften entwickelt haben.

Es gibt drei Regierungsgewalten, nämlich: die Legislative, die Gesetze für das gemeine Wohl macht; die Judikative oder die, welche private Individuen zum Gesetzesgehorsam zwingt; und die Exekutive (von einigen auch föderale Gewalt genannt), welcher der Entscheid über Krieg und Frieden zusteht.

In der ursprünglichen Staatsform kamen alle diese Gewalten dem ganzen Volkskörper zu. Es dauerte in der Tat sehr lange, bis die gesetzgebende Gewalt eingeführt wurde, da es sich um die höchste Anwendung der Regierungsgewalt handelt, Gesetze zu machen und Normen festzulegen, die nicht nur uns selbst binden, sondern auch unsere Nachkommen und [406] alle diejenigen, die nie ihr Einverständnis zu diesen Gesetzesschöpfungen gegeben haben. Was die Judikative betrifft: Stritten sich zwei Personen, so schritt natürlich die ganze Gesellschaft ein, und wenn sie den Streit nicht schlichten konnte, so verbannte sie die Streithähne aus der Gesellschaft. In diesem frühen Stadium gab es wenige Verbrechen, und es dauerte wiederum lange, bis die Strafe im Verhältnis zum Verbrechen verhängt wurde.

Feigheit und Verrat waren die ersten Verbrechen, die bestraft wurden. Denn Feigheit wird unter Jägern als Verrat angesehen, weil bei einer feindlichen Attacke auf eine kleine Zahl jede Desertion die Übriggebliebenen schwächt. So wurden diejenigen, die desertierten, für Verrat bestraft.

Im Allgemeinen waren es die Priester, welche die Strafe verhängten, so als wäre sie direkt von Gott befohlen. So schwach war zu jener Zeit der Staat. Die Entscheidung über Krieg und Frieden kam in ähnlicher Weise dem gesamten Volk zu; es wurden die Familienhäupter konsultiert.

Während die rechtsprechende Gewalt über Einzelpersonen noch lange Zeit schwach war – die Gesellschaft intervenierte zuerst als Freund, dann als Schiedsrichter –, wurde die exekutive Gewalt sehr bald absolut ausgeübt. Entbrennt ein privater Streit um diese Kuh oder um jenen Ochsen, so ist die Gesellschaft davon nicht unmittelbar betroffen. Aber es steht sehr viel auf dem Spiel, wenn es um Krieg oder Frieden geht. Im Hirtenstadium wird diese Gewalt absolut ausgeübt. In Großbritannien mögen wir Spuren von Unsicherheit der rechtsprechenden Gewalt ausmachen, aber keine der exekutiven. Wurde ein Verbrecher vor Gericht geführt, so konnte er über die Art und Weise des Verfahrens mitbestimmen, ob also durch Kampf, per Ordal oder nach den Gesetzen des Landes entschieden werden soll. Die Gesellschaft verlangte von ihm nur, dass er sie in der Entscheidung nicht behindere. In England ist die Frage immer noch offen, doch die Antwort ist jetzt nicht mehr willkürlich. Es war in jenen roheren Zeiten üblich, einen Entscheid mittels Eintauchens der Hand in kochendes Wasser zu verlangen, womit fast jeder als unschuldig davonkam; heute aber käme kaum einer davon. Als die Leute ständig dem Wetter ausgesetzt waren, hatte kochendes Wasser nur eine geringe Wirkung auf sie, während dies jetzt, wo alle bekleidet und bedeckt sind, den gegenteiligen Effekt haben muss. Diese Wahl des Verfahrens zeigt die Schwäche des Prozessrechts. Wie wir wissen, hatte der Kampf als Gerichtsform in England bis zu den Zeiten von Königin Elisabeth Bestand. Jetzt ist er schrittweise und unbemerkt ausgelaufen, ohne dass ein Gesetz oder ein Gerichtsspruch gegen ihn ergangen wäre.

In den Zeiten der Jäger und Fischer und auch in denen der Hirten gab es, wie erwähnt, wenig Verbrechen; kleine passierten sogar unbemerkt. Damals entstand kein Streit aus der Interpretation von Testamenten, Vergabungen oder Verträgen, die heute unsere Gerichtsfälle so zahlreich machen. Solche waren damals schlicht unbekannt. Als sich dies änderte und verschiedene Handelsformen entstanden, da nahmen auch die Auseinandersetzungen zu. Weil aber die Leute in diesem oder jenem Beruf beschäftigt waren, [407] so konnten sie nicht ohne großen Schaden eine Entscheidung abwarten. Entweder mussten alle Fälle unentschieden bleiben – was ebenfalls verschiedenste Unpässlichkeiten nach sich ziehen würde –, oder aber man musste auf eine andere Methode verfallen, die den verschiedenen Mitgliedern der Gesellschaft mehr zusagte. Die natürliche Lösung, auf die man kam, lag darin, einige aus dem eigenen Kreis auszuwählen, denen alle Rechtsfälle vorzulegen waren. Der Anführer, der sich schon bisher durch seinen überragenden Einfluss auszeichnete, pflegte in diesem Fall seinen gewohnten Vorrang weiterhin innezuhaben und wird ganz natürlich einer von denen sein, die für diese Aufgabe ausgewählt werden. Eine gewisse Anzahl an Leuten wurde ausgewählt, um mit ihm zu Gericht zu sitzen; in frühen Zeiten der Gesellschaft war diese Zahl immer beträchtlich. Sie scheuten sich, gewichtige Angelegenheiten nur wenigen anzuvertrauen, und entsprechend finden wir, dass es in Athen 500 Richter gleichzeitig geben konnte. Dadurch vergrößerte der Anführer seine Autorität noch mehr, und die Staatsform erscheint in einem gewissen Maße als monarchisch. Das ist aber nur der äußere Schein, denn die letzte Entscheidung liegt immer noch beim ganzen Volk, und die Staatsform ist tatsächlich demokratisch.

Die Gewalt über Krieg und Frieden lag, wie bereits bemerkt, zunächst beim ganzen Volk. Aber mit dem Fortschritt der Gesellschaft mussten Städte befestigt, Magazine eingerichtet, Geldvorräte zusammengetragen und Generäle und Offiziere ernannt werden. An solchen Geschäften konnte sich nicht mehr das ganze Volk beteiligen. Entweder überließ man diese Aufgabe einem Gerichtshof oder man ernannte dafür eine besondere Körperschaft, obwohl sie natürlich zuerst dem Gericht zuzufallen pflegte. Diese nennt man treffend die senatorische Gewalt, die sich in Rom um die öffentlichen Finanzen, die öffentlichen Gebäude und Ähnliches kümmerte. Später übernahmen in Rom Gerichte und Senat sehr verschiedene Aufgaben. Das Gleiche kann vom Areopaggericht in Athen gesagt werden.

Wir werden nun einige Bemerkungen über die Völker in den ersten beiden Stadien machen, nämlich über die Jäger und die Hirten.

In einem Volk von Jägern und Fischern können nur wenige Leute zusammenleben, denn eine beträchtliche Anzahl würde innerhalb kurzer Zeit die Beute erschöpfen und folglich der Subsistenzmittel entbehren. 20 bis 30 Familien sind das Maximum, die zusammenleben können, und diese machen ein Dorf aus. Weil sie aber auch zum gemeinsamen Schutz und zur gegenseitigen Hilfe zusammenleben, liegen die Dörfer nicht weit auseinander. Entsteht eine Auseinandersetzung zwischen Personen verschiedener Dörfer, so entscheidet eine Vollversammlung beider Dörfer. Und wie jedes Dorf seinen Anführer hat, so hat auch das ganze Volk einen Vorsteher. Das Volk besteht in einer Verbindung der verschiedenen Dörfer, und die Anführer haben einen großen Einfluss auf ihre Entscheidungen, vor allem bei den Hirten. In keinem anderen Zeitalter wird das Alter einer Familie so gewürdigt wie in diesem. Der Grundsatz der Autorität wirkt sehr stark, und sie haben einen ausgeprägten Sinn für den Nutzen der Aufrechterhaltung von Recht und Staat.

[408] Das unterschiedliche Verhalten dieser Völker in Krieg oder Frieden ist bemerkenswert: Die Leistungen von Jägern sind, obwohl sie mutig und tüchtig sind, selten beträchtlich. Da nur wenige zusammen ausrücken können, überschreitet ihre Zahl selten 200, und selbst diese können sich kaum mehr als 14 Tage über Wasser halten. Es droht deshalb wenig Gefahr von Jägern. Unsere Kolonien haben ungerechtfertigterweise Angst vor ihnen. Sie mögen wohl Schwierigkeiten machen mit ihren Überfällen und Streifzügen, aber sie können nie beachtlich sein. Andererseits können viel mehr Hirten zusammenleben. Bei ihnen können tausend Familien in einem Dorf leben. Araber und Tataren sind immer Hirten gewesen und haben verschiedentlich größten Schaden angerichtet. Ein Tatarenanführer ist ungemein furchterregend, und wenn einer über den anderen die Oberhand bekommt, so geschehen die schlimmsten und heftigsten Umstürze. Sie nehmen alle ihre Herden in den Krieg mit, und wer diesen verliert, verliert sowohl sein Volk als auch seine Habe. Das siegreiche Volk folgt der Herde und setzt die Eroberung fort, und wenn es mit einer solchen Zahl von Männern in ein kultiviertes Land einbricht, ist es fast nicht zu bezwingen. Auf diese Weise verheerte Mohammed ganz Arabien.

Es besteht ein sehr großer Unterschied zwischen barbarischen und auch nur geringfügig zivilisierten Völkern. Wo das Land nicht aufgeteilt ist und die Leute in Hütten leben, die sie mit sich tragen können, da gibt es keine Beziehung zum Boden, weil alles Eigentum in lebenden Dingen besteht, die sie einfach mit sich nehmen können. So sind barbarische Nationen immer bereit, ihr Land zu verlassen, und wir finden solche Wanderungen bei den Helvetiern, den Teutonen und Kimbern. Die Hunnen, die lange Zeit auf der Nordseite der Chinesischen Mauer lebten, verdrängten die Ostgoten auf der anderen Seite des Asowschen Meers, diese wiederum die Westgoten usw.

[...]

[438]

Hausrecht

Wir gehen nun dazu über, den Menschen als Mitglied einer Familie zu betrachten, und dafür müssen wir die dreifache Beziehung angehen, die in einer Familie besteht, nämlich: zwischen Ehegatten und Ehegattin, zwischen Eltern und Kindern, zwischen Herrn und Bediensteten. Zuerst wollen wir uns Ehegatten und Ehegattin zuwenden.

[Das Eherecht]

In jeder Tiergattung geht die Verbindung zwischen den Geschlechtern gerade so weit, wie sie zur Verbreitung und Aufrechterhaltung der Gattung nötig ist. Vierbeiner haben kein weiteres Verlangen mehr nacheinander, wenn das Weibchen einmal trächtig ist. Die Sorge für das Junge ist keine Bürde für das Weibchen, und so gibt es keinen Anlass für die Unterstützung durch das Männchen. Unter den Vögeln scheint so etwas wie eine Heirat stattzufinden. Sie bleiben füreinander Gegenstand des Verlangens, und sie ziehen gemeinsam die Jungen auf. Aber sobald die Jungen flügge werden, schwindet jede weitere Zuneigung.

Bei der menschlichen Gattung ist es so, dass die Frauen nicht lange Milch für ihre Kinder zur Verfügung haben. Die Unterstützung durch den Ehegatten ist folglich für deren Lebensunterhalt notwendig, und das sollte die Ehe unauflöslich machen. In Ländern aber, in denen das Christentum nicht eingeführt ist, hat der Ehemann eine unbeschränkte Befugnis zur Scheidung und muss über sein Verhalten keine Rechenschaft abgeben. Im alten Rom hatten sie zwar die Möglichkeit dazu, aber es galt als gegen die guten Sitten.

In dieser Veranlagung unserer Natur können wir einen Nutzen darin sehen, dass Kinder so lange auf ihre Eltern angewiesen sind. [...] *[142] Während all dieser Zeit ist das Kind gezwungen, sich dem Willen der Eltern zu unterwerfen, die Leidenschaften zu zähmen und die Wünsche auf ein solches Maß hinunterzuschrauben, dass die Eltern ihnen zustimmen können. So lernt das Kind im frühen Alter einen wichtigen und überaus wesentlichen Teil der Erziehung, ohne dessen frühe Einpflanzung es unfähig wäre, Weiteres zu lernen. Dies ist eine der wichtigsten Lektionen, die wir erwerben können. Solange jemand nicht seine Leidenschaften und seinen Willen zügeln und sie denjenigen der anderen anpassen kann, dass diese sich damit abfinden können, ist es für ihn unmöglich, in der Gesellschaft Frieden und Freude zu erlangen.* Jedes Kind erhält diesen Teil der Erziehung, selbst unter den unwürdigsten Eltern.

Wir sollten die Pflichten der beiden Teile während der Ehe ebenso betrachten wie den Beginn und das Ende der Ehe, ferner auch, worin die speziellen Rechte und Vorrechte eines jeden bestehen.

Die erste Pflicht ist die Treue der Gattin gegenüber dem Ehemann; der Ehebruch ist das größte Ärgernis. Denn sonst kommen uneheliche Kinder in die Familie und treten anstelle der rechtmäßigen Kinder die Erbfolge an. Dieser tatsächliche Nutzen ist aber nicht die wahre Grundlage des Verbrechens. Die Öffentlichkeit entrüstet sich über die Gattin aus Sympathie mit der Eifersucht des Ehemanns, und entsprechend ist sie geneigt, zu vergelten und zu bestrafen. Das Gefühl der Eifersucht beruht nicht primär, ja überhaupt nicht, auf der Vorstellung der unehelichen Nachkommenschaft. Die Eifersucht entspringt nicht aus dem besonderen Akt, **[439]** sondern der Ehemann sieht in der Untreue die gänzliche Leugnung jenes Vorzugs vor allen anderen Personen, welchen die Gattin ihm schuldet. Dies ist die eigentliche Vorstellung, die er sich davon macht, wie die folgende Überlegung verdeutlicht: Die Vorstellung, die wir von einem Vater haben, entspringt nicht dem Akt der Begierde, der uns entstehen ließ, denn dieser Gedanke ist zum Teil widerlich, zum Teil lächerlich. Die wirkliche Vorstellung, die sich ein Sohn von seinem Vater macht, ist diese: Er ist der Lenker seiner Kindheit, Beistand in seiner Hilflosigkeit, Wächter, Vorbild und Beschützer; dies sind die wahrhaften Gefühle eines Kindes.

Die Vorstellung des Vaters von seinem Sohn hingegen ist die von einem Wesen, das von ihm abhängig ist, in seinem Hause oder auf seine Kosten aufgezogen wurde; durch diese Verbindung sollte eine Zuneigung ihm gegenüber entstehen. Aber eine uneheliche Nachkommenschaft ist abstoßend wegen der Verbitterung, die gegenüber der Untreue der Mutter entsteht.

In jenen Ländern, wo die Sitten des Volkes roh und ungebildet sind, gibt es so etwas wie Eifersucht nicht. Jedes geborene Kind wird als das eigene betrachtet. Der Ursprung der Eifersucht liegt in dem Zartgefühl, welches das Gefühl der Liebe begleitet; und es gibt davon in verschiedenen Ländern mehr oder weniger, entsprechend der jeweiligen Rohheit der Sitten. Im Allgemeinen ist es so, dass dort, wo dem Geschlecht wenig Beachtung geschenkt wird, Untreue kaum beachtet wird und die lockersten Sitten herrschen. Entsprechend meinen wir, dass Menelaus sein Vergeltungsgefühl gegenüber Paris ausdrückte, nicht gegenüber Helena, und dies nicht, weil er sie verführte, sondern weil er sie raubte. Von dieser Tat spricht sie in der Odyssee vor ihrem Gatten ohne Hemmung. Bei den Spartanern war es gang und gäbe, sich die Frauen zu borgen und auszuleihen. Als die Sitten feiner wurden, kam Eifersucht auf und wuchs allmählich so an, dass Frauen eingeschlossen wurden, wie dies heute bei den Türken noch der Fall ist. Als die Menschheit kultivierter wurde, führte die gleiche Liebe, die sie vorher Frauen einschließen ließ, dazu, ihnen Freiheiten zu gewähren. In den späteren Zeiten Griechenlands konnten sich Frauen frei bewegen. Diese gleiche Liebe gewährt dann, wenn sie höchst entwickelt ist, die gleiche freie Bewegungsmöglichkeit wie zu jenen Zeiten, als Untreue unbeachtet blieb. Es gibt in keinem barbarischen Land mehr Zügellosigkeit als in Frankreich. So können wir die Vorurteile des gesellschaftlichen Verhaltens gegenüber Frauen in verschiedenen Zeiten der Gesellschaft feststellen. Obwohl der Frau im ersten Stadium der Gesellschaft wenig oder gar keine Aufmerksamkeit als Gegenstand der Begierde entgegengebracht wurde, so wurde ihr doch nie mehr so viel Beachtung als vernünftigem Wesen gezollt. In Nordamerika werden die Frauen über Kriegführung und jedes wichtige Unternehmen um Rat gefragt. In modernen Zeiten wird der Frau sehr wenig Hochachtung entgegengebracht. Sie werden nur davor bewahrt, ihre Schönheit zu verlieren. Ein Mann wird seinen Freund nicht mit einem mühsamen Stück Arbeit verschonen, aber er erspart es seiner Frau. Wenn die Untreue der Frau als Angriff auf den Ehemann betrachtet wird, so ist es notwendig, dass unverheiratete Frauen unter Aufsicht gestellt werden, damit sie, wenn einmal verheiratet, daran gewöhnt sind. Das ist der Ursprung für die Bestrafung der Hurerei.

[440] Wir gehen nun dazu über, zu betrachten, wie diese Ehe begonnen wird. Weil die Pflichten vor und nach der Ehe sehr verschieden sind, so ist es zwingend, dass eine gewisse Zeremonie an ihrem Anfang steht. Diese ist in den einzelnen Ländern unterschiedlich, aber sie steht im Allgemeinen in einem Zusammenhang mit der Religion, da man dieser den größten Einfluss zumisst. In den Anfängen der Gesellschaft scheint die Ehe zwar als etwas immer Dauerndes verstanden worden zu sein, doch hatte der Ehegatte eine unbeschränkte Befugnis zur Scheidung; dennoch wurde es als unschicklich betrachtet, davon Gebrauch zu machen, ausgenommen wegen eines schweren Verbrechens. Der Grund dafür lag darin, dass der Staat sich wenig in Privatangelegenheiten einzumischen wagte, und schon gar nicht in Familienangelegenheiten. Um der Sicherheit des Staates willen bemühte man sich mit allen Mitteln, die Macht des Ehegatten zu stärken und ihn so alleinherrschend wie möglich zu machen. Im alten Rom war der Ehegatte der souveräne Herr über Leben und Tod in allen Angelegenheiten seiner Familie.

In Rom gab es drei Arten von Eheschließungen: 1. durch confarreatio, eine religiöse Zeremonie; 2. durch [...] *[143] coemptio, eine zivile Zeremonie, in welcher der Ehemann seine Frau kaufte;* 3. durch Gebrauch: Wenn er ein Jahr und einen Tag mit ihr zusammengelebt hatte, gehörte sie ihm durch Ersitzung, und er konnte sich von ihr scheiden lassen.

Die Befugnis, sich scheiden zu lassen, ging auch auf die Frau über, nachdem die weibliche Erbfolge eingeführt worden war: Eine reiche Frau, die vor ihrer Ehe glücklich lebte und selbst über so viel verfügen konnte, wäre nicht geneigt, das alles ihrem Ehemann zu überlassen. Die Juristen erfanden deshalb eine neue Art der Heirat zugunsten der Erbinnen, welche deductio in domum genannt wurde oder auch Ehe [...] *[144] durch die instrumenta dotalia, die dem entsprechen, was wir den Ehevertrag nennen.* Gewisse Bestimmungen wurden zwischen den Parteien vereinbart, und dann kam der Ehemann und führte seine Frau in sein Haus. Um die Ersitzung zu verhindern, ging sie jedes Jahr drei bis vier Tage weg, womit gemäß der Form des Vertrags ihr Besitz gesichert war. So wurde die Gattin ebenso unabhängig wie der Ehegatte und erlangte gleichfalls die Macht zur Scheidung. Da die Ehe auf der Zustimmung beider Vertragsparteien gründete, war es vernünftig, dass bereits die Meinungsänderung einer Partei sie auflösen konnte.

Diese Form der Ehe ist der gegenwärtigen sehr ähnlich, mit dem wesentlichen Unterschied allerdings, dass sie die Kinder nicht als eheliche legitimierte und die Ehre der Frauen nicht beschützte. Die römische Form der Ehe verursachte große Unordnung. Wenn sich die Parteien trennten, was oft der Fall war, verheirateten sie sich wieder mit anderen. Die Frauen brachten es oft auf fünf bis sechs Ehegatten. Dies verdarb [441] ihre Moral so sehr, dass es gegen das Ende des Kaiserreiches kaum mehr einen großen Mann gab, dem nicht die Hörner aufgesetzt worden waren. Die Unordnung war so groß geworden, dass nach der Etablierung des Christentums die Macht zur Scheidung eingeschränkt wurde, ausgenommen für bestimmte Fälle. Unter den skythischen Völkern, die sich im Westen Europas niederließen, wurde die Scheidung gänzlich abgeschafft. In Burgund war die Macht des Ehegatten allerdings sehr groß. Nach einem dortigen Gesetz wurde ein Mann für die Schändung seiner Frau zu einer Buße verurteilt; wenn sich aber eine Frau schlecht aufführte, wurde sie hingerichtet.

Weil im Allgemeinen nur offenkundige Verbrechen von den staatlichen Gerichten aufgegriffen wurden, gingen die kleineren in die Hände der Geistlichen über, und dies gab einen ersten Anlass für deren große Einflussnahme. Wenn die Zivilgerichte gegen Vertragsbrüche keine Abhilfe schufen, so bestraften die Geistlichen den Missetäter wegen Meineides; und wenn Streit entstand zwischen Mann und Frau, dann ließen sie sie Buße tun. Später wurde das Recht auf Scheidung abgeschafft, mit zwei Ausnahmen, nämlich wegen Ehebruchs und wenn die eine Partei Angst vor körperlicher Misshandlung durch die andere hatte. Selbst in diesem Fall war es aber keine vollständige Scheidung, sondern nur eine Trennung a mensa et toro, denn keine der beiden durfte sich wieder verheiraten. Es gab drei Gründe für eine vollständige Scheidung: 1. wenn die Ehe innerhalb der Grade der Blutsverwandtschaft geschah, so wurde sie annulliert, es sei denn man hatte eine Ausnahmebewilligung vom Papst; 2. früherer Vertrag mit einer anderen Frau; 3. Impotenz beim Mann und Unfruchtbarkeit bei der Frau.

Die Geistlichen brachten neben diesen noch andere Abänderungen bezüglich der Ehe ein. Es muss darauf hingewiesen werden, dass die von Männern gemachten Gesetze den Frauen durchaus nicht günstig sind. […] *[147] Die unverheirateten Geistlichen waren hier nun viel unparteiischere Richter. Während die früheren Gesetzgeber Ehemänner und entsprechend selbst Partei gewesen waren […], wurde die Untreue des Ehemannes jetzt wie diejenige der Ehefrau als Ehebruch betrachtet und konnte eine Trennung nach sich ziehen. Das Recht zur Scheidung wurde beträchtlich eingeschränkt und für beide auf die gleiche Ebene gebracht.* Ehebruch, Raserei und berechtigte Angst wurden als Trennungs-, nicht aber als Scheidungsgründe anerkannt.

Wo das kanonische Recht Eingang fand, wurde es von den Geistlichen diktiert, die in den meisten Fällen das römische Recht kopierten, denn sie waren die einzigen, die Latein verstanden und unter denen die Überreste der Rechtsliteratur vorhanden waren. Anfangs verlangte sogar das kanonische Recht keine Heiratszeremonie. Da die Zeremonien zur confarreatio und zur coemptio im späten römischen Recht nicht mehr praktiziert wurden und nur noch die deductio in domum gefordert war, so begnügte sich auch das kanonische Recht lange für die Eheschließung mit irgendeinem Vertrag für jede Art von Ehe, sei diese für die Gegenwart (in praesenti) oder für die Zukunft (in futuro). Ein Vertrag in praesenti ist es, wenn ich sage: »Ich nehme dich zu meiner Frau«, oder: »Ich nehme dich zu meinem Ehegatten«. Ein Vertrag in futuro ist es, wenn sie sagen: »Ich werde es tun.« Jeder dieser Verträge kann entweder durch Zeugenaussagen oder Eid belegt werden, [442] wenn die beiden sich selbst als verheiratete Personen bezeichneten oder dass sie es sein würden. Papst Innozenz III. aber verfügte, dass alle Ehen kirchlich (in facie ecclesiae) einzugehen seien. Doch obwohl diese als die einzig geziemende Form der Heirat angesehen wurde, waren doch andere ebenfalls in Gebrauch und in einigen Fällen auch gültig. Wenn eine Person zuerst in futuro, dann in facie ecclesiae eine Heirat einging und eine frühere Frau nach der öffentlichen Eheverkündigung keinen Einspruch erhob, dann war die erste Heirat nichtig. Wenn die erste Heirat mit einem Vertrag in praesenti geschlossen wurde, so war die zweite nichtig. Das war in England bis zum letzten Ehegesetz so.

Wenn ein Vertrag in futuro bewiesen werden kann oder wenn

ein Mann den Eid verweigert, dann wird die Ehe in einigen Ländern als gültig betrachtet. Der Vertrag in praesenti ist überall gültig, vor allem wenn das Paar danach zusammenlebt. Alle diese Institutionen sind aus dem kanonischen Recht abgeleitet, welches ihren Bruch ebenso kirchlichen Verweisen unterwarf wie das unsrige.

In England erfordert eine Scheidung einen Parlamentsbeschluss, die Untreue der Frau allein genügt nicht. In Schottland wird dies leichter gehandhabt.

Protestanten trieben die Dinge nie so weit wie das kanonische Recht, denn die Geistlichkeit heiratete selbst. Dabei gewann die Liebe, die vorher als eine lächerliche Leidenschaft galt, an Würde und wurde mehr respektiert. Als Beleg dafür kann die Beobachtung dienen, dass keine antike Tragödie von der Liebe handelt, sie heute aber viel respektabler ist und alle öffentlichen Unterhaltungen beeinflusst. Das kann man nur mit Veränderungen in der Menschheit erklären.

Die Arten der Ehe, die wir gerade betrachtet haben, waren in Rom und in den christianisierten und einigen wenigen andern Ländern in Geltung; in vielen Ländern nehmen die Männer so viele Frauen, wie sie unterhalten können. Das führt uns natürlicherweise dazu, den Ursprung der Polygamie zu betrachten.

[Die Ursprünge der Polygamie]

[150] Mit Grotius ist zu bemerken, dass eine Scheidung aus eigenem Antrieb zwar Unannehmlichkeiten mit sich bringt; sie steht aber doch nicht gänzlich im Widerspruch zum Gerechtigkeitsgrundsatz, wenn ein Mann für weniger gewichtigere Gründe als Ehebruch seine Frau verlassen und eine andere nehmen darf, denn zusammen sind sie beide ziemlich unglücklich, obwohl einer von beiden sehr gut anderswo leben könnte. *[151] Wenn sie sich trennen, geschieht dies aufgrund jener Bedingungen, die sie ausgemacht haben, als sie zusammenfanden.* Das Gleiche gilt für die Polygamie. Wenn eine Frau einwilligt, eine von fünf oder zwanzig oder mehr Frauen zu sein, und die Gesetze es zulassen, dann geschieht ihr kein Unrecht: Sie wird behandelt, wie sie es natürlicherweise erwarten kann. Die alten jüdischen und orientalischen Gesetze tolerierten Polygamie. Dennoch: Obwohl Scheidung aus eigenem Antrieb und Polygamie nicht gänzlich der Gerechtigkeit entgegenstehen, so sind sie doch,

wie ich nach und nach zeigen werde, dort, wo sie eingerichtet oder erlaubt sind, eine sehr schlechte Politik, *[151] die viele schlechte Folgen nach sich zieht.*

Polygamie erweckt die heftigste Eifersucht, und durch sie wird der häusliche Friede zerstört. Die Frauen sind alle Rivalinnen und Feindinnen. Zudem wird nur schlecht für die Kinder gesorgt, und die Frau beklagt sich ständig, dass ihre Kinder nicht geziemend behandelt werden, denn sie misst die Zuneigung des Vaters an ihrer eigenen. Die Zuneigung der Eltern kann man aber kaum vergleichen, denn diejenige des Vaters teilt sich auf vierzig bis fünfzig Kinder auf [443] und die der Mutter nur auf vier bis fünf. Wo es Polygamie gibt, da gibt es auch Eifersucht in Bezug auf Liebe und auf Interesse, was einen Mangel an Ruhe nach sich zieht. Es wird zuweilen behauptet, in den Serails der asiatischen Monarchen herrsche größte Eintracht, jedoch liegt dies an der höchst herrischen Strenge, die dort herrscht. Wenn Rebellen unterjocht werden, dann ist ihre Ergebenheit bemerkenswert. In Afrika finden wir die schlimmsten Verwirrungen, denn die Disziplin ist dort nicht streng genug. Es ist das größte Elend für Frauen, dass sie gänzlich eingeschlossen sind und keine andere Gesellschaft haben können als diejenige der Eunuchen, die sie verachten. Auch der Inhaber des Serails ist nicht glücklich, obwohl es so scheint. Auch er muss eifersüchtig sein. Wegen der Ungleichheit zwischen ihm und ihnen kann er in seinem eigenen Hause keine Unterhaltung haben, keine Möglichkeit zu gesellschaftlicher Verbesserung. Man darf nie einem Türken gegenüber seine Frau erwähnen: Sie darf nie von einem Manne gesehen werden, nicht einmal von ihrem Arzt, wie uns Tournefort berichtet. Diese Ernsthaftigkeit und Zurückhaltung des Ehemannes müssen eine schlechte Wirkung auf die Sitten des Landes haben: Weil die Männer weder gegenseitig Vertrauen ineinander haben noch in Abhängigkeit stehen, können sie sich nicht zu Parteien zusammenfinden, und deshalb muss die Regierungsform immer willkürlich sein. Davon haben sie ja schon ein Beispiel in ihrem eigenen Hause, wo es wenige elterliche und noch weniger eheliche Zuneigung gibt. *[154] Dies ist der Grund, warum alle Länder, in denen Polygamie zugelassen ist, despotisch und willkürlich regiert werden.* Darüber hinaus tendiert dies zur Entvölkerung der menschlichen Gattung; der größere Teil der Männer kann keine Frauen haben, und viele davon werden noch kastriert, um den Serail zu bewachen. Es wird freilich behauptet, dass mehr Frauen als Männer geboren werden. Montesquieu sagt, dass in Bantam in Ostindien zehn Frauen auf einen Mann geboren werden. Holländische Autoren sagen, an der Küste von Guinea sei das Verhältnis 50:1. Die Zahlen für Japan sind besser belegt. Dort wird gesagt, es kämen elf Frauen auf neun Männer. Wo dies der Fall ist, falls es denn überhaupt stimmt, da wäre es unangebracht, keine Polygamie zu praktizieren.

Bei genauer Untersuchung stellen wir fest, dass in Europa nur eine kleine Differenz besteht. Die allgemeine Berechnung ergibt da dreizehn Männer auf zwölf Frauen, oder auch siebzehn zu sechzehn, was die Zahl etwa gleich macht, da die Männer Gefahren mehr ausgesetzt sind als die Frauen. Wenn es nun keinen Unterschied in Europa gibt, so haben wir Grund zur Annahme, dass auch anderswo keiner besteht. Die Gesetze der Natur sind überall dieselben, so die Gesetze der Schwerkraft und der Anziehung, warum also nicht auch die Fortpflanzungsgesetze? Es kann sein, dass es in einigen der genannten Orte mehr Frauen gibt als Männer. An Stätten, wo die Religion und die Gerichte ihren Sitz haben und folglich die Reichen leben, muss es mehr Frauen geben, denn nur die Reichen haben Serails und kaufen von andernorts Frauen zu, so dass ein ständiger Import von Frauen aus jenen Ländern stattfindet, welche die Polygamie nicht kennen. Polygamie findet unter despotischen Regierungen statt. Wenn ein Land von Wilden erobert wird, geben sich diese allen Arten von Brutalitäten hin, darunter auch dieser, weil es kein Gesetz dagegen gibt. Im alten Karthago oder Rom geschah dies nie, wohl aber in der Türkei. In jedem Land verdrängt die Freiheit die Polygamie. Es gibt nichts, dem sich freie [444] Menschen weniger unterwerfen würden als einem derartigen Monopol. Aber Despotismus begünstigt immer die Polygamie. Montesquieu erwähnt noch zusätzlich zugunsten der Polygamie, dass in einigen Ländern die Frauen schon mit acht bis neun Jahren heiratsfähig sind und mit dreißig Jahren schon als alt und verwelkt gelten. Wenn sie schön sind, haben sie wenig Verstand, und während dieser wächst, schwindet ihre Schönheit, und folglich können sie nicht für lange angenehme Gefährtinnen sein; daher braucht der Ehemann mehr als eine. Es mag ihre Sitte sein, Kinder zu entjungfern, aber dies ist tatsächlich wenig belegt. Cleopatra war 36 und schwanger, als sie von Augustus ergriffen wurde; Constantia gebar ein Kind, als sie 54 Jahre alt war. Aber selbst wenn dies stimmen würde, spräche es nicht zugunsten der Polygamie, sondern nur zugunsten der Scheidung aus eigenem Antrieb. Wenn Frauen nur zehn bis zwölf Jahre brauchbar wären, dann könnte es vernünftig sein, eine andere zu nehmen, aber nicht eine Anzahl gleichzeitig.

Wo die Polygamie herrscht, kann es keinen Erbadel geben. Es ist schwierig, das Erstgeburtsrecht da durchzusetzen, wo es so viele Ehefrauen gibt und einige von ihnen etwa zur gleichen Zeit niederkommen. Wo so viele Kinder sind, da können nicht alle die Zuneigung des Vaters haben, und nur durch diese haben sie die Mittel, sich selbst durchzusetzen. Wo die Kinder zahlreich sind, nimmt die Zuneigung ab. Ich kann vier bis fünf Kindern, die mit einem Freund von mir verbunden sind, Beachtung schenken; aber wenn es hundert sind, dann werden sie wenig beachtet. Nun ist der Erbadel die große Sicherung der Freiheit des Volkes. Die Adligen sind über das ganze Land verteilt und kommen schnell einem Untertanen zu Hilfe, wenn er unterdrückt wird. In den Ländern des Ostens gibt es dies nicht. Jeder ist da ein Emporkömmling, und nur die Königsfamilie ist angesehen. Die Nachkommenschaft der Paschas vermischt sich nach deren Tod mit dem gemeinen Volk.

Überall, wo es einen Erbadel gibt, kann das Land nicht leicht oder überhaupt nicht erobert werden. Die Leute mögen ein oder zweimal geschlagen werden, aber sie erholen sich unter der Führung ihrer natürlichen Anführer immer wieder. Weil diese fehlen, leisten östliche Länder wenig Widerstand gegenüber fremden Invasoren.

Polygamie ist ungemein schädlich für den Bevölkerungsreichtum einer Nation. Sind hundert Frauen mit hundert Männern verheiratet, so werden sie viel mehr Kinder haben, als wenn gleich viele mit zwei oder drei verheiratet sind. Man könnte einwenden, dass auch China, die Region an der Mündung des Ganges und Ägypten bevölkerungsreich sind, obwohl es dort Polygamie gibt. In diesen Ländern gibt es aber auch Gesetze bezüglich des Bevölkerungsreichtums; dazu tragen auch andere Umstände bei, wie zum Beispiel die bemerkenswerte Fruchtbarkeit des Bodens.

Wir kennen also zwei Formen von Ehe, die Polygamie und die Monogamie, [445] wobei wir Letztere noch in drei Arten unterteilen können: 1. wo sich der Gatte von der Gattin nach Gutdünken scheiden lassen kann, 2. wo beide gleichermaßen die Macht zur Scheidung haben und 3. wo diese allein in den Händen des zivilen Magistrats liegt.

Wo Polygamie zulässig ist, ist die Frau gänzlich in der Macht des Ehemannes: Er kann nach seinem Gutdünken sich von ihr scheiden lassen oder über sie verfügen.

Die Gesetze über die Monogamie unterscheiden sich gemäß ihrer Art: Diejenige, wo der Vertrag oder die Übereinkunft nur durch den zivilen Magistrat aufgelöst werden kann, ist die angemessenste. Zwar kann nur das Grund zur Scheidung sein, was der Gesellschaft sehr unangenehm ist. Aber es ist immer besser, wenn das Band der Ehe zu eng als zu lose ist. Die unbegrenzte Befugnis zur Scheidung in der Spätzeit der römischen Republik war die Quelle von höchst zersetzenden Konsequenzen; um solche zu verhindern, muss man die Mühsale in Kauf nehmen. Wenn beide Parteien die Macht zur Scheidung haben, können sie weder gegenseitiges Vertrauen noch beiderseitige Abhängigkeit haben, sondern ihre Interessen sind ziemlich verschieden.

Wir gehen nun zur Betrachtung der Interessen über, die der Ehegatte am Besitz der Ehefrau oder die Ehefrau an jenem des Ehegatten gemäß den verschiedenen Eheformen haben kann.

[Die Besitzverhältnisse in den verschiedenen Eheformen]

Wo die Polygamie herrscht, ist die Ehefrau in absoluter Sklaverei und hat überhaupt keine Teilhabe am Eigentum des Ehemannes; nach seinem Tode hat sie nur Anspruch auf eine Unterhaltszahlung. Wo einzig der Ehegatte die Kompetenz zur Scheidung besitzt, wird das Eigentum seiner Ehefrau das seinige, ganz wie das eigene. Wenn sie beide die Kompetenz zur Scheidung besitzen, dann ist der von der Frau eingebrachte Besitz gesichert, und der Ehemann kann nichts anderes damit tun, als ihn verwalten. Wenn er stirbt, so bekommt die Frau nichts mehr vom Eigentum des verstorbenen Mannes als das, was im Ehevertrag vereinbart ist. In jenem Typus der Ehe, wo [nur] der zivile Magistrat scheiden kann, ist das Recht des Ehemannes gegenüber früher eingeschränkt, doch dasjenige der Frau erstreckt sich weiter, denn sie ist unabhängiger von ihm als in den anderen Typen. [...]

[446]

[...]

[Eheverbote]

Wir betrachten als Nächstes, welche Personen ehefähig sind. Zwischen Verwandten in aufsteigender und absteigender Linie ist die Ehe unbeschränkt verboten. Nichts dürfte widernatürlicher sein, als dass eine Mutter ihren Sohn heiratet. Dadurch wird die Mutter ihrem Sohn untergeordnet und aufgrund des Altersunterschieds können die Ziele einer Ehe selten erreicht werden. Deshalb ist dies auch nirgends erlaubt, es sei denn, der Aberglaube herrsche. Ebenso ist eine Ehe zwischen Vater und Tochter blutschänderisch. Es soll aber darauf hingewiesen werden, dass dies weniger naturwidrig ist als das vorangehende Beispiel, denn der Vater ist immer noch Oberhaupt, auch wenn er Ehemann ist, und entsprechend gibt es auch einige barbarische Völker, die dies zuließen. Aber es bleibt unnatürlich, dass der Vater, Wächter und Erzieher seiner Tochter, zum Liebhaber wird und sie heiratet. Zudem kann eine Mutter nie freundlich auf eine Tochter blicken, die wahrscheinlich an ihre Stelle tritt. Nichts kann für den häuslichen Frieden zersetzender sein.

Aus dem gleichen Grund heiraten Onkel und Nichte sowie Tante und Neffe nie. In Rom und Karthago gab es gelegentlich eine Spezialerlaubnis für Onkel und Nichte, aber nie für Tante und Neffen.

Heirat von Verwandten in der Seitenlinie, wie zum Beispiel Bruder und Schwester, scheint vornehmlich aus politischen Gründen verboten, denn sie werden zusammen aufgezogen und würden Gefahr laufen, sich gegenseitig zu korrumpieren, wenn sie nicht, wie es sich gehört, zurückgehalten werden. Der gleiche Grund sprach gegen die Heirat von Cousins und Cousinen in jenen Zeiten, als sie noch zusammen in einem Haushalt lebten.

[...] [447]

[...]

Nachdem wir nun alle Typen der Ehe untersucht haben, betrachten wir nun, was aus dem Fehlen der Ehe folgt. Die Wirkung der Ehe ist die Legitimierung der Kinder. Wir müssen also den Unterschied zwischen ehelich und unehelich betrachten. Legitimation gibt den Kindern erbberechtigtes Blut, so dass sie das Erbe des Vaters und seiner Verwandtschaft antreten können. Ein uneheliches Kind hat kein erbberechtigtes Blut und kann daher nicht den Vater gesetzmäßig beerben, denn sein Vater ist unbekannt, noch kann es seine Mutter beerben, denn nur ein rechtmäßig geborenes Kind kann erben. Da ein Unehelicher nicht erben kann, kann er auch nicht beerbt werden und steht so in keiner Verwandtschaft zu irgendeinem Menschen. Wenn er ohne Testament und ohne Kinder stirbt, dann erhält seine Gattin die Hälfte seines beweglichen Vermögens und ein Drittel seines Grundbesitzes, und der Rest geht an den König; hat er Kinder, so erhält die Gattin ein Drittel von allem. Der König wird immer als *ultimus haeres* verstanden.

[448] In Schottland gibt es dabei noch eine weitere Unannehmlichkeit. Da der König der Erbe der Unehelichen ist, kann ein Unehelicher kein Testament machen, weil es den König um sein Recht bringen würde. Der König kann ihm allerdings ein Legitimationsschreiben ausstellen, das ihn testamentsfähig macht, denn der König kann frei über sein Recht zu erben verfügen. Allerdings kann ihm weder dies noch alles, was geringer ist als ein Parlamentsgesetz, vererbbares Blut verleihen, aber ein Gesetz des vereinigten Gesetzgebers kann alles tun.

[...]

So haben wir die Rechtsunfähigkeiten der unehelichen Kinder behandelt, die nur Wirkung haben können, wo die Monogamie herrscht, und in der Tat hindern nur sie die Polygamie daran, in allen Ländern an Boden zu gewinnen, denn wenn Uneheliche die Befähigung zur Erbschaft hätten, dann würden die Menschen sich kaum den Unannehmlichkeiten der gesetzmäßigen Ehe aussetzen. Eine Frau vollkommen in der Macht zu haben und andere zu nehmen, wenn es gefällt, wäre bequemer.

[449] Wir gehen nun dazu über, die Geschichte der Elternschaft zu betrachten, welche die zweite Beziehung unseres Untersuchungsgegenstandes Mensch als Mitglied der Familie darstellt.

[Elternschaft]

Die Herrschaftsgewalt des Vaters über seine Kinder war ursprünglich uneingeschränkt, sowohl bezüglich Freiheit als auch bezüglich Eigentum. Er war frei zu entscheiden, ob er die Kinder aufziehen wollte oder nicht. Und es wurde nicht als Ungerechtigkeit betrachtet, es zu unterlassen. Das Recht hindert einen daran, Unrecht gegen andere zu begehen, aber es kann keine festgeschriebenen Gesetze für Handlungen des Wohlwollens geben. Alles, was das

Gesetz verbot, war, die Kinder unmittelbar zu töten. Aber wenn er wollte, durfte der Vater sie aussetzen. Selbst bei uns ist ein Vater nicht verpflichtet, Lösegeld für einen gefangengenommenen Sohn zu zahlen; er kann es tun oder nicht, ganz nach seinem Belieben. Desgleichen konnte ein Vater in alten Zeiten wählen, ob er seinen Sohn vorm Hungertod, vor wilden Tieren und dergleichen bewahren wollte. Obwohl gewisse Bestimmungen darüber in Rom erlassen wurden, wurden sie nicht streng eingehalten, und die Praktiken wurden erst mit der Errichtung des Christentums abgeschafft. Im derzeitigen China, wo Polygamie herrscht, ist man öfters gezwungen, Kinder auszusetzen, und in der Regel ertränkt man sie. Weil es der Vater gänzlich in seiner Macht hatte, den Sohn aufzuziehen oder nicht, konnte er, wenn er es tat, uneingeschränkt über ihn entscheiden. In Rom hatte der Vater das ius vitae et necis, et vendendi. Danach gehörte alles, was der Sohn erwarb, dem Vater; wenn der Sohn heiratete, wurden seine Kinder als Mitglieder der Familie des Großvaters betrachtet. Doch diese Macht des Vaters über seinen Sohn schwächte sich sehr bald ab. Der Sohn schloss sich den Verwandten der Mutter an, und der Onkel, den er unter bestimmten Umständen beerben sollte, sorgte selbstverständlich für die Person, die einmal sein Erbe sein würde. Numa Pompilius *[173] machte ein Gesetz, das dem Vater verbot, seinen Sohn zu verkaufen, sobald er sich verheiratet hatte. Und obwohl das Zwölftafelgesetz Romulus' Gesetze ohne Einschränkung wieder herstellte und dem Vater ausdrücklich die Macht gab, seine Söhne dreimal zu verkaufen, so ist es doch wahrscheinlich, dass dies nur die unverheirateten Söhne betraf.* Ebenso verschwand das ius vitae et necis. Der Vater vollzog die Gesetze seines Landes nur noch für Kapitalverbrechen. Er konnte die richterliche Gewalt aus den Händen des Magistrats nehmen und seinen Sohn selbst zur Strafe verurteilen, aber er konnte ihn nicht befreien, wenn er gemäß den Gesetzen des Landes angeklagt war. Das zeigt, dass die patria potestas nicht ganz uneingeschränkt war. Diese Gewalt des Vaters schwächte sich nach und nach ab und verlor sich schließlich gänzlich. Der Vater sprach nur noch den Urteilsspruch aus, wie er ihm vom Beamten diktiert wurde, da er selbst gewisse Formverletzungen hätte begehen können und damit das Ganze nichtig gemacht hätte. Ähnliches gilt für den Gutsherrn in diesem Lande, der es in seiner Macht hat, Hab und Gut eines in Schuld stehenden Pächters zu beschlagnahmen, und dies ohne ein förmliches Gesetz.

Weil sie aber nicht wissen, wie dies zu vollziehen ist, müssen sie sich wie andere an das zivile Gericht wenden, obwohl sie eigentlich mit der Macht ausgestattet wären, es selbst zu tun.

[...] [450]

[...]

Nach dem Fall des Römischen Reiches wurde die Gewalt des Vaters über den Sohn gemildert, ebenso wie diejenige über die Gattin. Der Vater hatte über den Sohn, solange dieser noch im Haushalt verblieb, eine der unsrigen sehr ähnliche Autorität, nämlich die Sorge um dessen sittliches Verhalten. Hatte er die Familie verlassen, dann war der Vater nicht mehr so unmittelbar um ihn besorgt. Der Vater hat das besondere Privileg, dass er zum Vormund seines Sohnes ohne Kaution und nicht – wie jeder andere Vormund – für Nachlässigkeit und Versäumnis haftbar gemacht werden kann. Das ist die natürliche Autorität, die der Vater über seinen Sohn hat. Der Vater ist zur Erziehung seiner Kinder verpflichtet, desgleichen die Kinder zum Unterhalt des Vaters, wenn er alt oder gebrechlich wird.

Wir gehen nun zur Betrachtung der Rechtsgeschichte bezüglich des Verhältnisses von Herrn und Diener über, dem dritten, das im Familienrecht zu betrachten ist.

[Herr und Diener]

Wir haben gesehen, dass der gleiche Grundsatz, der dem Ehemann Autorität über seine Gattin verlieh, gegenüber seinem Sohn galt. Wie die Macht des Ehemannes dadurch geschwächt wurde, dass die Gattin mit Bekannten in Verbindung stand und sich bei diesen beschweren konnte, so wurde auch diejenige des Vaters geschwächt. Aber dies galt nicht für die Diener: Sie hatten niemanden, an den sie sich hätten wenden können; sie standen mit niemandem in Verbindung, und da niemand für sie Partei ergreifen konnte, verfielen sie zwangsläufig einem Zustand von Sklaverei. Deshalb hatte der Herr die Gewalt über ihr Leben und [451] ihren Tod; diese aber war ganz verschieden vom ius vitae et necis über die Gattin und den Sohn, welches auf Fälle von Verbrechen beschränkt war. Die Macht über die Bediensteten war völlig willkürlich. Zudem konnte ein Sklave kein Eigentum besitzen, da der Herr über seine Freiheit verfügen konnte. Alles, was er hat oder erwirbt, gehört seinem Herrn.

Kein Vertrag des Sklaven konnte den Meister binden, höchstens wenn nach Gesetz ein stillschweigendes Einverständnis des Herrn vermutet werden konnte. Ein Sklave kann nur für seinen Herrn erwerben. Wenn ich einem Sklaven 10 Pfund versprochen habe, muss ich es seinem Herrn zahlen. Aber neben diesen waren die Sklaven im alten Griechenland und Rom, ebenso wie unsere Schwarzen [bei Smith: *Negroes* (Anm. d. Hg.)], noch weiteren Nachteilen unterworfen, obwohl man sie weniger beachtete.

1. Sie durften nicht heiraten. Sie können mit einer Frau zusammenleben, aber nicht heiraten, denn eine Verbindung zwischen zwei Sklaven besteht nur so lange, wie es dem Herrn gefällt. Wenn eine Sklavin keine Kinder gebiert, so kann er sie einem anderen geben oder verkaufen. Unter unseren Sklaven in Westindien gibt es keine dauernde Verbindung. Die Sklavinnen sind alle Prostituierte, und sie werden deshalb nicht erniedrigt.

2. Aber Sklaverei ist noch mit größeren Übeln als diesen verbunden, denn ein Sklave, der Polytheist ist, ist genau genommen unter dem Schutz keiner Religion. Er hat ebenso wenig einen Gott wie Freiheit und Eigentum. Die polytheistische Religion besteht aus einer großen Anzahl lokaler Gottheiten. Jeder Ort hat seine eigene Gottheit. Der Sklave gehört aber nicht zum Land, und so sind dessen Götter in keiner Weise um ihn besorgt. Zudem kann ein Heide nie eine Gottheit mit leeren Händen angehen. Die Sklaven hatten nichts anzubieten und konnten deshalb keine Gunst von den Göttern erwarten. Die Sklaven, welche für die Tempeldienste angestellt waren, waren die einzigen, die einen Anspruch auf Schutz der Götter haben können. Der Herr betete für sie, aber in der gleichen Weise wie er für sein Vieh betete. Jedermann ist im Verhältnis zur Ungewissheit seines Lebens, seiner Freiheit und seines Eigentums abergläubisch, und je unwissender er ist, was besonders für Spieler und Wilde gilt. Darum ist es sehr hart für einen Sklaven, der aus beiden Gründen dem Aberglauben verfallen ist, von dem ferngehalten zu werden, was so gut geeignet ist, die natürlichen Gefühle in der menschlichen Brust zu besänftigen. Folglich würde eine Religion, die einen einzigen Gott, der alles regiert, entdeckte, für Sklaven natürlich sehr willkommen sein. Deshalb finden wir, dass die jüdische Religion trotz aller Nachteile großen Anklang bei den römischen Sklaven fand. Sie ist zwar gut gerüstet, sich selbst zu verteidigen, gleichzeitig aber von allen am schlechtesten für die

Schaffung von Konvertiten eingerichtet, weil diese nie zum Stamm Abrahams, aus welchem der Messias hervorgehen sollte, gehören und nie auf die Stufe der Juden gelangen konnten, sondern immer nur Proselyten des Tores blieben und sich mancher Art Nahrung enthalten mussten. Als das Christentum eingeführt wurde, welches von keinem dieser Nachteile begleitet war, machte es äußerst schnellen Fortschritt unter den Sklaven.

Wir sind geneigt, zu glauben, dass die Sklaverei vollständig ausgerottet ist, weil wir in unseren Breitengraden davon nichts mehr wissen, doch gibt es sie heute [452] noch fast überall. Ein kleiner Teil von Westeuropa ist der einzige Teil auf dem Globus, der davon frei ist, und das ist nichts im Vergleich zu den riesigen Kontinenten, wo sie immer noch besteht. Wir wollen nun sehen, wie sie in unserem Gebiet abgeschafft wurde und warum sie in anderen Teilen fortgedauert hat und wohl andauern wird.

[Sklaverei in verschiedenen Gesellschaften]

Es ist darauf hinzuweisen, dass es am Anfang in allen Gesellschaften Sklaverei gibt und dass sie von der tyrannischen Veranlagung herrührt, welche fast schon als für die Menschheit natürliche bezeichnet werden muss. Gleichgültig, welche Regierungsform verwirklicht wurde, es war Teil ihrer Verfassung, dass die Sklaverei fortzusetzen sei. In einem freien Staat werden die Mitglieder nie ein Gesetz machen, das ihren Interessen so schädlich wäre wie – nach ihrer Meinung – die Abschaffung der Sklaverei. In einer Monarchie bestehen bessere Chancen für deren Abschaffung, denn eine einzige Person ist dort Gesetzgeber, und das Gesetz wird ihn nicht betreffen oder seine Macht einschränken; es mag aber diejenige seiner Vasallen reduzieren. Unter einem despotischen Regime können Sklaven sogar besser behandelt werden als in einem freien Staat, wo jedes Gesetz von ihren Herren gemacht wird, die nie etwas beschließen, das ihnen selbst Nachteile bringen würde. Ein Monarch ist eher bereit, sich zu einem humanen Schritt zu ihren Gunsten bewegen zu lassen. Als Augustus Vidius Pollio besuchte, warf sich ein Sklave, der zufällig eine Schüssel zerbrochen hatte, vor Augustus hin und erbat seinen Schutz, damit er nicht in Stücke zerschnitten und in den Fischteich geworfen würde. Augustus war so empört, dass er sofort alle Sklaven Pollios freiließ, obwohl natürlich Pollio kein

Gefallen am Verhalten seines Gastes fand. Zu den Zeiten von Hadrian und Antoninus, als sich die Monarchie voll durchgesetzt hatte, wurden etliche Gesetze zugunsten der Sklaven gemacht, aber keines zu Zeiten der Republik. Sklaverei kann also schrittweise unter einem Monarchen gemildert, aber nicht vollständig abgeschafft werden, denn keine einzelne Person kann eine solche Macht haben, auf einen Schlag den größten Teil des Eigentums einer Nation wegzunehmen, denn dies würde einen allgemeinen Aufstand verursachen.

In einem reichen Land werden die Sklaven immer schlecht behandelt, denn ihre Zahl übersteigt jene der Freien, und daher braucht es die strengste Zucht, um sie in Ordnung zu halten. Wenn ein Freier in seinem Hause getötet wurde, so wurden alle Sklaven umgebracht. Verschiedene Autoren berichten, dass während der Nacht in Rom nichts anderes zu hören war als die Schreie der Sklaven, die von ihren Herren gezüchtigt wurden. Ovid sagt, dass der Sklave, der die Tür hütete, an diese gekettet war, und dass die Sklaven, die den Boden düngten, zusammengekettet wurden, damit sie nicht davonliefen. Und was noch grausamer war: Wenn ein alter Sklave nicht mehr arbeitstüchtig war, so wurde er zum Sterben auf eine Insel weggebracht, die in der Nähe der Stadt zu diesem Zwecke eingerichtet war.

Sklaverei ist in einer barbarischen Gesellschaft erträglicher als in einer zivilisierten. In einem unkultivierten Land macht die Armut der Leute die Zahl der Sklaven, die einer halten kann, völlig unbedeutend, und deshalb wird ihre Disziplin [453] nicht so streng sein wie dort, wo sie zahlreich sind. Zudem legt in einem barbarischen Land der Herr selber Hand an wie der Sklave, und sie sind deshalb nahezu auf der gleichen Ebene. In Roms Frühzeit arbeitete der Sklave mit dem Herrn und aß mit ihm; die einzige Bestrafung bei schlechtem Benehmen war das Tragen eines Kreuzstockes durch die Stadt oder das Dorf.

Auf Jamaika oder Barbados, wo die Sklaven zahlreich und Gegenstand der Eifersucht sind, sind die Bestrafungen selbst für geringe Vergehen sehr schockierend. In Nordamerika hingegen werden sie mit größter Milde und Menschlichkeit behandelt.

So haben wir feststellen können, dass die Sklaverei strenger ist im Verhältnis zur Kultur der Gesellschaft. Freiheit und Reichtum tragen zum Elend der Sklaven bei. Volle Freiheit bedeutet ihre größte Knechtschaft. Und da sie den größten Teil der Menschheit ausmachen, wird kein Mensch ihre Freiheit wünschen in einem Lande, wo diese Institution besteht.

[Weitere Nachteile der Sklaverei]

Es ist fast müßig zu beweisen, dass die Sklaverei sogar für die Freien etwas Schlechtes darstellt. Ein Freier arbeitet im Tagelohn weit mehr als ein Sklave, wenn man die Auslagen vergleicht, die für den Unterhalt und die Ausbildung eines Sklaven nötig sind. Im antiken Italien brachte ein von Sklaven betriebener Besitz dem Herrn auch in der fruchtbarsten Gegend nur *[185] einen Gewinn von einem Sechstel des Aufwandes ein, wogegen in Schottland und England, wo die Zinsen hoch sind,* ein Landbesitzer selbst in einem öden Landstrich ein Drittel erhält und die Pächter viel besser leben. *Der Grund für den Verlust an kultivierbarem Land [...] ist offensichtlich: Der Sklave bebaute das Land gänzlich für seinen Herrn; was es über seinen Unterhalt hinaus hervorbrachte, gehörte seinem Herrn.* Deshalb strengt sich der Sklave nicht an, das Land möglichst ertragreich zu bebauen. Ein freier Mann behält alles, was über seinen Zins hinausgeht, und hat so ein Motiv für seinen Fleiß. Unsere Kolonien würden mit freien Männern viel besser kultiviert.

Dass Sklaverei ein Nachteil ist, ergibt sich aus dem Status der Kohlengruben- und Salzwerkarbeiter in unserem eigenen Lande. Sie haben zwar Privilegien, über welche die Sklaven nicht verfügen. Alles, was sie über ihren Unterhalt hinaus verdienen, gehört gänzlich ihnen. Sie können nur zusammen mit ihrem Arbeitsplatz verkauft werden, Heirat und Religion stehen ihnen frei. Trotzdem sind sie nicht vollständig frei, und es wäre sicher ein Vorteil für die Herren, wenn sie frei wären. Der Durchschnittslohn eines Tagelöhners liegt zwischen sechs und acht Pence, jener eines Kohlengräbers bei einer halben Krone. Wären sie frei, würden ihre Preise fallen. In Newcastle überschreiten die Löhne zehn Pence oder einen Shilling nicht, doch Kohlengräber verlassen oft unsere Kohlengruben mit einer halben Krone täglich, um in Newcastle zu arbeiten, wo sie zwar geringere Löhne haben, dafür aber Freiheit genießen.

Es gibt noch einen weiteren Nachteil, welcher die Sklaverei begleitet: Sie vermindert die Zahl der freien Männer in einem viel höheren Maße, als man sich vorstellt, denn jeder Sklave nimmt den Platz eines Freien ein. Die Ungleichheit des Besitzes erschien zuerst als ein Unglück, und Gesetze wurden dagegen erlassen. Zehn Pfund pro Jahr wird als notwendiger Aufwand für einen Mann gerechnet. Ein Landedelmann, der 10 000 Pfund pro Jahr hat, gibt aus, was etwa tausend Männer ernähren könnte. Auf den ersten Blick werden wir verleitet, ihn, der den Lebensunterhalt von so vielen verschlingt, als Ungeheuer zu betrachten, doch wenn wir uns genauer damit befassen, dann ist er wirklich nützlich; er isst und kleidet sich für nicht mehr als die anderen. Zehn Pfund genügen auch ihm; und seine 10 000 Pfund erhalten tausend Leute, die [454] angestellt sind, um seine 10 Pfund durch eine unendliche Zahl von Beschäftigungen so zu verfeinern, dass sie das Ganze wert sind. Dies gibt Gelegenheit für jede Art von Manufakturen. Wenn Sklaven angestellt sind, um sozusagen diese zehn Pfund aus den 10 000 herauszuholen, dann muss einer Schneider, eine anderer Weber, ein dritter Schmied sein, und somit nimmt jeder den Platz eines freien Mannes weg.

[Zur Abschaffung der Sklaverei]

Wir kommen nun zur Abschaffung der Sklaverei in diesem Teil der Welt. Die Sklaven in diesem und in den benachbarten Ländern waren die Leute, die den Boden bebauten und die man adscripti glebae nannte und nur zusammen mit dem Land verkauft werden konnten. Weil sie vom Ertrag ihrer Arbeit nichts hatten als ihren Unterhalt, wurde der Boden nur schlecht bebaut. Um diesen Nachteil zu beseitigen, wurde die Halbpacht eingeführt; sie hatten kein eigenes Kapital, und folglich gab ihnen der Grundherr Vieh und die Geräte zum Pflügen, die sie am Ende der Pacht wieder zurückgaben. Bei der Ernte wurde der Ertrag zwischen Herrn und Pächter halbiert. Das war der erste Typus von freien Pächtern, die offensichtlich emanzipierte Hörige waren. Nachdem dieser Brauch über eine lange Zeit fortgeführt worden war, erwirtschafteten die Pächter so viel, dass sie mit dem Grundherrn ein Geschäft machen konnten, indem sie ihm eine bestimmte Summe für die Pacht von so und so viel Jahren zahlen würden; die Größe des Ertrags war ihr Wagnis. Das ist deutlich ein Vorteil für den Grundherrn: Der Boden wird jedes Jahr besser bebaut, er hat keine Auslagen und die andere Hälfte des Ertrags brachte den Pächtern mehr ein als jede Summe, die sie als Pachtzins zahlen mussten. Nach dem Feudalrecht hatte der Grundherr eine absolute Herrschaft über seine Vasallen. In Friedenszeiten war er ihr Richter und sie mussten ihm in den Krieg folgen. Als der Staat etwas stärker wurde, tat das Oberhaupt alles, was es konnte, um den Einfluss des Grundherrn zu mindern, der gelegentlich für ihn selbst gefährlich war und die Leute daran hinderte, bei ihm Recht zu suchen. Weil so die ehemaligen Hörigen kündbare Pächter wurden, ihrem Herrn gegenüber zu gewissen Diensten verpflichtet waren und gänzlich zu seiner Verfügung standen, wurde ein Gesetz erlassen, das ihnen alle ihre Lasten abnahm, mit Ausnahme jener der kündbaren Pacht; schließlich wurden ihre Privilegien erweitert und sie wurden Erbpächter.

Eine andere Ursache für die Abschaffung der Sklaverei ist der Einfluss der Geistlichkeit, aber keinesfalls der Geist des Christentums, denn unsere Plantagenbesitzer sind alle Christen. Alles, was die Macht der Adeligen über ihre Untergebenen schwächte, stärkte die Macht der Geistlichen. Weil die Geistlichkeit in der Regel beim gemeinen Volk besser angeschrieben war als der Adel, setzte sie alles daran, um ihre Privilegien auszuweiten, im Besonderen, weil sie erwarten konnte, daraus Gewinn zu ziehen. Deshalb forderte Papst Innozenz III. alle Grundherren auf, ihre Sklaven zu emanzipieren. So beschleunigte der Einfluss der Geistlichkeit in Verbindung mit demjenigen des Königs die [455] Abschaffung der Sklaverei in Westeuropa. Damit übereinstimmend stellen wir fest, dass in Ländern, wo weder der König noch die Kirche sehr mächtig waren, die Sklaverei weiter besteht. In Böhmen, in Ungarn und jenen Ländern, in denen das Oberhaupt gewählt wird und folglich nie große Macht haben konnte und wo zudem die Kirche nie einen großen Einfluss hatte, besteht Knechtschaft fort, weil der Hof niemals mächtig genug ist, um die Sklaven vom Adel frei zu machen.

[...]

[459]

Privatrecht

Wir haben bereits die Natur der Rechte erklärt und diese in natürliche und erworbene unterteilt. Erstere müssen nicht erklärt werden; Letztere unterscheiden sich wieder in dingliche und persönliche. Dingliche Rechte sind Eigentum, Dienstbarkeiten, Pfand und ausschließliche Vorrechte. Wir behandeln zuerst das Eigentum.

[Eigentum]

[10] Eigentum ist als ausschließliches Recht zu verstehen, durch welches wir jede andere Person an jeglicher Form der Benützung dessen hindern können, was wir unter diesem Titel besitzen. Eigentum kann auf fünf Arten erworben werden: 1. durch Aneignung, das heißt, wenn etwas in Besitz genommen wird, was bisher niemandem gehörte; 2. durch Verbindung, Vermischung oder Verarbeitung, also ein Recht auf etwas als Folge einer anderen Sache, zum Beispiel auf einen Huf durch Erwerb des Pferdes; 3. durch Ersitzung, nämlich ein Recht auf etwas, das zwar einem anderen gehört, aber lange und ununterbrochen in meinem Besitz ist; 4. durch Erbschaft von einem Vorfahren oder einer anderen Person, sei es durch Testament oder anderweitig; 5. durch freiwillige Übertragung, wenn jemand ein Recht auf eine Sache einem anderen übergibt.

[Die Aneignung]

Wir behandeln zuerst die Aneignung. Die Gesetze darüber variieren mit den Perioden menschlicher Gesellschaft beträchtlich. Die vier Stadien der Gesellschaft sind Jagd, Weidewirtschaft, Ackerbau und Handel. Angenommen, eine Anzahl von Personen strandet auf einer verlassenen Insel; ihr erster Lebensunterhalt kommt von den Früchten, die der Boden natürlich produziert, und von den wilden Tieren, die sie erlegen können. Weil das nicht für immer genügen kann, kommen sie schließlich dazu, einige der wilden Tiere so zu zähmen, dass sie diese immer zur Hand haben. Im Laufe der Zeit genügte auch dies nicht mehr, und als sie sahen, wie die Erde natürlich und von selbst Gemüse in großen Mengen hervorbrachte, dachten sie daran, den Boden so zu bebauen, damit er noch mehr davon produziere. So entstand der Ackerbau, welcher ein beträchtliches Maß an Verfeinerung benötigt, bevor er in einem Land zur hauptsächlichen Arbeit werden kann. Es gibt eigentlich nur eine Ausnahme zu dieser Regel: Einige Völker Nordamerikas kultivieren ein kleines Landstück, ohne dass sie Herden zu halten verstehen. Das Zeitalter des Handels folgt in natürlicher Weise auf den Ackerbau. Da die Menschen sich nun auf eine Arbeit beschränken, können sie den Überschuss des von ihnen bearbeiteten Gutes natürlich gegen etwas anderes, das sie benötigen, tauschen.

Entsprechend diesen Stadien wird nun die Aneignung verschieden sein.

Die Aneignung erscheint dort gut begründet, wo der *[17] unparteiische* Zuschauer mit meinem Besitz des Gegenstandes einverstanden sein und mir zustimmen kann, wenn ich ihn mit Gewalt verteidige. *Der Grund für diese Sympathie oder Übereinstimmung zwischen dem Zuschauer und dem Besitzer ist, dass Ersterer sich in die Gedanken des Letzteren versetzt und mit seiner Ansicht übereinstimmt, dass er eine vernünftige Erwartung bezüglich des Gebrauchs einer Sache hegen darf.* Wenn ich einige wilde Früchte gesammelt habe, so erscheint es dem Zuschauer als vernünftig, dass ich über diese nach Belieben verfügen kann.

Der erste Punkt, der bezüglich Aneignung bei den Jägern Beachtung verdient, ist, was sie ausmacht und wo sie beginnt, ob bei der Entdeckung des wilden Tieres oder erst nachdem es eigentlich in Besitz genommen wurde. Juristen haben dazu verschiedene Ansichten gehabt: Einige geben einen Teil jener Person, die ursprünglich das Tier verwundet, dann aber die Jagd aufgegeben hat, andere nicht. Alle stimmen überein, dass es eine [460] Eigentumsverletzung ist, in das Jagen eines wilden Tieres einzubrechen, das ein anderer begonnen hat, obwohl einige der Meinung sind, dass einer einen Teil beanspruchen darf, wenn er das Tier auf seiner Flucht verwundet, denn damit hat er die Erbeutung im Ganzen erleichtert. Unter den Wilden beginnt und endet das Eigentum mit dem Besitz, und sie haben kaum einen Begriff davon, etwas zu Eigen zu haben, das nicht mit ihrem eigenen Körper zusammenhängt.

Unter Hirten wird der Begriff des Eigentums ausgeweitet. Nicht nur was sie mit sich tragen, ist ihnen eigen, sondern auch, was sie in ihren Hütten verstaut haben. Sie betrachten ihr Vieh als das eigene, wenn die Tiere die Gewohnheit haben, zu ihnen zurückzukehren. Wenn der größte Teil der Tiere angeeignet ist, dann betrachten sie diesen auch als ihren eigenen, wenn die Tiere die Gewohnheit zur Rückkehr in den Stall verloren haben; es besteht auch für eine gewisse Zeit ein Anspruch auf verlaufene Tiere. Doch das Eigentum erhält seine größte Ausdehnung mit dem Ackerbau. Als es notwendig wurde, die Erde zu bebauen, da hatte niemand Eigentum darauf. Das kleine Stück Land, das neben der Hütte bestellt wurde, gehörte dem ganzen Dorf. Die Erträge wurden zu gleichen Teilen unter den Einzelnen verteilt. Es gibt auch heute noch Überbleibsel von gemeinschaftlichem Landbesitz in unserem Land. An vielen Orten gibt es ein Grundstück, welches zu gleichen Teilen mehreren Leuten gehört, und nach der Ernte darf das Vieh grasen, wo es ihm gefällt. Privateigentum an Grund und Boden beginnt nie, bevor nach gemeinsamer Übereinkunft eine Landteilung vollzogen wird; das ist in der Regel der Fall, wenn man beginnt, Städte zu bauen, weil dann jeder vorzieht, dass sein Haus als dauerndes Objekt gänzlich ihm gehört. In den Anfängen der Gesellschaft kann man sich bewegliches Eigentum aneignen, Land aber kann nicht ohne Teilung erworben werden. Ein Araber oder ein Tatar wird seine Herden über gewaltige Landstriche ziehen lassen, ohne ein einziges Sandkorn davon als sein Eigen zu beanspruchen.

Nach den Gesetzen verschiedener Länder gibt es aber Dinge, die von Privatpersonen nicht angeeignet werden können. Schätze oder herrenlose Güter gehören nach den Gesetzen Britanniens dem König. Das kommt von dem naturgegebenen Einfluss der Herren, die alles, was sie ohne Verletzung der offensichtlichsten Rechtsnormen können, für sich abzweigen. Desgleichen können Meer und Flüsse nicht von Privatpersonen besessen werden; wenn es nicht ausdrücklich in Ihrem Freibrief festgehalten ist, dürfen Sie keine großen Fische aus den Flüssen fangen, die durch unser Land gehen. Ein Meer, das von mehreren Staaten umgeben ist, kann nicht einem allein gehören, sondern alle müssen einen Teil der Gerichtsbarkeit haben; jede Nation kann aber eine andere daran hindern, in ihren eigenen Buchten zu fischen oder sich den Küsten mit Kriegsschiffen zu nähern.

[Die Verbindung, Vermischung oder Verarbeitung]

Das Recht der Verbindung entspringt weniger ihrer Nützlichkeit als der Schwierigkeit, einen Gegenstand nicht mit einem anderen zu verbinden, von dem es abhängt. Die Milch einer von mir gekauften Kuh mag keinen großen Wert besitzen, aber es wäre sehr unpassend, wenn jemand anderes das Recht hätte, damit ein Kalb aufzuziehen. Die bedeutendsten Verbindungen ergeben sich im Grundeigentum. Grundeigentum beruht auf Landteilung oder ist die Zusprache eines Rechts durch die Gesellschaft an eine bestimmte Person, [461] auf einem bestimmten Grundstück zu säen oder zu pflanzen. Infolge dieses Rechts muss der Landbesitzer auch ein Recht auf das haben, was dieser Boden hervorbringt: Bäume,

Früchte, Mineralien etc. Landzunahme durch Anschwemmung eines Flusses gehört natürlicherweise dem Besitzer des angrenzenden Territoriums, aber wenn der Zuwachs an Land sehr groß ist, wie dies zuweilen in flachen Ländern der Fall ist, dann wird der Staat darauf Anspruch erheben, und der Besitzer des angrenzenden Grundstücks muss sie kaufen, um sie zu besitzen.

Der Hauptstreitpunkte bei der Vermischung und der Verarbeitung sind diese: Wann gehört die Hauptsache mir und die Verarbeitung einem anderen? Oder, wenn beide vermischt sind, wem gehört die ganze Sache? Ein Rechtsgrundsatz besagt, dass niemand der Profiteur des Verlustes eines anderen sein soll. Wenn einer aus Irrtum mit eigenem Material ein Haus auf meinem Grund errichtet, dann ist es nichts als vernünftig, dass ich entweder das Haus besitzen oder für meinen Verlust entschädigt werden soll. Im Allgemeinen folgt der Zuwachs der Hauptsache, obwohl in einigen Fällen, wo die aufgewendete Arbeit mehr wert ist als das Material, gilt: *substantia cedet formae*. Die Juristen waren allerdings nicht bereit, ihren allgemeingültigen und hergebrachten Grundsätzen zu widersprechen, und umgingen dies folglich, indem sie die Hauptsache dem Besitzer des Zuwachses gaben, wenn etwas Neuartiges entstand, das heißt, wenn er eine neue Form und einen neuen Namen bekam. Dies war allerdings Ausnahmen unterworfen. Ein Bild und das Brett, auf welchem es gemalt wurde, waren im Latein von der gleichen Gattung: Beide waren tabula, und so gehörte das Bild trotz dieser Veränderung immer noch dem Besitzer des unbedeutenden Bretts. Die allgemeinste Regel bezüglich Verarbeitung ist folgende: Wenn eine Sache ohne Wertminderung oder ohne großen Verlust für den Besitzer der Vermehrung in ihre ursprüngliche Form zurückgeführt werden kann, so kann sie der Besitzer der Hauptsache zu Recht beanspruchen; falls dies nicht der Fall ist, dann begünstigt das Gesetz richtigerweise den Besitzer des Zuwachses und verpflichtet ihn nur dazu, den ursprünglichen Besitzer in Bezug auf sein Eigentum zufriedenzustellen.

[Die Ersitzung]

Die Ersitzung ist gegründet auf die angenommene Verbindung des Besitzers mit dem, was er seit Langem in Besitz genommen hat, und auf die angenommene Abschwächung der Zuneigung beim alten Besitzer dem gegenüber, was sich seit Langem nicht mehr in seinem Besitz befindet. Vier Dinge sind erforderlich, um ein Recht auf Ersitzung zu begründen. 1. Bona fides, denn wenn eine Person einsieht, dass ihr Anspruch auf eine Sache schlecht ist, so ist es kein Unrecht, sie ihr wegzunehmen, und der unparteiische Zuschauer kann den Entzug des Besitzes gut verstehen. 2. Iustus titulus, womit nicht ein in jeder Beziehung gerechtfertigter Anspruch gemeint ist, denn ein solcher wäre von sich aus ohne weiteres Dazutun hinreichend; ein iustus titulus hingegen bedeutet eine vernünftige Begründung dafür, dass jemand eine Sache für seine eigene hält, zum Beispiel wegen irgendeiner Urkunde. Hält er sie ohne einen solchen Rechtstitel, so kann sich kein unparteiischer Beobachter in seine Gefühle versetzen. 3. Ununterbrochener Besitz ist ebenso notwendig für die Ersitzung, denn wenn das Eigentum öfters von ihm zurückgefordert wurde, dann hat der frühere Besitzer sein Recht nicht aufgegeben. 4. Die Zeitdauer ist nur dann ausschlaggebend, wenn es eine rechtsfähige Person gab, die das Eigentum beanspruchen konnte; deshalb kann auch der längste ununterbrochene Besitz kein Recht geben, wenn der Besitzer ein Minderjähriger, ein Schwachsinniger oder ein Verbannter war.

[462] Ein iustus titulus ist ein Beweis für bona fides, und bona fides ist für ein iustus titulus erforderlich. Im römischen Recht war bona fides nur bei der ersten Besitzergreifung gefordert, und Ersitzung erfolgte auch dann, wenn später ein Fehler in Ihrem Anspruch entdeckt wurde. Die Natur hat keine Zeitspanne für die Ersitzung festgelegt und entsprechend variiert diese im Verhältnis zur Stabilität des Eigentums in einem Lande. In Rom wurden einst Immobilien in zwei Jahren ersessen, aber später wurde eine längere Frist gefordert. In unserem Land könnte ein Feudalherr, der ständig Ansprüche gegenüber seinem Nachbarn geltend gemacht hat, kaum dazu gebracht werden, ein Gesetz dieser Art zu akzeptieren. Er war gewillt, einen Anspruch zu erneuern, selbst wenn er bis in die Tage Noahs zurückgereicht hätte. Und als sie sich endlich auf eine Zeitspanne einigten, machten sie diese so lang wie nur möglich, nämlich vierzig Jahre. Es ist festzuhalten, dass bei den Römern dann, wenn ein Besitz während der für die Ersitzung erforderlichen Zeit durch das Eindringen eines Feindes in das Land unterbrochen wurde, die Zählung erneut von vorne zu beginnen war. Nach englischem Recht kann nichts anderes eine Ersitzung unterbrechen als

ein Einspruch des ehemaligen Besitzers. Könige anerkennen nur selten Ansprüche auf Ersitzung; zumindest anerkennen sie keine Zeitspanne ununterbrochenen Besitzes als ausreichend an. Jedoch wird der ewige Besitz dies immer mit sich bringen.

[Erbfolgerecht]

Erbfolge geschieht entweder gesetzlich oder testamentarisch. Unter gesetzlicher Erbfolge versteht man die Verteilung der Güter des Verstorbenen durch Gesetz an jene, von denen anzunehmen ist, dass sie – wie einige Juristen annehmen – vom Verstorbenen selbst als Empfänger ausgewählt worden wären. Dies würde aber voraussetzen, dass die testamentarische Erbfolge oder die Verteilung der Güter entsprechend dem Willen des Verstorbenen der gesetzlichen Erbfolge vorausgegangen sind, was der Erfahrung widerspricht. In barbarischen Zeitaltern hatte ein Mensch den vollen Besitz seiner Güter kaum während seines ganzen Lebens, weswegen nicht angenommen werden kann, dass er die Befugnis besaß, über diese nach seinem Tode zu verfügen. In allen Völkern erbten die Verwandten einer verstorbenen Person, lange bevor es so etwas wie ein Testament gab. Das Zwölftafelgesetz Roms und die Gesetze Solons in Athen scheinen zum ersten Mal die testamentarische Erbfolge eingeführt zu haben, aber es gab in beiden Ländern lange vorher eine gesetzliche Erbfolge. Der Anspruch des blutsverwandten Erben gilt immer als der primäre, aber dieser Anspruch wird nie mit dem vermuteten Willen des Verstorbenen begründet. Betrachten wir die Erbfolge in frühesten Zeiten, so stellen wir fest, dass sie mehr auf der Verbindung von Gütern als von Personen beruht. Da der Vater und der Sohn zusammenlebten und gemeinsam alles Eigentum erworben hatten, hatten die Kinder beim Tode des Vaters ein gemeinschaftliches Anrecht auf die Güter – dies weniger aufgrund ihrer Verwandtschaft zum Vater als wegen der Arbeit, die sie zum Erwerb der Güter aufgewendet hatten. Die Mutter und die Kinder pflegten demnach im Besitz zu verbleiben. Bei den Römern wurde die Gattin als Tochter angesehen und bekam ihren dementsprechenden Anteil. Wenn eines der Kinder sich außerhalb der Familie häuslich einrichtete oder aus der Gewalt des Vaters entlassen wurde, dann hatte es keinen Anteil am Erbe mehr, weil es aufhörte, mit den Übrigen im Erwerb der Güter zusammenzuarbeiten. Es ist anzufügen, dass es notwendig war, die Heirat [463] zwischen Geschwisterkindern zu verbieten, wenn Familien auf diese Weise zusammenlebten. [...] In Rom konnte ein Sohn seine Mutter nicht beerben, wenn sie verstarb, weil sie als Tochter der Familie betrachtet wurde und all ihre Habe mithin dem Ehegatten gehörte. Starb der Ehemann zuerst, teilte die Gattin das Erbe mit ihren Kindern und kehrte dann in das Haus ihres Vaters zurück, wo sie ihren Vater beerben konnte. Aber in Zeiten größerer Verfeinerung unter den Kaisern konnte die Mutter den Sohn ebenso beerben wie der Sohn die Mutter. In alten Zeiten konnte niemand einen Sohn beerben, wenn er starb, weil er selbst und alle seine Habe dem Vater gehörte. Caesar machte als Erster ein Gesetz, dass ein Sohn selbst besitzen durfte, was er im Krieg erlangt oder durch freie Künste erworben hatte.

Drei Klassen von Menschen können erben: Verwandte in aufsteigender und absteigender Linie sowie Seitenverwandte, da die in einem höheren Grade denen in einem tieferen und die in einem tieferen denen in einem höheren oder die von gleichem Grade einander nachfolgen können. Die seitliche Erbfolge erstreckte sich vorerst nur auf den nächsten Blutsverwandten; wenn er es ausschlug, dann gingen die Güter an die Gentilen. Später aber dehnte der Praetor die Erbfolge auf den siebten Blutsverwandten aus. Wenn ein Bruder starb und ein anderer ihn beerbte, so war dies die Folge ihrer Verbindung zum Vater, der den gemeinsamen Stamm bildet; deshalb muss die Erbfolge in aufsteigender derjenigen in der Seitenlinie vorangegangen sein. Aber das Recht der Nachfahren ist stärker als jedes dieser beiden, denn der Anspruch des Sohnes auf des Vaters Erbe ist offensichtlich stärker als jener des Vaters auf den Sohn. Die Grundsätze der Erbfolge an beweglicher Habe sind so auf der Gemeinschaft der Güter gegründet, die vor alter Zeit in den Familien herrschte.

Die andersgearteten Familienzustände in unserem Lande ergeben eine beträchtliche Verschiedenheit zwischen unserem Recht und dem der Römer. Bei uns ist die Ehegattin viel angesehener als die Tochter und erbt deshalb mehr. Wenn der Gatte stirbt, dann werden die Güter theoretisch in drei gleiche Teile geteilt: Von einem nimmt man an, er gehöre dem [464] verstorbenen Ehemann, einer der Gattin und einer den Kindern; es gibt jedoch den Unterschied, dass der Mann über seinen Teil durch Testament verfügen kann, was der Frau nicht erlaubt ist. [...]

Wir gehen nun zur unteilbaren Erbschaft über, die durch das Feudalrecht eingeführt wurde. Als sich die Völker, die das Römische Reich eroberten, in Westeuropa niederließen, entstand notwendigerweise eine Ungleichheit des Vermögens. Da die Großen ihr Vermögen nicht anders als durch Gastlichkeit ausgeben konnten, erwarben sie notwendigerweise einen gewaltigen Einfluss über ihre Vasallen. Sie gaben ihr Land an ihre Vasallen lediglich zum Unterhalt ab [...].

[465] [...]

Es ergibt sich daraus, dass es sehr schwierig gewesen sein muss, in jenen frühen Zeiten das Eigentum zu sichern, besonders wenn es klein war; deshalb konnte nichts eine schlimmere Folge haben als die Teilung der Landgüter. Die Konsequenzen der Teilung des französischen Königreiches hatte man zur Genüge erfahren, und noch Schlimmeres wäre mit privaten Besitztümern geschehen. Dennoch dauerte es wegen der Gegnerschaft der übrigen Söhne lange, bis das Erstgeburtsrecht und die Unteilbarkeit der Besitztümer eingeführt wurde. In Deutschland trat dies erst im letzten Jahrhundert in vollem Umfange ein. Weil es aber die Umstände notwendigerweise erforderten, wurde der Grundbesitz schließlich unteilbar; und da eine einzelne Person den Vorzug haben musste, so bot sich natürlicherweise der älteste Sohn an. Dieser rechtliche Vorzug muss auf einer völlig unbestreitbaren Eigenschaft beruhen. Wäre er nach Weisheit oder nach Tapferkeit zu vergeben, so käme es zu großen Auseinandersetzungen; aber unter Brüdern kann kein Streit darüber sein, wer der älteste ist. In den Anfängen der Gesellschaft wird das Alter an sich hochgeachtet, und bis heute folgt bei den Tataren dem König nicht sein Sohn, sondern der Älteste der königlichen Familie.

[...]

[466]

[...]

Wir müssen festhalten, dass das Erstgeburtsrecht den Ackerbau behindert. Wenn der ganze Landbesitz unter den Söhnen aufgeteilt würde, so würde jeder einzelne seinen Teil besser bewirtschaften, als es einer mit dem Ganzen kann; außerdem pflegt ein Pächter ein Gut nie so gut wie seinen eigenen Besitz. Das Erstgeburtsrecht ist auch für die Familie schädlich, denn während es für einen sorgt, lässt es zu, dass es alle Übrigen nach einigen Generationen in Armut zurückfallen. In der Erbfolge einer Monarchie hat es allerdings den einen offensichtlichen Vorteil, dass es allen gefährlichen Rivalitäten unter Brüdern vorbeugt.

Es gibt noch einige weitere Arten der Erbfolge, die in einigen Ländern gelten oder gegolten haben. So folgt in einigen Ländern der jüngste Sohn seinem Vater nach. Etwas Ähnliches besteht bei unseren Pächtern bis auf den heutigen Tag: Für die älteren Söhne wird gesorgt, solange sie aufwachsen, und der jüngste bleibt mit beim Vater und beerbt ihn.

So viel zur gesetzlichen Erbfolge. Wir kommen nun zur testamentarischen. Es ist zu unterstreichen, dass es keine größere Ausdehnung des Eigentumsbegriffes gibt als diese, und deshalb dauerte es lange, bis sie eingeführt wurde. Es war sehr natürlich, dem Menschen ein Verfügungsrecht über sein Eigentum zu geben, solange er lebte. Aber ein Testament geht von der Annahme aus, er verfüge über ein Recht, wenn er selbst genau genommen keines mehr haben kann. Man kann nicht sagen, dass er sein Recht übertragen hat, weil der Erbe aus dem Testament kein Recht hat, wenn der Erblasser selbst keines mehr hat. Pufendorf erklärt dies in seltsamer Weise mit der Unsterblichkeit der Seele. In Rom wurde das Recht des Testierens schrittweise eingeführt. Zuerst wurde es nur kinderlosen Leuten erlaubt, und auch dies nur, nachdem die Einwilligung der Mitbürger eingeholt war. Das war ziemlich dasselbe wie bei der Adoption. Wenn jemand starb und seinen Besitz einem in der Verbannung lebenden Sohne hinterlassen wollte, so bat er logischerweise seine Nachbarn, es jenem nach seinem Tode nicht wegzunehmen. Dieser Bitte wurde entsprochen, aber nicht so sehr, weil sie sein letzter Wille war, sondern aus einer Art von Pietät für die Toten. Wir finden einen natürlichen Gefallen daran, uns der letzten Worte eines Freundes zu erinnern und seine letzten Wünsche auszuführen. Die Feierlichkeit des Anlasses beeindruckt unsere [467] Seele tief. Außerdem versetzen wir uns gewissermaßen in seinen toten Leib und stellen uns vor, was unsere eigenen lebenden Seelen fühlen würden, wenn sie mit seinem Körper vereinigt wären, und wie sehr wir betrübt wären, wenn wir unsere letzten Wünsche nicht erfüllt sähen. Solche Empfindungen veranlassten die Menschen auf natürliche Weise, das Eigentumsrecht etwas über die Lebzeiten eines Menschen auszuweiten.

Dies scheint die Grundlage der testamentarischen Erbfolge gewesen zu sein. Es wurde als ein Mangel an Pietät angesehen, den Wunsch des Vaters nicht zu erfüllen, obwohl es kein Unrecht war, einem Erben den Besitz vorzuenthalten. Schließlich bestand kein Gesetz zu seinen Gunsten und sein Aufenthalt in der Verbannung schnitt jede vernünftige Erwartung auf eine Erbschaft ab. Das Unrecht wird als der toten Person angetan verstanden, weil wir uns in diejenigen Gefühle hineinversetzen, die die seinen wären, wenn er wieder leben würde.

Es ist darauf hinzuweisen, dass diese Praxis eine beträchtliche Verfeinerung der Menschheit bedeutet und dass sie in einem barbarischen Volke nie gehandhabt wurde. Vor dem Zwölftafelgesetz hatte kein Römer ein Recht, ein Testament zu machen. Unsere sächsischen Vorfahren hatten kein Recht, über ihre Ländereien durch Testament zu verfügen, und auch in der Geschichte des Alten Testaments hören wir nichts von einem solchen Verfahren. Pietät gegenüber dem Toten konnte nur in Hinblick auf den unmittelbaren Erbnachfolger wirken, weswegen sich das Recht des Testierens vorerst nicht weiter erstreckte [...].

Die größte aller Ausdehnungen des Eigentums ist diejenige mittels unveräußerlichem Erblehen. Einem Menschen nach seinem Tode Macht über sein Eigentum zu geben ist bemerkenswert, aber es ist nichts im Vergleich zur Ausdehnung dieser Macht bis ans Ende der Welt. In den frühen Zeiten der Gesellschaft war der Rechtszustand innerhalb der Familien ganz anders als heute. Da die Gattin ihrem Manne untertan war und bestenfalls nur auf der Stufe einer Tochter stand, vermehrte sie selten den Besitz ihres Gatten, höchstens durch ihren eigenen Fleiß. Als aber die weibliche Erbfolge einsetzte und Frauen in den Besitz von Vermögen gelangten, heirateten sie nicht ohne ein vorheriges Übereinkommen, durch welches sie sich guter Behandlung versicherten und festsetzten, dass ein Teil ihres Vermögens nach ihrem Tode an die eigenen Verwandten gehen sollte. Dadurch entstand eine neue Art von Ehe aus Übereinkunft, welche die beiden Teile gleich unabhängig machte. Diese große Veränderung in den häuslichen Verhältnissen war natürlich zuerst Gegenstand von Klagen, und weil deren letzte Ursache die weibliche Erbfolge war, bemühte man sich, den materiellen Wohlstand der Ehefrauen zu verhindern. Deswegen wurde in Rom ein Gesetz erlassen, [468] Lex Voconia genannt, das die Sachlage wieder auf den alten Stand zurückführte. Um dieses Gesetz zu umgehen, wurde der Fideikommiss erfunden: Ein Mann konnte seinen Besitz einer Person hinterlassen, die wiederum von Gesetzes wegen kein Recht hatte, diesen Besitz einer anderen Person als derjenigen zu überlassen, für welche der Erblasser den Besitz bestimmt hatte. Der Erblasser ließ sich feierlich versprechen, dass der Besitz der Person übertragen würde, die er vorgesehen hat. Augustus erließ ein Gesetz, das den Treuhänder verpflichtete, den Besitz immer zu übergeben, und er setzte einen Fideikommiss-Praetor dafür ein. Die Person, für welche der Besitz bestimmt war, hieß Fiduziarerbe, und die Person, der er zu übergeben war, nannte man Fideikommissar. So wurde das Eigentum über den ersten Erben hinaus ausgedehnt, und als diese Stufe einmal erreicht war, gingen sie ohne Mühe weiter und führten das unveräußerliche Erblehen ein.

Das unveräußerliche Erblehen wurde zuerst durch die Geistlichen in das moderne Recht aufgenommen, deren Bildung sie mit den römischen Rechtsbräuchen vertraut machte. Da sie die Prediger dieser Lehre waren, wurde sie natürlicherweise auch die Ausleger und Vollstrecker von Testamenten, bis Theodosius und Valentinian ihnen dieses entzogen. In England gab Wilhelm der Eroberer den Geistlichen diese Aufgabe wieder zurück.

[...] Ursprünglich gab es in England kein unveräußerliches Erblehen durch Testament, sondern nur durch Lehnsleistungen. Ein Mann besaß ein Gut für sich und für seine Erben, aber wenn er keine Erben hatte, so konnte er es auch nicht veräußern, und es ging an den Lehnsherrn zurück. Hatte er aber Erben, so konnte er es veräußern, und so wurde der Herr um sein Heimfallrecht gebracht. Um dieses sicherzustellen, wurde später ein Gesetz erlassen.

Insgesamt kann es nichts Absurderes geben als unveräußerliches Erblehen. In ihm kommt der Grundsatz der testamentarischen Erbfolge überhaupt nicht zum Tragen. Pietät kann einem Toten nur erwiesen werden, wenn sein Andenken in den Herzen der Menschen frisch ist. Eine Verfügungsmacht über Besitz für ewige Zeiten ist offenkundig absurd. Die Erde und ihr Reichtum gehören allen Generationen, und die vorangehende kann kein Recht haben, sie für die Nachkommenschaft ein für alle Mal zu binden. Eine solche Ausdehnung des Eigentums ist völlig unnatürlich. Das unveräußerliche Erblehen verbreitete sich unmerklich, weil man nicht wusste, wie weit sich das Recht der Toten erstreckte, sofern sie überhaupt eines hatten. Das unveräußerliche Erblehen sollte sich auf jene beschränken, die zur Zeit des Todes der Person leben, denn diese kann keine Zuneigung haben für diejenigen, die noch nicht geboren sind.

[469] Unveräußerliche Erblehen gereichen dem Fortschritt eines Landes zum Nachteil. In jenen Ländern, wo es sie nie gab, wird immer am besten angebaut. Erben von unveräußerlichen Ländereien kommt es nicht in den Sinn, das Land zu bebauen, und oft sind sie dazu nicht einmal imstande. Wer Land kauft, widmet sich diesem vollständig, und im Allgemeinen sind neue Käufer für den Anbau am besten.

[Freiwillige Übertragung]

Für die freiwillige Übertragung braucht es zweierlei: erstens eine Absichtserklärung sowohl der abtretenden als auch der Person, auf die übertragen wird; zweitens die tatsächliche Übergabe der Sache.

In den meisten Fällen ist das Erste ohne das Zweite nicht bindend, denn es gibt kein Recht ohne Besitz. Hat einer etwas geborgt und kauft es nachher, dann braucht es keine Übergabe, denn es ist schon in seinem Besitz. Vor der Besitzergreifung können Sie noch kein Anrecht auf die Sache haben, obwohl Sie ein Recht haben, den anderen zur Einhaltung seines Versprechens oder Vertrags anzuhalten. Wenn ich von einem ein Pferd kaufe und er verkauft es vor der Übergabe an eine dritte Person, so kann ich das Pferd nicht vom Besitzer fordern, sondern nur vom Verkäufer. Wenn es aber übergeben worden ist, so kann ich es von jeder beliebigen Person herausverlangen. Eigentum kann also ohne Übertragung oder Übergabe nicht übereignet werden. [...]

Bei der Übertragung von Eigentum an Land oder an anderen großen Gegenständen ist es nicht leicht festzustellen, was Besitz verleiht. Weil dabei keine wirkliche Übergabe stattfinden kann, ist in unserem Land eine symbolische Übergabe üblich: Eine Ähre oder eine Garbe Korn bezeichnet das ganze Feld, ein Stein und Rasenstück den Landbesitz bis zum Mittelpunkt der Erde, und die Schlüssel zur Türe das Haus. Nach schottischem Recht muss bei einer Übertragung mehrerer Grundstücke der Käufer in jedes einzelne symbolisch eingesetzt werden; nach englischem Recht gilt die Einsetzung in eines für alle anderen, wenn es vor Gericht geschieht. In Schottland muss sie auf dem Grundstück selbst stattfinden; in

England genügt es, wenn man es sehen kann. Neben der Übergabe sind auch eine Urkunde oder ein Schriftstück, das die Bedingungen der Übertragung aufzeigt, zur Sicherstellung erforderlich. [...]

Untersuchung über Wesen und Ursache des Reichtums der Völker

[10]

Einleitung und Plan des Werkes

Die Arbeit, die ein Volk alljährlich leistet, schafft die Mittel, um es ursprünglich mit all den lebensnotwendigen Gütern und Annehmlichkeiten zu versorgen, die es alljährlich konsumiert und die stets entweder im unmittelbaren Ertrag dieser Arbeit oder in dem bestehen, was für deren Ertrag von anderen Völkern gekauft wird.

Je nachdem, ob dieser Ertrag oder das, was damit gekauft wird, im Verhältnis zur Zahl derjenigen, die es konsumieren sollen, groß oder klein ist, wird das Volk mit allen lebensnotwendigen Gütern und Annehmlichkeiten, die es braucht, besser oder schlechter versorgt sein.

Dieses Verhältnis aber muss in jedem Volk durch zwei verschiedene Umstände bestimmt sein: erstens durch die Geschicklichkeit, Fertigkeit und Umsicht, mit denen es im Allgemeinen seine Arbeit verrichtet, und zweitens durch das Zahlenverhältnis zwischen denjenigen, die einer nützlichen Arbeit nachgehen, und denjenigen, die das nicht tun. Unabhängig von Boden, Klima oder räumlicher Ausbreitung eines Volkes muss im gegebenen Fall seine reichliche oder knappe jährliche Versorgung von diesen zwei Umständen abhängen.

Die reichliche oder knappe Versorgung dürfte zudem stärker vom ersten als vom zweiten dieser beiden Umstände abhängen. Bei den wilden Jäger- und Fischervölkern geht jeder Arbeitsfähige mehr oder weniger einer nützlichen Arbeit nach und ist bestrebt, nach besten Kräften für sich selbst oder diejenigen seiner Familie oder seines Stammes, die für Jagd und Fischfang entweder zu alt oder zu jung oder zu schwach sind, die lebensnotwendigen Güter und Annehmlichkeiten zu besorgen. Solche Völker sind allerdings so erbärmlich arm, dass sie aus bloßem Mangel häufig gezwungen sind oder sich wenigstens gezwungen fühlen, ihre Kleinkinder, ihre Alten und Schwerkranken entweder gleich umzubringen oder sie dem Hungertod oder wilden Tieren preiszugeben. Bei zivilisierten und wohlhabenden Völkern hingegen ist der Ertrag der gesamten Arbeit der Gesellschaft – obwohl eine große Zahl von Personen gar nicht arbeitet, von denen viele den Ertrag von zehnmal oder hundertmal mehr Arbeit konsumieren als die Mehrzahl derjenigen, die arbeiten – so groß, dass alle oft reichlich versorgt sind und ein Arbeiter selbst der untersten und ärmsten Schicht, wenn er sparsam und fleißig ist, mehr von den lebensnotwendigen Gütern und Annehmlichkeiten genießen kann, als sie sich ein Wilder je verschaffen könnte.

Die Ursachen dieser Entwicklung der Arbeitsproduktivität [11] und die Ordnung, nach der sich deren Ertrag auf die verschiedenen Ränge und Schichten in der Gesellschaft natürlicherweise aufteilt, machen den Gegenstand des Ersten Buches dieser Untersuchung aus.

Ungeachtet des jeweiligen Standes der Geschicklichkeit, Fertigkeit und Umsicht, mit denen in einem Volk Arbeit eingesetzt wird, muss seine reichliche oder knappe jährliche Versorgung bei gleichbleibenden Umständen von dem Zahlenverhältnis zwischen denjenigen, die einer nützlichen Arbeit nachgehen, und denjenigen, die das nicht tun, abhängen. Die Anzahl nützlicher und produktiver Arbeiter steht, wie sich im Folgenden zeigen wird, überall im Verhältnis zu der Menge Kapital, die eingesetzt wird, um sie zu beschäftigen, und zu der spezifischen Art und Weise, in der sie eingesetzt wird. Das Zweite Buch behandelt daher das Wesen des Kapitals, die Art und Weise, in der es allmählich angehäuft wird, und die unterschiedlichen Mengen Arbeit, die es je nach der Art seines Einsatzes in Bewegung bringt.

Völker, die beim Einsatz von Arbeit bereits eine gewisse Geschicklichkeit, Fertigkeit und Umsicht entwickelt hatten, folgten bei deren allgemeiner Ausführung oder Ausrichtung ganz unterschiedlichen Vorstellungen; und diese waren für die Größe des Ertrages nicht alle gleich günstig. Bei manchen Völkern schuf die Wirtschaftspolitik besondere Anreize für die Erwerbstätigkeit auf dem Lande, bei anderen für die in den Städten. Kaum ein Volk hat alle Arten von Erwerbstätigkeit gleich und unvoreingenommen behandelt. Seit dem Untergang des Römischen Reiches begünstigte in Europa die Wirtschaftspolitik das Handwerk, die gewerbliche Produktion und den Handel, also die städtische Erwerbstätigkeit, stärker als die Landwirtschaft, die ländliche Erwerbstätigkeit. Die

Umstände, die zu dieser Politik geführt und sie durchgesetzt haben dürften, werden im Dritten Buch dargelegt.

Obwohl diese unterschiedlichen Vorstellungen zunächst möglicherweise durch die privaten Interessen und Vorurteile bestimmter Stände ohne Rücksicht auf oder Voraussicht von deren Folgen für das Allgemeinwohl entstanden, entwickelten sich aus ihnen ganz verschiedene Theorien der politischen Ökonomie, von denen einige die Bedeutung der Erwerbstätigkeit in der Stadt, andere die der Erwerbstätigkeit auf dem Lande hervorkehren. Diese Theorien hatten erheblichen Einfluss nicht nur auf die Ansichten von Gelehrten, sondern auch auf die Staatsführung der Fürsten und souveränen Staaten. Ich war bestrebt, im Vierten Buch so vollständig und genau wie möglich diese verschiedenen Theorien und die hauptsächlichen Wirkungen, die sie zu verschiedenen Zeiten und bei verschiedenen Völkern hatten, darzulegen.

Darzulegen, worin das Einkommen der großen Masse der Menschen besteht, also was jene Mittel ausmacht, die zu verschiedenen Zeiten und bei verschiedenen Völkern deren jährlichen Bedarf deckten, ist das Ziel dieser ersten vier Bücher. Das Fünfte und letzte Buch behandelt [12] das Einkommen des Herrschers oder des Gemeinwesens. In diesem Buch war ich bestrebt zu zeigen, erstens, was die notwendigen Ausgaben des Herrschers oder des Gemeinwesens sind, welche derselben durch allgemeine Beiträge der ganzen Gesellschaft und welche nur von einem bestimmten Teil oder einzelnen bestimmten Mitgliedern bestritten werden sollten; zweitens, nach welchen verschiedenen Methoden die ganze Gesellschaft zur Bestreitung der ihr als ganzer obliegenden Ausgaben herangezogen werden kann und welche hauptsächlichen Vor- und Nachteile jede dieser Methoden hat; und drittens und letztens, welche Gründe und Ursachen so gut wie alle modernen Staaten bewogen haben, einen Teil dieser Einkünfte zu verpfänden, also Schulden zu machen, und welche Wirkungen diese Schulden auf den wirklichen Reichtum, den jährlichen Ertrag von Boden und Arbeit der Gesellschaft, haben.

[13]

Buch I: Die Ursachen der Produktivitätssteigerung der Arbeit und die Ordnung der natürlichen Verteilung des Arbeitsertrages auf die einzelnen Bevölkerungsschichten

Kapitel I: Die Arbeitsteilung

Die bedeutendste Steigerung der Produktivität der Arbeit und der Großteil der Geschicklichkeit, Fertigkeit und Umsicht, mit der sie überall eingesetzt oder verrichtet wird, dürften die Wirkungen der Arbeitsteilung gewesen sein.

[14] Die Auswirkungen der Arbeitsteilung auf die Wirtschaftstätigkeit der Gesellschaft allgemein werden leichter verständlich, wenn man überlegt, in welcher Weise sie in spezifischen gewerblichen Produktionen wirkt. Gewöhnlich wird angenommen, dass sie am weitesten in einigen ganz nebensächlichen vorangetrieben sei; nicht vielleicht, dass sie dort wirklich weiter vorangetrieben ist als in anderen wichtigeren: Aber in jenen nebensächlichen Gewerben, welche die geringfügigen Bedarfe nur einer kleinen Zahl von Personen decken sollen, muss die Gesamtzahl der Arbeitskräfte notwendigerweise gering sein, und diejenigen, die in den einzelnen Arbeitsgängen beschäftigt sind, lassen sich oft in derselben Werkstatt versammeln und vom Betrachter gleichzeitig überblicken. In jenen großen gewerblichen Produktionen hingegen, welche die großen Bedarfe der großen Masse des Volkes decken sollen, beschäftigt jeder einzelne Arbeitsgang eine so große Anzahl von Arbeitern, dass es unmöglich ist, sie alle in derselben Werkstatt zu versammeln. Wir können selten gleichzeitig mehr als die in einem einzigen Arbeitsgang Beschäftigten sehen. Obwohl daher in solchen gewerblichen Produktionen die Arbeit in Wirklichkeit in eine viel größere Zahl von Verrichtungen aufgeteilt sein mag als in denen eher nebensächlicher Art, ist die Teilung nicht annähernd so augenfällig und wurde dementsprechend auch viel weniger wahrgenommen.

Um also ein Beispiel aus einem ganz nebensächlichen Gewerbe zu geben, dessen Arbeitsteilung aber oft Beachtung fand, dem Gewerbe des Stecknadelmachers: Ein Arbeiter, der zu diesem Geschäft (das durch die Arbeitsteilung zu einem eigenen Gewerbe wurde) nicht ausgebildet und mit der Bedienung der dabei verwendeten

Maschinen nicht vertraut ist (zu deren Erfindung wahrscheinlich ebendiese Arbeitsteilung Anlass gab), könnte auch bei größtem Fleiß am Tag vielleicht kaum eine einzige Nadel und sicherlich keine zwanzig machen. Doch in der Art, wie dieses Geschäft jetzt betrieben wird, ist nicht nur das Ganze ein eigenes Gewerbe, sondern es ist auch in eine Anzahl von Arbeitsgängen geteilt, die zum Großteil selbst wieder eigene [15] Gewerbe sind. Einer zieht den Draht, ein anderer richtet ihn gerade, ein dritter schneidet ihn, ein vierter spitzt ihn zu, ein fünfter schleift ihn am oberen Ende, wo der Kopf aufgesetzt werden soll; die Anfertigung des Kopfes erfordert zwei oder drei gesonderte Verrichtungen; ihn aufzusetzen ist ein eigenes Geschäft, das Verzinnen der Nadel ein weiteres; sogar sie ins Papier zu stecken ist eine Beschäftigung für sich; und auf diese Weise wird die bedeutende Tätigkeit der Verfertigung einer Stecknadel in etwa achtzehn gesonderte Verrichtungen geteilt, die in manchen Fabriken alle von verschiedenen Händen ausgeführt werden, während in anderen ein und derselbe Mann mitunter zwei oder drei ausführt. Ich habe eine kleine Fabrik dieser Art gesehen, in der nur zehn Männer beschäftigt waren und infolgedessen einige von ihnen zwei oder drei dieser gesonderten Verrichtungen ausführten. Aber obwohl sie sehr arm und daher mit den notwendigen Maschinen nur dürftig ausgestattet waren, konnten sie, wenn sie sich anstrengten, zusammen an einem Tag etwa zwölf Pfund Stecknadeln herstellen. Ein Pfund enthält über viertausend Stecknadeln mittlerer Größe. Diese zehn Personen konnten also zusammen an einem Tag über achtundvierzigtausend Stecknadeln herstellen. Da jeder Einzelne demnach ein Zehntel von achtundvierzigtausend Stecknadeln herstellte, könnte man ihn als Hersteller von täglich viertausendachthundert Stecknadeln ansehen. Hätten sie aber alle einzeln und unabhängig voneinander gearbeitet und keiner von ihnen dieses besondere Geschäft erlernt gehabt, so hätte sicherlich keiner von ihnen an einem Tag zwanzig, vielleicht auch nur eine Nadel machen können; das heißt, sicherlich nicht den zweihundertvierzigsten, vielleicht nicht den viertausendachthundertsten Teil dessen, was sie jetzt infolge einer zweckmäßigen Teilung und Verbindung ihrer verschiedenen Verrichtungen leisten können.

In jedem anderen Handwerk und Gewerbe sind die Wirkungen der Arbeitsteilung ähnlich wie in diesem sehr nebensächlichen, obwohl in vielen von ihnen die Arbeit weder so weit unterteilt noch in so einfache Verrichtungen zu zerlegen ist. Soweit sich jedoch die Arbeitsteilung einführen lässt, bewirkt sie in jedem Handwerk einen entsprechenden Anstieg der Arbeitsproduktivität. Die Trennung verschiedener Gewerbe und Beschäftigungen voneinander scheint dieses Vorteils wegen stattgefunden zu haben. Am weitesten fortgeschritten ist diese Trennung zudem in denjenigen Ländern, in denen Erwerbssinn und Entwicklung den höchsten Stand erreicht haben: Was im primitiven Zustand der Gesellschaft die Arbeit eines Einzelnen ist, ist in einem entwickelten im Allgemeinen die von mehreren. In jeder entwickelten Gesellschaft [16] ist der Landwirt im Allgemeinen nichts als Landwirt, der Gewerbetreibende nichts als Gewerbetreibender. Dabei ist die zur Herstellung eines beliebigen vollständigen gewerblichen Produkts erforderliche Arbeit fast immer auf eine große Zahl von Händen aufgeteilt. Wie viele verschiedene Gewerbe sind doch an jedem Zweig der Leinen- und Wollwarenerzeugung beteiligt! Von den Flachsbauern und Wollerzeugern bis zu den Bleichern und Manglern der Leinwand oder den Färbern und Appreteuren des Tuches. Die Landwirtschaft lässt ihrem Wesen nach nicht so viele Unterteilungen der Arbeit und keine so vollständige Trennung eines Geschäftes vom anderen zu wie die gewerbliche Produktion. Es ist unmöglich, das Geschäft des Viehzüchters von dem eines Kornbauern so vollständig zu trennen, wie das Gewerbe des Zimmermanns gewöhnlich von dem des Schmieds getrennt ist. Der Spinner ist fast immer eine andere Person als der Weber; doch der Pflüger, der Egger, der Sämann und der Schnitter sind oft ein und dieselbe. Da die Anlässe für diese verschiedenen Arten von Arbeit mit den verschiedenen Jahreszeiten wiederkehren, ist es unmöglich, einen Mann mit einer von ihnen ständig zu beschäftigen. Diese Unmöglichkeit einer so vollständigen und gänzlichen Trennung aller verschiedenen Zweige landwirtschaftlicher Arbeit ist vielleicht der Grund, warum die Entwicklung der Arbeitsproduktivität in diesem Erwerbszweig nicht immer mit deren Entwicklung in der gewerblichen Produktion Schritt hält. Die wohlhabendsten Völker übertreffen freilich im Allgemeinen ihre Nachbarn sowohl in der Landwirtschaft als auch in der gewerblichen Produktion; doch zeichnen sie sich gewöhnlich mehr durch ihre Überlegenheit in dieser als in jener aus. Ihre Böden sind im Allgemeinen besser bebaut und bringen, da auf sie mehr Arbeit und Kosten aufgewendet werden, im Verhältnis zur Fläche und natürlichen Fruchtbarkeit des Bodens mehr hervor. Selten aber ist dieser Mehrertrag viel mehr, als es dem Mehraufwand an Arbeit und Kosten entspricht. In der Landwirtschaft ist die Arbeit des reichen Landes nicht immer viel ergiebiger als die des armen; oder zumindest ist sie nie so viel ergiebiger, wie das gewöhnlich in der gewerblichen Produktion der Fall ist. Das Korn des reichen Landes wird daher bei gleicher Qualität nicht immer billiger auf den Markt kommen als das des armen. Das Korn aus Polen ist bei gleicher Qualität ebenso billig wie das aus Frankreich, ungeachtet [17] des größeren Wohlstandes und der höheren Entwicklung des zweitgenannten Landes. Das Korn aus Frankreich ist in den Kornprovinzen ganz genauso gut wie das Korn aus England und hat in den meisten Jahren fast den gleichen Preis, obwohl Frankreich an Wohlstand und Entwicklung England eher nachsteht. Englands Korngebiete sind aber besser bebaut als die von Frankreich, und Frankreichs Korngebiete sollen viel besser bebaut sein als die von Polen. Aber wenn das arme Land auch ungeachtet des niedrigeren Standes seiner Bodenkultur mit dem reichen in gewissem Maße an Billigkeit und Güte seines Korns zu wetteifern vermag, kann es doch in der gewerblichen Produktion keine solche Konkurrenzfähigkeit behaupten – wenigstens dann nicht, wenn solche gewerblichen Produktionen dem Boden, dem Klima und der Lage des reichen Landes angepasst sind. Französische Seidenwaren sind besser und billiger als englische, denn zumindest bei den gegenwärtigen hohen Einfuhrzöllen auf Rohseide eignet sich die Seidenerzeugung für das englische Klima nicht so gut wie für das französische. Hingegen sind die englischen Metallwaren und groben Wollwaren über allen Vergleich mit denen aus Frankreich erhaben, und bei gleicher Güte noch dazu viel billiger. In Polen soll es kaum gewerbliche Produktion irgendeiner Art geben, mit Ausnahme einiger jener einfacheren häuslichen Erzeugungen, ohne die kein Land gut auskommen kann.

Der große Anstieg der Produktionsleistung, die infolge der Arbeitsteilung von derselben Anzahl von Personen erbracht werden kann, ist auf drei verschiedene Umstände zurückzuführen: erstens auf die Steigerung der Fertigkeit jedes einzelnen Arbeiters; zweitens auf die Ersparnis an Zeit, die gewöhnlich beim Wechsel von einer Art Arbeit zur anderen verlorengeht; und letztens auf die Erfindung einer großen Anzahl von Maschinen, die die Arbeit erleichtern und verkürzen und es ermöglichen, dass ein Mann die Arbeit von vielen tut.

Erstens vermehrt die Steigerung der Fertigkeit des Arbeiters notwendigerweise [18] die Menge Arbeit, die er leisten kann, und die Arbeitsteilung steigert dadurch, dass sie das Geschäft jedes Einzelnen auf eine einfache Verrichtung beschränkt und diese Verrichtung zur alleinigen Beschäftigung seines Lebens macht, notwendigerweise sehr stark die Fertigkeit des Arbeiters. Ein gewöhnlicher Schmied, der zwar gewohnt ist, den Hammer zu führen, aber keinerlei Übung in der Verfertigung von Nägeln hat, wird – wenn er sich aus einem besonderen Anlass damit abgeben muss – kaum imstande sein, wie man mir versichert, an einem Tag mehr als zwei- oder dreihundert Nägel zu machen, und die werden noch dazu sehr schlecht sein. Ein Schmied, der zwar gewohnt ist, Nägel zu machen, aber nicht ausschließlich oder hauptsächlich als Nagelschmied gearbeitet hat, kann bei größtem Fleiß an einem Tag selten mehr als achthundert oder tausend Nägel machen. Ich habe manche Burschen unter zwanzig gesehen, die nie ein anderes Geschäft betrieben hatten, als Nägel zu machen, und die, wenn sie sich anstrengten, jeder mehr als zweitausenddreihundert Nägel täglich machen konnten. Dabei ist das Schmieden eines Nagels keineswegs eine der einfachsten Verrichtungen. Ein und derselbe Mann tritt den Blasebalg, schürt das Feuer oder legt nötigenfalls nach, bringt das Eisen zum Glühen und schmiedet jeden Teil des Nagels: Beim Schmieden des Kopfes muss er noch dazu sein Werkzeug wechseln. Die verschiedenen Verrichtungen, in die die Herstellung einer Nadel oder eines Metallknopfes unterteilt ist, sind alle viel einfacher, und die Geschicklichkeit dessen, der sein Leben lang allein mit ihrer Ausführung beschäftigt war, ist üblicherweise viel größer. Die Geschwindigkeit, mit der manche der Verrichtungen in diesen Fertigungsvorgängen erfolgen, ist größer, als sie Leute, die ihnen nie zugesehen haben, der menschlichen Hand überhaupt zutrauen würden.

Zweitens ist der Vorteil durch die Einsparung der Zeit, die beim Wechsel von einer Art von Arbeit zur anderen gewöhnlich verlorengeht, viel größer, als wir ohne weiteres annehmen würden. Es ist unmöglich; sehr rasch von einer Art Arbeit zu einer anderen zu wechseln, die an einem anderen Ort und mit ganz anderem Werkzeug auszuführen ist. Ein Weber auf dem Lande, der ein kleines Pachtgut betreibt, muss beträchtliche Zeit verlieren, wenn er von seinem Webstuhl aufs Feld und vom Feld an den Webstuhl geht. Wenn die beiden Gewerbe [19] in ein und demselben Gebäude betrieben werden können, ist der Zeitverlust zweifellos viel geringer. Er ist aber auch in diesem Falle noch sehr erheblich. Wer sich von einer Art von Tätigkeit einer anderen zuwendet, verweilt sich gewöhnlich ein wenig. Wenn er mit der neuen Arbeit beginnt, ist er selten sehr aufmerksam und entschlossen; er ist, wie man so sagt, noch nicht bei der Sache, und eine Zeitlang trödelt er mehr, als dass er zielstrebig arbeitet. Die Gewohnheit des Verweilens und die lässige und sorglose Arbeitsweise, die auf dem Lande natürlich oder vielmehr notwendig jeder Arbeiter annimmt, der seine Tätigkeit und sein Werkzeug jede halbe Stunde wechseln und beinahe jeden Tag seines Lebens auf zwanzig verschiedene Arten Hand anlegen muss, macht ihn fast immer träge und faul und selbst im dringendsten Fall unfähig zu tatkräftigem Einsatz. Ganz abgesehen von der ihm fehlenden Fertigkeit muss daher allein aus diesem Grunde die Menge Arbeit, die er leisten kann, erheblich geringer sein.

Drittens und letztens muss jeder erkennen, wie sehr Arbeit durch den Einsatz zweckdienlicher Maschinen erleichtert und verkürzt wird. Es ist nicht nötig, ein Beispiel zu geben. Ich will daher nur bemerken, [20] dass die Erfindung all jener Maschinen, welche die Arbeit so sehr erleichtern und verkürzen, ursprünglich auf die Arbeitsteilung zurückgehen dürfte. Die Menschen können leichtere und einfachere Verfahren zur Erreichung eines beliebigen Zieles viel eher dann entdecken, wenn ihre ungeteilte Aufmerksamkeit auf dieses eine Ziel gerichtet ist, als wenn sie an eine große Vielfalt von Dingen verschwendet wird. Und infolge der Arbeitsteilung wird die ungeteilte Aufmerksamkeit des Einzelnen natürlich auf ein einziges einfaches Ziel gerichtet. Natürlich ist daher zu erwarten, dass der eine oder andere der in jedem einzelnen Arbeitszweig Beschäftigten Möglichkeiten der leichteren und rascheren Ausführung seiner jeweiligen Arbeit herausfindet, wo immer diese ihrer Natur nach eine solche Verbesserung erlaubt. Zum großen Teil waren die Maschinen in denjenigen Gewerben, in denen die Arbeit am stärksten unterteilt ist, ursprünglich die Erfindung einfacher Arbeiter, die – weil jeder von ihnen mit einer sehr einfachen Verrichtung beschäftigt war – ihre Gedanken natürlich darauf verwendeten, eine leichtere und raschere Art der Ausführung zu ersinnen. Wer je wiederholt solche Betriebe besichtigt hat, muss oft die schönsten Maschinen gezeigt bekommen haben, die von solchen Arbeitern erfunden worden waren, die sich ihren eigenen Teil der Arbeit erleichtern und beschleunigen wollten. Bei den ersten Dampfmaschinen war ein Knabe unablässig damit beschäftigt, die Verbindung zwischen Kessel und Zylinder zu öffnen und zu schließen, je nachdem ob der Kolben hinauf- oder hinunterging. Einer dieser Knaben, der gerne mit seinen Kameraden spielte, beobachtete, dass durch Spannen einer Schnur zwischen dem Griff des Ventils, das diese Verbindung öffnete, und einem anderen Teil der Maschine das Ventil sich ohne sein Zutun öffnen und schließen und ihm die Freiheit lassen würde, sich mit seinen Spielkameraden zu vergnügen. Eine der größten Verbesserungen an dieser Maschine [21] seit ihrer Erfindung war somit die Entdeckung eines Knaben, der sich Arbeit ersparen wollte.

Aber keineswegs alle Verbesserungen an Maschinen waren die Erfindungen derjenigen, die die Maschinen zu bedienen hatten. Viele Verbesserungen entsprangen dem Erfindungsgeist der Maschinenbauer, als der Bau der Maschinen zu einem eigenen Gewerbe wurde, und manche dem der sogenannten Philosophen oder Wissenschaftler, die von Berufs wegen nicht handeln, sondern alles beobachten und deshalb oft imstande sind, die Kräfte entferntester und einander ganz unähnlicher Dinge miteinander in Verbindung zu bringen. Mit dem Fortschritt der Gesellschaft wird die Philosophie oder Theorie wie jede andere Tätigkeit das hauptsächliche oder ausschließliche Gewerbe und Geschäft einer besonderen Klasse von Leuten. Wie jede andere Beschäftigung auch ist sie in eine Vielzahl verschiedener Zweige unterteilt, deren jeder einer [22] eigenen Zunft oder Klasse von Philosophen Betätigung bietet; und diese Unterteilung der Beschäftigung mit der Philosophie verbessert wie in jedem anderen Geschäft die Fertigkeit und erspart Zeit. Jeder Einzelne wird in einem besonderen Zweig sachkundiger, insgesamt wird mehr Arbeit geleistet, und die Wissensmenge wächst dadurch erheblich.

Ebendie große Vervielfachung der Produkte aller verschiedenen Handwerkszweige infolge der Arbeitsteilung lässt in einer gut regierten Gesellschaft jenen allgemeinen Wohlstand entstehen, der sich bis in die untersten Volksschichten erstreckt. Jeder Arbeiter verfügt über seinen eigenen Bedarf hinaus über eine große Menge eigener Arbeitsprodukte; und da jeder andere Arbeiter in genau der gleichen Lage ist, wird es ihm möglich, eine große Menge seiner eigenen Güter für eine große Menge oder, was auf dasselbe hinausläuft, für den Preis einer großen Menge der Güter der anderen einzutauschen. Er versorgt sie vollauf mit dem, was sie brauchen, und sie beliefern ihn ebenso reichlich mit dem, was er braucht; und allgemeine Güterfülle verbreitet sich durch all die verschiedenen Gesellschaftsschichten.

Man betrachte die Lebenshaltung des einfachsten Handwerkers oder Tagelöhners in einem zivilisierten und wohlhabenden Land, und man wird bemerken, dass die Anzahl der Personen, deren Fleiß einen Teil, wenn auch einen kleinen Teil, dazu beitrug, diese Lebenshaltung zu ermöglichen, alle Berechnungen übersteigt. Der wollene Rock beispielsweise, der den Tagelöhner kleidet, ist, so grob und rau er auch aussehen mag, das Ergebnis der vereinigten Arbeit einer großen Zahl von Arbeitern. Der Schäfer, der Wollsortierer, der Wollkämmer oder Krempler, der Färber, der Tuchkardierer, der Spinner, der Weber, der Walker, der Appreteur und viele andere: Sie alle müssen ihre verschiedenen Fertigkeiten zusammenwirken lassen, um auch nur dieses schlichte Erzeugnis herzustellen. [23] Wie viele Kaufleute und Fuhrleute müssen außerdem mitgewirkt haben, um die Materialien von den einen Arbeitern zu den anderen zu bringen, die oft in einem weit entfernten Teil des Landes leben! Wie viel Handel und Schifffahrt, insbesondere, wie viele Schiffbauer, Seeleute, Segelmacher, Seiler müssen mitgewirkt haben, um die verschiedenen Farbstoffe, die oft aus den entlegensten Winkeln der Erde kommen, für den Färber zusammenzubringen! Welche Vielfalt von Arbeit ist zudem erforderlich, um das Werkzeug des geringsten dieser Arbeiter zu verfertigen! Ganz zu schweigen von so komplizierten Maschinen wie dem Segelschiff, der Walkmühle oder auch nur dem Webstuhl, überlegen wir nur, welche Vielfalt von Arbeit nötig ist, um eine so einfache Maschine wie die Schere zu formen, mit der der Schäfer die Wolle schert. Der Bergmann, der Erbauer des Ofens zur Verhüttung des Erzes, der Holzfäller, der Köhler, der die Kohle für den Schmelzofen bereitet, der Ziegelstreicher, der Ziegelbrenner, die Heizer des Brennofens, der Walzenbauer, der Hammerschmied, der Grobschmied: Sie alle müssen zu deren Herstellung ihre verschiedenen Fertigkeiten zusammenwirken lassen. Wollten wir in gleicher Weise alle verschiedenen Teile seiner Kleidung und seines Hausrats untersuchen, das grobe Leinenhemd, das er am Leib trägt, die Schuhe, in denen seine Füße stecken, das Bett, auf das er sich legt, und alles, was dazugehört, den Rost in der Küche, auf dem er seine Speisen bereitet, die hierfür nötige Steinkohle, die aus dem Inneren der Erde geholt wurde und ihn vielleicht erst nach langer Reise über Land und Meer erreicht, alles andere Küchengerät, alles Tischzeug, Messer und Gabeln, die steinernen und zinnernen Teller, auf denen er seine Speisen zu Tisch bringt und zerteilt, die verschiedenen Hände, die damit beschäftigt waren, sein Brot und sein Bier zu erzeugen, das Glasfenster, das Wärme und Licht einlässt und Wind und Regen abhält, mit all der Kenntnis und Kunstfertigkeit, die zur Ausführung jener schönen und glücklichen Erfindung erforderlich war, ohne die diese nördlichen Teile der Welt wohl kaum sehr bequem zu bewohnen wären, zusammen mit dem Werkzeug all der verschiedenen Arbeiter, die an der Herstellung all solcher verschiedenen Annehmlichkeiten beteiligt sind – wollten wir, sage ich, alle diese Dinge untersuchen und überlegen, welche Vielfalt von Arbeit auf jedes von ihnen verwendet wird, so würde uns bewusst werden, dass in einem zivilisierten Land ohne die Hilfe und Mitarbeit vieler Tausender nicht einmal der Anspruchsloseste in der, wie wir ganz zu Unrecht glauben, schlichten und einfachen Art zu versorgen wäre, in der er gewöhnlich lebt. Verglichen mit dem eher übertriebenen Luxus der [24] Großen muss freilich seine Lebenshaltung ohne Zweifel äußerst einfach und schlicht erscheinen; und doch mag es richtig sein, dass die Lebenshaltung eines europäischen Fürsten die eines arbeitsamen und sparsamen Landmanns nicht immer so weit übertrifft, wie dessen Lebenshaltung die so manchen afrikanischen Königs, der unumschränkter Herr über Leib und Leben zehntausend nackter Wilder ist.

[25]

Kapitel II: Der Ursprung der Arbeitsteilung

Diese Arbeitsteilung, der so viele Vorteile zu verdanken sind, ist ursprünglich nicht das Werk menschlicher Weisheit, die jenen allgemeinen Wohlstand, zu dem sie führt, vorhergesehen und bezweckt hätte. Sie ist die notwendige, wenn auch sehr langsame und allmähliche Folge einer bestimmten Neigung der menschlichen Natur, der kein so weitreichender Nutzen vorschwebt: der Neigung, zueinander in Beziehung zu treten, zu handeln und zu tauschen.

Ob diese Neigung einer jener Grundzüge der menschlichen Natur ist, die sich nicht weiter erklären lassen, oder ob sie, was wahrscheinlicher sein dürfte, die notwendige Folge des Denk- und Sprachvermögens ist, gehört nicht zu unserem gegenwärtigen Untersuchungsthema. Sie ist allen Menschen gemeinsam und findet sich bei keiner anderen Art von Lebewesen, die weder diesen noch sonst eine Art von Vertrag zu kennen scheinen. Zwei Windhunde, die denselben Hasen jagen, erwecken manchmal den Anschein, in einer Art Einverständnis zu handeln. Jeder der beiden treibt ihn seinem Gefährten zu oder trachtet, ihn zu fassen, wenn sein Gefährte ihn ihm zutreibt. Das ist aber nicht die Wirkung irgendeines Vertrages, sondern die der zufälligen [26] gleichzeitigen Ausrichtung ihrer Begierden auf denselben Gegenstand. Kein Mensch hat jemals einen Hund mit einem anderen redlich und vorbedacht einen Knochen gegen einen anderen tauschen sehen. Kein Mensch hat jemals ein Tier einem anderen durch Gebärden und Laute bedeuten sehen, das ist mein, das dein; ich bin bereit, das für jenes zu geben. Wenn ein Tier von einem Menschen oder einem anderen Tier etwas zu erlangen wünscht, hat es keine andere Möglichkeit, sie dazu zu bewegen, als die Gunst desjenigen zu gewinnen, dessen Dienste es benötigt. Ein Hundejunges umschmeichelt seine Mutter, und ein Spaniel trachtet auf tausenderlei Weise, die Aufmerksamkeit seines Herrn, der bei Tische sitzt, zu erwecken, wenn er von ihm gefüttert werden will. Der Mensch bedient sich im Umgang mit seinen Mitmenschen zuweilen derselben Künste; und wenn er sie nicht anders bewegen kann, seinen Wünschen gemäß zu handeln, so trachtet er, sie sich durch allerlei liebedienernde und schmeichlerische Aufmerksamkeit gewogen zu machen. Aber dafür hat er nicht jedes Mal Zeit. In der zivilisierten Gesellschaft bedarf er unentwegt der Mitarbeit und des Beistandes einer großen Menge von Menschen, während doch sein ganzes Leben kaum ausreicht, die Freundschaft einiger weniger Personen zu gewinnen. Bei so gut wie allen anderen Tiergattungen ist das einzelne Tier, sobald es zur Reife gelangt ist, völlig unabhängig und braucht im Naturzustand kein anderes Lebewesen als Beistand. Der Mensch hingegen braucht so gut wie unausgesetzt die Hilfe seiner Mitmenschen, und diese würde er vergeblich nur von deren Wohlwollen erwarten. Er wird eher

Erfolg haben, wenn er ihre Eigenliebe zu seinen Gunsten wecken und ihnen zeigen kann, dass es zu ihrem eigenen Vorteil ist, das zu tun, was er von ihnen haben will. Wer immer einem anderen einen Handel irgendeiner Art vorschlägt, verfährt auf diese Weise. Gib mir, was ich will, und du wirst das bekommen, was du willst, ist der Sinn jeden solchen Vorschlages; und auf diese Weise erlangen wir voneinander die meisten jener guten Dienste, auf die wir angewiesen sind. Nicht vom [27] Wohlwollen des Metzgers, Brauers oder Bäckers erwarten wir unsere Mahlzeit, sondern von deren Bedachtnahme auf ihr eigenes Interesse. Wir wenden uns nicht an ihre Menschenliebe, sondern an ihre Eigenliebe und sprechen ihnen nie von unseren eigenen Bedürfnissen, sondern von ihren Vorteilen. Nur ein Bettler zieht es vor, hauptsächlich vom Wohlwollen seiner Mitbürger abzuhängen. Und sogar ein Bettler ist davon nicht vollständig abhängig. Freilich verschafft ihm die Nächstenliebe wohlmeinender Leute seine ganze Existenzgrundlage. Aber wenn auch diese Einstellung ihn letztlich mit allen lebensnotwendigen Gütern versorgt, die er braucht, wird und kann sie ihn damit doch nicht dann versorgen, wenn er sie braucht. Die Mehrzahl seiner jeweiligen Bedarfe wird in derselben Weise wie die anderer Leute gedeckt: durch Übereinkommen, durch Tausch und durch Kauf. Mit dem Geld, das ihm der eine gibt, kauft er Nahrungsmittel. Die alten Kleider, die ihm ein anderer überlässt, tauscht er gegen andere alte Kleider ein, die ihm besser passen, oder gegen eine Unterkunft oder Nahrungsmittel oder Geld, für das er je nach Bedarf entweder Nahrungsmittel, Kleider oder eine Unterkunft kaufen kann.

Ebenso wie wir durch Übereinkommen, Tausch und Kauf voneinander die Mehrzahl jener wechselseitigen guten Dienste erlangen, die wir benötigen, gibt dieser selbe Hang zu tauschen ursprünglich Anlass zur Arbeitsteilung. In einem Stamm von Jägern oder Hirten verfertigt einer beispielsweise rascher und geschickter als jeder andere Pfeile und Bogen. Häufig tauscht er sie mit seinen Gefährten gegen Vieh oder Wild und erkennt schließlich, dass er auf diese Weise zu mehr Vieh und Wild kommen kann, als wenn er selbst hinausginge, um es zu fangen. Aus Rücksicht auf sein eigenes Interesse wird daher die Anfertigung von Pfeilen und Bogen sein Hauptgeschäft, und er wird eine Art Waffenerzeuger. Ein anderer tut sich bei der Anfertigung der Wände und Dächer ihrer [28] kleinen Hütten oder beweglichen Unterkünfte hervor. Er ist gewöhnt, sich solchermaßen seinen Nachbarn nützlich zu machen, die ihn ebenso mit Vieh und Wild entlohnen, bis er schließlich erkennt, dass es sein Interesse ist, sich gänzlich dieser Beschäftigung zu widmen und eine Art von Zimmermann zu werden. Ebenso wird ein Dritter zum Schmied oder Kupferschmied, ein Vierter Gerber oder Zubereiter von Häuten oder Fellen, der hauptsächlichen Bekleidung von Wilden. Und so regt die Gewissheit, den ganzen über seinen eigenen Verbrauch hinausgehenden, überschüssigen Teil des Ertrages seiner eigenen Arbeit nach Bedarf gegen entsprechende Teile des Arbeitsertrages anderer Menschen eintauschen zu können, jeden an, sich einer bestimmten Beschäftigung zu widmen und die Begabung oder Fähigkeit, die gerade er für diese bestimmte Art von Tätigkeit hat, zu pflegen und zu vervollkommnen.

Die Unterschiede in den natürlichen Anlagen verschiedener Menschen sind in Wirklichkeit viel geringer, als uns bewusst ist, und die ganz unterschiedliche Befähigung, die Menschen verschiedener Berufe voneinander zu unterscheiden scheint, sobald sie einmal zur Reife gelangt sind, ist in vielen Fällen nicht so sehr die Ursache als vielmehr die Wirkung der Arbeitsteilung. Die Verschiedenheit einander besonders unähnlicher Charaktere, zum Beispiel eines Philosophen und eines einfachen Lastträgers, [29] dürfte nicht so sehr aus der Natur als vielmehr aus Lebensweise, Gewohnheit und Erziehung entstehen. Als sie zur Welt kamen und während ihrer ersten sechs oder acht Lebensjahre waren sie einander vielleicht sehr ähnlich, und weder ihre Eltern noch ihre Spielgefährten konnten einen deutlichen Unterschied erkennen. In diesem Alter oder bald danach werden sie allmählich zu ganz verschiedenen Beschäftigungen angehalten. Die Verschiedenheit ihrer Begabungen wird dann wahrgenommen und vergrößert sich schrittweise, bis schließlich die Eitelkeit des Philosophen kaum mehr eine Ähnlichkeit wahrhaben will. Aber ohne die Anlage, zueinander in Beziehung zu treten, zu handeln und zu tauschen, müsste jedermann jedes lebensnotwendige Gut und jede Annehmlichkeit, die ihm fehlte, für sich selbst besorgen. Alle hätten die gleichen Pflichten zu erfüllen und die gleiche Arbeit zu leisten gehabt, und es hätte keine solche Verschiedenheit der Beschäftigungen geben können, aus der allein eine große Verschiedenheit der Begabungen entstehen konnte.

Ebenso wie diese Anlage die so beachtliche Verschiedenheit der Begabungen bei Menschen verschiedener Berufe ausbildet, lässt sie diese Verschiedenheit auch nützlich werden. Viele Tiergattungen, die anerkanntermaßen alle zur selben Art gehören, weisen von Natur aus viel deutlichere Unterschiede in ihren Fähigkeiten auf, als sie sich vor aller Gewohnheitsbildung und [30] Erziehung bei den Menschen zeigen. Von Natur aus ist ein Philosoph seinen Fähigkeiten und Anlagen nach nicht halb so verschieden von einem Lastträger wie eine Dogge von einem Windhund oder ein Windhund von einem Spaniel oder dieser von einem Schäferhund. Diese verschiedenen Tiergattungen sind aber, obwohl alle derselben Art angehören, einander kaum von Nutzen. Die Stärke der Dogge wird durch die Schnelligkeit des Windhundes, die Klugheit des Spaniels oder die Gelehrigkeit des Schäferhundes nicht im mindesten unterstützt. Die Wirkungen solcher verschiedenen Fähigkeiten und Begabungen lassen sich mangels einer Möglichkeit oder Anlage zu Handel und Tausch nicht zu einem gemeinsamen Vorrat machen und tragen nicht im mindesten zu besserer Lebenshaltung und Bequemlichkeit der Art bei. Jedes Tier ist weiterhin genötigt, sich einzeln und unabhängig zu versorgen und zu verteidigen, und zieht keinerlei Vorteil aus der Vielfalt von Begabungen, mit denen die Natur seine Artgenossen ausgezeichnet hat. Umgekehrt sind bei den Menschen die besonders unähnlichen Fähigkeiten einander von Nutzen; die unterschiedlichen Erzeugnisse ihrer jeweiligen Begabungen werden durch die allgemeine Neigung, zueinander in Beziehung zu treten, zu handeln und zu tauschen, gewissermaßen zu einem gemeinsamen Vorrat gemacht, aus dem jeder Einzelne nach Bedarf einen beliebigen Teil der Erzeugnisse der Begabungen anderer Menschen kaufen kann.

[…]

[428]

Buch IV:
Systeme der politischen Ökonomie

Einleitung

Politische Ökonomie, als Teil der Kunst des Staatsmannes oder Gesetzgebers verstanden, setzt sich zwei verschiedene Ziele: erstens, der Bevölkerung reichliches Einkommen oder reichlichen Unterhalt zu verschaffen oder, genauer gesagt, es ihr zu ermöglichen, sich selbst ein solches Einkommen oder einen solchen Unterhalt zu verschaffen, und zweitens, für den Staat oder das Gemeinwesen ein Einkommen zu schaffen, das ausreicht, um die öffentlichen Dienstleistungen zu bestreiten. Sie setzt sich zum Ziel, sowohl die Bevölkerung als auch den Herrscher reicher zu machen.

Die unterschiedliche Entwicklung zum Wohlstand zu verschiedenen Zeiten und bei verschiedenen Völkern ließ hinsichtlich der Frage, wie die Bevölkerung reicher zu machen sei, zwei verschiedene Systeme der politischen Ökonomie entstehen. Das eine kann man als Kommerzsystem, das andere als Agrikultursystem bezeichnen. Ich werde beide so vollständig und genau, wie ich es vermag, darzulegen suchen und werde mit dem Kommerzsystem beginnen. Es ist das moderne System und unserem eigenen Land und unserer eigenen Zeit am geläufigsten.

[429]

Kapitel I:
Der Grundgedanke des Kommerz- oder Merkantilsystems

Dass Reichtum in Geld oder in Gold und Silber besteht, ist eine verbreitete Vorstellung, die sich natürlich aus der doppelten Funktion des Geldes als Tauschmittel und als Wertmaß ergibt. Weil es Tauschmittel ist, können wir uns, wenn wir Geld haben, alles, was wir sonst brauchen, leichter als mit Hilfe jedes anderen Gutes verschaffen. Das große Problem, wie wir immer feststellen, besteht darin, zu Geld zu kommen. Hat man sich das verschafft, so ist es nicht schwierig, alles Weitere zu kaufen. Weil es Wertmaß ist, schätzen wir den Wert aller anderen Waren anhand der Geldmenge, für die sie sich tauschen lassen. Wir sagen von einem reichen Mann, er sei sehr viel, und von einem armen Mann, er sei sehr wenig Geld wert. Von einem sparsamen Menschen oder einem, der nach Reichtum strebt, sagt man, er liebe das Geld; von einem sorglosen, freigebigen oder verschwenderischen Menschen heißt es, er mache sich nichts daraus. Reich zu werden heißt, es zu Geld zu bringen; kurz gesagt: Reichtum und Geld gelten in der Alltagssprache als in jeder Hinsicht gleichbedeutend.

Als reiches Land gilt, ebenso wie es beim reichen Mann ist, ein Land, das Geld im Überfluss hat; und die Anhäufung von Gold und Silber gilt in jedem Land als der rascheste Weg zum Reichtum.

Nach der Entdeckung Amerikas pflegten die Spanier, wenn sie an eine ihnen unbekannte Küste kamen, einige Zeit lang als Erstes die Frage zu stellen, ob in der Nähe Gold oder Silber zu finden sei. Je nach der Auskunft, die sie erhielten, entschieden sie, ob es der Mühe wert sei, dort eine Niederlassung zu gründen, oder ob das Land die Eroberung wert sei. Der Mönch Plano Carpino, der als Botschafter des französischen Königs zu einem der Söhne des berühmten Dschingis Khan gesandt worden war, berichtet, dass ihn die Tataren immer wieder gefragt hätten, ob es reichlich Schafe und Ochsen im französischen Königreich gebe. Ihre Frage hatte [430] denselben Zweck wie die der Spanier. Sie wollten wissen, ob das Land reich genug sei, um die Eroberung zu lohnen. Wie bei allen anderen Hirtenvölkern, die den Gebrauch des Geldes im Allgemeinen nicht kennen, ist bei den Tataren das Vieh Tauschmittel und Wertmaß. Reichtum bestand für sie daher in Vieh, so wie er für die Spanier in Gold und Silber bestand. Von den beiden Vorstellungen kam wohl die der Tataren der Wahrheit näher.

Herr Locke stellt einen Unterschied zwischen Geld und anderen beweglichen Gütern fest. Alle anderen beweglichen Güter, sagt er, haben so sehr Konsumgutcharakter, dass Reichtum, der in ihnen besteht, nicht recht verlässlich ist und ein Volk, das im einen Jahr Überfluss an ihnen hat, ohne jede Ausfuhr, nur durch eigene Vergeudung und Verschwendung im nächsten an ihnen großen Mangel haben kann. Geld hingegen ist ein beständiger Freund: Es mag zwar von Hand zu Hand gehen, aber sofern sich verhindern lässt, dass es außer Landes geht, ist nicht ohne weiteres mit seiner Zerstörung und Vernichtung zu rechnen. Gold und Silber sind daher seiner Meinung nach der verlässlichste und wesentlichste Teil des beweglichen Reichtums eines Volkes, und aus diesem Grund, meint er, sollte die Vermehrung dieser Metalle das Hauptziel von dessen politischer Ökonomie sein.

Andere halten fest, dass es für ein Volk, das sich von der ganzen übrigen Welt absondern ließe, gleichgültig wäre, wie viel oder wie wenig Geld in ihm umliefe. Es würden lediglich die Konsumgüter, die mit Hilfe dieses Geldes umliefen, für eine größere oder kleinere Anzahl von Geldstücken getauscht; der wirkliche Reichtum oder die wirkliche Armut des Landes aber würde, wie sie einräumen, [431] ganz und gar von Überfluss oder Knappheit an diesen Konsumgütern abhängen. Anders hingegen verhält es sich ihres

Erachtens mit Ländern, die Beziehungen zu souveränen Staaten unterhalten und genötigt sind, auswärts Krieg zu führen und in weit entfernten Ländern Flotten und Heere zu unterhalten. Das, so sagen sie, lasse sich nicht anders bewerkstelligen als durch Versendung von Geld zu deren Bezahlung ins Ausland; und ein Volk kann nicht viel Geld ins Ausland senden, wenn es daheim nicht eine Menge davon hat. Jedes dieser Völker müsse daher bestrebt sein, in Friedenszeiten Gold und Silber anzuhäufen, damit es im Bedarfsfall die Mittel hat, um auswärts Krieg zu führen.

Infolge dieser verbreiteten Vorstellungen haben alle Völker Europas jede erdenkliche Möglichkeit untersucht (wenn auch ohne viel Erfolg), im jeweiligen Land Gold und Silber anzuhäufen. Spanien und Portugal, die Eigentümer der wichtigsten Bergwerke, die Europa mit diesen Metallen versorgen, haben deren Ausfuhr entweder bei strengster Strafe verboten oder mit einem erheblichen Zoll belegt. Ein entsprechendes Verbot dürfte früher zur Wirtschaftspolitik der meisten anderen europäischen Völker gehört haben. Es findet sich sogar – wo wir es am wenigsten vermuten würden – in einigen alten schottischen Parlamentsakten, die bei schwerer Strafe die Entfernung von Gold und Silber *aus dem Königreich* untersagen. Eine ähnliche Politik wurde früher auch in Frankreich und England verfolgt.

Als jene Länder Handel zu treiben begannen, fanden die Kaufleute dieses Verbot bei vielen Gelegenheiten äußerst hinderlich. Oft konnten sie mit Gold und Silber vorteilhafter als mit jeder anderen Ware die gewünschten ausländischen Güter kaufen, um sie entweder in ihr eigenes Land einzuführen oder in ein anderes fremdes Land zu bringen. Sie protestierten daher gegen dieses Verbot als handelsschädigend.

[...]

[438]

Es wäre zu lächerlich, wollte man ernsthaft zu beweisen suchen, dass Reichtum nicht in Geld oder in Gold und Silber besteht, sondern in dem, was für Geld zu kaufen und wofür es nur als Tauschmittel wertvoll ist. Geld macht ohne Zweifel immer einen Teil des volkswirtschaftlichen Kapitals aus; aber wie schon gezeigt wurde, macht es im Allgemeinen nur einen kleinen und stets den am wenigsten einträglichen Teil davon aus.

Nicht weil Reichtum im Wesentlichen mehr in Geld als in Gütern besteht, findet es der Kaufmann im Allgemeinen leichter, Güter für Geld zu kaufen als Geld für Güter, sondern weil Geld das anerkannte und eingeführte Tauschmittel ist, für das im Tausch alles bereitwillig hingegeben wird, das aber nicht immer mit gleicher Bereitwilligkeit im Tausch für alles andere erhältlich ist. Außerdem ist die Mehrzahl der Güter verderblicher als Geld, und wer sie behält, erleidet häufig einen viel größeren Verlust. Hat er noch seine Güter an der Hand, so muss er überdies eher mit Geldforderungen rechnen, denen er nicht nachkommen kann, als wenn er deren Preis in seinen Kassen hat. Überdies entsteht sein Gewinn unmittelbar mehr aus dem Verkauf als aus dem Einkauf, und aus all diesen Gründen hat er im Allgemeinen viel größeres Interesse daran, seine Güter gegen Geld einzutauschen [439] als sein Geld gegen Güter. Nun kann zwar mitunter ein einzelner Kaufmann, der reichlich Güter auf Lager hat, ruiniert werden, wenn er sie nicht rechtzeitig verkaufen kann, doch ein Volk oder Land braucht mit einem solchen Unglück nicht zu rechnen. Häufig besteht das gesamte Kapital eines Kaufmanns in verderblichen Gütern, die dazu bestimmt sind, ihm Geld einzubringen. Hingegen kann nur ein sehr kleiner Teil des jährlichen Ertrages von Boden und Arbeit eines Landes dazu bestimmt sein, Gold und Silber von dessen Nachbarn zu erwerben. Der weitaus größere Teil läuft im Land selbst um und wird konsumiert; und sogar von dem ins Ausland gesendeten Überschuss ist der größere Teil im Allgemeinen für den Ankauf anderer ausländischer Güter bestimmt. Auch wenn Gold und Silber im Tausch für die Güter, mit denen sie erworben werden sollten, nicht zu haben wären, würde das daher nicht den Ruin des Volkes bedeuten. Dieses könnte freilich gewisse Verluste und Unannehmlichkeiten zu erleiden haben und genötigt sein, zu dem einen oder anderen Ersatzmittel für Geld zu greifen. Der jährliche Ertrag von Boden und Arbeit jedoch müsste der gleiche oder fast der gleiche sein wie üblich, denn zu seiner Erzielung würde das gleiche oder fast das gleiche verbrauchbare Kapital aufgewendet werden. Und obwohl Güter einem nicht immer so leicht Geld verschaffen, wie Geld Güter verschafft, müssen sie es einem langfristig doch mit größerer Sicherheit verschaffen als das Geld die Güter. Güter können vielen anderen Zwecken als dem Erwerb von Geld dienen, Geld aber kann zu nichts anderem als zum Erwerb von Gütern dienen. Das Geld läuft also notwendigerweise hinter den Gütern her, die

Güter aber laufen nicht immer oder notwendigerweise hinter dem Geld her. Wer kauft, hat nicht immer die Absicht, wieder zu verkaufen, sondern will häufig gebrauchen oder verbrauchen; während derjenige, der verkauft, immer die Absicht hat, wieder zu kaufen. Der eine kann oft schon sein ganzes Geschäft, der andere aber nie mehr als die Hälfte davon erledigt haben. Die Menschen begehren Geld nicht um seiner selbst willen, sondern um dessentwillen, was sie damit kaufen können.

Konsumgüter, heißt es, sind rasch vernichtet, während Gold und Silber dauerhafterer Natur sind und sich – wäre nicht diese ständige Ausfuhr – über Menschenalter hinweg anhäufen ließen, was eine unglaubliche Vermehrung des realen Reichtums des Landes bewirken würde. Nichts könne daher, so wird behauptet, nachteiliger für ein Land sein als der Handel, der im Tausch solch dauerhafter gegen solch verderbliche Waren besteht. Aber den Handel, der im Tausch englischer Metallwaren gegen französische Weine besteht, halten wir auch nicht für nachteilig, und doch sind Metallwaren sehr dauerhafte Güter und ließen sich – wäre nicht diese ständige Ausfuhr – ebenfalls über Menschenalter hinweg anhäufen, was eine unglaubliche Vermehrung der Töpfe und Pfannen im Land bewirken würde. Ohne weiteres fällt einem aber ein, dass die Anzahl solcher Gebrauchsgegenstände in jedem Land notwendigerweise durch die Verwendung begrenzt ist, die man für sie hat; dass es unsinnig wäre, [440] mehr Töpfe und Pfannen zu haben, als für die Zubereitung der dort üblicherweise verzehrten Nahrungsmittel erforderlich sind; und dass bei Vermehrung der Nahrungsmittelmenge die Zahl der Töpfe und Pfannen ohne weiteres mit anstiege, wobei ein Teil der zusätzlichen Nahrungsmittelmenge für deren Ankauf oder für den Unterhalt einer zusätzlichen Anzahl von Arbeitskräften, die diese herzustellen hätten, verwendet würde. Ebenso sollte einem ohne weiteres einfallen, dass die Gold- und Silbermenge in jedem Land durch die Verwendung, die man dort für sie hat, begrenzt ist; dass ihre Verwendung darin besteht, in Form von Münzen Waren in Umlauf zu bringen und in Form von Tafelgeschirr und Gerät eine Art Einrichtungsgegenstände zu bilden; dass sich die Münzmenge in jedem Land nach dem Wert der Waren richtet, die mit ihrer Hilfe umlaufen sollen: Erhöht man diesen Wert, so wird unverzüglich ein Teil von ihnen ins Ausland gesendet, um, wo immer sie zu haben sind, die zusätzliche Menge Münzen, die für ihren Umlauf nötig sind, zu beschaffen; dass sich die Menge Edelmetallgerät nach Anzahl und Reichtum jener Familien richtet, die sich in dieser Art von Prachtentfaltung gefallen: Erhöht man Anzahl und Reichtum solcher Familien, so wird ein Teil dieses zusätzlichen Reichtums höchstwahrscheinlich für den Ankauf einer zusätzlichen Menge Tafelgeschirr verwendet werden, wo immer sie zu haben ist; dass der Versuch einer Vermehrung des Reichtums eines Landes durch Zufuhr oder Hortung einer unnötigen Menge Gold und Silber ebenso unsinnig ist wie der Versuch, die Tafelfreuden einer Familie dadurch zu erhöhen, dass man sie zwingt, eine unnötige Anzahl von Küchengeräten zu haben. Ebenso wie die Kosten des Ankaufes solch überflüssiger Geräte entweder Menge oder Güte der Nahrungsmittel der Familie verringern würden, statt sie zu vermehren, würden auch die Kosten des Ankaufes einer unnötigen Menge Gold und Silber in jedem Land notwendigerweise den Reichtum vermindern, mit dem Nahrung, Kleidung und Wohnung für das Volk beschafft werden, aus dem es also erhalten und beschäftigt wird. Man muss bedenken, dass Gold und Silber als Münzen ebenso wie als Tafelgeschirr Gebrauchsgegenstände sind, genauso wie die Kücheneinrichtung. Schafft man mehr Verwendung für sie, vermehrt man die Konsumgüter, die mit ihrer Hilfe in Umlauf gebracht, besorgt und bereitet werden sollen, so wird sich unfehlbar auch ihre Menge vergrößern; wollte man ihre Menge aber durch außergewöhnliche Mittel vergrößern, so wird sich ebenso unfehlbar ihr Gebrauch und sogar ihre Menge verringern, die bei diesen Metallen nie größer sein kann, als ihr Gebrauch es erfordert. Sollten sie jemals über diese Menge hinaus angehäuft werden, so ist ihr Transport so leicht und der Verlust, der entsteht, wenn sie müßig und unbeschäftigt sind, so groß, dass kein Gesetz ihre unverzügliche Ausfuhr aus dem Land verhindern könnte.

Es ist nicht immer notwendig, Gold und Silber anzuhäufen, um ein Land instand zu setzen, im Ausland Krieg zu führen und in weit entfernten Ländern Flotten und Heere zu unterhalten. Flotten und Heere werden nicht mit Gold und Silber, sondern mit Konsumgütern erhalten. Dasjenige Volk, das aus dem jährlichen [441] Ertrag heimischer Erwerbstätigkeit, aus dem jährlichen Einkommen aus Boden, Arbeit und Konsumvermögen, über die Mittel verfügt, solche Konsumgüter in fernen Ländern zu kaufen, kann dort auswärtige Kriege führen.

Ein Volk kann Sold und Verpflegung für ein Heer in einem fernen Land auf dreifache Weise erwerben: Es kann erstens einen Teil seines angehäuften Goldes und Silbers oder zweitens einen Teil der jährlichen Produktion seiner Gewerbetreibenden oder schließlich einen Teil seines jährlichen Bodenertrages ins Ausland senden.

Das Gold und Silber, das in einem Land genau genommen als angehäuft oder vorrätig gelten kann, lässt sich in drei Teile gliedern: erstens das umlaufende Geld, zweitens Tafelgeschirr und Gerät im Privatbesitz und schließlich das Geld, das sich durch jahrelange Sparsamkeit angesammelt haben kann und in der Schatzkammer des Landesfürsten liegt.

Selten kann von der umlaufenden Geldmenge des Landes viel beiseitegelegt werden, denn daran kann selten Überfluss herrschen. Der Wert der alljährlich in einem Land gekauften und verkauften Güter erfordert eine bestimmte Menge Geld, damit diese umlaufen und an ihre eigentlichen Konsumenten gelangen können; für mehr aber besteht keine Verwendung. Der Umlaufkanal zieht notwendigerweise eine Summe an, die ihn zu füllen vermag, und lässt niemals mehr zu. Diesem Kanal wird jedoch im Falle eines auswärtigen Krieges im Allgemeinen etwas entnommen. Dadurch, dass eine große Zahl von Personen auswärts unterhalten wird, sind im Inland weniger zu unterhalten. Hier sind weniger Waren im Umlauf, und dieser Umlauf erfordert weniger Geld. Bei solchen Gelegenheiten wird auch eine außerordentliche Menge Papiergeld der einen oder anderen Art ausgegeben, in England etwa Schatzscheine, Admiralitätswechsel und Bankwechsel, und dadurch, dass dieses an die Stelle von umlaufendem Gold und Silber tritt, lässt sich davon eine größere Menge ins Ausland senden. All das wären jedoch nur unzulängliche Mittel für die Führung eines sehr kostspieligen und mehrjährigen auswärtigen Krieges.

Das Einschmelzen von Familiensilber erwies sich in jedem solchen Fall als noch unbedeutenderes Mittel. Die Franzosen zogen zu Beginn des letzten Krieges daraus nicht einmal so viel Vorteil, dass er die Einbuße von dessen Kunstwert aufgewogen hätte.

Die angehäuften Schätze des Landesfürsten stellten in früheren Zeiten ein viel bedeutenderes und dauerhafteres Hilfsmittel dar. Sieht man vom König von Preußen ab, so dürfte heutzutage die Anhäufung eines Schatzes nicht zur Wirtschaftspolitik europäischer Fürsten gehören.

Die Mittel, mit denen die Kriege des gegenwärtigen Jahrhunderts – wohl die kostspieligsten, die die Geschichte kennt – geführt wurden, dürften wenig mit der Ausfuhr umlaufenden Geldes, mit Familiensilber oder landesfürstlichen Schätzen zu tun gehabt haben. Der letzte Krieg gegen Frankreich [442] kostete Großbritannien über neunzig Millionen, worin nicht nur die fünfundsiebzig Millionen an neu aufgenommenen Schulden, sondern auch die zusätzlichen zwei Schilling je Pfund bezahlter Bodeneinkommensteuer und das, was jährlich aus dem Schuldentilgungsfonds entliehen wurde, berücksichtigt sind. Mehr als zwei Drittel dieser Ausgaben erfolgten in fernen Ländern: in Deutschland, Portugal, Amerika, in den Mittelmeerhäfen, in Ost- und Westindien. Die englischen Könige hatten keine Schätze angehäuft. Nie hörten wir vom Einschmelzen einer außergewöhnlichen Menge Silbergerät. Das im Land umlaufende Gold und Silber war mit nicht mehr als achtzehn Millionen angenommen worden. Seit der jüngsten Umprägung des Goldes hält man das allerdings für eine erhebliche Unterschätzung. Nehmen wir daher nach der großzügigsten Berechnung, von der ich, soweit ich mich erinnere, je etwas zu hören oder zu sehen bekam, an, dass Gold und Silber zusammen dreißig Millionen ausmachten. Wäre der Krieg mit unserem Geld geführt worden, so hätte selbst nach dieser Rechnung in einem Zeitraum von sechs bis sieben Jahren das gesamte Geld wenigstens zweimal hinausgesendet werden und wieder zurückkehren müssen. Wollte man das annehmen, so wäre es der schlagkräftigste Beweis dafür, wie unnötig es ist, den Staat über die Erhaltung des Geldes wachen zu lassen, denn dieser Annahme zufolge wäre ja das gesamte Geld des Landes zweimal in so kurzer Zeit aus ihm abgeflossen und wieder zurückgekehrt, ohne dass davon irgendjemand irgendetwas gewusst hätte. Der Umlaufkanal schien aber in keinem Abschnitt dieser Zeitspanne leerer als üblich. Wenigen Leuten, die die Mittel hatten, um es zu bezahlen, mangelte es an Geld. Die Gewinne aus dem Außenhandel waren während des ganzen Krieges sogar größer als gewöhnlich, besonders gegen dessen Ende. Das bewirkte, was es immer bewirkt, nämlich eine allgemeine Überexpansion in allen Häfen Großbritanniens, und das wiederum hatte die übliche Klage über Geldknappheit zur Folge, wie sie immer auf eine Überexpansion folgt. Viele Leute brauchten Geld, die weder die Mittel besaßen, um es zu kaufen, noch den Kredit, um es zu borgen; und weil die Schuldner Schwierigkeiten mit dem Borgen hatten, hatten die Gläubiger Schwierigkeiten [443], bezahlt zu werden. Gold und Silber aber waren im Allgemeinen zu ihrem Wert zu haben – für die, die den Gegenwert auf den Tisch legen konnten.

[...]

[446] [...]

Die Einfuhr von Gold und Silber ist nicht der wichtigste, geschweige denn der einzige Vorteil, den ein Volk aus seinem Außenhandel zieht. Gleichgültig, zwischen welchen Orten Außenhandel stattfindet: Alle von ihnen ziehen daraus zweierlei Vorteile. Er führt jenen überschüssigen Teil des Ertrages ihres Bodens und ihrer Arbeit aus, nach dem im Inland keine Nachfrage besteht, und bringt dafür etwas anderes herein, nach dem Nachfrage besteht. Er gibt ihren Überschüssen Wert, indem er sie gegen etwas eintauscht, das einen Teil ihrer Bedürfnisse befriedigen und ihre Genussmöglichkeiten erhöhen kann. Weil es ihn gibt, [447] ist die Enge des Binnenmarktes kein Hindernis dafür, dass in einem beliebigen Handwerks- oder Gewerbezweig die Arbeitsteilung bis zu höchster Vollkommenheit getrieben wird. Durch Eröffnung eines ausgedehnteren Marktes für denjenigen Teil ihres Arbeitsertrags, der den inländischen Konsum übersteigen könnte, regt er sie zur Steigerung ihrer Produktivität und zu größtmöglicher Erhöhung ihres jährlichen Ertrages und dadurch zur Vermehrung des realen Einkommens und Reichtums der Gesellschaft an. Diese großen und wichtigen Leistungen erbringt der Außenhandel unausgesetzt für all die verschiedenen Länder, zwischen denen er stattfindet. Sie alle ziehen aus ihm große Vorteile, wobei im Allgemeinen dasjenige, in dem der Kaufmann wohnhaft ist, den größten Vorteil hat, da er sich für gewöhnlich mehr damit befasst, die Bedarfe des eigenen Landes zu decken und die Überschüsse des eigenen Landes auszuführen als die eines anderen. Die Einfuhr von benötigtem Gold und Silber in die Länder, die keine Vorkommen daran haben, ist ohne Zweifel ein Teil der Außenhandelstätigkeit. Sie ist aber ein höchst unbedeutender Teil derselben. Ein Land, das nur zu diesem Zweck Außenhandel betriebe, hätte, wenn überhaupt, einmal pro Jahrhundert Gelegenheit, ein Schiff zu beladen.

Nicht durch die Einfuhr von Gold und Silber hat die Entdeckung Amerikas Europa reicher gemacht. Infolge der Ergiebigkeit der amerikanischen Vorkommen sind diese Metalle billiger geworden. Ein Satz Silbergeschirr ist heute für ungefähr ein Drittel des Korns, also ein Drittel der Arbeit, zu kaufen, die er im fünfzehnten Jahrhundert gekostet hätte. Mit dem gleichen jährlichen Aufwand an Arbeit und Waren kann Europa jährlich ungefähr dreimal so viel Silbergerät kaufen wie damals. Wenn aber eine Ware für ein Drittel ihres früher üblichen Preises zum Verkauf gelangt, dann können nicht nur diejenigen, die sie schon früher kauften, dreimal so viel wie die frühere Menge kaufen, sondern sie wird dadurch für eine viel größere Zahl von Käufern erschwinglich – vielleicht für mehr als zehnmal, vielleicht für mehr als zwanzigmal so viele wie früher, so dass es in Europa gegenwärtig nicht nur mehr als dreimal so viel, sondern mehr als zwanzig- oder dreißigmal so viel Silbergerät geben mag, wie beim gegenwärtigen Entwicklungsstand vorhanden wäre, wenn die amerikanischen Vorkommen nie entdeckt worden wären. Insoweit hat Europa ohne Zweifel eine echte [448] Annehmlichkeit gewonnen, wenn auch sicherlich eine sehr unbedeutende. Die niedrigen Preise von Gold und Silber machen diese Metalle als Geld eher weniger geeignet, als sie das früher waren. Um die gleichen Käufe zu tätigen, müssen wir uns mit einer größeren Menge davon versehen und einen Schilling in der Tasche herumtragen, wo früher ein Groschen ausgereicht hätte. Es ist schwer zu sagen, was unbedeutender ist: diese Unbequemlichkeit oder die umgekehrte Bequemlichkeit. Weder das eine noch das andere hätte für den Zustand Europas eine sehr wesentliche Veränderung bedeuten können. Eine ganz wesentliche Veränderung hingegen bedeutete fraglos die Entdeckung Amerikas. Durch Eröffnung eines neuen, endlos aufnahmefähigen Marktes für alle Waren Europas bewirkte sie neue Arbeitsteilungen und technische Verbesserungen, zu denen es in den engen Grenzen des alten Handels nie hätte kommen können, weil der Markt fehlte, der den Großteil von dessen Produkten abgenommen hätte. Die Produktivität der Arbeit stieg, und ihr Ertrag erhöhte sich in allen Ländern Europas und mit ihm das reale Einkommen und der wirkliche Reichtum der Bewohner. Die Waren aus Europa waren für Amerika fast alle neu, und viele der amerikanischen waren neu für Europa. Somit setzten neuartige Tauschvorgänge ein, die bislang undenkbar gewesen waren und die sich natürlich für den neuen Erdteil als ebenso vorteilhaft hätten erweisen sollen, wie sie es mit Sicherheit für den alten waren. Doch die barbarischen Untaten der Europäer ließen ein Ereignis, das allen Gutes hätte bringen können, für einige dieser unglückseligen Länder in Verderb und Vernichtung enden.

Die ziemlich gleichzeitig erfolgende Entdeckung einer Route nach Ostindien über das Kap der Guten Hoffnung eröffnete trotz der größeren Entfernung dem Außenhandel einen vielleicht noch größeren Raum als die Entdeckung Amerikas. In Amerika gab es nur zwei Völker, die in irgendeiner Hinsicht höher standen als Wilde, und diese wurden, kaum dass sie entdeckt waren, auch schon vernichtet. Die übrigen waren bloße Wilde. Hingegen waren China, Hindustan, Japan und einige andere Reiche in Ostindien – abgesehen davon, dass sie keine reicheren Vorkommen an Gold und Silber besaßen – in jeder anderen Hinsicht viel reicher, höher gebildet und in jedem Handwerk und Gewerbe fortgeschrittener als Mexiko oder Peru, selbst wenn wir den übertriebenen und offensichtlich unglaubwürdigen Berichten der spanischen Schriftsteller über den ursprünglichen Zustand dieser Reiche Glauben schenken wollten. Reiche und zivilisierte Völker aber können untereinander immer einen viel wertvolleren Handel treiben als mit Wilden und Barbaren. Europa hat jedoch bislang aus seinem Handel mit Ostindien weniger Vorteil gezogen als aus dem [449] mit Amerika. Ungefähr ein Jahrhundert lang monopolisierten die Portugiesen den Handel mit Ostindien, und nur mittelbar und durch sie konnten die anderen Völker Europas Güter dorthin senden oder von dort beziehen. Als zu Beginn des letzten Jahrhunderts die Holländer ihnen ihre Position streitig zu machen begannen, vertrauten sie den gesamten Ostindienhandel einer privilegierten Gesellschaft an. Engländer, Franzosen, Schweden und Dänen folgten alle ihrem Beispiel, so dass bislang kein großes Volk Europas in den Genuss der Vorteile freien Handels mit Ostindien kam. Es bedarf keiner weiteren Begründung, warum er nie so vorteilhaft war wie der Handel mit Amerika, der zwischen so gut wie jedem Volk Europas und dessen eigenen Kolonien für alle seine Angehörigen frei ist. Die ausschließlichen Privilegien jener Ostindien-Gesellschaften, ihr großer Reichtum, die großen Vergünstigungen und die Protektion, die ihnen dieser bei ihren jeweiligen Regierungen sicherte, trugen ihnen viel Neid ein. Dieser Neid hat ihren Handel oft als ganz und gar verderblich hingestellt, und zwar wegen der großen Silbermengen, die er alljährlich aus den Ländern ausführt, von denen aus er betrieben wird. Die Betroffenen entgegneten, dass ihr Handel durch diese ständige Silberausfuhr tatsächlich Europa allgemein ärmer machen könnte, aber nicht das jeweilige Land, von dem aus er betrieben würde; denn durch die Ausfuhr eines Teiles der Erträge in andere europäische Länder brächte er alljährlich eine viel größere Menge Silber herein, als er ausführte. Einwand wie Entgegnung beruhen auf der verbreiteten Vorstellung, die ich eben darlegte. Es erübrigt sich somit, zu einem der beiden noch etwas zu sagen. Durch die jährliche Ausfuhr von Silber nach Ostindien ist Silbergerät in Europa wahrscheinlich um einiges teurer, als es das sonst wäre; und für Silbermünzen sind wahrscheinlich größere Mengen Arbeit und Waren zu kaufen. Die erste dieser zwei Wirkungen ist ein ganz kleiner Verlust, die zweite ein ganz kleiner Vorteil – beide zu nebensächlich, um auch nur einen Teil der öffentlichen Aufmerksamkeit zu verdienen. Durch die Eröffnung eines Marktes für Waren aus Europa oder, was annähernd das Gleiche ist, für das Gold und Silber, das mit diesen Waren gekauft wird, muss der Ostindienhandel notwendigerweise über kurz oder lang die jährliche Produktion europäischer Waren und infolgedessen den wirklichen Reichtum und das reale Einkommen Europas erhöhen. Dass er das bislang so wenig getan hat, liegt wahrscheinlich an den Beschränkungen, gegen die er überall anzukämpfen hat.

Ich hielt es für notwendig – auch auf die Gefahr hin, den Leser zu ermüden –, diese verbreitete Vorstellung, dass Reichtum in Geld oder in Gold und Silber bestehe, ausführlich zu untersuchen. Im gewöhnlichen Sprachgebrauch bedeutet Geld, wie ich schon sagte, Reichtum, und durch die Doppeldeutigkeit des Ausdrucks wurde uns diese verbreitete Vorstellung so vertraut, dass selbst diejenigen, die von deren Unsinnigkeit überzeugt sind, nur zu leicht ihre eigenen Grundsätze vergessen und im Verlauf ihrer Darlegungen sie als sichere und unbestreitbare [450] Wahrheit hinstellen. Einige der besten englischen Schriftsteller, die sich mit dem Handel beschäftigen, stellen einleitend fest, dass der Reichtum eines Landes nicht allein in seinem Gold und Silber, sondern in seinem Grund und Boden, seinen Häusern und Konsumgütern aller Art bestehe. Im Verlauf ihrer Darlegungen aber dürften ihnen Grund und Boden, Häuser und Konsumgüter entfallen, und im Endeffekt geht ihre Argumentation häufig dahin, dass aller Reichtum in Gold und Silber bestehe und die Vermehrung dieser Metalle das große Ziel von Handel und Gewerbe eines Volkes sei.

Sobald aber einmal die zwei Grundsätze aufgestellt waren, dass Reichtum in Gold und Silber bestehe und dass diese Metalle in ein Land ohne Vorkommen daran nur durch die Handelsbilanz oder durch eine die Einfuhr übersteigende Ausfuhr hereingebracht werden könnten, wurde es notwendigerweise das große Ziel politischer Ökonomie, die Einfuhr ausländischer Güter für den inländischen Konsum so weit wie möglich zu verringern und die Ausfuhr der Produkte heimischer Erwerbstätigkeit so weit wie möglich zu steigern. Die zwei starken Antriebsmaschinen zur Bereicherung des Landes waren für sie also Einfuhrbeschränkungen und Ausfuhrförderungen.

Die Einfuhrbeschränkungen waren zweifacher Art.

Erstens: Beschränkungen der Einfuhr derjenigen für den inländischen Konsum bestimmten ausländischen Güter, die im Inland erzeugt werden konnten, und zwar gleichgültig aus welchem Land ihre Einfuhr erfolgte.

Zweitens: Beschränkungen der Einfuhr von Gütern fast aller Art aus denjenigen Ländern, mit denen man eine passive Handelsbilanz zu haben glaubte.

Diese verschiedenen Beschränkungen bestanden teils in hohen Zöllen, teils in vollständigen Einfuhrverboten.

Die Ausfuhr wurde gefördert: teils durch Rückvergütung von Zöllen, teils durch Subventionen, teils durch günstige Handelsverträge mit fremden Staaten und teils durch Gründung von Kolonien in fernen Ländern.

Rückvergütungen erfolgten bei zwei verschiedenen Gelegenheiten: Sofern heimische gewerbliche Produkte einer Abgabe oder Verbrauchsteuer unterlagen, wurde bei ihrer Ausfuhr häufig entweder deren ganzer Betrag oder ein Teil desselben rückvergütet; und sofern zollpflichtige ausländische Waren zum Zweck der Wiederausfuhr eingeführt wurden, wurde bei ihrer Ausfuhr mitunter entweder der ganze Betrag oder ein Teil dieses Zolles zurückerstattet.

Subventionen wurden als Anreiz für manche in ihren Anfängen steckende gewerbliche Produktionen oder für solche Produktionen anderer Art gegeben, die als besonders förderungswürdig galten.

[451] Durch vorteilhafte Handelsverträge sicherte man sich in einzelnen fremden Staaten besondere Privilegien für die Waren und Kaufleute des eigenen Landes – über die hinaus, die denen anderer Länder gewährt wurden.

Durch Gründung von Kolonien in fernen Ländern sicherte man sich nicht nur besondere Privilegien für die Waren und Kaufleute des Gründerlandes, sondern häufig sogar ein Monopol.

Die oben erwähnten zwei Arten von Einfuhrbeschränkungen zusammen mit diesen vier Ausfuhrförderungen machen die sechs wichtigsten Maßnahmen aus, mit deren Hilfe das Kommerzsystem die Gold- und Silbermenge eines Landes durch Erzielung einer aktiven Handelsbilanz zu vermehren gedachte. Ich werde jede einzelne von ihnen in einem eigenen Kapitel behandeln; und ohne weiter auf ihre angebliche Wirkung, Geld ins Land zu bringen, einzugehen, werde ich hauptsächlich untersuchen, welche Wirkungen jede von ihnen auf das jährliche Ergebnis der Erwerbstätigkeit haben muss. Offensichtlich werden sie je nachdem, ob sie diese jährliche Wertschöpfung eher erhöhen oder eher senken, auch den wirklichen Reichtum und das reale Einkommen des Landes eher erhöhen oder eher senken müssen.

[452]

Kapitel II: Einfuhrbeschränkungen für ausländische Güter, die im Inland erzeugt werden können

Durch Beschränkung der Einfuhr derjenigen ausländischen Güter, die im Inland erzeugt werden können, entweder mittels hoher Zölle oder mittels vollständiger Verbote, wird den mit deren Erzeugung befassten heimischen Erwerbszweigen mehr oder weniger das Monopol auf dem Inlandsmarkt gesichert. So sichert das Verbot der Einfuhr sowohl von Vieh als auch von Pökelfleisch aus fremden Ländern den britischen Viehzüchtern auf dem Inlandsmarkt das Monopol für Fleisch. Die hohen Einfuhrzölle auf Korn, die in Zeiten mäßig reicher Ernten einem Verbot gleichkommen, verschaffen den Produzenten dieser Ware einen ähnlichen Vorteil. Ebenso günstig ist für die Wollwarenerzeuger das Einfuhrverbot für ausländische Wollwaren. Die Seidenerzeugung hat, obwohl sie ausschließlich mit ausländischen Rohmaterialien arbeitet, vor kurzem den gleichen Vorteil erlangt. Die Leinenindustrie hat ihn noch nicht erlangt, ist aber auf dem besten Wege dazu. Viele andere Arten britischer Gewerbetreibender haben auf die gleiche Weise ein vollständiges oder fast vollständiges Monopol gegenüber ihren

Landsleuten erlangt. Die Vielfalt der Güter, deren Einfuhr nach Großbritannien entweder vollständig oder unter gewissen Umständen untersagt ist, ist weit größer, als man ohne weiteres vermuten könnte, wenn man mit den Zollvorschriften nicht vertraut ist.

[453] Dass dieses Monopol auf dem Inlandsmarkt häufig einen großen Anreiz für ebendas Gewerbe, das es genießt, bildet und häufig einen größeren Teil sowohl der Arbeitskräfte als auch des Vermögens der Gesellschaft dort Beschäftigung suchen lässt, als das sonst der Fall gewesen wäre, ist nicht zu bezweifeln. Ob das aber insgesamt die Erwerbstätigkeit der Gesellschaft erhöht oder ihr die vorteilhafteste Richtung gibt, ist vielleicht nicht ganz so klar.

Allgemein kann die Erwerbstätigkeit der Gesellschaft nie über das hinausgehen, was das Kapital der Gesellschaft beschäftigen kann. Ebenso wie die Anzahl von Arbeitskräften, denen ein Einzelner Beschäftigung geben kann, in einem bestimmten Verhältnis zu seinem Kapital stehen muss, muss auch die Anzahl derjenigen, die von allen Angehörigen einer großen Gesellschaft ständig beschäftigt werden können, in einem bestimmten Verhältnis zum gesamten Kapital der Gesellschaft stehen und kann dieses nie übersteigen. Keine handelspolitische Maßnahme kann die Menge der Erwerbstätigkeit in einer Gesellschaft weiter vergrößern, als es deren Kapital erlaubt. Sie kann lediglich einen Teil davon in eine Richtung lenken, die er andernfalls nicht eingeschlagen hätte; es ist aber keineswegs sicher, dass diese künstlich erwirkte Richtung für die Gesellschaft günstiger ist als die, die er von allein eingeschlagen hätte.

[454] Jeder Einzelne ist ständig bemüht, die vorteilhafteste Beschäftigung für das ihm verfügbare Kapital zu finden. Dabei hat er freilich seinen eigenen Vorteil und nicht den der Gesellschaft im Auge. Doch natürlich, besser gesagt: notwendigerweise, führt ihn die Erwägung seines eigenen Vorteils dazu, diejenige Beschäftigung zu wählen, die für die Gesellschaft am vorteilhaftesten ist.

Erstens trachtet jeder Einzelne danach, sein Kapital möglichst in seiner Nähe zu beschäftigen und infolgedessen es so weit wie möglich zur Förderung heimischer Erwerbstätigkeit zu verwenden – immer vorausgesetzt, dass er dabei den üblichen oder nicht viel weniger als den üblichen Gewinn aus Vermögen erzielen kann.

Bei gleichem oder annähernd gleichem Gewinn zieht daher jeder Großhändler natürlich den Binnenhandel dem Einfuhrhandel, den Einfuhrhandel aber dem Transithandel vor. Im Binnenhandel kommt ihm sein Kapital nie so lange aus den Augen wie häufig im Einfuhrhandel. Er kann Charakter und Umstände der Personen, denen er vertraut, besser kennenlernen, und wenn er betrogen werden sollte, so weiß er besser Bescheid über die Gesetze des Landes, in dem er sein Recht suchen muss. Im Transithandel teilt sich das Kapital des Kaufmanns gewissermaßen zwischen zwei fremden Ländern auf, und keiner der beiden Teile kehrt notwendigerweise jemals nach Hause oder unter seine unmittelbare Aufsicht und Verfügung zurück. Das Kapital, das ein Amsterdamer Kaufmann einsetzt, um Korn von Königsberg nach Lissabon und Obst und Wein von Lissabon nach Königsberg zu bringen, muss im Allgemeinen zur Hälfte in Königsberg und zur anderen Hälfte in Lissabon liegen. Nichts davon muss je nach Amsterdam kommen. Seinen natürlichen Sitz sollte solch ein Kaufmann entweder in Königsberg oder in Lissabon haben, und nur ganz besondere Umstände können bewirken, dass er einem Wohnsitz in Amsterdam den Vorzug gibt. Das unbehagliche Gefühl, von seinem Kapital so weit entfernt zu sein, lässt ihn jedoch für gewöhnlich einen Teil sowohl der Königsberger Waren, die er für den Markt in Lissabon bestimmt hat, als auch der Lissaboner Waren, die er für den Königsberger Markt bestimmt hat, nach Amsterdam bringen, und obwohl das für ihn notwendigerweise doppelte Lade- und Löschkosten als auch die Zahlung einiger Abgaben und Zölle bedeutet, nimmt er diese außerordentlichen Kosten doch bereitwillig auf sich, um einen Teil seines Kapitals immer unter [455] eigener Aufsicht und Kontrolle zu haben; auf diese Weise aber wird jedes Land, das einen erheblichen Anteil am Transithandel hat, immer zum allgemeinen Emporium oder Umschlagplatz für die Waren der verschiedenen Länder, deren Handel dort vor sich geht. Um ein zweites Laden und Löschen zu vermeiden, ist der Kaufmann bestrebt, von den Waren all dieser verschiedenen Länder so viel wie möglich auf dem Inlandsmarkt abzusetzen und auf diese Weise seinen Transithandel so weit wie möglich in einen Einfuhrhandel umzuwandeln. Ebenso wird ein Kaufmann, der im Einfuhrhandel tätig ist, bei der Zusammenstellung von Waren für ausländische Märkte immer erfreut sein, wenn er – bei gleichem oder annähernd gleichem Gewinn – davon möglichst viel auf dem Inlandsmarkt absetzen kann. Indem er auf diese Weise seinen Einfuhrhandel so weit wie möglich in einen Binnenhandel verwandelt, erspart er sich das Risiko und die Mühe der Ausfuhr. Auf diese Weise ist das eigene Land der Mittelpunkt, wenn ich so sagen darf, um den die Kapitalien der Bewohner jedes Landes ständig kreisen und nach dem sie immer streben, wenn sie auch aus besonderen Ursachen zuweilen von dort vertrieben und in Verwendungen in weiterer Ferne abgedrängt werden können. Jedenfalls setzt ein im Binnenhandel verwendetes Kapital, wie schon gezeigt wurde, notwendigerweise eine größere Menge heimischer Erwerbstätigkeit in Gang und bedeutet für eine größere Zahl von Einwohnern des Landes Einkommen und Beschäftigung als ein gleich großes, im Einfuhrhandel verwendetes Kapital; und ein im Einfuhrhandel verwendetes Kapital weist denselben Vorteil gegenüber einem gleich großen, im Transithandel verwendeten Kapital auf. Bei gleichem oder auch nur annähernd gleichem Gewinn neigt daher jeder Einzelne dazu, sein Kapital in der Weise zu verwenden, in der es voraussichtlich am meisten die heimische Erwerbstätigkeit unterstützt und der größten Zahl von Angehörigen seines eigenen Landes Einkommen und Beschäftigung gibt.

Zweitens sucht jeder Einzelne, der sein Kapital zur Unterstützung heimischer Erwerbstätigkeit verwendet, notwendigerweise, diese Erwerbstätigkeit so auszurichten, dass dabei die größtmögliche Wertschöpfung erfolgt.

Der Ertrag der Erwerbstätigkeit ist das, was sie dem Gegenstand oder den Materialien, mit denen sie es zu tun hat, hinzufügt. Je nachdem, ob diese Wertschöpfung groß oder klein ist, wird es auch der Gewinn des Unternehmers sein. Aber da jemand nur des Gewinnes wegen sein Kapital zur Unterstützung von Erwerbstätigkeit einsetzt, wird er immer danach trachten, es zur Unterstützung derjenigen Tätigkeit zu verwenden, bei der voraussichtlich die größte Wertschöpfung erfolgt, also der Ertrag für die größte Menge Geld oder anderer Güter getauscht werden wird.

Nun ist aber das jährliche Einkommen jeder Gesellschaft immer genau gleich dem Tauschwert des gesamten jährlichen Ertrages ihrer Erwerbstätigkeit, besser gesagt: Es [456] ist dasselbe wie dieser Tauschwert. Da also jeder Einzelne danach trachtet, sein Kapital möglichst in der heimischen Erwerbstätigkeit einzusetzen und diese Erwerbstätigkeit so auszurichten, dass die größte Wertschöpfung erfolgt, arbeitet jeder Einzelne notwendigerweise darauf hin, das jährliche Volkseinkommen möglichst groß zu machen. In der Regel hat er freilich weder die Absicht, das Gemeinwohl zu fördern, noch weiß er, wie sehr er es fördert. Wenn er die heimische Erwerbstätigkeit der ausländischen vorzieht, denkt er nur an seine eigene Sicherheit; und wenn er diese Erwerbstätigkeit so ausrichtet, dass die größte Wertschöpfung erfolgt, denkt er nur an seinen eigenen Vorteil, und dabei wird er, wie in vielen anderen Fällen auch, von einer unsichtbaren Hand geleitet, einem Zweck zu dienen, der nicht in seiner Absicht lag. Für die Gesellschaft ist es gar nicht immer von Schaden, dass dieser nicht in seiner Absicht lag. Indem er sein eigenes Interesse verfolgt, fördert er häufig das der Gesellschaft wirksamer, als wenn er sich tatsächlich vornimmt, es zu fördern. Ich habe nie gehört, dass diejenigen viel Gutes bewirkt hätten, die vorgaben, im Interesse des allgemeinen Besten zu handeln. Solches Vorgeben ist freilich unter Kaufleuten nicht gerade üblich, und es bedarf nur sehr weniger Worte, um sie davon abzubringen.

In welchem Zweig der heimischen Erwerbstätigkeit er sein Kapital anlegen kann und voraussichtlich die größte Wertschöpfung erzielt, kann offensichtlich jeder Einzelne an seinem Platz viel besser beurteilen, als ein Staatsmann oder Gesetzgeber das für ihn tun könnte. Der Staatsmann, der versuchen wollte, Privatpersonen die Art und Weise der Verwendung ihres Kapitals vorzuschreiben, würde sich nicht nur eine ganz überflüssige Mühe aufbürden, sondern auch eine Verantwortung auf sich nehmen, die nicht nur keinem Einzelnen, sondern auch keinem Rats- oder Senatskollegium irgendeiner Art sicher überlassen werden könnte und die nirgends so gefährlich wäre wie in den Händen eines Mannes, der töricht und vermessen genug wäre, sie sich zuzutrauen.

Den Erzeugnissen heimischer Erwerbstätigkeit in einem beliebigen Handwerk oder Gewerbe das Monopol auf dem heimischen Markt einzuräumen heißt in gewissem Maße, Privatpersonen die Art und Weise der Verwendung ihres Kapitals vorzuschreiben, und muss in so gut wie allen Fällen entweder eine nutzlose oder eine schädliche Maßnahme sein. Können die Erzeugnisse heimischer Erwerbstätigkeit dort ebenso billig angeboten werden wie die der ausländischen, so ist die Maßnahme offensichtlich nutzlos. Können sie das nicht, so muss sie im Allgemeinen schädlich sein. Es ist ein Grundsatz jedes klugen Familienvaters, niemals zu versuchen, das zu Hause zu machen, was ihn mehr kostet, wenn er es selbst macht, als wenn er es kauft. Der Schneider versucht nicht, seine Schuhe selbst zu machen, sondern kauft sie vom [457] Schuhmacher.

Der Schuhmacher versucht nicht, seine eigenen Kleider zu nähen, sondern beschäftigt einen Schneider. Der Landwirt versucht weder das eine noch das andere, sondern beschäftigt diese verschiedenen Handwerker. Jeder von ihnen findet es vorteilhaft, seine ganze Tätigkeit dort einzusetzen, wo er gegenüber seinen Nachbarn einen Vorteil hat, und mit einem Teil seines Ertrages oder, was dasselbe ist, mit dem Preis eines Teiles davon alles das zu kaufen, was er sonst noch benötigt.

Was im privaten Verhalten jeder Familie klug ist, kann in dem eines großen Königreiches schwerlich töricht sein. Wenn ein fremdes Land uns mit einer Ware billiger versorgen kann, als wir selbst sie erzeugen können, so sollten wir sie besser mit einem Teil des Ertrages unserer eigenen Tätigkeit – und zwar einer solchen, bei der wir einen Vorteil haben – von ihm kaufen. Die Erwerbstätigkeit des Landes insgesamt, die ja immer im Verhältnis zu dem für sie verwendeten Kapital steht, wird dadurch nicht vermindert, ebenso wenig wie das bei den oben genannten Handwerkern der Fall ist; herauszufinden bleibt nur, in welcher Weise sie am vorteilhaftesten erfolgen kann. Sicherlich erfolgt sie nicht dann am vorteilhaftesten, wenn sie sich auf einen Gegenstand richtet, der billiger zu kaufen ist, als sie ihn herstellen kann. Mit Sicherheit vermindert sich ihre jährliche Wertschöpfung mehr oder weniger, wenn sie auf diese Weise von der Erzeugung solcher Waren abgehalten wird, die offensichtlich mehr wert wären als diejenige, zu deren Erzeugung sie derzeit eingesetzt wird. Annahmegemäß könnte die Ware billiger aus dem Ausland bezogen werden, als sie im Inland erzeugt werden kann. Sie hätte daher mit nur einem Teil der Waren oder, was dasselbe ist, mit nur einem Teil des Preises der Waren gekauft werden können, welche die mit dem gleichen Kapital betriebene Erwerbstätigkeit zu Hause hätte erzeugen können, wenn man diese ihren natürlichen Gang hätte gehen lassen. Die Erwerbstätigkeit des Landes wird also von einer vorteilhafteren Beschäftigung weg in eine weniger vorteilhafte gelenkt, und der Tauschwert ihres jährlichen Ertrages muss sich, statt entsprechend der Absicht des Gesetzgebers größer zu werden, durch jede solche Maßnahme notwendigerweise verkleinern.

[458] Freilich kann mit Hilfe solcher Maßnahmen ein bestimmtes Gewerbe mitunter früher eingeführt werden, als das sonst der Fall wäre, und nach gewisser Zeit im Inland so billig wie oder bil-

liger als im Ausland arbeiten. Aber auch wenn die Erwerbstätigkeit der Gesellschaft auf diese Weise mit Vorteil früher, als es sonst der Fall wäre, in eine bestimmte Richtung gelenkt wird, folgt daraus keineswegs, dass sich durch solch eine Maßnahme jemals die Gesamtmenge ihrer Erwerbstätigkeit oder ihres Einkommens vergrößern lässt. Die Erwerbstätigkeit der Gesellschaft kann nur im Verhältnis zu ihrer Kapitalvermehrung zunehmen – und ihr Kapital nur im Verhältnis zu dem, was aus dem Einkommen allmählich erspart werden kann. Nun besteht aber die unmittelbare Wirkung jeder solchen Maßnahme in einer Einkommensverminderung, und was das Einkommen vermindert, wird sicherlich nicht mit großer Wahrscheinlichkeit dieses Kapital rascher vermehren, als das von allein geschehen wäre, wenn man sowohl das Kapital als auch die Erwerbstätigkeit ihre natürlichen Betätigungsfelder hätte finden lassen.

Auch wenn mangels solcher Maßnahmen die Gesellschaft nie zu dem in Rede stehenden Gewerbe käme, wäre sie deshalb nicht in irgendeiner Zeitspanne ihres Daseins notwendigerweise ärmer. In jeder Zeitspanne ihres Daseins hätten dennoch ihr gesamtes Kapital und alle ihre Erwerbsfähigen in der jeweils vorteilhaftesten Weise beschäftigt sein können, allerdings mit anderen Aufgaben. Zu jeder Zeit hätte ihr Einkommen entsprechend der jeweiligen Kapitalmenge größtmöglich sein können, und Kapital wie Einkommen hätten sich mit größtmöglicher Geschwindigkeit vermehren können.

Die natürlichen Vorteile, die ein Land bei der Erzeugung bestimmter Waren einem anderen voraus hat, sind mitunter so groß, dass jedermann weiß, es wäre vergeblich, dagegen anzukämpfen. Mit Hilfe von Gewächshäusern, Frühbeeten und heizbaren Treibmauern lassen sich in Schottland sehr gute Trauben ziehen, und aus diesen lässt sich ein sehr guter Wein keltern – zum etwa Dreißigfachen der Kosten, zu denen sich ein mindestens gleich guter aus dem Ausland hereinbringen lässt. Wäre es sinnvoll, ein Gesetz zu erlassen, das die Einfuhr aller ausländischen Weine verbietet, nur um in Schottland die Erzeugung von Bordeaux- und Burgunderweinen zu fördern? Wenn es aber offensichtlich unsinnig wäre, dreißigmal so viel an Kapital und Arbeit des Landes dieser Produktion zu widmen, wie erforderlich wäre, um eine gleiche Menge der gewünschten Waren im Ausland zu kaufen, dann muss es, wenn auch weniger ins Auge fallend, ebenso unsinnig sein, einer derartigen Produktion um ein Dreißigstel oder auch nur um ein Dreihundertstel mehr von einem der beiden zuzuwenden. Ob die Vorteile, die ein Land gegenüber einem anderen hat, naturgegeben oder erworben sind, ist in diesem Zusammenhang belanglos. Solange das eine Land die Vorteile hat und das andere nicht, wird es für das zweite immer vorteilhafter sein, vom ersten zu kaufen, als selbst zu erzeugen. [459] Auch der Handwerker hat gegenüber seinem Nachbarn, der ein anderes Handwerk ausübt, nur einen erworbenen Vorteil: Dennoch finden es beide vorteilhafter, voneinander zu kaufen, als das selbst zu machen, was nicht zu ihrem eigenen Gewerbe gehört.

Kaufleute und Gewerbetreibende sind diejenigen, die aus diesem Monopol auf dem Inlandsmarkt den größten Vorteil ziehen. Das Verbot der Einfuhr von ausländischem Vieh und Pökelfleisch im Verein mit den hohen Zöllen auf Korn, die in Zeiten mäßig reicher Ernten einem Einfuhrverbot gleichkommen, sind für Großbritanniens Viehzüchter und Getreidebauern nicht annähernd so vorteilhaft wie andere derartige Bestimmungen für seine Kaufleute und Gewerbetreibenden. Gewerbliche Erzeugnisse, insbesondere die der feineren Art, lassen sich leichter von einem Land in ein anderes transportieren als Korn oder Vieh. Dementsprechend beschäftigt sich der Außenhandel hauptsächlich mit dem Hereinholen und Hinausbringen gewerblicher Erzeugnisse. In der gewerblichen Produktion genügt schon ein sehr kleiner Vorteil, damit Ausländer unsere eigenen Arbeitskräfte unterbieten, sogar auf dem heimischen Markt. Bei unverarbeiteten Bodenprodukten könnten sie das erst bei einem sehr großen tun. Wäre die freie Einfuhr ausländischer gewerblicher Produkte gestattet, so würden wahrscheinlich manche der heimischen Produktionen leiden und einige von ihnen völlig ruiniert werden, und ein erheblicher Teil des Vermögens und der Arbeit, die gegenwärtig in ihnen beschäftigt sind, wäre gezwungen, eine andere Beschäftigung zu finden. Hingegen könnte eine auch noch so freie Einfuhr unverarbeiteter Bodenprodukte auf die Landwirtschaft des Landes keine solche Wirkung haben.

Auch wenn beispielsweise die Einfuhr von ausländischem Vieh noch so frei würde, ließe sich so wenig einführen, dass die Viehzucht in Großbritannien davon wenig betroffen wäre. Vieh ist vielleicht die einzige Ware, deren Transport auf dem Seeweg kostspieliger ist als auf dem Landweg. Über Land befördert es sich selbst zum Markt. Auf dem Seeweg muss nicht nur das Vieh, sondern mit nicht geringen Kosten und Unannehmlichkeiten auch dessen Futter und Wasser befördert werden. Die kurze Seestrecke zwischen Irland und Großbritannien macht allerdings die Einfuhr von irischem Vieh leichter. Aber selbst wenn man dessen freie Einfuhr, die vor kurzem nur für begrenzte Zeit gestattet wurde, auf Dauer gestatten wollte, könnte das die Interessen der britischen Viehzüchter nicht nennenswert berühren. Diejenigen Teile Großbritanniens, die an die [460] Irische See grenzen, sind alle Viehzuchtgebiete. Irisches Vieh könnte also nie für deren eigene Zwecke eingeführt werden, sondern müsste mit nicht geringen Kosten und Schwierigkeiten erst durch diese sehr ausgedehnten Gebiete durchgetrieben werden, bevor es auf seinen eigentlichen Markt gelangte. Mastvieh ließe sich gar nicht so weit treiben. Man könnte also nur Magervieh einführen, und eine solche Einfuhr könnte nicht die Interessen der Stallfütterungs- oder Mastgebiete berühren, denen sie durch Senkung des Preises für Magervieh eher einen Vorteil brächte, sondern nur die der Viehzuchtgebiete. Die geringe Stückzahl an irischem Vieh, das seit der Freigabe der Einfuhr eingeführt wurde, dürfte im Verein mit dem guten Preis, zu dem Magervieh weiterhin verkauft wird, ein Beweis dafür sein, dass selbst die Viehzuchtgebiete Großbritanniens von der freien Einfuhr irischen Viehs voraussichtlich nie viel Schaden haben werden. Das einfache Volk in Irland soll sich freilich zuweilen heftig gegen die Ausfuhr seines Viehs gewehrt haben. Wenn es aber für die Händler sehr vorteilhaft gewesen wäre, diese Ausfuhr fortzusetzen, so hätten sie, da das Gesetz auf ihrer Seite war, diesen Widerstand des Pöbels leicht brechen können.

[...]

Von der Natur der Nachahmung in den nachahmenden Künsten

[176]

Teil I

Die vollkommenste Nachahmung eines beliebigen Gegenstandes muss in jedem Fall offensichtlich ein anderer Gegenstand der gleichen Art sein, der so genau wie möglich nach dem gleichen Vorbild hergestellt ist. Was wäre zum Beispiel die vollkommenste Nachahmung des Teppichs, der jetzt vor mir liegt? Sicherlich ein anderer Teppich, der so genau wie möglich nach demselben Muster gearbeitet ist. Aber was auch immer der Wert oder die Schönheit dieses zweiten Teppichs sein mag, man würde nicht annehmen, dass sie sich irgendwie von dem Umstand ableiten, dass er in Nachahmung des ersten hergestellt worden ist. Dieser Umstand, dass es sich nicht um ein Original, sondern um eine Kopie handelt, würde sogar als eine gewisse Minderung seines Wertes angesehen werden, und zwar eine größere oder kleinere, je nachdem, ob der Gegenstand von der Art ist, einen größeren oder kleineren Grad an Bewunderung zu beanspruchen. Es würde den Wert eines gewöhnlichen Teppichs nicht sehr schmälern, weil wir es bei solch unbedeutenden Gegenständen, die kaum Anspruch auf Schönheit oder einen sonstigen Wert erheben können, nicht immer für nötig halten, auf Originalität zu achten; aber es würde den Wert eines Teppichs von sehr exquisiter Kunstfertigkeit stark schmälern. Bei Objekten von noch größerer Bedeutung würde diese exakte oder, wie man es nennen würde, sklavische Nachahmung als der unverzeihlichste Makel angesehen werden. Einen weiteren Petersdom oder eine zweite St. Paul's Cathedral zu bauen, die genau die gleichen Dimensionen, Proportionen und Ornamente aufweisen wie die gegenwärtigen Gebäude in Rom oder London, würde von einem so erbärmlichen Mangel an Talent und Erfindungsgabe zeugen, dass selbst die teuerste Pracht entehrt würde.

Die genaue Ähnlichkeit der einander entsprechenden Teile desselben Gegenstandes wird häufig als Schönheit, das Fehlen derselben als Missbildung angesehen, wie bei den einander entsprechenden Gliedern des menschlichen Körpers, bei den einander gegenüberliegenden Flügeln desselben Gebäudes, bei den einander gegenüberliegenden Bäumen derselben Allee, bei den einander entsprechenden Teilen desselben Teppichs oder desselben Blumengartens, bei den Stühlen oder Tischen, die an den einander entsprechenden Stellen desselben Zimmers stehen usw. Aber bei Gegenständen der gleichen Art, die in anderer Hinsicht als völlig [177] getrennt und unverbunden betrachtet werden, wird diese genaue Ähnlichkeit selten als Schönheit und das Fehlen derselben als Missbildung angesehen. Ein Mensch und in gleicher Weise ein Pferd ist schön oder hässlich, jedes von ihnen aufgrund seiner eigenen inneren Schönheit oder Missbildung, ohne Rücksicht darauf, ob das eine einem anderen Menschen oder das andere einem anderen Pferd gleicht oder nicht gleicht. Eine Gruppe von Kutschpferden soll zwar schöner sein, wenn sie alle genau zusammenpassen; aber jedes Pferd wird in diesem Fall nicht als ein getrennter und unverbundener Gegenstand oder als ein Ganzes für sich betrachtet, sondern als ein Teil eines anderen Ganzen, zu dessen anderen Teilen es eine gewisse Entsprechung haben soll: Von der Gruppe getrennt, bezieht es weder Schönheit aus seiner Ähnlichkeit noch Missgestalt aus seiner Unähnlichkeit mit den anderen Pferden, aus denen die Gruppe besteht.

Selbst bei den entsprechenden Teilen ein und desselben Gegenstandes verlangen wir oft nicht mehr als eine Ähnlichkeit in den allgemeinen Umrissen. Wenn die untergeordneten Glieder dieser entsprechenden Teile zu klein sind, um sie deutlich zu sehen, ohne dass wir jedes Teil für sich, als einen separaten und unverbundenen Gegenstand, gesondert und genau untersuchen, würden wir manchmal sogar unzufrieden sein, wenn die Ähnlichkeit über diesen allgemeinen Umriss hinausgehen würde. In den entsprechenden Teilen eines Zimmers hängen wir oft Bilder von gleicher Größe auf; diese Bilder ähneln sich jedoch nur im Rahmen oder vielleicht im allgemeinen Charakter des Themas; ist das eine eine Landschaft, so ist das andere auch eine Landschaft; stellt das eine ein religiöses oder bacchantisches Thema dar, so stellt sein Gegenstück ein anderes derselben Art dar. Niemand ist je auf die Idee gekommen, dasselbe Bild in jedem entsprechenden Rahmen zu wiederholen. Der Rahmen und der allgemeine Charakter von zwei oder drei Bildern ist so viel, wie das Auge auf einen Blick oder von einer Stelle aus erfassen kann. Jedes Bild muss, um deutlich gesehen und gründlich verstanden zu werden, von einem bestimmten Standpunkt aus betrachtet und als eigenständiges und unverbundenes Objekt untersucht werden. In einer mit Statuen geschmückten Halle oder einem Säulengang mögen die Nischen oder vielleicht die Sockel einander genau gleichen, aber die Statuen sind immer verschieden. [...] [178] [...] Eine derartige Vielfalt ist aber, wie ich meine, nicht angenehm. Bei Gegenständen, welche nur einer gewissen minderen Ordnung der Schönheit zugänglich sind, wie die Rahmen von Bildern, die Nischen oder die Sockel von Statuen usw., scheint es oft eine gewisse Affektiertheit im Streben nach Abwechslung zu geben, deren Verdienst kaum jemals ausreicht, um den Mangel an jener Klarheit und Deutlichkeit, an jener Leichtigkeit des Begreifens und Erinnerns auszugleichen, welche die natürliche Wirkung einer exakten Gleichförmigkeit ist. In einem Portikus korinthischer oder ionischer Ordnung gleicht jede Säule der anderen, nicht nur im allgemeinen Umriss, sondern auch in allen kleinsten Verzierungen; obwohl einige von ihnen, um deutlich gesehen zu werden, eine separate und deutliche Untersuchung in jeder Säule und im Gebälk jeder Zwischensäule erfordern können. [...]

Die außerordentliche Ähnlichkeit zweier natürlicher Gegenstände, zum Beispiel von Zwillingen, wird als ein merkwürdiger Umstand betrachtet, der zwar die Schönheit der beiden nicht vergrößert, aber auch nicht verringert, wenn man jeden als separat und unverbunden betrachtet. Aber die genaue Ähnlichkeit zweier Kunstwerke scheint immer als eine Verminderung des Wertes wenigstens eines von ihnen betrachtet zu werden, da sie zu beweisen scheint, dass wenigstens eines von ihnen eine Kopie des anderen oder eines anderen Originals ist. Man kann sogar von der Kopie eines Bildes sagen, dass sie ihren Wert nicht so sehr aus ihrer Ähnlichkeit mit dem Original, sondern aus ihrer Ähnlichkeit mit dem Gegenstand bezieht, dem das Original ähneln sollte. Der Eigentümer der Kopie, der keinen Wert auf die Ähnlichkeit mit dem Original legt, ist oft bestrebt, jeden Wert oder Verdienst zu zerstören, den sie aus diesem Umstand ableiten könnte. Er ist oft darauf bedacht, sich selbst und andere davon zu überzeugen, dass es sich nicht um eine Kopie, sondern um ein Original handelt, von dem das, was als Original durchgeht, nur eine Kopie ist. Aber welchen Wert eine Kopie auch immer aus ihrer Ähnlichkeit mit dem Original ziehen mag, ein Original kann keinen aus der Ähnlichkeit seiner Kopie ziehen.

Aber wenn auch ein Kunstwerk selten einen Wert aus seiner Ähnlichkeit mit einem anderen Gegenstand derselben Art bezieht, so bezieht es doch häufig einen großen Wert aus seiner Ähnlichkeit mit einem Gegenstand anderer Art, sei es nun ein Kunstwerk oder ein Naturprodukt. Ein bemaltes Tuch, das Werk eines fleißigen holländischen Künstlers, das in Schattierungen und Farben den Flaum und die Weichheit eines wollenen Tuches wiedergibt, könnte sogar durch seine Ähnlichkeit mit dem armseligen [179] Teppich, der jetzt vor mir liegt, einen gewissen Wert erhalten. Die Kopie könnte und würde in diesem Fall wahrscheinlich einen viel größeren Wert haben als das Original. Aber wenn dieser Teppich entweder auf einem Fußboden oder auf einem Tisch ausgebreitet dargestellt würde und aus dem Hintergrund des Bildes herausragen würde, mit genauer Beobachtung der Perspektive und von Licht und Schatten, wäre der Wert der Nachahmung noch größer.

In der Malerei wird eine glatte Oberfläche einer Art nicht nur einer glatten Oberfläche einer anderen ähneln, sondern allen drei Dimensionen einer festen Substanz. In der Kunst der Skulptur und der Plastik wird eine feste Substanz der einen Art einer festen Substanz der anderen ähnlich gemacht. Der Unterschied zwischen dem Gegenstand, der imitiert, und dem Gegenstand, der imitiert wird, ist in der einen Kunst viel größer als in der anderen; und das Vergnügen, das aus der Nachahmung entsteht, scheint in dem Maße größer zu sein, wie dieser Unterschied größer ist.

In der Malerei gefällt die Nachahmung häufig, obwohl das Originalobjekt gleichgültig oder sogar anstößig ist. In der Kunst der Skulptur und der Plastik ist es anders. Die Nachahmung gefällt selten, es sei denn, der Originalgegenstand ist in hohem Maße bedeutend, schön oder interessant. Ein Metzgerstand oder eine Küchenzeile, mit den Gegenständen, die sie üblicherweise darstellen, sind sicherlich nicht die schönsten Motive, selbst für die Malerei. Sie sind jedoch von einigen holländischen Meistern mit so viel Sorgfalt und Erfolg dargestellt worden, dass es unmöglich ist, die Bilder ohne ein gewisses Maß an Vergnügen zu betrachten. Sie wären höchst absurde Sujets für die Kunst der Skulptur und der Plastik, die aber durchaus in der Lage sind, sie darzustellen. Das Bild eines sehr hässlichen oder deformierten Mannes, wie Äsop oder Scarron, wäre kein unangenehmer Einrichtungsgegenstand. Aber eine Statue schon. Selbst ein gewöhnlicher Mann oder eine gewöhnliche Frau in einer gewöhnlichen Handlung, wie wir sie so gerne in den Bildern von Rembrandt sehen, wäre ein zu gemeines Sujet für die Statue. Jupiter, Herkules und Apollo, Venus und Diana, die Nymphen und Grazien, Bacchus, Merkur, Antinoos und Meleagros, der elende Tod des Laokoon, das melancholische Schicksal der Kinder der Niobe, die Ringer, die Kämpfe, der sterbende Gladiator, die Figuren der Götter und Göttinnen, von Helden und Heldinnen, die vollkommensten Formen des menschlichen Körpers, entweder in den edelsten Stellungen oder in den interessantesten Situationen, die sich die menschliche Phantasie ausdenken kann – dies sind die eigentlichen und daher immer die bevorzugten Themen der Bildhauerei gewesen: Diese Kunst kann sich nicht, ohne sich selbst zu entwürdigen, dazu herablassen, irgendetwas darzustellen, das anstößig, gemein oder sogar gleichgültig ist. Die Malerei ist nicht so hochmütig. Und obwohl sie fähig ist, die edelsten Gegenstände darzustellen, kann sie sich, ohne ihren Anspruch zu gefallen zu verlieren, dazu herablassen, solche von viel bescheidenerer Natur nachzuahmen. Das Verdienst der Nachahmung allein, und zwar ohne jeden Wert des nachgeahmten Gegenstandes, vermag die Würde der Malerei zu stützen, die der [180] Bildhauerei jedoch nicht. Es scheint also, dass die eine Art der Nachahmung mehr Wert hat als die andere.

In der Bildhauerei ist kaum eine Drapierung angenehm. Die besten antiken Statuen waren entweder ganz nackt oder fast nackt, und diejenigen, bei denen ein beträchtlicher Teil des Körpers bedeckt ist, sind mit nassem Leinen bekleidet – eine Art von Kleidung, die ganz sicher in keinem Land je der Mode entsprach. Auch dieses Tuch ist so eng gezogen, dass sich unter seinen engen Falten die genaue Form und der Umriss jedes Gliedes und fast jedes Muskels des Körpers abzeichnet. Die Kleidung, die auf diese Weise dem völligen Fehlen von Kleidung am nächsten kam, war nach dem Urteil der großen Künstler des Altertums diejenige, die sich am besten für die Darstellung von Statuen eignete. [...] In der Malerei vermag die Nachahmung eines so minderwertigen Gegenstandes wie eines Gewandes zu gefallen; und um diesem Gegenstand jene Pracht zu verleihen, derer er fähig ist, ist es wichtig, dass die Falten groß, locker und fließend sind. In der Malerei ist es nicht wichtig, dass die genaue Form und die Umrisse jedes Gliedes und fast jedes Muskels des Körpers unter den Falten der Drapierung zum Ausdruck kommen; es genügt, wenn diese so angeordnet sind, dass sie im Allgemeinen die Lage und die Haltung der wichtigsten Glieder anzeigen. [...] Einige moderne Künstler haben jedoch versucht, die Drapierung, die der Malerei eigen ist, in die Bildhauerei einzuführen. Sie ist vielleicht nicht immer so lächerlich wie die Marmorperücken in der Westminster Abbey, aber auch wenn sie nicht immer plump und unbeholfen wirkt, ist sie bestenfalls fade und uninteressant.

Es ist nicht der Mangel an Farbe, der viele Dinge daran hindert, in der Bildhauerei zu gefallen, die in der Malerei gefallen; es ist der Mangel an jenem Grad von Ungleichheit zwischen dem nachahmenden und dem nachgeahmten Gegenstand, der notwendig ist, um die Nachahmung eines Gegenstandes interessant zu machen, der selbst nicht interessant ist. Die Färbung, wenn sie [181] der Bildhauerei hinzugefügt wird, ist weit davon entfernt, die Freude an der Nachahmung zu steigern, sondern zerstört sie fast vollständig, weil sie die große Quelle dieser Freude, den Unterschied zwischen dem nachahmenden und dem nachgeahmten Gegenstand, wegnimmt. Dass ein fester und farbiger Gegenstand einem anderen festen und farbigen Gegenstand genau gleicht, scheint keine große Verwunderung oder Bewunderung hervorzurufen. Eine bemalte Statue, obwohl sie einer menschlichen Figur viel genauer ähnelt als eine nicht bemalte, wird allgemein als ein unangenehmer und sogar anstößiger Gegenstand angesehen; und wir sind so weit davon entfernt, uns an dieser überragenden Ähnlichkeit zu erfreuen, dass wir niemals damit zufrieden sind; und nachdem wir sie wieder und wieder betrachtet haben, finden wir immer, dass sie nicht dem entspricht, was wir geneigt sind, uns vorzustellen, wie sie hätte sein können: Auch wenn es ihr an kaum etwas anderem als dem Leben zu fehlen scheint, könnten wir ihr nicht verzeihen, dass ihr daher etwas fehlt, was sie unmöglich haben kann. [...]

Künstliche Früchte und Blumen ahmen manchmal die natürlichen Objekte, die sie darstellen, so genau nach, dass sie uns oft täuschen. Aber wir werden ihrer bald überdrüssig, und obwohl es ihnen an nichts anderem als an der Frische und dem Geschmack natürlicher Früchte und Blumen zu fehlen scheint, können wir ihnen auch nicht verzeihen, dass ihnen etwas fehlt, was sie gar nicht haben können. Aber wir werden einer guten Blumen- und Obstmalerei nicht überdrüssig. Wir werden weder des Blattwerks des korinthischen Kapitells noch der Blumen überdrüssig, die manchmal den Fries dieser Anordnung zieren. Solche Nachahmungen täuschen uns jedoch nie; ihre Ähnlichkeit mit den Originalobjekten ist immer viel geringer als die der künstlichen Früchte und Blumen. So wie sie ist, sind wir jedoch damit zufrieden; und wo es einen solchen Unterschied zwischen den nachahmenden und den nachgeahmten Gegenständen gibt, finden wir, dass er so groß ist, wie er sein kann oder wie wir erwarten, dass er sein sollte. Bemalen Sie dieses Blattwerk [182] und diese Blumen mit den naturgemäßen Farben, und sie werden, anstatt mehr zu gefallen, viel weniger gefallen. Die Ähnlichkeit wird jedoch viel größer sein; aber der Unterschied zwischen den nachahmenden und den nachgeahmten Gegenständen wird so viel geringer sein, dass selbst diese größere Ähnlichkeit uns nicht zufriedenstellen wird. [...]

Man kann jedoch sagen, dass die Nachahmung von Blumen und Blattwerk in der Bildhauerei zwar als Ornament der Architektur, als Teil des Kleides, das die Schönheit eines anderen und wichtigeren Gegenstandes hervorheben soll, gefällt, aber nicht allein, oder als getrennter und unverbundener Gegenstand, in der gleichen Weise, wie ein Obst- und Blumenbild gefällt. Blumen und Blattwerk, wie elegant und schön sie auch sein mögen, sind nicht interessant genug; sie haben nicht genug Würde, wenn ich so sagen darf, um ein geeignetes Sujet für eine Plastik zu sein, die allein gefallen soll und nicht als schmückendes Anhängsel eines anderen Gegenstandes erscheinen darf.

[...]

[183] [...]

Vor einigen Jahren war es Mode, einen Garten mit Eiben und Stechpalmen zu schmücken, die in die künstlichen Formen von Pyramiden, Säulen, Vasen und Obelisken geschnitten wurden. Heute ist es Mode, diesen Geschmack als unnatürlich zu verspotten. Die Form einer Pyramide oder eines Obelisken ist jedoch für eine Eibe nicht unnatürlicher als für einen Block aus Porphyr oder Marmor. Wenn die Eibe dem Auge in dieser künstlichen Form präsentiert wird, meint der Gärtner nicht, dass sie so verstanden werden soll, als sei sie in dieser Form gewachsen: Er will ihr erstens dieselbe Schönheit regelmäßiger Formen geben, die bei Porphyr und Marmor so sehr gefällt, und zweitens bei einem wachsenden Baum die Ornamente jener kostbaren Materialien nachahmen: Er meint, einen Gegenstand einer Art einem anderen Gegenstand einer ganz anderen Art ähnlich zu machen, und der ursprünglichen Schönheit der Gestalt die relative Schönheit der Nachahmung beizufügen: Aber die Verschiedenheit zwischen dem nachahmenden und dem nachgeahmten Gegenstand ist die Grundlage der Schönheit der Nachahmung. Gerade weil der eine Gegenstand dem anderen nicht von Natur aus ähnelt, gefällt er uns so sehr, wenn er durch die Kunst dazu gemacht wird. Man kann sagen, dass die Scheren des Gärtners in der Tat sehr plumpe Instrumente der Bildhauerei sind. Sie sind es zweifellos, wenn sie zur Nachahmung von Menschen- oder sogar Tierfiguren verwendet werden. Aber für die einfachen und regelmäßigen Formen von Pyramiden, Vasen und Obelisken sind selbst die Scheren des Gärtners gut genug. Natürlich wird auch die [184] notwendige Unvollkommenheit des Instruments in Kauf genommen, wie bei der Tapisserie und der Nadelarbeit. Kurzum, wenn Sie das nächste Mal die Gelegenheit haben, diese unmodischen Ornamente zu betrachten, bemühen Sie sich einfach, einige Minuten lang die törichte Leidenschaft zu zügeln, den Kritiker zu spielen, und Sie werden erkennen, dass sie nicht ohne einen gewissen Grad an Schönheit sind; dass sie dem ganzen Garten zumindest den Anschein von Sauberkeit und Kultur verleihen; und dass sie dem nicht unähnlich sind, woran sich der »zurückgezogene Müßiggänger, der« (wie Milton sagt) »in gepflegten Gärten sein Vergnügen findet«, erfreuen könnte. Was hat sie dann, so könnte man fragen, bei uns so allgemein in Verruf gebracht? Bei einer Pyramide oder einem Obelisken aus Marmor wissen wir, dass das Material teuer ist und dass die Arbeit, mit der es in diese Form gebracht wurde, noch teurer gewesen sein muss. Bei einer Pyramide oder einem Obelisken aus Eibenholz wissen wir, dass die Materialien sehr wenig kosten können und die Arbeit noch weniger. Die Ersteren werden durch ihre Kosten veredelt, die Letzteren durch ihre Billigkeit erniedrigt. Im Kohlgarten eines Talghändlers haben wir vielleicht manchmal so viele Säulen und Vasen und andere Ornamente aus Eibenholz gesehen, wie in Versailles solche aus Marmor und Porphyr: Es ist diese Vulgarität, die sie entehrt hat. Die Reichen und Großen, die Stolzen und Eitlen werden in ihren Gärten keinen Schmuck dulden, den das gemeine Volk ebenso gut haben kann wie sie. Die Vorliebe für diese Ornamente stammt ursprünglich aus Frankreich, wo sie trotz der Unbeständigkeit der Mode, die wir den Einheimischen manchmal vorwerfen, immer noch in gutem Ruf steht. In Frankreich ist der Zustand der niederen Volksschichten selten so erfreulich wie in England, und selbst Pyramiden und Obelisken aus Eiben findet man dort nur selten im Garten eines Talghändlers. Solche Ornamente, da in jenem Land nicht durch ihre Vulgarität entwürdigt, sind noch nicht aus den Gärten von Prinzen und Lords ausgeschlossen worden.

Die Werke der großen Meister der Bildhauerei und Malerei entfalten ihre Wirkung niemals durch Täuschung. Sie werden niemals mit den wirklichen Gegenständen, die sie darstellen, verwechselt, und es ist auch nicht beabsichtigt, dass sie verwechselt werden. Eine bemalte Statue kann manchmal ein unaufmerksames Auge täuschen; eine richtige Statue tut das nie. Die kleinen perspektivischen Stücke der Malerei, die durch [185] Täuschung gefallen sollen, stellen immer sehr einfache und unbedeutende Objekte dar: eine Papierrolle zum Beispiel oder die Stufen einer Treppe in einer dunklen Ecke eines Ganges oder einer Galerie. Im Allgemeinen handelt es sich auch um die Werke von sehr minderwertigen Künstlern. Nachdem sie einmal gesehen worden sind und die kleine Überraschung, die sie hervorrufen sollten, zusammen mit der Heiterkeit, die gewöhnlich damit einhergeht, hervorgerufen haben, erfreuen sie nicht mehr, sondern scheinen immer fade und langweilig zu sein.

Das eigentliche Vergnügen, das wir aus diesen beiden Nachahmungskünsten ziehen, beruht nicht auf Täuschung, sondern ist mit dieser ganz und gar unvereinbar. Dieses Vergnügen beruht ganz und gar auf unserer Verwunderung darüber, dass ein Gegenstand einer Art einen Gegenstand einer ganz anderen Art so gut darstellt, und auf unserer Bewunderung für die Kunst, die den von der Natur geschaffenen Unterschied zwischen ihnen so glücklich überwindet. Die edleren Werke der Bildhauerei und der Malerei erscheinen uns als eine Art von wunderbaren Erscheinungen, die sich von den wunderbaren Erscheinungen der Natur dadurch unterscheiden, dass sie gleichsam ihre eigene Erklärung mit sich führen und selbst dem Auge die Art und Weise ihrer Entstehung zeigen. Selbst das Auge eines ungeschulten Betrachters erkennt sofort in gewissem Maße, wie eine bestimmte Modifikation der Figuren in der

Bildhauerei und der helleren und dunkleren Farben in der Malerei die Handlungen, Leidenschaften und das Verhalten der Menschen sowie eine große Vielfalt anderer Objekte mit so viel Wahrheit und Lebendigkeit darstellen kann. Das angenehme Staunen der Unwissenheit wird von der noch angenehmeren Befriedigung der Wissenschaft begleitet. Wir wundern uns und sind verblüfft über die Wirkung; und wir sind auch froh darüber, dass wir in gewissem Maße nachvollziehen können, wie diese wunderbare Wirkung auf uns zustande kommt.

Ein guter Spiegel stellt die Gegenstände, die man ihm vorsetzt, mit viel mehr Wahrheit und Lebendigkeit dar als die Bildhauerei oder die Malerei. Aber obwohl die Wissenschaft der Optik dem Verstand eine Erklärung geben kann, zeigt der Spiegel selbst dem Auge keineswegs, wie diese Wirkung zustande kommt. Er mag das Staunen der Unwissenheit erregen; und bei einem Clown, der noch nie einen Spiegel gesehen hatte, habe ich dieses Staunen fast bis zur Verzückung und Ekstase steigen sehen; aber er kann nicht die Befriedigung der Wissenschaft geben. In allen Spiegeln werden die Wirkungen durch dieselben Mittel erzeugt, die genau auf dieselbe Weise angewendet werden. Bei jeder einzelnen Statue und jedem einzelnen Bild werden die Wirkungen zwar durch ähnliche, aber nicht durch dieselben Mittel hervorgerufen; und auch diese Mittel werden bei jeder anders angewendet. Jede gute Statue und jedes gute Bild ist ein neues Wunder, das zugleich in gewissem Maße seine eigene Erklärung mit sich führt. Nach ein wenig Gebrauch und Erfahrung hören alle Spiegel auf, Wunder zu sein, und selbst die Unwissenden werden mit ihnen so vertraut, dass sie nicht glauben, dass ihre Wirkung einer [186] Erklärung bedarf. Außerdem kann ein Spiegel nur gegenwärtige Gegenstände darstellen; und wenn das Staunen einmal einigermaßen vorbei ist, ziehen wir es in allen Fällen vor, lieber die Substanz als den Schatten anzuschauen. Das eigene Gesicht wird dann zum angenehmsten Gegenstand, den uns ein Spiegel darzustellen vermag, und zum einzigen Gegenstand, dessen wir nicht bald überdrüssig werden; es ist der einzige gegenwärtige Gegenstand, von dem wir nur den Schatten sehen können: Ob schön oder hässlich, ob alt oder jung, es ist immer das Gesicht eines Freundes, dessen Züge genau dem entsprechen, was wir in diesem Augenblick an Gefühlen, Emotionen oder Leidenschaften empfinden mögen.

In der Bildhauerei erscheinen die Mittel, mit denen die wunderbare Wirkung erzielt wird, einfacher und offensichtlicher als in der Malerei; wo der Unterschied zwischen dem nachahmenden und dem nachgeahmten Gegenstand größer ist, scheint die Kunst, die diesen größeren Unterschied überwinden kann, offensichtlich auf einer viel tieferen Wissenschaft oder auf viel abstruseren und profunderen Prinzipien zu beruhen. Selbst in den einfachsten Gegenständen können wir oft mit Freude die geistreichen Mittel erkennen, mit denen die Malerei dieses Missverhältnis überwindet. Aber in der Bildhauerei können wir das nicht, weil die Unterschiede nicht so groß sind und die Mittel nicht so raffiniert erscheinen. Und aus diesem Grund sind wir in der Malerei oft erfreut über die Darstellung vieler Dinge, die in der Bildhauerei fade und nicht der Betrachtung wert erscheinen würden.

Es ist jedoch zu bemerken, dass die Kunst der Nachahmung in der Bildhauerei zwar in vieler Hinsicht geringer zu sein scheint als in der Malerei, dass aber in einem Raum, der sowohl mit Statuen als auch mit Bildern von fast gleichem Wert geschmückt ist, die Statuen im Allgemeinen den Blick von den Bildern ablenken. Es gibt im Allgemeinen nur einen oder wenig mehr als einen Standpunkt, von dem aus ein Bild mit Vorteil betrachtet werden kann, und es zeigt dem Auge immer genau denselben Gegenstand. Es gibt aber viele verschiedene Standpunkte, von denen aus eine Statue mit gleichem Vorteil betrachtet werden kann, und aus jedem stellt sie einen anderen Gegenstand dar. Das Vergnügen, das uns eine gute Statue bereitet, ist vielfältiger als das eines guten Bildes, und eine Statue kann oft Gegenstand vieler guter Bilder oder Zeichnungen sein, die sich alle voneinander unterscheiden. Außerdem ist das schattenhafte Relief und die Projektion eines Bildes sehr abgeflacht und scheint fast ganz zu verschwinden, wenn man es mit dem wirklichen und festen Körper vergleicht, der danebensteht. Wie sehr diese beiden Künste auch verwandt zu sein scheinen, so passen sie doch so schlecht zueinander, dass ihre unterschiedlichen Produktionen vielleicht kaum jemals zusammen gesehen werden sollten.

[187]

Teil II

Nach den Vergnügungen, die sich aus der Befriedigung der körperlichen Begierden ergeben, scheint es für den Menschen keine natürlicheren zu geben als Musik und Tanz. Im Fortschritt der Kunst und Vervollkommnung sind sie vielleicht die besten und frühesten Vergnügungen, die er selbst erfunden hat; denn von denen, die aus der Befriedigung der körperlichen Begierden entstehen, kann man nicht sagen, dass sie seine eigene Erfindung sind. Es ist noch kein Volk entdeckt worden, das so unzivilisiert wäre, dass es ohne sie auskäme. Selbst bei den barbarischsten Völkern wie den Schwarzafrikanern und den Naturvölkern Amerikas scheint ihr Gebrauch und ihre Ausübung häufig und allgemein verbreitet zu sein. In den zivilisierten Völkern haben die unteren Schichten der Menschen sehr wenig Freizeit, und die oberen haben viele andere Vergnügungen; weder die einen noch die anderen können daher viel Zeit mit Musik und Tanz verbringen. Bei den wilden Völkern hat der größte Teil des Volkes häufig viel Freizeit, und sie haben kaum andere Vergnügungen; sie verbringen daher natürlich einen großen Teil ihrer Zeit mit dieser fast einzigen Vergnügung, die sie haben.

Was die Alten Rhythmus nannten, was wir Tempo oder Maß nennen, ist das verbindende Prinzip dieser beiden Künste; die Musik besteht in einer Aufeinanderfolge einer bestimmten Art von Klängen, und der Tanz in einer Aufeinanderfolge einer bestimmten Art von Schritten, Gesten und Bewegungen, die nach Tempo oder Maß geregelt und dadurch zu einer Art von Ganzem oder System geformt werden; was in der einen Kunst ein Lied oder eine Melodie und in der anderen ein Tanz genannt wird; das Tempo oder das Maß des Tanzes entspricht immer genau der des Liedes oder der Melodie, die ihn begleitet und leitet.

Da die menschliche Stimme immer die Schönste ist, ist sie natürlich auch das erste und früheste aller Musikinstrumente: Beim Singen oder bei ihren ersten Versuchen zu singen würde sie sich natürlich Tönen bedienen, die denen, an die sie gewöhnt war, so ähnlich wie möglich sind; das heißt, sie würde Wörter irgendeiner Art verwenden, sie nur entsprechend eines Tempos und Maßes betonen und im Allgemeinen einen melodischeren Ton annehmen, als es in der gewöhnlichen Konversation üblich war. Diese Wörter hatten vielleicht damals und für eine lange Zeit gar keine Bedeutung, sondern ähnelten den Silben, die wir beim Sol-Fa oder [188] dem Derry-Down-Down unserer gewöhnlichen Balladen verwenden; und sie würden nur dazu dienen, der Stimme zu helfen, Töne zu bilden, die geeignet sind, in eine Melodie moduliert zu werden und je nach Tempo und Maß der Melodie verlängert oder verkürzt zu werden. Da diese grobe Form der Vokalmusik bei weitem die einfachste und offensichtlichste ist, wäre sie natürlich auch die erste und früheste.

Im Laufe der Geschichte konnte es nicht ausbleiben, dass an die Stelle dieser nichtssagenden oder musikalischen Worte, wenn ich sie so nennen darf, Worte traten, die einen Sinn oder eine Bedeutung ausdrückten und deren Aussprache so genau mit dem Tempo und dem Maß der Melodie übereinstimmte, wie es zuvor bei den musikalischen Worten der Fall war. Daraus entstand die Strophe oder Poesie. Die Verse waren lange Zeit grob und unvollkommen. Wenn die bedeutungsvollen Worte nicht das erforderliche Maß erreichten, wurden sie oft durch die nicht bedeutungsvollen ersetzt, wie es manchmal in unseren herkömmlichen Balladen geschieht. Als das Ohr des Publikums so verfeinert war, dass es in allen ernsthaften Gedichten die unbedeutenden Wörter gänzlich ablehnte, nahm man sich immer noch die Freiheit, bei vielen Gelegenheiten die Aussprache der bedeutungsvollen Wörter zu verändern und zu verfälschen, um sie an das Maß anzupassen. Die Silben, aus denen sie sich zusammensetzten, wurden zu diesem Zweck manchmal künstlich verlängert und manchmal verkürzt; und wenn auch keine bedeutungslosen Worte verwendet wurden, so wurde doch manchmal eine bedeutungslose Silbe an den Anfang, an das Ende oder in die Mitte eines Wortes gesetzt. All diese Mittel finden wir häufig in den Versen von Chaucer, dem Vater der englischen Poesie, eingesetzt. Viele Zeitalter mussten vergehen, bis Verse allgemein mit einer solchen Korrektheit verfasst wurden, dass die übliche und korrekte Aussprache der Worte allein und ohne jeden anderen Kunstgriff die Stimme der Beachtung des Tempos und des Maßes unterwarf, gleich der Art von Tempo und Maß der Wissenschaft der Musik.

Der Vers würde natürlicherweise einen Sinn ausdrücken, der zu der ernsten oder fröhlichen, der freudigen oder melancholischen Stimmung der Melodie, zu der er gesungen wird, passt; da er sozusagen mit dieser Melodie verschmolzen und vereint ist, würde er scheinbar dem einen Sinn und eine Bedeutung geben, was sonst keine zu haben scheint, oder zumindest keine, die ohne die Ergänzung einer solchen Erläuterung klar verstanden werden könnte.

Ein pantomimischer Tanz erfüllt oft denselben Zweck und kann, indem er ein Liebes- oder Kriegsabenteuer darstellt, einer Musik [189] Sinn und Bedeutung geben, die sonst keinen zu haben scheint. Es ist natürlicher, durch Gesten und Bewegungen die Abenteuer des täglichen Lebens nachzuahmen, als sie in Versen oder Gedichten auszudrücken. Der Gedanke selbst ist naheliegender, und die Ausführung ist viel einfacher. Wenn diese Mimik von Musik begleitet würde, würde sie von sich aus, und fast ohne jede Absicht, ihre verschiedenen Schritte und Bewegungen in gewissem Maße an das Tempo und das Maß der Melodie anpassen; besonders wenn dieselbe Person sowohl die Melodie sang als auch die Mimik ausführte, wie es bei den Naturvölkern Afrikas und Amerikas häufig der Fall sein soll. Der Pantomimentanz könnte auf diese Weise dazu dienen, der Musik viele Zeitalter vor der Erfindung oder zumindest vor dem allgemeinen Gebrauch der Poesie einen eindeutigen Sinn und eine Bedeutung zu geben. Dementsprechend hören wir wenig von der Poesie der Naturvölker, die Afrika und Amerika bewohnen, aber viel von ihren pantomimischen Tänzen.

Die Poesie ist jedoch in der Lage, viele Dinge vollständig und deutlich auszudrücken, die der Tanz entweder gar nicht oder nur undeutlich und unvollkommen wiedergeben kann, wie zum Beispiel die Überlegungen und Urteile des Verstandes, die Ideen, Phantasien und Ahnungen der Vorstellungskraft, die Gefühle, Emotionen und Leidenschaften des Herzens. In der Fähigkeit, eine Bedeutung mit Klarheit und Deutlichkeit auszudrücken, ist der Tanz der Musik und die Poesie dem Tanz überlegen.

Von diesen drei verschwisterten Künsten, die ursprünglich vielleicht immer zusammen vorkommen und die zu allen Zeiten häufig gemeinsam auftreten, gibt es zwei, die allein und unabhängig von ihren natürlichen Begleiterinnen bestehen können, und eine, die das nicht kann. In der klaren Befolgung dessen, was die Alten Rhythmus nannten, von dem, was wir Tempo und Maß nennen, besteht das Wesen sowohl des Tanzes als auch der Poesie oder des Verses; oder die charakteristische Eigenschaft, die die Ersteren von allen anderen Bewegungen und Handlungen unterscheidet, und die Letzteren von allen anderen Redeformen. Was aber die Proportionen zwischen den Intervallen und Einteilungen der Dauer betrifft, die das ausmachen, was man Tempo und Maß nennt, so kann das Ohr, wie es scheint, viel genauer urteilen als das Auge; und die Poesie wendet sich ebenso wie die Musik an das Ohr, während der Tanz sich an das Auge wendet. Beim Tanz kann der Rhythmus, die richtige Proportion, das Tempo und das Maß seiner Bewegungen nicht deutlich wahrgenommen werden, es sei denn, sie sind durch das deutlichere Tempo und das Maß der Musik gekennzeichnet. In der Poesie ist es anders; es ist keine [190] Begleitung nötig, um das Maß eines guten Verses zu bestimmen. Musik und Poesie können also jedes für sich existieren; der Tanz braucht immer die Begleitung der Musik.

Es ist die Instrumentalmusik, die am besten getrennt von Poesie und Tanz existieren kann. Obwohl der Gesang aus Noten besteht, die weder einen bestimmten Sinn noch eine bestimmte Bedeutung haben, braucht er natürlich die Unterstützung der Poesie. Aber »Musik, die mit unsterblichen Versen verheiratet ist«, wie Milton sagt, oder mit irgendwelchen Worten, die einen bestimmten Sinn oder eine bestimmte Bedeutung haben, ist notwendigerweise und im Wesentlichen nachahmend. Was auch immer die Bedeutung dieser Worte sein mag, auch wenn sie, wie viele der Lieder des antiken Griechenlands und auch einige der Lieder der neueren Zeit, nur einige Maximen der Klugheit und Moral ausdrücken oder nur die einfache Erzählung eines wichtigen Ereignisses enthalten mögen, so gibt es doch selbst in solchen didaktischen und historischen Liedern immer noch eine Nachahmung. Es wird immer noch etwas von der einen Art geben, das mit Hilfe der Kunst einer Sache von ganz anderer Art ähnlich gemacht wird; es wird immer noch Musik geben, die eine Rede nachahmt; es wird immer noch Rhythmus und Melodie geben, die entweder in die Form eines guten moralischen Rates oder einer amüsanten und interessanten Geschichte geformt und gestaltet werden.

Zu dieser ersten Art der Nachahmung, die wesentlich und daher untrennbar mit der gesamten Gesangsmusik verbunden ist, kann eine zweite hinzugefügt werden, was auch gewöhnlich geschieht. Die Worte können die Situation einer bestimmten Person und alle Gefühle und Leidenschaften, die sie in dieser Situation empfindet, ausdrücken und tun dies gewöhnlich auch: Ein fröhlicher Gefährte, der dem Frohsinn und der Fröhlichkeit, die Wein, Festlichkeit und gute Gesellschaft in ihm wecken, Luft macht; ein Liebender, der klagt, hofft, fürchtet oder verzweifelt; ein großzügiger Mensch, der entweder seine Dankbarkeit für die Wohltaten oder seine Empörung über die Verletzungen, die ihm angetan wurden, zum Ausdruck bringt; ein Krieger, der sich auf die Gefahr vorbereitet und seinen Feind provoziert oder ihm trotzt; ein wohlhabender Mensch, der demütig für die Güte dankt; oder ein Bedrängter, der voller Reue die Barmherzigkeit und Vergebung jener unsichtbaren Macht erfleht, zu der er als Lenker aller Ereignisse des menschlichen Lebens aufschaut. Die Situation kann nicht nur eine, sondern zwei, drei oder mehr Personen umfassen; sie kann in ihnen allen entweder ähnliche oder entgegengesetzte Gefühle hervorrufen. Was für den einen ein Gegenstand des Kummers ist, ist für den anderen ein Anlass zur Freude und zum Triumph; und sie können alle, manchmal getrennt und manchmal gemeinsam, die besondere Art und Weise zum Ausdruck bringen, in der jeder von ihnen betroffen ist, wie in einem Duo, Trio oder einem Chor.

All dies kann und wird oft als unnatürlich bezeichnet; nichts ist so unnatürlich, wie zu singen, wenn wir darauf bedacht sind, zu überzeugen, [191] oder wenn wir ernstlich etwas Bestimmtes ausdrücken wollen. Aber man muss bedenken, dass die Ähnlichkeit einer Sache mit einer ganz anderen Sache gerade der Umstand ist, der in allen nachahmenden Künsten den Wert der Nachahmung ausmacht; und dass das Gestalten und gleichsam das Dehnen des Taktes und der Melodie der Musik, um den Ton und die Sprache des Ratschlags und der Unterhaltung, den Akzent und den Stil des Gefühls und der Leidenschaft zu imitieren, die Ähnlichkeit einer Sache mit einer ganz anderen Sache darstellt.

Der Klang und die Bewegungen der Musik, obwohl von Natur aus sehr verschieden von denen der Konversation und der Leidenschaft, können dennoch so gehandhabt werden, dass sie ihnen zu ähneln scheinen. Wegen des großen Unterschieds zwischen dem nachahmenden und dem nachgeahmten Gegenstand kann das Gemüt in diesem wie in den anderen Fällen mit einer solchen unvollkommenen Ähnlichkeit nicht nur zufrieden, sondern erfreut, ja entzückt und hingerissen sein. Solche nachahmende Musik kann daher, wenn sie zu Worten gesungen wird, die ihre Bedeutung erklären und bestimmen, oft als eine sehr vollkommene Nachahmung erscheinen. Aus diesem Grunde scheint auch die unvollständige Musik eines Rezitativs manchmal die ganze Ruhe und Gelassenheit eines ernsten, aber ruhigen Gesprächs, und manchmal die ganze edle Empfindsamkeit der interessantesten Leidenschaft auszudrücken. Die vollständigere Musik eines Liedes ist noch besser und hat in der Nachahmung der lebhafteren Leidenschaften einen großen Vorteil gegenüber jeder Art von Rede, ob Prosa oder Poesie, die nicht zur Musik gesungen wird. Bei einem Menschen, der entweder von Trauer niedergedrückt oder von Freude beseelt ist, der stark von Liebe oder Hass, von Dankbarkeit oder Groll, von Bewunderung oder Verachtung ergriffen ist, gibt es gewöhnlich einen Gedanken oder eine Vorstellung, die in seinen Gedanken herumspukt, die ihn ständig verfolgt, die, wenn er sie verjagt hat, sofort wieder zu ihm zurückkehrt und die ihn in Gesellschaft abwesend und unaufmerksam macht. Er kann nur an einen Gegenstand denken, und er kann diesen Gegenstand nicht so oft wiederholen, wie er auf ihn zurückfällt. Er sucht Zuflucht in der Einsamkeit, wo er frei der Ekstase oder der Qual der angenehmen oder unangenehmen Leidenschaft, die ihn erregt, nachgeben kann und wo er sich selbst den besonderen Gedanken, der ihn erfreut oder betrübt, wiederholen kann, was er manchmal gedanklich, manchmal sogar laut und fast immer mit denselben Worten tut. Weder Prosa noch Poesie können diese fast endlosen Wiederholungen der Leidenschaft nachahmen. Sie mögen sie beschreiben, wie ich es jetzt tue, aber sie wagen es nicht, sie nachzuahmen; sie würden unerträglich ermüdend werden, wenn sie es täten. Die Musik eines leidenschaftlichen Liedes kann sie nicht nur imitieren, sie tut es auch häufig; und sie bahnt sich nie [192] so direkt und unwiderstehlich ihren Weg zum Herzen, als wenn sie es tut. Aus diesem Grunde werden die Worte eines Liedes, besonders eines leidenschaftlichen, obwohl sie selten sehr lang sind, selten bis zum Ende gesungen, wie die eines Rezitativs, sondern fast immer in Teile zerlegt, die je nach Lust und Laune des Komponisten transponiert und immer wieder wiederholt werden. Nur durch solche Wiederholungen kann die Musik jene eigentümlichen Kräfte der Nachahmung ausüben, die sie auszeichnen und in denen sie alle anderen nachahmenden Künste übertrifft. Die Poesie und die Eloquenz, so ist oft bemerkt worden, erzeugen ihre Wirkung immer durch eine zusammenhängende Abwechslung und Aufeinanderfolge verschiedener Gedanken und Ideen; aber die

Musik erzeugt ihre Wirkungen häufig durch eine Wiederholung derselben Idee; und derselbe Sinn, ausgedrückt in derselben oder fast derselben Kombination von Tönen, mag zwar anfangs kaum einen Eindruck auf uns machen, doch kommt er, indem er ständig wiederholt wird, schließlich allmählich und nach und nach dazu, uns zu bewegen, zu erregen und zu ergreifen.

Mit diesen Möglichkeiten der Nachahmung verbindet die Musik natürlicherweise, oder vielmehr notwendigerweise, die günstigste Wahl der Gegenstände ihrer Nachahmung. Die Gefühle und Leidenschaften, die die Musik am besten nachahmen kann, sind die, welche die Menschen in der Gesellschaft vereinen und verbinden; die sozialen, die anständigen, die tugendhaften, die interessanten und ergreifenden, die liebenswürdigen und angenehmen, die schrecklichen und respektablen, die edlen, erhebenden und herrischen Leidenschaften. Trauer und Kummer sind interessant und ergreifend; Menschlichkeit und Mitleid, Freude und Bewunderung sind liebenswürdig und angenehm; Hingabe ist furchtbar und ehrbar; die hehre Geringschätzung der Gefahr, die ehrenvolle Entrüstung über eine Ungerechtigkeit sind edel, erhebend und eindrucksvoll. Aber es sind diese und ähnliche Leidenschaften, die die Musik am besten nachahmen kann und die sie auch am häufigsten nachahmt. Sie sind, wenn ich so sagen darf, alle musikalische Leidenschaften; ihre natürlichen Klänge sind alle klar, deutlich und nahezu melodiös; und sie drücken sich von Natur aus in einer Sprache aus, die sich durch Pausen in regelmäßigen und fast gleichen Abständen auszeichnet und die sich deshalb leichter an die regelmäßige Wiederkehr der entsprechenden Perioden einer Melodie anpassen lassen. Die Leidenschaften hingegen, die die Menschen auseinandertreiben, die unsozialen, die hasserfüllten, die unanständigen, die lasterhaften Leidenschaften, können von der Musik nicht leicht nachgeahmt werden. Die Stimme des rasenden Zorns zum Beispiel ist rau und unharmonisch; ihre Abschnitte sind alle unregelmäßig, manchmal sehr lang und manchmal sehr kurz, und zeichnen sich durch keine regelmäßigen Pausen aus. [...] **[193]** [...]

Dem Wert der Nachahmung und der günstigen Wahl der Gegenstände, die sie nachahmt, den großen Verdiensten der Bildhauerei und der Malerei, fügt die Musik noch einen anderen, besonderen und vorzüglichen Wert hinzu. Man kann nicht sagen, dass die Bildhauerei und die Malerei den Schönheiten der Natur, die sie nachahmen, neue, eigene Schönheiten hinzufügen. Sie mögen eine größere Anzahl dieser Schönheiten zusammenstellen und sie in einer angenehmeren Weise gruppieren, als sie gewöhnlich oder vielleicht jemals in der Natur zu finden sind. Es mag vielleicht wahr sein, was uns die Künstler so gerne sagen, dass keine Frau jemals in allen Teilen ihres Körpers der Schönheit der Venus Medici gleichkam und kein Mann der des Apollo von Belvedere. Aber sie müssen doch zugeben, dass es keine besondere Schönheit in irgendeinem Teil oder Aspekt dieser beiden berühmten Statuen gibt, die mit der vieler lebender Personen nicht mindestens gleichwertig ist, wenn nicht sogar übertroffen wird. Aber die Musik, indem sie die Gefühle und Leidenschaften, die sie ausdrückt, ordnet und gleichsam ihrem Tempo und Maß anpasst, versammelt und gruppiert nicht nur die verschiedenen Schönheiten der Natur, die sie nachahmt, wie die Bildhauerei und die Malerei, sondern sie kleidet sie darüber hinaus in einer neuen und exquisiten Schönheit. Sie kleidet sie mit Melodie und Harmonie, die wie ein durchsichtiger Mantel, weit davon entfernt, irgendeine Schönheit zu verbergen, nur dazu dienen, jener Schönheit, die sie umhüllen, eine hellere Farbe, einen [194] lebendigeren Glanz und eine einnehmende Anmut zu verleihen.

Zu diesen beiden unterschiedlichen Arten der Nachahmung – zu der allgemeinen, durch die die Musik der Rede ähnelt, und zu der besonderen, durch die sie die Gefühle und Empfindungen zum Ausdruck bringt, die eine bestimmte Situation bei einer bestimmten Person hervorruft – gesellt sich häufig eine dritte. Die Person, die singt, kann zu dieser doppelten Nachahmung des Sängers die zusätzliche Nachahmung des Schauspielers hinzufügen und nicht nur durch die Modulation und Kadenz seiner Stimme, sondern auch durch seine Erscheinung, seine Haltung, seine Gesten und seine Bewegungen die Gefühle und Empfindungen der Person ausdrücken, deren Situation in dem Lied dargestellt wird. Selbst in privater Gesellschaft kann ein Lied, auch wenn es vielleicht manchmal gut gesungen wird, niemals als gut vorgetragen bezeichnet werden, wenn der Sänger nicht etwas in dieser Art tut; und es gibt keinen Vergleich zwischen der Wirkung dessen, was kalt aus einem Notenbuch neben einem Cembalo gesungen wird, und dem, was nicht nur gesungen, sondern mit angemessener Freiheit, Lebendigkeit und Kühnheit gespielt wird. Ein Opernschauspieler tut nicht mehr als dies; und eine Nachahmung, die in privater Gesellschaft so angenehm ist und sogar so natürlich erscheint, sollte auf der Bühne nicht gezwungen, unnatürlich oder unangenehm wirken.

Bei einem guten Opernschauspieler entsprechen nicht nur die Modulationen und Pausen seiner Stimme, sondern jede Bewegung und Geste, jede Veränderung, sei es in der Haltung seines Kopfes oder in der seines Körpers, dem Tempo und dem Maß der Musik: Sie entsprechen dem Ausdruck des Gefühls oder der Leidenschaft, die die Musik nachahmt, und dieser Ausdruck entspricht notwendigerweise diesem Tempo und Maß. Die Musik ist gleichsam die Seele, die ihn belebt, die jeden Zug seines Antlitzes prägt und sogar jede Bewegung seiner Augen lenkt. Wie der musikalische Ausdruck eines Liedes fügt seine Handlung der natürlichen Anmut des Gefühls oder der Handlung, die sie nachahmt, eine neue und eigentümliche Anmut hinzu; die edle und ergreifende Anmut jener Gesten und Bewegungen, jener Gebärden und Haltungen, die durch die Form, das Tempo und das Maß der Musik gelenkt werden, diese Anmut steigert und belebt den Ausdruck. Nichts kann tiefer berühren als die interessanten Szenen der ernsten Oper, wenn zu guter Poesie und guter Musik, zur Poesie des Metastasio und der Musik des Pergolesi, die Ausführung eines guten Schauspielers hinzukommt. [...]

Die Nachahmungsfähigkeit der Instrumentalmusik ist der des Gesangs weit unterlegen; ihre wohlklingenden, aber nichtssagenden und unartikulierten Töne können nicht, wie die Artikulationen der menschlichen Stimme, die Umstände einer bestimmten Geschichte deutlich wiedergeben oder die verschiedenen Situationen beschreiben, die diese Umstände hervorgebracht haben; oder gar die verschiedenen Gefühle und Leidenschaften, die die Beteiligten in diesen Situationen empfunden haben, deutlich und für jeden Hörer verständlich ausdrücken: Sogar die Nachahmung anderer Laute, jener Dinge, die sie gewiss am besten nachahmen kann, ist gewöhnlich so undeutlich, dass sie uns allein und ohne jede Erläuterung nicht ohne weiteres zu verstehen gibt, was denn überhaupt nachgeahmt wird. [...] **[196]** [...]

[...]

Bei den nachahmenden Künsten ist es zwar keineswegs notwendig, dass das Nachahmende dem Nachgeahmten so genau gleicht, dass man das eine manchmal mit dem anderen verwechselt, aber es ist doch notwendig, dass sie sich wenigstens so weit ähneln, dass das eine immer leicht das andere nahelegt. Es wäre ein merkwürdiges Bild, wenn es einer Inschrift am Fuße bedürfte, um uns nicht nur zu sagen, welche bestimmte Person es darstellen soll, sondern auch, ob es sich um einen Menschen oder um ein Pferd handelt oder ob es überhaupt ein Bild sein und irgendetwas darstellen soll. Die Nachahmungen der Instrumentalmusik können in mancher Hinsicht solchen Bildern ähneln. Es besteht jedoch der sehr wesentliche Unterschied zwischen ihnen, dass das Bild durch die Inschrift nicht viel verändert würde, während die Instrumentalmusik durch etwas, das als kaum mehr als eine solche Inschrift betrachtet werden kann, alle Wirkungen der feinsten und vollkommensten Nachahmung hervorruft, wenn auch vielleicht nicht immer von einer richtigen Nachahmung gesprochen werden kann. Um zu erklären, wie dies zustande kommt, ist es nicht nötig, in die Tiefen philosophischer Spekulationen hinabzusteigen.

Der Zug der Gedanken und Ideen, der ständig durch den Geist rollt, bewegt sich nicht immer mit der gleichen Geschwindigkeit, wenn ich so sagen darf, oder mit der gleichen Ordnung und Verbindung. Wenn wir fröhlich und heiter sind, ist seine Bewegung munterer und lebhafter, unsere Gedanken folgen einander rascher, und die unmittelbar aufeinanderfolgenden scheinen oft entweder nur wenig miteinander verbunden zu sein oder eher durch ihren Gegensatz als durch ihre gegenseitige Ähnlichkeit. Wie wir es in dieser lustigen und spielerischen Gemütsverfassung hassen, lange bei ein und demselben Gedanken zu verweilen, so machen wir uns auch nicht viel daraus, einander ähnliche Gedanken zu verfolgen; und die Abwechslung des Gegensatzes ist uns angenehmer als die Gleichartigkeit der Ähnlichkeit. Ganz anders verhält es sich, wenn wir melancholisch und verzagt sind; dann werden wir häufig von einem Gedanken verfolgt, den wir gerne verjagen würden, der uns aber ständig verfolgt und der keine anderen Anhänger, Begleiter oder Gefährten zulässt als solche, die seiner eigenen Art und Beschaffenheit entsprechen. Eine langsame Aufeinanderfolge ähnlicher oder eng miteinander verbundener Gedanken ist das Merkmal dieser Geisteshaltung; eine schnelle Aufeinanderfolge von Gedanken, die häufig im Gegensatz zueinander stehen und im Allgemeinen nur sehr wenig miteinander verbunden sind, ist das Merkmal der anderen Geisteshaltung. Das, was man den natürlichen Zustand des Gemüts nennen kann, der Zustand, in dem wir weder beschwingt noch niedergeschlagen sind, der Zustand der Gelassenheit, der Ruhe und des Gleichmuts, nimmt eine Art Mittelstellung zwischen diesen beiden entgegengesetzten Extremen ein; unsere Gedanken können einander langsamer und mit einer deutlicheren Verbindung folgen als in dem einen, aber schneller und mit einer größeren Vielfalt als in dem anderen.

Die hohen Töne sind von Natur aus fröhlich, beschwingt und belebend, die tiefen Töne feierlich, düster und schwermütig. Es scheint auch ein natürlicher Zusammenhang zu bestehen zwischen Schärfe in der Melodie und Schnelligkeit im Tempo oder in der Tonfolge, wie auch zwischen Schwere und Langsamkeit: Ein hoher Ton scheint schneller zu vergehen als ein tiefer: Der Diskant ist heiterer als der Bass; auch folgen seine Töne gewöhnlich schneller aufeinander. Aber die Instrumentalmusik kann sich durch eine geeignete Anordnung, durch eine schnellere oder langsamere Folge von scharfen und schweren, von ähnlichen und kontrastierenden Tönen nicht nur der fröhlichen, der ruhigen oder der melancholischen Stimmung anpassen, sondern auch, wenn das Gemüt so weit frei ist, dass es nicht durch irgendeine unbeständige Leidenschaft gestört wird, wenigstens für den Augenblick und bis zu einem gewissen Grad, jede mögliche Abwandlung jeder dieser Stimmungen oder Gemütslagen hervorbringen. Wir alle unterscheiden bereitwillig die heitere, fröhliche und beschwingte Musik von der melancholischen, klagenden und ergreifenden; und diese beiden von der, die eine Art Mittelstellung zwischen ihnen einnimmt, der ruhigen, beschaulichen und bedächtigen Musik. Und wir sind uns alle bewusst, dass die Musik im natürlichen und gewöhnlichen Zustand des Gemüts durch eine Art Beschwörung uns bis zu einem gewissen Grade in jene besondere Stimmung versetzen kann, die mit ihrem eigenen Charakter und Temperament übereinstimmt. In einem Instrumentalkonzert ist die Aufmerksamkeit mit Vergnügen und Wonne damit beschäftigt, einer Kombination der angenehmsten und wohlklingendsten Töne zu lauschen, die mal schneller, mal langsamer aufeinanderfolgen, wobei die unmittelbar aufeinanderfolgenden Töne sich mal genau oder fast gleichen, mal in der Melodie, im Tempo und in der Anordnung voneinander abweichen. Da das Gemüt auf diese Weise nacheinander mit einer Reihe von Gegenständen beschäftigt ist, deren Art, [198] Abfolge und Verbindung manchmal der fröhlichen, manchmal der ruhigen und manchmal der melancholischen Stimmung oder Gemütsverfassung entspricht, wird es selbst nacheinander in jede dieser Stimmungen oder Gemütsverfassungen geführt und auf diese Weise in eine Art von Harmonie oder Übereinstimmung mit der Musik gebracht, die seine Aufmerksamkeit so angenehm fesselt.

Die Instrumentalmusik erzeugt diese Wirkung jedoch nicht durch Nachahmung im eigentlichen Sinne: Die Instrumentalmusik ahmt nicht, wie der Gesang, die Malerei oder der Tanz, eine fröhliche, eine ruhige oder eine melancholische Person nach; sie erzählt uns nicht, wie irgendeine dieser anderen Künste es könnte, eine angenehme, eine ernste oder eine melancholische Geschichte. Nicht, wie im Gesang, in der Malerei oder im Tanz, durch die Sympathie mit der Fröhlichkeit, der Gelassenheit oder der Melancholie und dem Kummer einer anderen Person versetzt uns die Instrumentalmusik in jede dieser Gemütszustände: Sie wird selbst zu einem fröhlichen, einem gelassenen oder einem melancholischen Gegenstand; und das Gemüt nimmt ganz natürlich die Stimmung oder Gemütsverfassung an, die zu der Zeit dem Gegenstand entspricht, der seine Aufmerksamkeit auf sich zieht. Was immer wir bei instrumentaler Musik empfinden, ist ein ursprüngliches und kein mitfühlendes Gefühl: Es ist unsere eigene Fröhlichkeit, Gelassenheit oder Melancholie, nicht die reflektierte Stimmung einer anderen Person.

[...]

Diese Fähigkeit, die verschiedenen Stimmungen und Veranlagungen des Geistes zu erregen und zu variieren, die die Instrumentalmusik tatsächlich in sehr hohem Maße besitzt, ist die Hauptquelle ihres Rufs für die großen nachahmenden Kräfte, die ihr zugeschrieben wurden. »Die Malerei«, sagt ein Autor, der besser in der Lage ist, stark zu empfinden, als genau zu analysieren, Herr Rousseau aus Genf, »die Malerei, [199] die ihre Nachahmungen nicht der Einbildungskraft, sondern den Sinnen und nur einem dieser Sinne darbietet, kann nichts anderes darstellen als die Objekte des Sehens. Die Musik, so könnte man meinen, sollte sich ebenso auf die Objekte des Hörens beschränken. Sie ahmt aber alles nach, auch jene Gegenstände, die nur durch das Sehen wahrnehmbar sind. Durch eine fast unvorstellbare Täuschung kann sie gleichsam das Auge ins Ohr setzen; und das größte Wunder einer Kunst, die nur durch

Bewegung und Abfolge wirkt, ist, dass sie Ruhe und Erholung nachahmen kann. Nacht, Schlaf, Einsamkeit und Stille liegen alle im Bereich der musikalischen Nachahmung. Wenn auch die ganze Natur schläft, so ist doch derjenige, der sie betrachtet, wach; und die Kunst des Musikers besteht darin, an die Stelle eines Bildes von dem, was nicht Gegenstand des Hörens ist, das der Bewegungen zu setzen, die seine Anwesenheit im Gemüt des Betrachters hervorrufen würde«, das heißt, der Wirkungen, die es auf seine Stimmung und sein Gemüt haben würde. »Der Musiker«, fährt derselbe Autor fort, »wird manchmal nicht nur die Wellen des Meeres aufwühlen, die Flammen einer Feuersbrunst auflodern lassen, den Regen fallen, die Bäche fließen und die Sturzbäche anschwellen lassen, sondern er wird die Schrecken einer grässlichen Wüste malen, die Wände eines unterirdischen Kerkers verdunkeln, den Sturm besänftigen, der Luft und dem Himmel Ruhe und Gelassenheit verleihen und vom Orchester aus eine neue Frische über die Haine und Felder ausstrahlen. Er wird keinen dieser Gegenstände direkt darstellen, aber er wird im Geist die gleichen Bewegungen hervorrufen, die er beim Anblick dieser Gegenstände empfinden würde.«

Nach dieser sehr eloquenten Beschreibung von Herrn Rousseau muss ich bemerken, dass die Instrumentalmusik des Orchesters ohne die Begleitung des Bühnenbildes und der Handlung der Oper, ohne den Beistand entweder des Bühnenmalers oder des Dichters oder beider, keine der Wirkungen hervorbringen könnte, die ihr hier zugeschrieben werden: Und wir könnten nie wissen, ja nicht einmal erraten, welche der oben erwähnten heiteren, melancholischen oder ruhigen Gegenstände sie uns darstellen wollte; oder ob sie irgendetwas von ihnen darstellen wollte und nicht nur ein Konzert heiterer, melancholischer oder ruhiger Musik, oder, wie die Alten sie nannten, der diastaltischen, der systaltischen oder der mittleren Musik, uns unterhalten wollte. Selbst mit dieser Begleitung kann man von ihr nicht immer von einer richtigen Nachahmung sprechen. Doch kann sie, indem sie die Nachahmung einer anderen Kunst unterstützt, alle dieselben Wirkungen auf uns ausüben, als ob sie selbst auf die feinste und vollkommenste Weise nachgeahmt hätte. Was auch immer der Gegenstand oder die Situation sein mag, die der Bühnenmaler [200] auf dem Theater darstellt, die Musik des Orchesters kann, indem sie das Gemüt auf die gleiche Art von Stimmung und Temperament einstellt, die es durch die Anwesenheit dieses Gegenstandes oder durch die Sympathie mit der Person, die sich in dieser Situation befindet, empfinden würde, die Wirkung dieser Nachahmung sehr verstärken: Sie kann sich jeder Verschiedenheit der Szene anpassen. [...]

[...]

[205] [...] Nur selten will die Musik eine bestimmte Geschichte erzählen, ein bestimmtes Ereignis imitieren oder ganz allgemein einen bestimmten Gegenstand vermitteln, der sich von der Kombination von Klängen unterscheidet, aus denen sie selbst besteht. Man kann daher sagen, dass ihre Bedeutung in sich selbst vollständig ist und keiner Interpreten bedarf, um sie zu erklären. Das, was man das Thema einer solchen Musik nennt, ist lediglich, wie schon gesagt, eine bestimmte tragende Kombination von Tönen, zu der sie häufig zurückkehrt und zu der alle ihre Abschweifungen und Variationen eine gewisse Verwandtschaft haben. Es ist etwas ganz anderes als das, was man das Thema eines Gedichts oder eines Bildes nennt, das immer etwas ist, das weder im Gedicht noch im Bild vorkommt, oder etwas, das sich von der Kombination von Wörtern einerseits und Farben andererseits unterscheidet, aus denen sie jeweils zusammengesetzt sind. Das Thema einer Komposition von Instrumentalmusik ist Teil dieser Komposition; das Thema eines Gedichts oder eines Bildes ist Teil von keinem von beiden.

Die Wirkung der Instrumentalmusik auf das Gemüt wird als ihr Ausdruck bezeichnet. In der Empfindung ist sie oft der Wirkung dessen nicht unähnlich, was man den Ausdruck der Malerei nennt, und ist manchmal ebenso interessant. Aber die Wirkung des Ausdrucks der Malerei entsteht immer aus dem Gedanken an etwas, das, obwohl es durch die Zeichnung und die Farbgebung des Bildes deutlich und klar angedeutet wird, von dieser Zeichnung und Farbgebung völlig verschieden ist. Sie entsteht manchmal aus Sympathie, manchmal aus Antipathie und Abneigung gegenüber den Gefühlen, Emotionen und Leidenschaften, die das Antlitz, die Handlung, die Stimmung und die Haltung der dargestellten Personen andeuten. [...]

Obwohl die Instrumentalmusik also zweifellos in mancher Hinsicht als eine nachahmende Kunst betrachtet werden kann, ist sie es doch weniger als die anderen, die diese Bezeichnung verdienen; sie kann nur wenige Dinge nachahmen, und selbst diese so unvollkommen, dass ihre Nachahmung ohne die Begleitung [207] durch eine andere Kunst kaum verständlich ist: Die Nachahmung ist keineswegs wesentlich für sie, und die Hauptwirkung, die sie hervorzubringen vermag, entspringt ganz anderen Mitteln als denen der Nachahmung.

Teil III

Die imitatorischen Fähigkeiten des Tanzes sind denen der Instrumentalmusik weit überlegen und denen jeder anderen Kunst mindestens ebenbürtig, vielleicht sogar ebenfalls überlegen. Wie die Instrumentalmusik ist er jedoch nicht notwendigerweise oder wesentlich imitierend, und er kann sehr angenehme Effekte erzeugen, ohne irgendetwas zu imitieren. Der größte Teil unserer gewöhnlichen Tänze enthält wenig oder gar keine Nachahmung und besteht fast ausschließlich aus einer Abfolge solcher Schritte, Gesten und Bewegungen, die durch das Tempo und das Maß der Musik reguliert werden und die entweder außerordentliche Anmut zeigen oder außerordentliche Beweglichkeit erfordern. Sogar einige unserer Tänze, von denen man sagt, sie seien ursprünglich nachahmend gewesen, haben in der Art, wie wir sie praktizieren, fast aufgehört, es zu sein. Das Menuett, bei dem die Frau, nachdem sie den Mann mehrmals umrundet hat, ihm zuerst die eine Hand, dann die andere und schließlich beide Hände reicht, soll ursprünglich ein maurischer Tanz gewesen sein, der die Leidenschaft der Liebe symbolisch darstellte. Viele meiner Leser mögen diesen Tanz oft getanzt haben, und nach Meinung aller, die sie gesehen haben, mit großer Anmut und Angemessenheit, obwohl weder sie noch die Zuschauer auch nur einmal an die allegorische Bedeutung dachten, die er ursprünglich ausdrücken sollte.

Ein bestimmter gemessener, kadenzierter Schritt, der gemeinhin als Tanzschritt bezeichnet wird, der den Takt der Musik, die ihn begleitet und leitet, einhält und gleichsam mit ihm schlägt, ist das wesentliche Merkmal, das einen Tanz von jeder anderen Art der Bewegung unterscheidet. Wenn der Tänzer, indem er sich mit einem solchen Schritt bewegt und Tempo und Maß einhält, die gewöhnlichen oder die wichtigeren Handlungen des menschlichen Lebens nachahmt, formt und gestaltet er gleichsam ein Ding einer Art so, dass es einem anderen Ding einer ganz anderen Art ähnelt:

Seine Kunst überwindet den Unterschied, den die Natur zwischen dem nachahmenden und dem nachgeahmten Gegenstand gesetzt hat, und hat deshalb einen gewissen Grad jener Art von Verdienst, der allen nachahmenden Künsten zukommt. Dieses Missverhältnis ist freilich nicht so groß wie bei einigen anderen dieser Künste, und folglich auch nicht das Verdienst der Nachahmung, die es überwindet. Niemand würde das Verdienst eines guten nachahmenden Tänzers mit dem eines guten Malers oder Bildhauers vergleichen. Dem Tänzer kann jedoch ein sehr hoher Grad an Verdienst zukommen, und seine Nachahmung ist vielleicht [208] manchmal in der Lage, uns genauso viel Freude zu bereiten wie die eines der beiden anderen Künstler. Alle Sujets der Bildhauerei oder der Historienmalerei liegen im Bereich seiner Nachahmungskraft, und bei ihrer Darstellung hat seine Kunst sogar einen gewissen Vorteil gegenüber den beiden anderen. Die Bildhauerei und die Historienmalerei können nur einen einzigen Augenblick der Handlung darstellen, die sie nachahmen wollen: Die Ursachen, die sie vorbereiteten, die Konsequenzen, die ihnen folgten, die Situation dieses einzigen Augenblicks liegen völlig außerhalb des Bereichs ihrer Nachahmung. Ein pantomimischer Tanz kann diese Ursachen und Folgen deutlich darstellen; er ist nicht auf die Situation eines einzigen Augenblicks beschränkt, sondern kann, wie die epische Poesie, alle Ereignisse einer langen Geschichte darstellen und eine lange Reihe und Abfolge von miteinander verbundenen und interessanten Situationen zeigen. Daher ist er in der Lage, uns viel mehr zu berühren als die Bildhauerei oder die Malerei. Die alten Römer pflegten bei den Darstellungen ihrer Pantomimen Tränen zu vergießen, so wie wir es bei den interessantesten Tragödien tun; eine Wirkung, die völlig jenseits der Kräfte von Statuen oder Gemälden liegt.

Die alten Griechen scheinen ein Volk von Tänzern gewesen zu sein, und sowohl ihre gewöhnlichen als auch ihre Bühnentänze scheinen alle nachahmend gewesen zu sein, genau wie die Bühnentänze der alten Römer. Bei diesen ernsten Völkern galt es als unanständig, in privater Gesellschaft zu tanzen, und sie konnten daher keine gemeinsamen Tänze haben; und bei beiden Völkern scheint die Nachahmung als wesentlicher Bestandteil des Tanzes angesehen worden zu sein.

Ganz anders ist es in der heutigen Zeit: Obwohl wir pantomimische Tänze auf der Bühne haben, ist der größte Teil unserer

Bühnentänze keine Pantomime und kann nicht als Nachahmung von irgendetwas bezeichnet werden. Der größte Teil unserer gewöhnlichen Tänze war entweder nie Pantomime oder hat mit sehr wenigen Ausnahmen aufgehört, es zu sein.

Dieser bemerkenswerte Unterschied zwischen den alten und den modernen Tänzen scheint die natürliche Folge eines entsprechenden Unterschieds in der Musik zu sein, die sowohl die einen als auch die anderen begleitet und geleitet hat.

Heutzutage tanzen wir fast immer zu Instrumentalmusik, und da diese Musik selbst nicht imitierend ist, hat der größte Teil der Tänze, die sie leitet und gleichsam inspiriert, aufgehört, es zu sein. In der Antike hingegen scheint man fast immer zu Gesang getanzt zu haben, und da dieser notwendigerweise und im Wesentlichen imitativ ist, wurden auch die Tänze imitativ. Die Alten scheinen wenig oder gar nichts von dem gehabt zu haben, was man eigentlich Instrumentalmusik nennt, oder von Musik, die nicht für den Gesang, sondern für das Spiel auf Instrumenten komponiert wurde, und [209] sowohl ihre Blas- als auch ihre Saiteninstrumente scheinen nur als Begleitung und Anleitung für die Stimme gedient zu haben.

[...]

Norbert Paulo

Nachwort

Als Adam Smith zur Welt kam, war er bereits Halbwaise. Sein Vater, Adam Smith sen., ein Jurist, der als Privatsekretär eines Grafen gearbeitet hatte, war fünf Monate vor der Geburt seines Sohnes im Alter von nur 44 Jahren verstorben. Zu dieser Zeit war er königlicher Zollkommissar in Kirkcaldy, einer kleinen Hafenstadt mit etwa 2000 Einwohnern am Meeresarm Firth of Forth, wo Adam Smith jun. im Juni 1723[1] geboren wurde.

Der Junge ist bei seiner Mutter, Margaret Douglas, aufgewachsen, die einer relativ wohlhabenden und einflussreichen Familie angehörte. Zu dieser offenbar tiefreligiösen Mutter hat er ein sehr enges und liebevolles Verhältnis gepflegt. Er hat fast sein gesamtes Leben mit ihr verbracht, zunächst natürlich während der Kindheit in Kirkcaldy, aber auch als er später Professor in Glasgow und dann ein berühmter Bürger Edinburghs war, lebten die beiden in einem Haushalt. Als sie schließlich 1784 starb, schrieb Smith: »Die endgültige Trennung von einem Menschen, der mich gewiss mehr geliebt hat, als irgendein anderer Mensch mich jemals geliebt hat oder jemals lieben wird, und den ich gewiss mehr geliebt und geachtet habe, als ich jemals irgendeinen anderen Menschen lieben oder achten werde, empfinde ich [...] als einen sehr schweren Schlag.«[2] Smith, der nie heiratete und keine Kinder hatte, starb nur sechs Jahre später. In den Jahren seit 1723 hatte sich viel ereignet – Smith war zum gefeierten Intellektuellen geworden, der nicht nur beste

1 Das genaue Geburtsdatum ist unklar. Wie das Taufregister zeigt, fand seine Taufe am 5. Juni 1723 statt. Da offenbar unsicher war, ob der Junge die ersten Tage überleben würde, hat man ihn wohl noch am Tag der Geburt getauft. Allerdings galt in Schottland zu dieser Zeit (und noch bis 1751) der julianische Kalender, der gegenüber dem heute gebräuchlichen gregorianischen Kalender einen Verzug von elf Tagen hatte. Nach gregorianischem Kalender wurde Adam Smith jun. also am 16. Juni 1723 getauft und vermutlich auch geboren. Vgl. Gerhard Streminger, *Adam Smith. Wohlstand und Moral*, München 2017, S. 18.

2 Brief an William Strahan vom 10. Juni 1784, in: Ernest Campbell Mossner, Ian Simpson Ross (Hg.), *The Glasgow Edition of the Works and Correspondence of Adam Smith, Band VI: The Correspondence of Adam Smith*, 2. Aufl., Oxford 1987, S. 275 [Übersetzung: N. P.].

Kontakte zu David Hume, Voltaire, Benjamin Franklin und anderen großen Geistern seiner Zeit pflegte, sondern auch den Schatzkanzler beriet. Als Smith am 17. Juli 1790 im Alter von 67 Jahren starb, war noch unklar, wohin die Französische Revolution führen würde. Er war zu dieser Zeit wie sein Vater Zollkommissar, wenn auch in höherer Position und in Edinburgh, ein paar Kilometer Luftlinie von Kirkcaldy entfernt.

2023 jährt sich Smith' Geburt zum 300. Mal. Dies ist eine gute Gelegenheit, sein Werk neu zu entdecken, zumal er das Schicksal anderer Klassiker teilt, mit Ideen verbunden zu werden, die er gar nicht vertreten hat, während wichtige Teile seines Werks nur noch Experten bekannt sind. Im Folgenden werde ich ein paar Schlaglichter auf Adam Smith und seine Zeit werfen, bevor ich auf sein Werk eingehe und die in diesem Band abgedruckten Textausschnitte vorstelle.

Adam Smith hatte das Glück, zur richtigen Zeit am richtigen Ort zur Welt zu kommen. Nach Jahren des wirtschaftlichen Niedergangs, der Missernten und Hungersnöte war Schottland 1707 notgedrungen eine »Union« mit England eingegangen, wodurch Großbritannien entstand. Zwar fielen damit die Handelsbarrieren zwischen Schottland und England (und dessen Kolonien), die Union war aber für die Schotten auch mit Ungerechtigkeiten verbunden, die teilweise bis heute als Gründe für eine Loslösung von England angeführt werden. So unterstand Schottland nicht nur der englischen Krone, sondern wurde nach der Union auch von London aus regiert; im Parlament in Westminster wurde Schottland nur von einer absurd geringen Zahl von Repräsentanten vertreten; das Land wurde entwaffnet und durfte keine eigene Armee haben; ferner unterstand es einem direkt vom englischen König abhängigen Regenten, der meist aus dem damals einflussreichsten schottischen Clan, den Campbells, stammte, aber selten in Schottland lebte. Die eigentliche Regierungsarbeit vor Ort übernahmen relativ pragmatische Juristen, die Lord Advocates, die es bis heute gibt.

Da auch der schottische Hochadel seine Interessen lieber in London als in der entlegenen Provinz wahrnahm, entstand in Schottland ein Machtvakuum, das in den großen Städten durch das neu entstehende Bürgertum ausgefüllt wurde. Vor allem in der Hauptstadt Edinburgh nutzen Juristen, Professoren und Geistliche die faktische Abwesenheit der Legislative und der Exekutive und prägten unter den wohlwollenden oder desinteressierten Augen des jeweiligen Lord Advocate die Gesellschaft. Sie taten dies nicht in einem Rat oder Parlament, sondern in den vielen Clubs und Societies, in denen alle möglichen praktischen, künstlerischen und wissenschaftlichen Fragen diskutiert wurden – von der Verbesserung der Landwirtschaft über die zeitgenössische Literatur, juristische Probleme und Naturwissenschaften bis hin zum Bau von New Town, eines neuen Stadtteils von Edinburgh, der in diesen Clubs und Societies erdacht und 1767 begonnen wurde.[3]

Nach den turbulenten Reformations- und Bürgerkriegszeiten beruhigten sich auch die religiösen Befindlichkeiten. Im 18. Jahrhundert gab es in Schottland eine presbyterianische Mehrheit, die unter dem zunehmenden Einfluss gemäßigter Kirchenvertreter mit den katholischen und episkopalen Minderheiten immerhin ein weitgehend friedliches Auskommen fand. Durch die Union mit England gab es mehr kulturellen Austausch zwischen den Ländern. Dies führte dazu, dass sich der auf stoischen Ideen basierende englische Deismus auch in Schottland verbreitete, nicht zuletzt unter den Aufklärern. Diese »natürliche Religion« war stark von Isaac Newton beeinflusst. Newton, der bei Smith' Geburt noch drei Lebensjahre vor sich hatte, ging davon aus, die Gravitationskraft, mit der man so viele Phänomene erklären kann, zeige das Wirken einer wohlwollenden Gottheit. Gott offenbare sein Wirken nicht in Wundern, sondern in der natürlichen Ordnung des Universums. Anders als die Worte der Bibel, deren verschiedene Interpretationen so viel Leid gebracht hätten, sei das Werk Gottes in der Ordnung der Natur klar zu erkennen.

Das Erziehungswesen war zu Beginn des 18. Jahrhunderts in Schottland so weit ausgebaut, dass fast jede Gemeinde eine Art Grundschule hatte und größere Städte sogar weiterführende Schulen, die auf die Universität vorbereiteten. In diesen Gemeinschaftsschulen saßen Kinder aller sozialen Schichten nebeneinander und wurden gleich behandelt. Schottland hatte bereits fünf Universitäten: St. Andrews, Glasgow, King's College Aberdeen, Edinburgh und Marischal College Aberdeen. Im viel bevölkerungsreicheren

3 Zur Bedeutung der Clubs und Societies für die schottische Aufklärung siehe Christopher J. Berry, »Smith and Science«, in: Knud Haakonssen (Hg.), *The Cambridge Companion to Adam Smith*, Cambridge 2006, S. 112-135, hier S. 112-116.

England gab es zur gleichen Zeit lediglich zwei Universitäten: Oxford und Cambridge.

Wie damals üblich, begann Smith sein Studium an der Universität Glasgow im Alter von nur 14 Jahren. Er absolvierte zunächst Kurse in Griechisch, Logik, Metaphysik, Naturphilosophie, Mathematik und Geometrie. Das Vorbereitungsjahr, in dem Latein gepaukt wurde, konnte Smith dank seiner in der Schule erworbenen Sprachkenntnisse überspringen. Latein war noch immer die übliche Unterrichtssprache. Die Ausnahme von der Regel war der als Vater der schottischen Aufklärung geltende[4] Professor Francis Hutcheson, bei dem Smith Moralphilosophie gehört hat. Hutcheson unterrichtete auf Englisch; anders als seine Kollegen las und kommentierte er nicht nur lateinische Texte, sondern sprach frei zu den Studenten. Smith hatte das Glück, zu einer Zeit zu studieren, da an den schottischen Universitäten bereits erkannt wurde, dass Arbeitsteilung auch in der Lehre sinnvoll ist. Statt der bedauernswerten sogenannten Regents, die ihre nicht minder bedauernswerten Studenten in allen Fächer unterrichten mussten, wurden nun Professuren für bestimmte Fächer eingerichtet. Diese Idee hatte man sich von den holländischen Universitäten abgeschaut, mit denen ohnehin ein reger Austausch bestand. Schließlich ging man für ein weiterführendes Studium der Medizin, des Rechts oder der Theologie üblicherweise von Schottland nach Holland.

Smith schlug einen anderen Weg ein. Im Alter von 16 Jahren schloss er sein Studium in Glasgow ab und erhielt wegen hervorragender Leistungen ein begehrtes Stipendium für ein Studium in Oxford. Ziel des Stipendiums war die Vorbereitung auf eine Laufbahn innerhalb der anglikanischen Kirche. Smith sollte ganze sechs Jahre in Oxford verbringen. In dieser Zeit wurde ihm wohl klar, dass die kirchliche Laufbahn nicht die seine war. Schon 1740, kaum in Oxford angekommen, schrieb er in die Heimat, jedermann sei »selbst schuld, wenn er seine Gesundheit in Oxford durch übermäßiges Studium gefährdet, denn unsere einzige Aufgabe hier ist es, zweimal am Tag zum Gebet zu gehen und zweimal in der Woche eine Vorlesung zu besuchen«.[5] Dieser schlechte erste Eindruck scheint nachdrücklich gewesen zu sein. Noch über drei Jahrzehnte

4 Streminger, *Adam Smith*, S. 27.

5 Brief an William Smith vom 24. August 1740, in: Mossner/Ross (Hg.), *The Correspondence of Adam Smith*, S. 1 [Übersetzung: N. P.].

später schreibt er: »An der Universität Oxford gibt sich die Mehrzahl der beamteten Professoren seit vielen Jahren nicht einmal mehr den Anschein zu lehren.«[6]

Jedenfalls haben ihm diese Umstände viel Zeit zum Selbststudium gelassen, die er auch zu nutzen wusste. Er las den erst kurz zuvor veröffentlichten *Treatise of Human Nature* (*Traktat über die menschliche Natur*) des nur zwölf Jahre älteren David Hume, wofür er in Oxford prompt bestraft wurde, denn das Buch stand auf dem Index. Vor allem hat er die Jahre in Oxford wohl genutzt, um seine Kenntnisse der klassischen römischen und griechischen Literatur ebenso zu erweitern wie die der damals modernen englischen und französischen Literatur.

In Schottland wurde (und wird) Scots und Gälisch gesprochen. Mit gutem Englisch – also dem Englisch, das im Machtzentrum der Monarchie gesprochen wurde – konnte man sich für hohe Positionen in den britischen Kolonien qualifizieren. Viele wollten sich daher mit der englischen Hochsprache vertraut machen. Smith hat seine Zeit in Oxford offenbar nicht nur einsam in Bibliotheken verbracht, sondern auch mit Engländern gesprochen. Jedenfalls beherrschte er bei seiner Rückkehr nach Kirkcaldy 1746 die heute als Oxford-Englisch bezeichnete Hochsprache so gut, dass seine Kenntnisse und Fähigkeiten begehrt waren. Ab 1748 hielt er in einer der vielen Societies Edinburghs öffentliche Vorlesungen zur englischen Literatur. In diesen Vorlesungen machte Smith das große und illustre Publikum anhand einiger englischer Autoren, die er mit den griechischen Klassikern verglich, mit den Stilmerkmalen, aber auch mit der grundsätzlichen Grammatik der englischen Sprache vertraut. Seine Studienjahre in Oxford zahlten sich also aus.

Smith hielt in Edinburgh noch eine zweite Vorlesungsreihe. Es handelte sich um Vorträge über rechtliche Fragen, die allerdings aus einer philosophischen Perspektive dargestellt wurden. Es ging Smith nicht um eine Darstellung des damals geltenden Rechts, sondern um Fragen des Naturrechts, vor allem um »die allgemeinen Grundsätze [...], die die Grundlage der Gesetze aller Nationen bilden sollten«.[7] Zwar blieb das schottische Recht auch nach der Union mit England der kontinental-europäischen Tradition des stark

6 Adam Smith, *Untersuchung über Wesen und Ursachen des Reichtums der Völker*, hg. von Erich Strasser, übers. von Monika Strasser, Tübingen 2012, S. 733.

7 Oben. S. 131.

kodifizierten römischen Rechts verpflichtet, was den schottischen Gerichten eine gewisse Unabhängigkeit vom an Präzedenzfällen ausgerichteten englischen Rechtssystem sicherte. Die nun möglichen vielfältigen Interaktionen zwischen Schotten und Engländern machten es aber unmöglich, sich einfach auf eine Rechtstradition zu beziehen. Die noch andauernde Gestaltung eines wahren *Groß*-Britannien machte eine Rückbesinnung auf die eigentlichen Probleme, die das Recht lösen soll, und auf Grundsätze, an denen sich die Problemlösung orientieren sollte, nötig.

Die Zeit in Edinburgh war für Smith äußerst folgenreich. Er lernte Hume kennen, dessen *Traktat über die menschliche Natur* er als Student ja begeistert gelesen hatte. Hume ist nicht nur einer der bis heute einflussreichsten Philosophen, er sollte auch ein enger Freund von Smith werden. Außerdem verhalfen ihm die öffentlichen Vorlesungen in Edinburgh zu einem derart guten Ruf, dass ihm an der Universität Glasgow eine Professur für Logik angeboten wurde, die er 1751 auch antrat. Da Hutchesons Nachfolger erkrankt und wenig später verstorben war, wechselte Smith schon 1752 auf die Professur für Moralphilosophie, die er bis 1764 innehatte.

Die beschriebenen politischen, ökonomischen und sozialen Entwicklungen zu Beginn des 18. Jahrhunderts haben zu dem beigetragen, was man »schottische Aufklärung« nennt.[8] Diese Bezeichnung hat sich aber erst in den 1960er Jahren durchgesetzt. Vorher wurden zwar schon einzelne schottische Denker als Aufklärer verstanden, anders als bei den Vertretern der französischen Aufklärung wurden die Verbindungen zwischen den Schotten aber nicht hinreichend beachtet. Weit weg von den englischen und den kontinentalen Metropolen gab es um die Mitte des 18. Jahrhunderts herum – als die Hochphase der schottischen Aufklärung gelten die Jahre 1750 bis 1775 – einen relativ kleinen Ort, an dem erstaunlich viele Geistesgrößen lebten und in äußerst fruchtbarem Austausch miteinander standen: Auf einem Spaziergang durch Edinburgh, einer Stadt von damals etwa 57 000 Einwohnern, konnte Smith in kürzester Zeit Henry Home (Lord Kames, Richter, Autor und früher Förderer Smith'), Thomas Reid (Begründer der *Common Sense*-Philosophie und Nachfolger Smith' auf der Professur für Moralphilosophie in

8 Siehe beispielsweise Hugh Trevor-Roper, »The Scottish Enlightenment«, in: *Studies on Voltaire and the Eighteenth Century* 58 (1967), S. 1635-1658.

Glasgow), David Hume, Allan Ramsay (Maler), Hugh Blair (Prediger und Rhetorikprofessor), James Hutton (Begründer der modernen Geologie und, gemeinsam mit Black, Herausgeber von Smith' *Essays on Philosophical Subjects*), Joseph Black (Chemieprofessor in Glasgow, Entdecker des Kohlenstoffdioxids), Adam Ferguson (Professor für Naturphilosophie in Edinburgh, heute bekannt als Pionier der Soziologie), James Watt (dem Smith als Administrator der Universität Glasgow half, eine Werkstatt einzurichten, in der Watt schließlich bei der Verbesserung der Dampfmaschine der Durchbruch gelang) und vielen weiteren bedeutenden Persönlichkeiten begegnen.[9]

Die schottischen Aufklärer zeichneten sich durch einen erstaunlichen Pragmatismus aus. Sie waren an allerlei lebenspraktischen Fragen interessiert und suchten nach Lösungen, die unter den jeweils gegebenen Bedingungen tatsächlich möglich waren. Sie akzeptierten den Menschen so, wie er ist. Ihr Interesse war darauf gerichtet, nicht den Menschen zu ändern, sondern die Umstände so zu gestalten, dass die Eigenarten des Menschen zu möglichst guten Ergebnissen führen. Sie waren vielleicht nicht alle Empiristen, aber jedenfalls empirisch und naturwissenschaftlich orientiert. Radikalismus stand nicht auf dem Programm. Mit der bemerkenswerten Ausnahme von Hume waren die schottischen Aufklärer gemäßigt religiös.

Smith hielt nun in Glasgow also die große Vorlesung über Moralphilosophie, die er ein gutes Jahrzehnt zuvor selbst bei Hutcheson gehört hatte. Wie wir aus Berichten seiner Studenten wissen, war die Vorlesung in vier Teile gegliedert: natürliche Theologie, Ethik, Recht und Politik. Die Gliederung hat Smith zwar von Hutcheson übernommen, den Inhalt aber nach und nach weiterentwickelt. Im Teil zur natürlichen Theologie ging es vor allem um Gottesbeweise. Da in diesem Themenfeld keine Vorträge oder Schriften Smith' bekannt sind, darf man wohl annehmen, dass er sich außerhalb der Lehre nicht intensiv damit befasst hat. Ganz anders die anderen drei Teile der Vorlesung. Diese wollte Smith als ein zusammenhängendes System der Moralphilosophie entwickeln und seine Ergebnisse auch veröffentlichen: Der Ethikteil wurde zur *Theory of Moral Sentiments* (*Theorie der moralischen Gefühle*) ausgearbeitet und 1759

9 Siehe auch Karl Graf Ballestrem, *Adam Smith*, München 2001, S. 10.

veröffentlicht. Der Politikteil ging im 1776 veröffentlichten *Wealth of Nations* (*Reichtum der Völker*) auf. Von verstreuten Bemerkungen in der *Theorie der moralischen Gefühle* und einigen Passagen im *Reichtum der Völker* abgesehen,[10] hat Smith zu Lebzeiten nichts zum Recht veröffentlicht, bis zuletzt plante er aber die Veröffentlichung einer »Theorie und Geschichte des Rechts und der Regierung«.[11] Das unvollendete Buchmanuskript wurde auf seinen Wunsch hin vernichtet; allerdings wurden viel später zwei in der Zwischenzeit aufgefundene Mitschriften seiner Vorlesungen zum Recht publiziert – die erste im Jahr 1896, die zweite erst 1978. Wie in Smith' Glasgower Moralphilosophievorlesung werden in diesem Band Auszüge aus der *Theorie der moralischen Gefühle*, den *Vorlesungen über Jurisprudenz* und dem *Reichtum der Völker* präsentiert, um die Zusammenhänge zwischen den Werken besser sichtbar zu machen.

Das damalige Verständnis dessen, was zur Moralphilosophie gehört, weicht vom heutigen ab. Vieles, worüber Smith in den drei Texten schreibt – auch in der *Theorie der moralischen Gefühle* –, hat mit Moralphilosophie im heutigen Sinne nicht viel zu tun. Man würde diese Themen heute etwa der Psychologie, der Soziologie, der Politologie, der Rechtswissenschaft und natürlich der Ökonomie zurechnen. Man kann sagen, dass »Moralphilosophie« für Smith in etwa das bedeutet hat, was wir heute als »Geistes- und Sozialwissenschaften« bezeichnen. Die Bezeichnung »Moralphilosophie« grenzte den Themenbereich aber zur Naturphilosophie ab, die das umfasste, was wir heute »Naturwissenschaften« nennen. In diesem Sinne war Newton also Naturphilosoph, während Smith als Ethiker wie als Ökonom als Moralphilosoph bezeichnet wurde.

Die drei Teile zur so verstandenen Moralphilosophie sind im vorliegenden Band durch zwei zuvor nicht ins Deutsche übersetzte Texte aus den posthum veröffentlichten *Essays on Philosophical Subjects* eingerahmt. Der erste Text ist ein Auszug aus der »History of Astronomy« (»Geschichte der Astronomie«). Er steht am Anfang des Bandes, weil er Smith' generelles Verständnis von Philosophie als Wissenschaft erhellt. Der letzte Textauszug von Smith in diesem Band ist ein Aufsatz zu den »Imitative Arts« (»Nachahmende Künste«),

10 Zur Rechtstheorie im *Reichtum der Völker* siehe Jens Petersen, *Adam Smith als Rechtstheoretiker*, Berlin 2012.

11 Brief an Duc de la Rochefoucauld vom 1. November 1785, in: Mossner/Ross (Hg.), *The Correspondence of Adam Smith*, S. 287 [Übersetzung: N. P.].

der seine Gedanken zur Ästhetik exemplifizieren soll. Auch zu dieser wollte Smith offenbar ein Buch schreiben, wozu es aber ebenfalls nicht mehr kam. Der hier in Auszügen abgedruckte Text zu den nachahmenden Künsten wird weithin als wichtiges Element dieses geplanten Buches angesehen, Gedanken zur Ästhetik finden sich aber im gesamten Werk.[12]

Diese hier erstmals auf Deutsch verfügbar gemachten Aufsätze aus den *Essays on Philosophical Subjects* sollen verdeutlichen, wie vielfältig die Interessen Smith' waren. Er war eben nicht nur Ethiker oder Ökonom, sondern hat sich auch intensiv mit naturwissenschaftlichen, ästhetischen und rechtlichen Fragen beschäftigt; und dies mit dem Anspruch, all diese Bereiche mit der gleichen – im Wesentlichen an Newton orientierten – Methode wissenschaftlich zu behandeln. Bevor nun aber die in diesem Band versammelten Texte näher vorgestellt werden, sei in aller Kürze noch auf einige andere Texte hingewiesen.

Das geplante Buch zur Ästhetik hätte neben dem Aufsatz über die nachahmenden Künste vermutlich auf den *Lectures on Rhetoric and Belles Lettres* (*Vorlesungen über Rhetorik und Belletristik*) basiert, von denen eine Mitschrift (von 1762/63) erhalten ist und die nun als Teil der Werkausgabe verfügbar sind.[13] In diesen Vorlesungen hat Smith das in der »Geschichte der Astronomie« entwickelte Programm fortgeführt und versucht zu zeigen, wie scheinbar unerklärliche Phänomene miteinander verbunden und auf ein einziges Prinzip zurückgeführt werden können.[14]

Wie die *Vorlesungen über Rhetorik und Belletristik* gehen vermutlich auch die »Considerations Concerning the First Formation of Languages« (»Überlegungen zur ursprünglichen Herausbildung von Sprachen«) auf die Vorträge zurück, die Smith als junger Mann in Edinburgh gehalten hat. Diese »Überlegungen« wurden 1761 erstmals veröffentlicht. Ab der dritten Auflage der *Theorie der moralischen*

12 Zu einer Übersicht siehe Catherine Labio, »Adam Smith's Aesthetics«, in: Christopher Berry u. a. (Hg.), *The Oxford Handbook of Adam Smith*, Oxford 2013, S. 104-125.

13 J. C. Bryce (Hg.), *The Glasgow Edition of the Works and Correspondence of Adam Smith, Band IV: Lectures on Rhetoric and Belles Lettres*, Oxford 1983, S. 1-200.

14 Zu den Vorlesungen siehe C. Jan Swearingen, »Adam Smith On Language and Rhetoric. The Ethics of Style, Character, and Propriety«, in: Berry u. a. (Hg.), *The Oxford Handbook of Adam Smith*, S. 159-174.

Gefühle (1767) wurden sie dieser als Anhang beigefügt. Heutzutage sind sie als Teil der Werkausgabe zugänglich.[15] Die »Überlegungen« beinhalten bereits die Idee der nichtbeabsichtigten Konsequenzen, die in der *Theorie der moralischen Gefühle* und im *Reichtum der Völker* eine wichtige Rolle spielen sollten. Ferner unterscheidet Smith alte und neue Sprachen derart, dass erstere als eher synthetisch verstanden werden, während letztere eher analytisch-kombinatorisch seien. Diese Entwicklung hin zum Analytisch-Kombinatorischen sei zwar wichtig gewesen, führe aber auch zu einer Einbuße an sprachlicher Schönheit. Der philosophische Kern der »Überlegungen« liegt aber in der Behandlung einer Frage, die sich allen Empiristen stellt. Sie gehen nämlich grundsätzlich davon aus, dass alle Ideen auf Wahrnehmung beruhen und dass man nur Konkretes wahrnehmen kann. Wenn man aber nichts Abstraktes wahrnehmen kann, wie können wir dann jemals abstrakte Ideen formulieren? Hume und George Berkeley haben die Lösung in mentalen Strukturen gesucht. Smith entwickelt eine Antwort, die auf die Funktionsweise von Sprache abstellt und die Entwicklung der Sprache von einfachen und konkreten Bezeichnungen bis hin zu abstrakten Begriffen beschreibt.

Im »Letter to the Authors of the Edinburgh Review«[16] (»Brief an die Autoren der Edinburgh Review«) von 1756 ruft er dazu auf, in diesem Medium der schottischen Aufklärung auch solche Bücher zu besprechen, die nicht auf Englisch geschrieben wurden. Er empfiehlt besonders Abhandlungen über die zeitgenössische französische Literatur. Eine ausführliche Besprechung von Jean-Jacques Rousseaus zweitem Diskurs (über die Ungleichheit), der gerade erst erschienen war, soll beispielhaft zeigen, wie interessant die französische Debatte ist.[17]

Zuletzt sei noch der Aufsatz »Of the External Senses«[18] (»Über die äußeren Sinne«) erwähnt, in welchem Smith Berkeleys Erkenntnistheorie mit naturalistischen Argumenten kritisiert. Die Kernfrage, die Smith dort verhandelt, ist diese: Welche Eindrücke

15 Bryce (Hg.), *Lectures on Rhetoric and Belles Lettres*, S. 201-226.

16 W. P. D. Wightman (Hg.), *The Glasgow Edition of the Works and Correspondence of Adam Smith, Band III: Essays on Philosophical Subjects*, Oxford 1980, S. 242-254.

17 Zum Verhältnis zwischen Smith und Rousseau siehe Charles L. Griswold, *Jean-Jacques Rousseau and Adam Smith: A Philosophical Encounter*, London 2017.

18 Wightman (Hg.), *Essays on Philosophical Subjects*, S. 135-168.

bringen uns dazu, ein Objekt für extern zu halten, also anzunehmen, dass es von uns und unserem Geist unabhängig existiert? Für Smith sind dies die Eindrücke, die der Tastsinn bietet.

Geschichte der Astronomie

Die ersten drei der *Essays on Philosophical Subjects* sind besonders eng miteinander verwandt, beginnen ihre Titel doch jeweils mit »Die Prinzipien, welche philosophische Untersuchungen leiten und lenken«, wobei diese Prinzipien in den einzelnen Texten durch die Geschichte einer anderen Naturwissenschaft illustriert werden. Der erste ist der Astronomie gewidmet, der zweite der antiken Physik,[19] der dritte der Logik und der Metaphysik.[20] Von diesen drei Aufsätzen ist der zur Geschichte der Astronomie der bei weitem ausführlichste und interessanteste. Da Smith in ihm auf die für 1758 erwartete Wiederkehr des Halleyschen Kometen verweist,[21] die dann auch tatsächlich beobachtet werden konnte, wird vermutet, dass er den Aufsatz vor 1758 abgeschlossen hat.

Smith beginnt den Text mit der Behauptung, es gebe drei Gefühle – Staunen, Überraschung und Bewunderung –, die zwar oft verwechselt würden, aber doch auseinanderzuhalten seien. Staunen werde durch alles hervorgerufen, was neu und einzigartig ist, Überraschung durch das Unerwartete und Bewunderung durch das Großartige. Das »Ziel dieses Aufsatzes«, so schreibt Smith, besteht darin, »das Wesen und die Ursachen jedes dieser Gefühle zu untersuchen, deren Einfluss weitaus größer ist, als wir uns bei oberflächlicher Betrachtung vorstellen können«.[22] Diese Redeweise erinnert freilich an den vollständigen Titel seines zweiten Buches, *Untersuchung über Wesen und Ursachen des Reichtums der Völker*. In den zwei auf die Einleitung folgenden Abschnitten behandelt Smith Überraschung und Staunen; dann folgt allerdings – durchaus überraschend – kein Abschnitt zu Bewunderung, sondern einer zum Ursprung der Philosophie. Erst im vierten und letzten Abschnitt kommt Smith zur Geschichte der Astronomie, die er vom System

19 Wightman, ebd., S. 106-117.

20 Ebd., S. 118-129.

21 Ebd., S. 103.

22 Oben, S. 8.

konzentrischer Sphären über Ptolemäus zu Kopernikus, Galileo, Kepler und Descartes bis hin zu Newton erzählt.[23]

Smith geht in dem Text von Annahmen aus, die Hume ausgearbeitet hat. So übernimmt er Humes Assoziationstheorie, wonach Phänomene, die immer wieder in einer bestimmten Abfolge beobachtet werden, in Gedanken verknüpft werden, wodurch die gleiche Abfolge auch in Zukunft erwartet wird.[24] Dieser auf Regularitäten beruhende Grundmechanismus beschreibt für Smith, wie man im Alltag zu Überzeugungen kommt.

Manchmal werden sich aber die Erwartungen, welches Phänomen wann und wie auf ein anderes folgt, nicht bestätigen. Wenn dies geschieht, ist man erstaunt oder überrascht. Diese unangenehmen Gefühle motivieren uns dazu, eine Erklärung für die Abweichung von dem zu finden, was wir erwartet haben. Erst dann, wenn wir eine Erklärung gefunden haben, sind wir beruhigt. Welche Erklärung das Gemüt wieder beruhigt, hängt maßgeblich davon ab, wie viel man über den Bereich, zu dem das fragliche Phänomen gehört, weiß. Smith nennt unter anderem den Unterschied zwischen einem Botaniker und einem Laien, wenn es um eine Pflanze geht, die man bisher nicht kennt.[25] Der Laie ist entweder gar nicht erstaunt oder aber mit einer oberflächlichen Zuordnung der unbekannten Pflanze zufrieden, etwa, dass es sich um ein Kraut handele. Der Botaniker wäre ob der neuen Pflanze viel leichter zu erstaunen. Sein Staunen wäre außerdem ausgeprägter und schwerer zu beruhigen. Schließlich bedarf es dazu einer viel genaueren Zuordnung zu den ihm bekannten Pflanzen entsprechend der üblichen Klassifizierungen.

Gleiches gilt analog für die Überraschung, die dadurch entstehe, dass etwas Bekanntes an einem Ort zu einer Zeit auftaucht, wo man es nicht erwartet hätte. Die Assoziationen, die man über lange Zeit zwischen zwei Phänomenen gebildet hat, erweisen sich als falsch oder jedenfalls als unvollständig. Wie Smith schreibt, wird

23 Der vorliegende Textauszug beschränkt sich auf den ersten Teil dieser Darstellung.

24 Kwangsu Kim, »Adam Smith's ›History of Astronomy‹ and view of science«, in: *Cambridge Journal of Economics* 36 (2012), S. 799-820, hier S. 801 f. Ob Smith auch Humes Ideen zur Kausalität übernimmt, ist nicht ganz klar, siehe Samuel Fleischacker, *Adam Smith*, London 2021, S. 46.

25 Oben, S. 10.

die Phantasie »in ihrer natürlichen Bewegung oder Bahn, in der sie sich befand, angehalten und unterbrochen. Die beiden Ereignisse scheinen weit voneinander entfernt zu sein; sie versucht, sie zusammenzubringen, aber sie weigern sich, sich zu vereinigen, und sie fühlt [...] so etwas wie eine Lücke oder ein Intervall zwischen ihnen [...].« In einer solchen Situation »bemüht sich« die Phantasie, so Smith, »etwas zu finden, das die Lücke ausfüllen kann, das wie eine Brücke diese scheinbar entfernten Objekte wenigstens so weit vereinigen kann, dass der Übergang des Gedankens zwischen ihnen glatt und natürlich und leicht wird.«[26]

Diese Brücke, die zwei disparate Phänomene verbinden kann, besteht in wissenschaftlichen Erklärungen, also dem, was Smith die »verbindenden Prinzipien der Natur« nennt. Die Wissenschaft, die sich dieser Aufgabe widmet, nennt Smith »Philosophie«.[27] Für ihn ist jede Art wissenschaftlicher Betätigung – von der Physik bis zur Ästhetik – Philosophie, und für all diese Arten sollen seine Ausführungen gelten.

Wissenschaft wird von Menschen gemacht. Sie setzt nicht nur voraus, dass die menschliche Natur Staunen und Überraschung ermöglicht, sondern auch, dass die gesellschaftlichen Umstände wissenschaftliche Beobachtungen und Überlegungen möglich machen. Bevor der Staat für Sicherheit und Ordnung sorgt, werde sich der Mensch schwerlich für die verborgenen Ketten der Natur interessieren. Wenn er aber diese Ketten nicht kennt, könne er das Auftreten bestimmter Phänomene nicht erklären. Es sei dann ganz natürlich, dass er sich vor Blitz und Donner fürchtet, und auch, dass er für nichtwissenschaftliche Erklärungen empfänglich sei:

> [E]s ist zu beobachten, dass in allen polytheistischen Religionen [...] nur die unregelmäßigen Ereignisse der Natur dem Wirken und der Macht ihrer Götter zugeschrieben werden. Feuer brennt und Wasser erfrischt, schwere Körper sinken herab und leichtere Substanzen fliegen nach oben [...]. Nie wurde angenommen, dass die unsichtbare Hand Jupiters in diesen Dingen tätig sei. Aber Donner und Blitz, Stürme und Sonnenschein, diese eher unregelmäßigen Ereignisse, wurden seiner Gunst oder seinem Zorn zugeschrieben.[28]

26 Oben, S. 14.
27 Oben, S. 16.
28 Oben, S. 20 f.

Frühere Generationen hatten also aus gesellschaftlichen Gründen kein Interesse an wissenschaftlichen Erklärungen. Sie waren verängstigt und eingeschüchtert ob der Naturgewalten und so für allerlei nichtwissenschaftliche Erklärungen empfänglich. Erst mit der Etablierung von Sicherheit und Ordnung durch den Staat, erst dann, wenn sich die Menschen der Befriedigung ihrer unmittelbaren Bedürfnisse sicher sein können, werden sie neugierig. Übrigens findet sich in diesem Zitat die erste Erwähnung der »unsichtbaren Hand« bei Smith. Bemerkenswert ist, dass sie hier eine andere Bedeutung hat als in seinem späteren Werk. Hier geht es um eine dunkle Macht, die willkürlich Blitz und Donner schickt. Die Menschen haben vor dieser göttlichen Macht Angst und sind ihr ausgeliefert, hoffen aber auch auf ihre Gnade. Die »unsichtbare Hand« im späteren Werk führt zu Gutem, was man über die »unsichtbare Hand Jupiters« nicht sagen kann. Und eben weil Jupiters Hand nicht nur unsichtbar, sondern auch willkürlich ist, kann sie keine Erklärung bieten, die das Gemüt beruhigt.

Wenn es also einen Staat gibt, der Sicherheit und Ordnung garantiert, können Wissenschaften entstehen. Für Smith sind alle Wissenschaften bemüht, tatsächliche Zusammenhänge zwischen scheinbar Unzusammenhängendem aufzuzeigen und durch Erklärungen und überprüfbare Vorhersagen gedankliche Ordnung zu schaffen. Wenn dies gelingt, dann weichen die Überraschung über das Unerwartete und das Staunen über das Ungewöhnliche der Bewunderung der natürlichen Ordnung. Den vorläufigen Höhepunkt dieser Entwicklung sieht Smith in Newtons Entdeckung der Rolle der Gravitation für die Planetenbahnen. Newton war 1727, also nur drei Jahrzehnte vor Fertigstellung des Aufsatzes von Smith, verstorben. Wenn Smith also auf ihn verweist, berichtet er quasi über den Stand der Wissenschaften. Er ist sich jedoch darüber im Klaren, dass der damals aktuelle »Gipfel der Vollkommenheit«, also Newtons Theorie, nicht das letzte Wort sein wird. Schließlich habe man »auch in fast allen früheren Zeiten angenommen [...], ihn erreicht zu haben«.[29]

Dieses Zitat deutet bereits darauf hin, dass Smith die Arbeit der Wissenschaften als prozesshaft begreift. Theorien und Erklärungen sind immer nur als vorläufig anzusehen, müssen beim Auftreten

29 Oben, S. 17.

von unerwarteten Beobachtungen angepasst und verfeinert werden. Wenn das nicht mehr möglich sei, wenn also die Gedanken durch kleinere Veränderungen an der Theorie nicht mehr beruhigt werden können, dann müsse man das ganze Paradigma zugunsten einer Alternativtheorie aufgeben, die sich natürlich auch bewähren und üblicherweise andauernd verfeinert werden muss, was einige Interpreten an Thomas Kuhns Wissenschaftstheorie[30] erinnert hat.

Was Smith vor Augen hat, scheint eine Art Psychologie der wissenschaftlichen Erkenntnis zu sein. Klarerweise bietet die gedankliche Ruhe, die man durch eine gute Theorie findet, aber keine Gewähr dafür, dass die Theorie richtig ist. Am Ende des Aufsatzes schreibt Smith, dass er sich zwar bemüht habe, »alle philosophischen Systeme als bloße Erfindungen der Einbildungskraft darzustellen, um die sonst unzusammenhängenden und widersprüchlichen Erscheinungen der Natur miteinander zu verbinden«, dass er aber trotz aller Bemühungen »unwillkürlich dazu verleitet [wurde], eine Sprache zu gebrauchen, die die verbindenden Prinzipien dieses einen Systems so zum Ausdruck bringt, als wären sie die wirklichen Ketten, derer sich die Natur bedient, um ihre verschiedenen Vorgänge miteinander zu verbinden«.[31]

Diese Bemerkung wird teilweise als Ausdruck einer antirealistischen Haltung verstanden, nach der es in wissenschaftlichen Fragen keine Wahrheit gebe.[32] Naheliegender ist jedoch die Annahme, dass Smith Realist war und diese Bemerkung nur so zu verstehen ist, dass er auf die Gefahr hinweisen wollte, die subjektive Plausibilität als einen (zu starken) Indikator für Wahrheit anzusehen.[33] Tatsächlich scheint er aber die Frage danach, welche Erklärung unser Gemüt beruhigt, und die danach, welche Erklärung richtig ist, als miteinander verbunden anzusehen: Wenn man Erklärungen hat, die die Gedanken beruhigen, dann passen die Überzeugungen zusammen, sie sind widerspruchsfrei und stützen sich wechselseitig. Mitunter werden Smith' Bemerkungen heute als eine Art Kohärenztheorie

30 Thomas S. Kuhn, *Die Struktur wissenschaftlicher Revolutionen*, übers. von Hermann Vetter und Kurt Simon, Frankfurt/M. 1996.

31 Wightman (Hg.), *Essays on Philosophical Subjects*, S. 76 [Übersetzung: N. P.].

32 Charles L. Griswold, *Adam Smith and the Virtues of Enlightenment*, Cambridge 1999, S. 169.

33 Fleischacker, *Adam Smith*, S. 47-50.

der Rechtfertigung beschrieben,[34] was wohl übertrieben ist, da es sich wirklich nur um vereinzelte Bemerkungen handelt. Außerdem hat er auch andere Verbindungen angedeutet, die zwischen der Eigenschaft einer Erklärung, zu beruhigen, und jener, wahr zu sein, bestehen können, beispielsweise, dass sie möglichst einfach, elegant oder vollständig ist.[35] Im Aufsatz zur Geschichte der Astronomie hat Smith also einige Elemente der heutigen Debatten der Wissenschaftstheorie und der Erkenntnistheorie angesprochen, aber keines davon im Detail ausgearbeitet.

Theorie der moralischen Gefühle

»Die *Theorie der moralischen Gefühle* zählt,« so schreibt David D. Raphael, »anders als der *Reichtum der Völker*, nicht zu den wichtigsten klassischen Texten auf seinem Gebiet, der Moralphilosophie, aber sie hat einen prominenten Platz unter den Texten zweiten Ranges.«[36] Ein ernüchterndes Fazit, vor allem, wenn es von jemandem gezogen wird, der, wie Raphael, dem Werk Smith' so viel Zeit und Kraft gewidmet hat wie nur wenige andere. Aber es stimmt, Smith' Moralphilosophie ist heute relativ unbekannt, sogar innerhalb der Philosophie. Wenn ich in den letzten Jahren anderen Philosophen erzählt habe, dass ich mich mit Smith' Moralphilosophie beschäftige, waren einige erstaunt. Sie wussten nicht, dass er überhaupt zur Ethik gearbeitet hat. Bekannt ist er den meisten nur als Ökonom, und diejenigen, die von seiner Ethik wissen, verdanken dieses Wissen üblicherweise nicht der Lektüre der *Theorie der moralischen Gefühle*, sondern der Tatsache, dass Ernst Tugendhat sich in seinen *Vorlesungen über Ethik* teilweise auf Smith bezogen hat.[37]

Als die *Theorie der moralischen Gefühle* 1759 veröffentlicht wurde, war Smith gerade 36 Jahre jung und Professor in Glasgow. Dar-

34 Warren J. Samuels, »Adam Smith's ›History of Astronomy‹ Argument. How Broadly Does It Apply? And Where Do Propositions Which ›Sooth the Imagination‹ Come From?«, in: *History of Economic Ideas* 15 (2007), S. 53-78, hier S. 60 f.

35 Zu einer Übersicht der Literatur zu dieser Frage siehe Berry, »Smith and Science«, S. 120 f.

36 D. D. Raphael, *The Impartial Spectator. Adam Smith's Moral Philosophy*, Oxford 2007, S. 1 [Übersetzung: N. P.].

37 Ernst Tugendhat, *Vorlesungen über Ethik*, Frankfurt/M. 1993, insbesondere Vorlesung 15.

über hinaus hatte er noch keine große Bekanntheit erlangt, konnte also nicht sicher sein, dass das Buch beim Publikum auf Interesse stoßen würde. Er wartete also sehnsüchtig auf Nachricht darüber, wie das Buch aufgenommen wird. Sein wesentlich bekannterer Freund Hume, der zu dieser Zeit in London lebte, schrieb im April 1759 einen amüsanten Brief an Smith. Zunächst teilt er ihm mir, an welche Persönlichkeiten er das Buch geschickt hat, um ihn zu unterstützen. Smith will von Hume natürlich wissen, was die Leute sagen. »Obwohl es erst seit wenigen Wochen veröffentlicht ist, glaube ich«, schreibt Hume, »sein Schicksal schon fast vorhersagen zu können. Es ist, kurz gesagt, dies – – Aber ich wurde in meinem Brief durch einen törichten, unverschämten Besuch unterbrochen [...].« Hume macht sich einen Spaß daraus, Smith auf die ersehnte Nachricht warten zu lassen. Er lässt sich lang und breit über den störenden Besuch aus, und als er gerade wieder ansetzt, zu berichten, auf welches Echo das Buch denn nun gestoßen ist, wird er wieder durch Besuch unterbrochen. Auch von diesem wird ausufernd berichtet. Danach endlich schreibt er:

> Ich fahre fort, Ihnen die traurige Nachricht zu übermitteln, dass Ihr Buch sehr bedauernswert ist, denn das Publikum scheint es sehr zu preisen. Das törichte Volk hat es mit einiger Ungeduld erwartet, und die Schar der Literaten beginnt bereits, es lautstark zu rühmen. Drei Bischöfe kamen gestern in Millars Buchhandlung, um Exemplare zu kaufen und sich nach dem Autor zu erkundigen [...]. Sie können daraus ableiten, was wahre Philosophen von dem Buch halten werden, wenn diese Anhänger des Aberglaubens es so hoch loben.[38]

Was sich hier andeutet, hat sich später bewahrheitet: Das Buch wurde ein großer Erfolg und hat Smith über Schottland hinaus berühmt gemacht. Es wurde nicht nur in Schottland und England gelesen, sondern auch in Frankreich und Deutschland, unter anderem von Lessing, Herder und Kant.[39] Die erste Übersetzung ins Deutsche (von Christian Günther Rautenberg) erschien 1770.

Smith hat im Laufe seines Lebens sechs Auflagen des Buchs verantwortet, von denen einige erhebliche Überarbeitungen und

38 Brief von David Hume vom 12. April 1759, in: Mossner/Ross (Hg.), *The Correspondence of Adam Smith*, S. 33, 35 [Übersetzung: N. P.].

39 Walther Eckstein, »Einleitung«, in: *Adam Smith. Theorie der ethischen Gefühle*, hg. von Horst D. Brandt, Hamburg 2010, S. XX-XXIII.

Ergänzungen beinhalten. Auf einige Änderungen in der zweiten Auflage (1761) werde ich unten eingehen. Ab der vierten Auflage (1774) wurde dem Buch ein Untertitel hinzugefügt, der Smith' Hauptanliegen verdeutlicht, nämlich: »Versuch einer Analyse der Prinzipien, mittels welcher die Menschen naturgemäß zunächst das Verhalten und den Charakter ihrer Mitmenschen, dann von sich selbst beurteilen.«[40] Die sechste und letzte Auflage (1790), auf der der in diesem Band abgedruckte Textauszug basiert, enthält nicht nur einen umfangreichen zusätzlichen Teil (Teil VI), der Smith' verstreute Überlegungen zu tugendethischen Fragen bündelt und ausbaut, sondern auch einige Bemerkungen zur Französischen Revolution, in denen er sich für schrittweise Reformen ausspricht und vor Gewalt und Chaos warnt.[41]

Die *Theorie der moralischen Gefühle* beginnt ohne Umschweife mit dem Kernkonzept der Moralphilosophie Smith', der Sympathie:

> Mag man den Menschen für noch so egoistisch halten, es liegen doch offenbar gewisse Prinzipien in seiner Natur, die ihn dazu bestimmen, an dem Schicksal anderer Anteil zu nehmen, und die ihm selbst die Glückseligkeit dieser anderen zum Bedürfnis machen, obgleich er keinen anderen Vorteil daraus zieht, als das Vergnügen, Zeuge davon zu sein.[42]

Wie in der »Geschichte der Astronomie« beginnt Smith also auch hier mit einer These über die menschliche Natur. Ähnlich wie die Gravitation in Newtons Theorie die Bahnen der Himmelskörper erklärt, erbringt die Sympathie diese Erklärungsleistung in Smith' Moralphilosophie. Heutige Leser mag dieser Anfang der *Theorie* wundern, schließlich erwartet man erst einmal eine elegante Hinführung zum eigentlichen Thema. Was aber schwerer wiegt: Die wenigsten heutigen Leser dürften vor der Lektüre davon ausgehen, dass Sympathie ein Kernkonzept der Ethik ist.

Das war 1759 anders. Bei den zeitgenössischen Lesern der *Theorie* konnte Smith voraussetzen, dass sie mit dem Konzept der Sympathie vertraut sind und es in einer moralphilosophischen Abhandlung geradezu erwarten. Schließlich war er nicht der erste Ethiker, der seine Theorie auf dieses Konzept stützte. Es gab bereits eine

40 Adam Smith, *Theorie der ethischen Gefühle*, S. 1.

41 Siehe hierzu Ballestrem, *Adam Smith*, S. 125.

42 Oben, S. 33.

gewisse Tradition ethischer Theorien, die man »sentimentalistisch« nennt. Sentimentalistische Ethiken betonen auf die eine oder andere Weise die Rolle von Emotionen für die Moral oder für moralische Urteile.[43] Sie grenzen sich vom ethischen Rationalismus und vom Intuitionismus ab, die annehmen, dass moralische Erkenntnis auf Vernunft bzw. auf Intuition beruhe. Vor Smith haben vor allem der Earl of Shaftesbury (Anthony Ashley Cooper), Hutcheson und Hume sentimentalistische Ethiken entwickelt.[44] Während Shaftesbury und Hutcheson noch einen natürlichen (vielleicht sogar angeborenen) moralischen Sinn (*moral sense*) – ähnlich den klassischen fünf Sinnen – annehmen, mit dem der Mensch das moralisch Richtige fühlen könne, nimmt schon Hume keinen solchen Sinn mehr an, worin ihm Smith auch folgt.[45] Zwar hatte auch Hutcheson schon die Sympathie ins Feld geführt, das Konzept aber noch nicht genauer ausgearbeitet. Diese Aufgabe sollte zunächst Hume übernehmen, bevor Smith diese Arbeit fortsetzte.[46]

Ihre Versionen des Sentimentalismus basieren auf Sympathie, was man ähnlich dem heutigen Begriff der Empathie als die Fähigkeit verstehen kann, sich vorzustellen oder selbst zu fühlen, was eine andere Person fühlt. Wie Smith schreibt, sind »›Erbarmen‹ und ›Mitleid‹ […] Wörter, die dazu bestimmt sind, unser Mitgefühl mit dem Kummer anderer zu bezeichnen. Obwohl die Bedeutung des Wortes ›Sympathie‹ vielleicht ursprünglich die gleiche war, kann ›Sympathie‹ heute doch ohne Verstoß gegen den Sprachgebrauch genutzt werden, um unser Mitgefühl mit jeder Art von Affekten zu bezeichnen.«[47] Im Deutschen spricht man heute davon, dass man jemanden sympathisch findet, aber nicht, dass man Sympathie mit der Freude anderer hat oder versucht, sich sympathisch in die Lage

43 Zu einem Überblick siehe Julia Driver, »Moral Sense and Sentimentalism«, in: Roger Crisp (Hg.), *The Oxford Handbook of the History of Ethics*, Oxford 2013, S. 358-376.

44 Schopenhauers Gefühlsethik steht ebenfalls in dieser Tradition.

45 Zum moralischen Sinn siehe Georg Mohr, »›Moral Sense‹ – Zur Geschichte einer Hypothese und ihrer Kritik bei Adam Smith«, in: Christel Fricke, Hans-Peter Schütt (Hg.), *Adam Smith als Moralphilosoph*, Berlin 2005, S. 304-330.

46 Zu Unterschieden und Gemeinsamkeiten zwischen Hume und Smith in Bezug auf das Konzept der Sympathie siehe Alexander Broadie, »Sympathy and the Impartial Spectator«, in: Haakonssen (Hg.), *The Cambridge Companion to Adam Smith*, S. 158-188.

47 Oben, S. 33-36.

eines anderen zu versetzen. Unser Sprachgebrauch hat sich also nicht dem angepasst, was Smith vorschlägt.

Dass Hume und Smith nicht den heute gebräuchlicheren Begriff »Empathie« genutzt haben, liegt daran, dass er damals noch nicht verfügbar war. »Empathy« wurde erst im frühen 20. Jahrhundert ins Englische eingeführt, und zwar als Übersetzung für den deutschen Begriff »Einfühlung«,[48] der deutlich besser das trifft, was Smith eigentlich meint. Im Folgenden werde ich dennoch im Wesentlichen bei Smith' Begriff (»Sympathie«) bleiben, um eine gewisse Kohärenz mit dem abgedruckten Primärtext zu gewährleisten. Wenn keine Konfusion droht, werde ich aber gelegentlich auch von »Empathie« oder »Einfühlung« sprechen. Schließlich sind diese Begriffe im Deutschen so neutral, wie Smith es sich für »Sympathie« gewünscht hätte. Sie passen auf alle Arten des Mitfühlens, auf Mitleid genauso wie auf Mitfreude.

Auch einige der Studenten in Smith' Moralphilosophiekurs mögen schon vom Sentimentalismus und dem Konzept der Sympathie gehört haben. Dennoch wurden sie in den Vorlesungen nicht derart unvorbereitet mit dem Kernkonzept seiner Moralphilosophie konfrontiert wie die heutigen Leser der *Theorie*. In den Vorlesungen begann Smith vermutlich mit einer Art Geschichte der Moralphilosophie, die später den siebten und letzten Teil der *Theorie* bilden sollte. Dort stellt er wichtige Theorien der Moral dar und grenzt sie von seiner eigenen Theorie ab. Zu diesem Zweck formuliert er zwei Grundfragen der Moralphilosophie. Die erste lautet: »Worin besteht die Tugend? Oder welches ist diejenige Gemütsverfassung und diejenige Art des Verhaltens, die den hervorragenden, lobenswürdigen Typus bilden, denjenigen Typus, der naturgemäß Achtung, Ehre und Billigung verdient?«[49] Diese Frage zielt auf den normativen Kern der Moral. Platon, Aristoteles und einige Stoiker sehen die Antwort, so Smith, in der Beherrschung unserer Neigungen, Epikur in der Klugheit, Hutcheson im altruistischen Wohlwollen und Mandeville im Egoismus.

Smith' zweite Grundfrage lautet: »Durch welche Kraft oder durch welches Vermögen der Seele wird uns dieser Typus […] empfohlen? Oder […]: wie kommt es und woher kommt es, daß die

48 Samuel Fleischacker, *Being Me Being You. Adam Smith and Empathy*, Chicago 2019, S. 2-4.

49 Smith, *Theorie der ethischen Gefühle*, S. 435 f.

Seele die eine Art des Verhaltens einer anderen vorzieht, die eine als recht, die andere als unrecht bezeichnet […]?«[50] Diese Frage betrifft das Problem der moralischen Motivation, fragt also danach, was Menschen tatsächlich veranlasst, moralisch zu handeln. Laut Smith sieht Hobbes die Antwort in der Selbstliebe, Cudworth in der Vernunft und Shaftesbury und Hutcheson im moralischen Sinn. Obwohl Smith für seine eigene Ethik einige Aspekte aus der Tugendethik und dem Stoizismus, vor allem aber von Hutcheson und Hume übernimmt, grenzt er sie von allen genannten Theorien ab. Er beantwortet *beide* Grundfragen mit dem Konzept der Sympathie und der objektivierenden Idee des unparteiischen Beobachters. Die Sympathie des unparteiischen Beobachters sei Kriterium der Sittlichkeit von Charakteren und Handlungen, sie sei aber auch das Motiv der Zustimmung, die wir solchen Handlungen und Charakteren geben.

Man kann die *Theorie* als Plausibilisierung dieser doppelten These lesen, dass das Zusammenspiel zwischen Sympathie und unparteiischem Zuschauer sowohl den normativen Kern der Moral darstelle als auch ihre motivationale Kraft beinhalte. Smith tut dies über mehrere Teile hinweg, in denen jeweils die soziale Situation variiert wird: Im ersten Teil des Buches geht er von einem Zuschauer aus, der beobachtet, wie einer Person etwas widerfährt. Mittels Sympathie beurteilt der Zuschauer, ob die Gefühle der betroffenen Person der Situation angemessen sind. So wird beurteilt, ob eine Handlung richtig oder falsch ist. Im zweiten Teil beobachtet der Zuschauer eine Person, deren Handlung einen Dritten betrifft. Mittels Sympathie mit den Motiven des Handelnden und den Gefühlen des Betroffenen beurteilt der Zuschauer, ob die Handlung tugend- oder lasterhaft ist. Es wird also beantwortet, wer Lob verdient und wer Tadel. Im dritten Teil reflektiert man über sich selbst aus Perspektive eines vorgestellten unparteiischen Beobachters: Könnte ein unparteiischer Beobachter mit den Motiven unserer Handlungen sympathisieren? Der vierte Teil diskutiert die Relevanz des Nutzens einer Handlung für den Handelnden oder für andere Betroffene. Smith argumentiert, dass nicht primär der Nutzen die moralische Qualität einer Handlung ausmache, sondern das Gefühl der Angemessenheit der Motive und Handlungen. Im fünften Teil

50 Ebd., S. 436.

geht Smith der Frage nach, ob regional übliche Bräuche oder Traditionen moralische Urteile ebenso prägen wie ästhetische Urteile. Dies ist die Frage nach der Relativität der Moral. Hinzu kommt noch ein sechster, erst der letzten Auflage hinzugefügter Teil, in dem Smith die Frage beantwortet, welche Charaktereigenschaften aus Perspektive eines unparteiischen Beobachters gebilligt würden. Der siebte und letzte Teil schließlich ist der bereits angesprochene Blick auf die Geschichte der Moralphilosophie durch die Brille der zwei zitierten Grundfragen.

Die ersten vier Teile der *Theorie* bilden den Kern der smithschen Moralphilosophie. Dass diese Teile die normativ-ethische und die psychologisch-motivationale Frage beantworten sollen, ist ein starker Indikator dafür, dass Smith nicht »nur«, wie mitunter angenommen wird,[51] eine deskriptive Moralpsychologie entwickeln wollte, sondern auch eine normative Ethik.[52] Smith hat kein Moralprinzip entwickelt, das dem Nutzenprinzip des klassischen Utilitarismus oder dem kategorischen Imperativ ähnelt. Auch wenn man die *Theorie* durchaus in den Kategorien der kantischen Ethik und des Utilitarismus interpretieren kann,[53] die beide erst später entwickelt werden, findet sich bei ihm kein Prinzip, das man sinnvoll mit dem Ziel, zu erfahren, was in einer konkreten Situation moralisch richtig oder falsch ist, anwenden könnte. Allerdings gilt das auch für andere normative Ethiken – man denke nur an die Tugendethik sowie an prozedurale oder kontraktualistische Ethiken. In diesen Familien ethischer Theorien geht es üblicherweise nicht um die Bestimmung eines (oder mehrerer) Prinzipien, die im Einzelfall ultimativ bestimmen sollen, was moralisch richtig oder falsch ist, und wenn doch, dann sind sie – wie das Diskursprinzip bei Habermas – derart idealisiert, dass eine Anwendung auf einigermaßen komplexe Einzelfälle nahezu ausgeschlossen ist. Dennoch sind sie interessant und wertvoll, weil sie unser Verständnis dessen, was moralisch geboten und was verboten ist, was Lob und was Tadel

51 Siehe zum Beispiel Eckstein, »Einleitung«, S. XXVIII.

52 Zu dieser Frage siehe auch Knud Haakonssen, Donald Winch, »The Legacy of Adam Smith«, in: Haakonssen (Hg.), *The Cambridge Companion to Adam Smith*, S. 366-394, hier S. 380-388.

53 Tom Campbell, *Adam Smith's Science of Morals*, London 1971; Tom Campbell, »Adam Smith. Methods, Morals, and Markets«, in: Berry u. a. (Hg.), *The Oxford Handbook of Adam Smith*, S. 559-580.

verdient, verbessern können. Die Tugendethik sagt uns beispielsweise nicht direkt, was aus moralischer Sicht zu tun ist. Aber indem sie empfiehlt, zu tun, was ein tugendhafter Mensch in einer konkreten Situation tun würde, gibt sie dennoch Orientierung. Ganz ähnlich klingt das bei Smith: Wenn der vorgestellte unparteiische Beobachter unser selbstsüchtiges Verhalten verurteilen würde, wissen wir, dass wir so nicht handeln dürfen. Nicht zufällig stellt Smith im siebten Teil der *Theorie* seine eigene Ethik in Hinblick darauf, wie sie die normativ-ethische Grundfrage beantwortet, als mit der Tugendethik Platons und Aristoteles' nah verwandt dar.[54]

Vor diesem Hintergrund kommen wir nun zurück zum Anfang der *Theorie*, wo Smith, wie oben zitiert, ohne Umschweife das Konzept der Sympathie einführt. Anhand etlicher Beispiele diskutiert er verschiedene Erscheinungsformen und Voraussetzungen von Sympathie. Sie könne spontan und direkt sein, etwa wenn wir einen Seiltänzer beobachten. Dann scheint das Gefühl direkt übertragen zu werden. Es kann aber auch länger dauern, etwa dann, wenn man fürs Mitfühlen Kenntnis von den Hintergründen der beobachteten Situation benötigt: »Das wütende Benehmen eines Zornigen wird uns wohl eher gegen ihn selbst aufbringen als gegen seine Feinde. Da wir nicht wissen, was seinen Zorn herausgefordert hat, können wir uns in seinen Fall nicht hineindenken und darum auch keinerlei Gefühle empfinden, die den Affekten gleichen würden, welche diese Herausforderung in ihm auslöste.«[55] Anders als Hume, der davon ausging, dass die bloße Beobachtung einer Situation genüge, um die Gefühle der Beobachteten zu übernehmen, sagt Smith nun also, dass es oft nicht genüge, den Gefühlsausdruck eines anderen zu sehen. Vielmehr müsse man die Situation erfassen. Und weil das Einfühlen eben nicht immer durch automatische Übertragung funktioniere, müssten wir dafür unsere Vorstellungskraft bemühen. Wir müssten versuchen, uns vorzustellen, was man in der Position des Beobachteten fühlen würde.

Eben weil es um diesen Akt der Vorstellung gehe, könne man auch etwas fühlen, was der Beobachtete nicht fühlt, was Smith mit

54 Zu einer tugendethischen Interpretation siehe zum Beispiel Ryan Patrick Hanley, »Adam Smith and Virtue«, in: Berry u.a. (Hg.), *The Oxford Handbook of Adam Smith*, S. 219-240.

55 Oben, S. 36.

den Beispielen des Schamlosen und der Toten illustriert.[56] Wenn man sich auf die Situation eingestellt hat und feststellt, was man in der Position des anderen fühlen würde, sei die Frage, ob dies dem entspricht, was der Beobachtete tatsächlich fühlt. Sympathie bestehe dann, wenn wir das fühlen würden, was der Beobachtete fühlt. Wenn wir aber den Eindruck gewinnen, dass unsere emotionale Reaktion von der seinen abweicht, können wir uns nicht einfühlen.

Schon diese kurzen Ausführungen machen klar, dass Sympathie bei Smith eigentlich kein moralisches Gefühl ist, sondern vielmehr eine Art und Weise, ein moralisches Gefühl zu haben. Man kann den Begriff adverbial nutzen: Wenn ich mich in eine Person einfühlen will, die zornig ist, dann versuche ich, das Gefühl des Zorns sympathetisch (oder: empathisch) zu teilen. Wenn mir dies gelingt, fühle ich aber nicht Sympathie (oder Empathie), sondern Zorn. Die Sympathie ist nur die Art und Weise, wie das Gefühl des Zorns bei mir entstanden ist. Es ist ein sympathetischer Zorn.[57]

Warum aber versuchen Menschen, mit einander zu sympathisieren? Nun, weil »nichts unser Wohlgefallen mehr erweckt, als einen Menschen zu sehen, der für alle Gemütsbewegungen unserer Brust Mitgefühl empfindet«.[58] Weil wir nach Akzeptanz der eigenen Gefühle streben, seien diese positiv oder negativ, versuchen wir, unsere Gefühle aufeinander abzustimmen. Man will von anderen verstanden und akzeptiert werden. Was könnte für einen Menschen schlimmer sein, als zu merken, dass die anderen seine Gefühle nicht teilen? Deswegen ist, wie Smith erklärt, geteiltes Leid halbes Leid, geteilte Freude aber doppelte Freude. Er beschreibt also den grundsätzlichen Mechanismus der Sympathie als empathischen Nachvollzug der Situation eines anderen mittels der Vorstellungskraft und erklärt, was Menschen motiviert, mit anderen zu sympathisieren. Damit ist die Antwort auf die moralpsychologische Grundfrage zumindest skizziert.

Die normativ-ethische Grundfrage beantwortet Smith nun so:

> Wenn die ursprünglichen Affekte desjenigen, der durch ein Ereignis in erster Linie betroffen wird, mit den sympathetischen Gemütsbewegungen des Zuschauers in voller Übereinstimmung stehen, dann werden sie not-

56 Oben, S. 37-39.

57 Broadie, »Sympathy and the Impartial Spectator«, S. 164.

58 Oben, S. 40.

wendig diesem Letzteren als gerecht und richtig und als ihren Anlässen angemessen erscheinen [...]. Wenn wir also die Affekte eines anderen als ihren Gegenständen angemessen billigen, so bedeutet das nichts anderes, als zu bemerken, dass wir mit diesen Affekten gänzlich sympathisieren; und sie nicht als solche billigen, heißt bemerken, dass wir nicht gänzlich mit ihnen sympathisieren.[59]

Sympathisieren zu können heißt zu billigen. Nicht sympathisieren zu können heißt zu missbilligen. Mit Karl Graf Ballestrem kann man also sagen, dass die Sympathie bei Smith »eine mit Hilfe der Einbildungskraft bewirkte Übereinstimmung der Gefühle und [...] Ursache positiver moralischer Werturteile« ist.[60]

Auf eine allgemeine Theorie der Affekte, die im vorliegenden Textauszug nicht enthalten ist, folgt ein Exkurs zu der Frage, warum wir Menschen abhängig von ihren jeweiligen Lebensumständen unterschiedlich beurteilen. Smith stellt fest, dass wir Reiche und Mächtige wohlwollender beurteilen als Arme und Machtlose. Erstere würden bewundert und nachgeahmt, Letztere hingegen verachtet, und das, obwohl die Erfahrung lehre, dass Erstere üblicherweise nicht tugendhafter sind als Letztere. Seine Erklärung für dieses Phänomen hat mit Mitleid und Mitfreude zu tun. Zunächst lockt er die Leser – und vermutlich in den Vorlesungen seine Studenten – aber auf eine falsche Fährte: Es scheine so, als wäre unsere Neigung zum Mitleid stärker ausgeprägt als die zum Mitgefühl; Mitleid zeige sich meist in schwächerer Form als Mitfreude. Aber Mitleid sei auch umfassender. Schließlich empfinde man es (in Maßen) auch dann, wenn man die Ausprägung des Leides des Betroffenen für übertrieben hält. Mitleid sei auch meist deutlicher spürbar, und wir neigen dazu, Mitleid zu unterdrücken, Mitfreude aber nicht.

Dann kommt die Auflösung:

Ungeachtet dieses Vorurteils wage ich indessen zu behaupten, dass [...] unsere Geneigtheit, mit Freude zu sympathisieren, weit stärker ist als unsere Geneigtheit, mit Leid zu sympathisieren, und dass unser Mitgefühl für die angenehme Gemütsbewegung sich weit mehr der Lebhaftigkeit dessen nähert, was die in erster Linie betroffenen Personen fühlen, als jenes, das wir für eine schmerzliche Gemütsbewegung empfinden.[61]

59 Oben, S. 44.
60 Ballestrem, *Adam Smith*, S. 66.
61 Oben, S. 49 f.

Smith erklärt diesen überraschenden Befund damit, dass es schwer ist, das eigene Leid auf ein für andere nachempfindbares Maß abzumindern; bei Freude falle uns dies deutlich leichter. Außerdem seien die meisten Menschen üblicherweise in einem Zustand, der dem der Freude näher ist als dem des Leids: »Was kann der Glückseligkeit eines Menschen noch hinzugefügt werden, der sich im vollen Besitz seiner Gesundheit befindet, ohne Schulden ist und ein reines Gewissen hat?«[62] Da sich die meisten Menschen die meiste Zeit ohnehin in einem Zustand der Glückseligkeit befinden, so Smith, ist der gefühlte Abstand zu denjenigen, denen es noch besser geht, kleiner als jener zu den Schlechtergestellten. Variationen dieses Gedankens finden sich an etlichen Stellen in Smith' Schriften. Im *Reichtum der Völker* etwa kommt der Überlegung, dass ein Effekt der Arbeitsteilung darin bestehe, dass es selbst den Ärmsten noch relativ gut geht, große Bedeutung zu.[63]

Interessant sind diese psychologischen Überlegungen, weil Smith sie nutzt, um die Rangordnung innerhalb der Gesellschaft zu erklären. Er erklärt damit, warum Menschen so viel Zeit und Energie darauf verwenden, reich und mächtig zu werden, warum den Reichen und Mächtigen üblicherweise überlegene Autorität zugesprochen werde und warum die so etablierte Rangordnung die Menschen sittlich korrumpiere.[64]

Hume hat all dies offenbar genau gelesen. Jedenfalls sind ihm einige Ungereimtheiten in der *Theorie* aufgefallen. Smith führe die Sympathie so ein, dass es sich immer gut anfühlt, sich in andere einzufühlen, egal, ob es um positive oder um negative Gefühle geht. Nun scheine er aber zu sagen, dass das Mitfühlen mit dem Leid anderer unangenehm sei, weswegen die Fähigkeit zum Mitleid schwächer sei als jene zur Mitfreude. Hume schrieb also an Smith:

Ich wünschte, Sie hätten den Beweis Ihrer Behauptung, daß alle Arten von Sympathie angenehm seien, mehr ins Einzelne und gründlicher durchgeführt. […] Nun möchte es aber scheinen, daß es ebenso auch eine unangenehme Sympathie gibt, wie eine angenehme. Und in der Tat muß der

62 Oben, S. 50.

63 Emma Rothschild, Amartya Sen, »Adam Smith's Economics«, in: Haakonssen (Hg.), *The Cambridge Companion to Adam Smith*, S. 319-365, hier S. 320-323; dies gelte jedenfalls dann, wenn die Produkte in einem hinreichend großen Markt und mit Geld gehandelt werden können.

64 Oben, S. 56-63.

sympathetische Affekt, da er nur ein Spiegelbild des ursprünglichen Affekts ist, an dessen Eigenschaften teilnehmen und deshalb schmerzlich sein, sobald dieser es ist. [...] Es wird immer für ein schwieriges Problem gehalten, das Wohlgefallen zu erklären, welches aus den Tränen, dem Kummer und der Sympathie mit den Vorgängen eines Trauerspieles entsteht, und doch wäre dies kein Problem, wenn jede Sympathie angenehm wäre. Ein Spital wäre dann ein unterhaltlicherer Ort als ein Ballsaal.[65]

In einer Fußnote, die Smith der zweiten Auflage der Theorie hinzufügt,[66] erklärt er, man müsse zwei Dinge auseinanderhalten: Die Spiegelung des Gefühls des jeweils Betroffenen sei das eine. Diese sei positiv, wenn es um ein positives Gefühl geht, und negativ, wenn es um ein negatives Gefühl geht. Die Sympathie selbst sei aber etwas anderes, nämlich das Gefühl der Übereistimmung der Gefühle. Und dieses Gefühl der Übereinstimmung fühle sich immer positiv an, auch wenn es sich auf etwas Negatives richtet. Oben haben wir festgehalten, dass Sympathie bei Smith eigentlich kein moralisches Gefühl ist, sondern dass es sich um eine Art und Weise handelt, ein moralisches Gefühl zu haben. Hier führt Smith nun also eine zweite Bedeutung von »Sympathie« ein, nämlich das Gefühl, das dadurch entsteht, dass man sich erfolgreich in einen anderen einfühlt. Dieses Gefühl sei verschieden von dem Gefühl, das man von einem anderen spiegelt. Ersteres sei immer positiv, letzteres könne auch negativ sein.

Der in diesem Band nicht abgedruckte zweite Teil der *Theorie* behandelt Fragen von Verdienst und Schuld. Während es im ersten Teil um die Beurteilung von Reaktionen auf etwas geht, das dem Beobachteten zustößt, geht es hier um die Beurteilung seiner Handlungen. Als Beobachter versetzt man sich mittels der Vorstellungskraft in den Handelnden und in den von der Handlung Betroffenen. Kann man die Motive des Handelnden und die Reaktion des Betroffenen empathisch nachempfinden? Wenn man die Motive des Handelnden und die Dankbarkeit des Betroffenen billigen kann, handele es sich um eine verdienstvolle Handlung, die Lob verdiene. Empfindet man hingegen Abscheu gegenüber den Motiven des Handelnden und Sympathie mit dem Vergeltungsgefühl

65 Brief von David Hume vom 28. Juli 1759 in: Mossner/Ross (Hg.), *The Correspondence of Adam Smith*, S. 43 [Übersetzung: Adam Smith, *Theorie der ethischen Gefühle*, S. 566 f.].

66 Oben, S. 51.

des Betroffenen, handele es sich um eine verwerfliche Handlung, die Tadel oder sogar Strafe verdiene. Diesen Gedanken verbindet Smith sodann mit zwei sozialen Tugenden, nämlich Wohltätigkeit und Gerechtigkeit. Wohltätigkeit versteht er als freiwillig, sie kann nicht verlangt werden. Wer wohltätig ist, sei zu loben, wer es nicht ist, sei aber nicht zu tadeln. Gerechtigkeit konzipiert er spiegelbildlich dazu; sie sei verpflichtend: Gerecht zu sein, werde immer von jedem verlangt. Gerecht zu sein, bedeute eigentlich nur, niemandem Unrecht zu tun, also anderen nicht zu schaden. Sich daran zu halten, verdiene weder Lob noch Dankbarkeit. Wer andere absichtlich schädigt, errege Vergeltungsgefühle und verdiene Tadel und Strafe. Gerechtigkeit in diesem Sinne ist eine »negative Tugend«:

> In dem Wettlauf nach Reichtum, Ehre und Avancement, da mag er rennen, so schnell er kann und jeden Nerv und jeden Muskel anspannen, um all seine Mitbewerber zu überholen. Sollte er aber einen von ihnen niederrennen oder zu Boden werfen, dann wäre es mit der Nachsicht der Zuschauer ganz und gar zu Ende. Das wäre eine Verletzung der ehrlichen Spielregeln, die sie nicht zulassen könnten. Der andere ist für sie in jeder Hinsicht so gut wie dieser; sie stimmen jener Selbstliebe nicht zu, in der er sich selbst so hoch über den anderen stellt, und sie können die Motive nicht nachfühlen, die ihn bewogen, den anderen zu Schaden zu bringen. Deshalb sympathisieren sie bereitwillig mit dem natürlichen Vergeltungsgefühl des Geschädigten und der Beleidiger wird zum Gegenstand ihres Hasses und ihres Unwillens.[67]

Bei allem – für Smith durchaus sozial erwünschten – Wettbewerb miteinander ist die Einhaltung der Gerechtigkeit als negative Tugend vorausgesetzt. Sie ist die eine unabdingbare Spielregel fürs große Gesellschaftsspiel. Wäre das nicht immer klar, würde »ein Mensch in eine Versammlung von Menschen nicht anders treten [...], wie in die Höhle des Löwen«.[68]

Während die ersten beiden Teile der *Theorie* der Beurteilung anderer gewidmet sind, geht es im dritten Teil um die Beurteilung der eigenen Handlungen und des eigenen Charakters. Der Grundmechanismus der Selbsteinschätzung ist natürlich wieder die Sympathie: »Wir billigen oder missbilligen das Verhalten eines anderen Menschen derart, dass wir uns in seine Lage hineindenken und nun unsere Gefühle darauf prüfen, ob wir mit den Empfindungen

67 Smith, *Theorie der ethischen Gefühle*, S. 133.
68 Ebd., S. 139.

und Beweggründen, die es leiteten, sympathisieren können oder nicht.« Für die Selbsteinschätzung muss man sich freilich ein etwas anderes Rollenspiel vorstellen: Wir »billigen oder missbilligen [...] unser eigenes Betragen, indem wir uns in die Lage eines anderen Menschen versetzen und es gleichsam mit seinen Augen und von seinem Standort aus betrachten und nun zusehen, ob wir von da aus an den Empfindungen und Beweggründen, die auf unser Betragen einwirken, Anteil nehmen und mit ihnen sympathisieren könnten oder nicht«.[69]

Waren wir zunächst selbst der Zuschauer, stellen wir uns für die moralische Selbsteinschätzung nun also einen Zuschauer vor und fragen, ob dieser mit uns sympathisieren könnte. Wir müssen uns also vorstellen, was ein »unparteiischer Zuschauer« in unserer Situation angemessenerweise fühlen würde, und prüfen, ob das unseren tatsächlichen Gefühlen entspräche. Nur dann, wenn sich diese Gefühle entsprächen, könnte dieser imaginierte Zuschauer mit uns sympathisieren, was zu einer »Billigung dieses gerechten Richters« führe.[70] Wenn sie sich nicht entsprächen, könnte er nicht mit uns sympathisieren, was zu einer Missbilligung führe. Diese Billigung oder Missbilligung stellt dann wiederum das moralische Urteil über uns dar.

Smith erläutert, dass diese so anspruchsvoll erscheinende Übung der Vorstellungskraft im sozialen Wesenskern des Menschen angelegt sei. Von frühester Kindheit an beurteilen wir andere ästhetisch und moralisch und erkennen irgendwann, dass auch wir Gegenstand der gleichen Art von Beurteilungen durch andere sind. Spätestens, wenn wir das verstehen, beginnen wir, unser Auftreten diesem Faktum der gegenseitigen Beachtung und Beurteilung anzupassen. Wir lernen also früh, uns selbst quasi mit den Augen anderer zu betrachten. Die Entwicklung moralischer wie ästhetischer Empfindungen ist für Smith also sozialgebunden.

Wenn sich aber die Fähigkeit, uns mit den Augen anderer zu betrachten, durch den alltäglich wiederholten Prozess des sozialen Miteinanders entwickelt, wie kann man dann jemals zu einem moralischen Urteil über sich selbst kommen, das nicht bloß dem der Mitmenschen entspricht, also üblicherweise konventioneller Natur sein und mitunter Vorurteilen unterliegen dürfte, sondern als ob-

69 Oben, S. 64.
70 Oben, S. 65.

jektiv gelten kann? Diese Frage hat offenbar der Jurist Gilbert Elliot an Smith gerichtet. Wie aus dessen Antwort[71] und aus den entsprechenden Änderungen in der zweiten Auflage hervorgeht, hat er dieses Problem sehr ernst genommen. Seine Antwort lautet, dass die meisten Menschen in diesem Sozialisationsprozess sehr wohl lernen, parteiische und bloß konventionelle Moralurteile von objektiven zu unterscheiden. Sie wüssten sehr wohl, wann sie bloß gelobt werden und wann sie wirklich lobenswert sind, wann sie bloß verachtet werden und wann sie tatsächlich verachtenswert sind. Das menschliche Bestreben sei nicht darauf gerichtet, gelobt zu werden, sondern darauf, lobenswert zu sein. Nebenbei sei das Bestreben, lobenswert zu sein, üblicherweise auch der beste Weg, tatsächlich gelobt zu werden. Wenn wir feststellen, dass wir wirklich lobenswert sind und andere uns auch deswegen zu Recht loben, dann stärke das unsere Selbstbilligung – das Verlangen nach Lob entspringe nun dem Verlangen nach Lobenswürdigkeit. Und was lobenswert ist, zeige uns das Urteil eines unparteiischen Zuschauers.

Um uns diesen unparteiischen Zuschauer vorzustellen, müssen wir natürlich von unserer eigenen Position absehen, aber auch von der der anderen. Wir müssen also in unserer Vorstellung einen Standpunkt einnehmen, der sich in Äquidistanz zu allen Beteiligten befindet. Von diesem Standpunkt aus soll der Richter urteilen. Wie können wir aber eine Vorstellung davon gewinnen, wie der Richter von diesem Standpunkt aus urteilen würde? Immerhin findet der ganze Prozess nur in unserer Phantasie statt. Natürlich ist das vorgestellte Urteil des unparteiischen Zuschauers ein unerreichbares Ideal, das einem lediglich die Überlegungsrichtung anzeigen soll.[72] Smith meint aber, dass wir durch ständige Übung lernen müssen, unseren eigenen Standpunkt zu relativieren, also die natürliche Tendenz, unsere eigenen Belange als wichtiger einzuschätzen als die anderer, abzumildern. Diese an stoische Gedanken anknüpfende Übung führe zur Bildung eines moralischen Gewissens, das uns Selbstbeherrschung und Zufriedenheit zur zweiten Natur mache. Da auch die Gewissensbildung natürlich kein sicherer Weg zur Ob-

71 Brief an Gilbert Elliot vom 10. Oktober 1759, in: Mossner/Ross (Hg.), *The Correspondence of Adam Smith*, S. 48-57.

72 Carola von Villiez, »Sympathische Unparteilichkeit. Adam Smiths moralischer Kontextualismus«, in: Fricke/Schütt (Hg.), *Adam Smith als Moralphilosoph*, S. 64-87, hier S. 71 f.

jektivität moralischer Urteile über uns selbst ist, führt Smith noch eine weitere, übernatürliche Ebene ein:

> Der allweise Schöpfer der Natur hat [...] den Menschen gelehrt, die Gefühle und Urteile seiner Brüder zu achten [...]. Er hat den Menschen, wenn ich so sagen darf, zum unmittelbaren Richter der Menschen gemacht und hat ihn auch in dieser wie in mancher anderen Beziehung nach seinem Bilde geschaffen und ihn zu seinem Statthalter auf Erden bestellt, damit er das Verhalten seiner Brüder beaufsichtige. Obgleich aber der Mensch auf diese Weise zum unmittelbaren Richter der Menschen gemacht worden ist, so erhielt er dieses Richteramt doch nur in der ersten Instanz; und es gibt eine Berufung von seinem Richterspruch an ein weit höheres Tribunal, an das Tribunal ihres eigenen Gewissens, an jenes Tribunal des vorgestellten unparteiischen und wohlunterrichteten Zuschauers, an das des inneren Menschen, des großen Richters und Schiedsherren über ihr Verhalten. Die Rechtsprechung jedes dieser beiden Tribunale gründet sich auf Prinzipien, die in mancher Hinsicht zwar ähnlich und verwandt, in Wirklichkeit aber doch voneinander verschieden und abweichend sind.[73]

Diesen Abschnitt hat Smith der sechsten und letzten Auflage der *Theorie* hinzugefügt. Man mag ihn also als gewöhnliche Hinwendung eines alternden Menschen zur Religion deuten. Allerdings fanden sich auch in früheren Auflagen der *Theorie* schon viele verstreute theologische Bemerkungen, insbesondere im dritten Teil. Wie zentral diese für seine Moralphilosophie sind, ist unter den Interpreten umstritten.[74] Man kann Smith so lesen, dass der Geltungsgrund moralischer Urteile schlussendlich religiöser Art sein muss. Möglich ist aber auch, ihn so zu lesen, dass die Nutzung theologischer Begrifflichkeiten und Metaphern lediglich weiter plausibilisieren soll, wie Menschen sich den unparteiischen Standpunkt vorstellen können. Immerhin waren Smith und die allermeisten seiner Zeitgenossen in Großbritannien von Kindheit an mit christlichen Ideen und Vorstellungen vertraut. Wer mit diesen nicht nur vertraut war, sondern sie auch ernst nahm, konnte sogar noch eine weitere Ebene der Motivation zum objektiven moralischen Urteilen finden. Die zwei zuletzt genannten Lesarten – als Illustration und als Element der moralischen Motivation – setzen nicht voraus, dass moralische Urteile religiös fundiert sind.

Ähnlich wie das Konzept der Sympathie war auch die Idee des

73 Oben, S. 79 f.

74 Zu einem Überblick siehe Ballestrem, *Adam Smith*, S. 80-83.

unparteiischen Beobachters nicht gänzlich neu. Bereits Hutcheson und Hume hatten in ihren jeweiligen Werken im Kern ähnliche Ideen formuliert. Smith griff auf diese Ideen zurück und entwickelte sie weiter. Etwa 200 Jahre später hat sich eine Debatte um ethische Theorien entwickelt, die einen an Smith' unparteiischen Beobachter angelehnten »idealen Beobachter« in den Mittelpunkt stellen und die Idee der Unparteilichkeit mit dem grundsätzlichen Standpunkt der Moral in Verbindung bringen.[75] Und auch Parallelen zwischen dem unparteiischen Beobachter und John Rawls' Idee des »Schleiers des Nichtwissens« sind nicht unbemerkt geblieben.[76]

In seinem historischen Überblick über verschiedene Systeme der Moralphilosophie schreibt er, es gebe »noch ein anderes System, welches den Ursprung unserer ethischen Gefühle aus der Sympathie zu erklären sucht«, womit Humes System der Ethik gemeint ist, dem Smith in vielen Aspekten folgt. Dann sagt er allerdings, dieses sei »von demjenigen verschieden [...], welches ich hier aufzustellen versucht habe«. Schließlich basiere es auf einem »Prinzip wie jenes, auf Grund dessen wir eine wohl konstruierte Maschine gutheißen. Aber keine Maschine kann Gegenstand [...] der Sympathie sein.«[77] Was Smith hier anspricht, ist die Rolle des Nutzens in Humes Ethik. Der vierte Teil der *Theorie* ist eine ausführliche Auseinandersetzung mit Hume, nach dessen Theorie positive Moralurteile durch Charakter- oder Handlungseigenschaften verursacht werden, die wiederum ein angenehmes Gefühl hervorrufen. Jenes angenehme Gefühl beruhe auf der Sympathie eines Zuschauers mit dem Nutzen, den die jeweiligen Charakter- oder Handlungseigenschaften mit sich bringen. Deswegen würden alle Tugenden geschätzt, soziale Tugenden (wie Wohltätigkeit) jedoch mehr als persönliche (wie Treue), weil Erstere zu höherem Nutzen führen als Letztere.

75 Roderick Firth, »Ethical Absolutism and the Ideal Observer«, in: *Philosophy and Phenomenological Research* 12 (1951), S. 317-345; Richard B. Brandt, »The Definition of an ›Ideal Observer‹ Theory in Ethics«, in: *Philosophy and Phenomenological Research* 15 (1954), S. 407-413; Kurt Baier, *The Moral Point of View. A Rational Basis of Ethics*, Ithaca 1958.

76 Siehe von Villiez, »Sympathische Unparteilichkeit. Adam Smiths moralischer Kontextualismus«, die auch einen Vergleich zwischen Smith' Methode und dem Rawls'schen »Überlegungsgleichgewicht« zieht.

77 Smith, *Theorie der ethischen Gefühle*, S. 537.

Smith hingegen meint, dass diese Rückführung auf den individuellen oder gesellschaftlichen Nutzen nicht erfassen könne, was Moralurteile zu Moralurteilen macht, schließlich würde man auf die gleiche Art auch eine »wohl konstruierte Maschine« beurteilen. Stattdessen komme es in der Moral auf die Sympathie mit den Motiven des Handelnden und mit der Reaktion des Betroffenen an. Wenn wir mit diesen sympathisieren können, billigen wir eine Handlung. Nutzenerwägungen spielen darin keine wichtige Rolle, können aber ergänzend hinzukommen. Schließlich haben die Handlungen, die wir billigen, üblicherweise in dem Sinne positive Folgen, dass sie zu höherem Nutzen führen.

Der Unterschied zwischen Hume und Smith ist fundamentaler, als es auf den ersten Blick erscheinen mag. Smith ist ganz grundsätzlich der Meinung, dass die Menschen moralische und soziale Normen nicht kreieren oder erfinden. Tatsächlich seien sie wie die Naturgesetze bereits da und warteten auf ihre Entdeckung:

> So oft wir durch natürliche Triebe dazu bestimmt werden, jene Zwecke zu fördern, die eine verfeinerte und aufgeklärte Vernunft uns anempfehlen würde, dann sind wir sehr geneigt, jener Vernunft als der wirkenden Ursache die Gefühle und Handlungen zuzurechnen, durch die wir jene Zwecke befördern, und uns einzubilden, dasjenige sei die Weisheit von Menschen, was in Wirklichkeit die Weisheit Gottes ist.[78]

Diesem teleologischen Naturbegriff entsprechend ist die Welt also so eingerichtet, dass die menschlichen Charaktereigenschaften und Bedürfnisse derart auf die komplexen sozialen Strukturen und Dynamiken abgestimmt sind, dass die Menschen fast automatisch das tun, was gesellschaftlich nützlich ist. Sie müssen den Nutzen nicht anstreben, vielmehr sind sie so angelegt, dass sie oft Gutes tun, ohne es zu beabsichtigen. Zum Beispiel glauben viele Menschen, dass sie glücklich wären, wenn sie reich wären. Reich zu werden erfordert aber eine Vielzahl großer Anstrengungen, die oft anderen zugutekommen. Zwar scheitern viele bei dem Versuch, reich zu werden, auf dem Weg dorthin haben sie aber schon viel Gutes bewirkt. Anhand der Rolle des Nutzens für die Moralphilosophie entwickelt Smith also die Idee der unbeabsichtigten Konsequenzen. Im Zuge dessen erwähnt er auch den Begriff der »unsichtbaren Hand«,[79] und

78 Smith, *Theorie der ethischen Gefühle*, S. 140.

79 Oben. S. 117.

zwar anders als in der »Geschichte der Astronomie« hier erstmals so, wie er später durch die Verwendung in *Reichtum der Völker* Bekanntheit erlangen sollte. Aber dazu unten mehr.

Vorlesungen über Jurisprudenz

Im letzten Absatz der ersten Auflage der *Theorie der moralischen Gefühle* (1759) kündigt Smith an, dass er ein eigenes Buch zu den »allgemeinen Prinzipien des Rechts und der Regierung« schreiben wolle. Diese Ankündigung findet sich auch in jeder späteren Auflage der *Theorie*.[80] Dem Vorwort der letzten Auflage hat Smith die Bemerkung hinzugefügt, dass sein fortgeschrittenes Alter es nun unwahrscheinlich erscheinen lasse, dass er dazu wirklich noch kommen werde,[81] was sich als realistische Einschätzung erweisen sollte. Unter den kurz vor seinem Tod vernichteten Manuskripten war auch jenes zur Jurisprudenz.

Die *Vorlesungen über Jurisprudenz* sind mit größerer Vorsicht zu genießen als die anderen Texte in diesem Band. Sie sind weder von Smith selbst geschrieben noch hat er sie zur Veröffentlichung freigegeben. Vielleicht wusste er gar nichts von ihrer Existenz. Nicht zuletzt, weil sie so gut ausformuliert und vollständig sind, besteht allerdings auch die Vermutung, dass es sich bei der später gefundenen Mitschrift, auf der die hier abgedruckte Übersetzung im Wesentlichen basiert, um ein Diktat Smith' handelt.[82] Möglicherweise hat er eine Mitschrift als Grundlage seiner eigenen Vorlesungen anfertigen lassen; vielleicht diente sie aber auch als eine Art Skriptum für die Studenten.[83] Durch Berichte seiner Studenten und durch Vergleiche zum *Reichtum der Völker*, in dem er teilweise über die gleichen Themen schreibt, vor allem aber durch die Existenz zweier Mitschriften der *Vorlesungen über Jurisprudenz* kann man mit re-

80 David Lieberman, »Adam Smith on Justice, Rights, and Law«, in: Haakonssen (Hg.), *The Cambridge Companion to Adam Smith*, S. 214-245, hier S. 214.

81 Oben, S. 32.

82 Streminger, *Adam Smith*, S. 114. Siehe auch die editorischen Hinweise am Ende dieses Bandes.

83 Daniel Brühlmeier, »Einleitung«, in: *Adam Smith. Vorlesungen über Rechts- und Staatswissenschaften*, hg. von Daniel Brühlmeier, Sankt Augustin 1996, S. 10.

lativ hoher Sicherheit sagen, dass der Text authentisch ist und die Inhalte der Vorlesungen akkurat wiedergibt.

Der Vorlesungscharakter ist den Mitschriften dabei deutlich anzumerken. Durch sie bekommt der Leser also einen Eindruck davon, wie Smith tatsächlich zu seinen 13 bis 16 Jahre jungen Studenten gesprochen hat. Oft spricht er sie direkt an und nutzt Beispiele aus ihrer unmittelbaren Lebenswelt zur Illustration.

Die Vorlesungen sind in vier Themengebiete unterteilt: Gerechtigkeit, Polizeiwesen, Steuern und Heerwesen. Diese Gebiete gehen teilweise ineinander über, weswegen die für diesen Band übernommene Übersetzung die Steuern dem Abschnitt »Polizeiwesen« zuordnet und dem Völkerrecht eine eigene Überschrift widmet, anstatt sie unter der Überschrift »Heerwesen« stehen zu lassen.[84] Da die in diesem Band abgedruckten Auszüge aus dem bei weitem ausführlichsten Teil zur Gerechtigkeit stammen, muss uns die Frage, welche Einteilung der anderen Teile der Vorlesungen vorzuziehen ist, nicht weiter tangieren.

Wie Smith ganz am Anfang der Vorlesungen sagt, geht es ihm um »Jurisprudenz« in einem ganz bestimmten Sinne, nämlich als »Theorie der allgemeinen Grundsätze des Rechts und des Staates [...]. *Sie versucht auch die Grundlagen verschiedener Regierungssysteme zu zeigen, sowie, wie weit sie auf Vernunft gegründet sind.*«[85] Er verortet sich gleich zu Beginn der Vorlesungen in der Tradition des Naturrechts, erwähnt Grotius, Hobbes, Pufendorf und sogar Baron von Cocceji, übergeht aber Locke, Thomasius, Wolff und, zumindest in der Einleitung, sogar seinen Lehrer Hutcheson, von dem er den Moralphilosophiekurs immerhin übernommen hat und mit dessen Naturrechtstheorie er sicher genauestens vertraut war.

Seine eigene Naturrechtstheorie nutzt Elemente der Theorien Grotius' und Montesquieus. Von Montesquieu übernimmt Smith die Einsicht, dass jede Beurteilung dessen, was zu einer bestimmten Zeit an einem konkreten Ort richtig sei, auch von den jeweiligen

84 Die Überschriften in den Vorlesungen stammen nur teilweise von den Autoren der Mitschriften. Ein Großteil des Vorlesungstextes ist also kaum strukturiert. Für den hier abgedruckten Textauszug habe ich die meisten Überschriften aus der Übersetzung von Daniel Brühlmeier übernommen, der sich für seine Einteilung wiederum an derjenigen von Edwin Cannan orientiert. Diese hinzugefügten Überschriften sind durch eckige Klammern markiert.

85 Oben, S. 132.

gesellschaftlichen Bedingungen und von deren Entwicklungsgeschichte abhänge. Von Grotius übernimmt er den kritisch-normativen Anspruch an eine Rechtstheorie. Das jeweils geltende Recht sei kritisch an externen normativen Maßstäben zu messen. Ganz wie in der *Theorie der moralischen Gefühle* vertritt Smith auch hier einen Kontextualismus. Er wendet sich also sowohl gegen einen relativistischen Partikularismus, der davon ausgeht, dass das Recht und die Moral an einem konkreten Ort zu einer bestimmten Zeit eben jene seien, die sie sind, und dass man sie nicht anhand externer Kriterien beurteilen könne, als auch gegen einen Universalismus, der von der Annahme ausgeht, es existierten rechtliche und moralische Maßstäbe, die unabhängig vom konkreten Ort und dem jeweiligen historischen Zeitpunkt Geltung haben. Im Recht wie in der Ethik vertritt Smith die kontextualistische Position, dass man von der an einem konkreten Ort zu einer bestimmten Zeit geltenden moralischen Überzeugungen ausgehen müsse, diese aber anhand objektivierender Maßstäbe – bei ihm die Idealvorstellung des unparteiischen Beobachters – überprüfen müsse.[86]

Auch stützt er sich nicht auf göttliche Gebote als Quelle der natürlichen Gesetze, sondern hält natürliche Rechte für Eigenschaften von Personen. Wie für Grotius besitzt auch für Smith jeder Mensch Rechte, die von allen respektiert werden müssen und die der Staat zu schützen hat. Smith gründet diese Rechte auf eine anthropologische Grundannahme: Der Mensch sei in verschiedenen Hinsichten verletzlich, nämlich als Mensch, als Familienmitglied und als Bürger. Daher gelte: »Der Zweck der Gerechtigkeit ist der Schutz vor Verletzung.«[87] Mit dieser Grundannahme beginnt Smith den ersten Teil zur Gerechtigkeit.

Das hier gemeinte Verständnis von Gerechtigkeit ist jenes, das er in der *Theorie der moralischen Gefühle* als negative Tugend bezeichnet hat, nämlich die bloße Nichtverletzung der Rechte anderer. Es gehe bei Gerechtigkeit in diesem Sinne also nicht etwa um Gleichheitsansprüche oder um die Forderung, Gutes zu tun. Vielmehr gehe es um »[v]ollkommene Rechte«, also um »solche, auf welche wir einen unmittelbaren Anspruch haben und bei Verweigerung die Erfüllung einfordern können«. Bei unvollkommenen Rechten

86 Von Villiez, »Sympathische Unparteilichkeit: Adam Smiths moralischer Kontextualismus«.

87 Oben, S. 133.

bestehe ein solcher Anspruch gerade nicht: »Der Charakter eines Arztes«, schreibt Smith, werde zwar »verletzt, wenn wir der Öffentlichkeit glaubhaft machen wollen, er töte seine Patienten [...]. Hingegen verletzen wir einen Menschen nicht, wenn wir ihm das gebührende Lob für seine Verdienste vorenthalten.«[88] Auch der Maßstab für Rechtsverletzungen ergibt sich aus der Diskussion der Tugend der Gerechtigkeit in der *Theorie*: Ein Recht sei verletzt, wenn der unparteiische Beobachter mit dem Vergeltungsgefühl des Geschädigten sympathisieren könne.[89]

In der Eigenschaft als Mensch könne man am Körper, in der Ehre und im Eigentum verletzt werden. Das ist der Bereich des Privatrechts, also der Rechtsverhältnisse zwischen Privatleuten, welche im dritten Abschnitt behandelt werden. In atemberaubender Kürze und Genauigkeit werden noch in der Einleitung die »Gegenstände [der] sieben Rechte [dargelegt, die] das gesamte Vermögen eines Menschen« ausmachen,[90] nämlich Eigentum, Dienstbarkeiten, Pfandrechte, ausschließliche Privilegien und persönliche Rechte, die sich aus einem Vertrag, einem Quasi-Vertrag oder einer deliktischen Handlung ergeben. Diese Einteilung des Eigentumsrechts, die sich aufs römische Recht stützt, hat weitgehend bis heute Bestand. Smith befasst sich dann später im dritten Abschnitt besonders ausführlich mit der Entwicklung des Erbrechts.

Als Mitglied einer Familie könne man je nach den geltenden Umständen in verschiedenen Hinsichten verletzt werden. Dies ist der Gegenstandsbereich dessen, was bei Smith »Hausrecht« genannt wird und im zweiten Abschnitt behandelt wird. Hier geht es neben den Funktionen der Ehe auch um die Auswirkungen der Scheidung, insbesondere, wenn auch Frauen diese Möglichkeit haben.[91] Ein längerer Exkurs ist der Polygamie gewidmet. Das Hausrecht umfasst aber auch das Verhältnis zu Bediensteten, was die damals drängende Frage der Sklaverei aufbringt. In der unmittelbaren Umgebung von Kirkcaldy gab es während Smith' Kindheit noch

88 Oben, S. 134.

89 Fabrizio Simon, »Adam Smith and the Law«, in: Berry u. a. (Hg.), *The Oxford Handbook of Adam Smith*, S. 393-416, hier S. 400-408.

90 Oben, S. 137.

91 Hierzu und zu anderen Bemerkungen zur Stellung der Frau bei Smith siehe Maureen Harkin, »Adam Smith on Women«, in: Berry u. a. (Hg.), *The Oxford Handbook of Adam Smith*, S. 501-520.

Leibeigene.[92] Für ihn und seine schottischen Zeitgenossen war dies also nicht nur ein Problem ferner Kolonien.

Als Bürger sei man in seinem Verhältnis zum Staat verletzlich. Dieses Verhältnis ist Gegenstand des öffentlichen Rechts, das im ersten Abschnitt behandelt wird. Ansetzend bei der Frage, was Menschen eigentlich dazu bewegt, natürliche Rechte zugunsten eines staatlichen Gemeinwesens aufzugeben, versucht Smith, die historische Entwicklung von Autorität und Nutzen nachzuzeichnen. Diese Diskussion bildet den Hintergrund seiner Kritik an den damals noch relativ jungen Vertragstheorien (Hobbes, Locke und andere), bei der er sich teilweise auf Argumente stützt, die Hume einige Jahre zuvor entwickelt hat. Der Abschnitt zum öffentlichen Recht beinhaltet ferner eine Übersicht über verschiedene Regierungsformen und über die drei staatlichen Gewalten aus historischer Perspektive. Einer Beschreibung der Entstehung des Feudalismus sowie des britischen Parlaments und Gerichtssystems folgen Erörterungen zu den Rechten der Herrscher, der Bürger und der Untertanen.

Der zweite Teil zum Polizeiwesen ist dem gewidmet, was man heute »Staatswissenschaften« nennen könnte. Es geht darin um öffentliche Sicherheit und Hygiene (Gesundheitswesen), vor allem aber um eine möglichst effiziente Versorgung der Bevölkerung mit Gütern, also um Ökonomie. In diesem Teil finden sich viele Ideen, die Smith später im *Reichtum der Völker* ausgearbeitet hat. Ausgehend von einigen anthropologischen Annahmen – beispielsweise über menschliche Grundbedürfnisse – spricht er über Arbeitsteilung und deren Ursachen, entwickelt eine Preistheorie, die zwischen natürlichen und Marktpreisen unterscheidet, argumentiert gegen staatliche Interventionen in den internationalen Handel und vieles mehr. Das Ganze mündet in eine Steuer- und Finanztheorie, die der Aufgabe gerecht werden soll, die Bedingungen des Funktionierens eines modernen und komplexen Staates zum Wohle seiner Bürger zu gewährleisten, ohne dabei die wohlstandsstiftenden Handelsbeziehungen zu sehr zu beschränken.

Die Teile zu Heerwesen und Völkerrecht sind deutlich kürzer. In ersterem geht es im Wesentlichem um die Entwicklung von Milizarmeen hin zum stehenden Heer. In letzterem unternimmt Smith

92 Streminger, *Adam Smith*, S. 24.

den Versuch, das Recht zum Krieg (*ius ad bellum*) in Analogie zum im ersten Teil dargestellten Privatrecht darzustellen, während er für das Recht im Krieg (*ius in bello*) auf den Grundsatz der Verhältnismäßigkeit und auf den Gedanken des unparteiischen Beobachters zurückgreift.[93]

Diese kurze Übersicht über den Inhalt der *Vorlesungen* zeigt, dass Smith seinen jugendlichen Studenten eine beachtliche Menge komplizierter Themen zugemutet hat. Allerdings ist hervorzuheben, dass er ihnen nicht einfach das damals gerade aktuelle Recht oder die gerade aktuellen Entwicklungen der Steuerpolitik vorgesetzt hat, sondern die zentralen Elemente der Jurisprudenz immer in ihrer historischen Entwicklung darstellt und ihre funktionalen Vor- und Nachteile für verschiedene Gesellschaftsformen herausarbeitet. Nicht zufällig nannte Smith das geplante Buch zur Jurisprudenz eine »Theorie und Geschichte des Rechts und der Regierung«.[94] Diese an Entwicklungsperspektiven orientierte Vorgehensweise impliziert, dass die jeweils geltenden Regeln nicht als in Stein gemeißelt, sondern als der Verbesserung zugänglich anzusehen sind. Die normative Arbeit der Jurisprudenz setzt aus dieser Perspektive eine eingehende Beschäftigung mit den realen Bedingungen der jeweiligen Gesellschaft voraus. Man brauche also empirisches Wissen, um angemessene und zweckmäßige normative Forderungen formulieren zu können. Hiermit setzt Smith in den *Vorlesungen* ein zentrales Thema der Aufklärung um, nämlich die Ermöglichung des Fortschritts auch auf institutioneller Ebene – in Bezug auf das Recht ist die Rede von der »Wissenschaft des Gesetzgebers«,[95] der den gesellschaftlichen Fortschritt im Blick haben soll.[96]

Smith geht von einem Vier-Stufen-Modell der Gesellschaftsentwicklung aus, in welchem verschiedene Produktions- und Eigentumsverhältnisse schematisch kombiniert werden.[97] Die erste Stufe

93 Zu einem Überblick über die Teile zwei bis vier siehe Lieberman, »Adam Smith on Justice, Rights, and Law«, S. 234-243.

94 Brief an Duc de la Rochefoucauld vom 1. November 1785, in: Mossner/Ross (Hg.), *The Correspondence of Adam Smith*, S. 287 [Übersetzung: N. P.].

95 Vgl. den Titel von Knud Haakonssens Buch, *The Science of a Legislator. The Natural Jurisprudence of David Hume & Adam Smith*, Cambridge 1981.

96 Fabrizio Simon, »Adam Smith and the Law«, in: Berry u. a. (Hg.), *The Oxford Handbook of Adam Smith*, S. 393.

97 Zu diesem Modell siehe Lieberman, »Adam Smith on Justice, Rights, and Law«, S. 223-226.

ist die der Jäger und Sammler, die nur in relativ kleinen Gruppen funktional sei. Wenn die Zahl der Menschen zunehme, müssten die Menschen beginnen, Vorräte anzulegen und Tiere zu zähmen. So beginne die zweite Stufe, jene der Weidewirtschaft, in der Hirtenvölker Tiere durch die Lande führen. Auch diese Gesellschaftsform könne aber keine großen Gruppen ernähren. Der nächste Schritt bestehe in der Kultivierung des Bodens, um Nahrung anbauen zu können. Diese dritte Stufe ist also die des Ackerbaus. Wenn auch das nicht mehr genüge, käme es zu verbesserten Formen der Arbeitsteilung. Einige gingen zur Jagd, andere kümmerten sich um die Weidetiere und wieder andere bestellten die Felder. Zuerst hälfen sie sich so nur gegenseitig, indem sie ihre Produkte miteinander teilen, später tauschten verschiedene Völker untereinander (vierte Stufe: Handel). Diese letzte Stufe bezeichnet Smith als jene der Zivilisation.

Smith hat das Vier-Stufen-Modell nicht erfunden. Es findet sich in ähnlicher Form beispielsweise schon in Montesquieus *Vom Geist der Gesetze*.[98] Allerdings hat Smith das Modell besser ausformuliert, und vor allem hat er es viel konsequenter und systematischer als alle Vorgänger auf verschiedene gesellschaftliche Entwicklungen angewendet.

Durch die Brille des Vier-Stufen-Modells blickt Smith auch auf verschiedene Regierungsformen. So vermutet er in Gesellschaften von Jägern und Sammlern grundsätzlich demokratische Strukturen, also eine Art gemeinschaftlicher Organisation und Problemlösung. Erst mit der Entwicklung von Weidewirtschaft entstehe das Bedürfnis nach Eigentum, was wiederum erst eine Art von Regierung nötig mache, da die Sicherung des Eigentums auch dazu führe, dass einige mehr haben als andere. Diejenigen, die Vieh besitzen, täten sich also zusammen, um eine Ordnung zu schaffen, die ihr Eigentum vor denen schützt, die weniger oder nichts haben. Auf der dritten Stufe (Ackerbau) werde nun Eigentum am Boden wichtig. Da man nun nicht mehr nur Vieh besitzen könne, sondern auch Äcker, würden die Eigentumsverhältnisse komplexer. Die Regierungsmacht werde weiter aufgeteilt, folge aber weiter der in der Weidewirtschaft etablierten autoritären Grundstruktur. Diese Struktur ändere sich erst auf der vierten Stufe. Für Smith sind

98 Ballestrem, *Adam Smith*, S. 107.

es keine menschlichen Entscheidungen, sondern natürliche Bedingungen, die dazu führen, dass sich neue Formen demokratischen Regierens entwickeln. Da der Handel ein relativ hohes Wohlstandsniveau ermögliche, sei die Demokratie in der Handelsgesellschaft deutlich gewaltfreier als jene der Jäger und Sammler.

Reichtum der Völker

Beeindruckt von der *Theorie der moralischen Gefühle*, suchte der Politiker Charles Townshend Smith auf und bat ihn schließlich, Privatlehrer seines Stiefsohns, Henry Scott, Herzog von Buccleuch und Mitglied des äußerst einflussreichen Campbell-Clans, zu werden und ihn auf einer Bildungsreise nach Frankreich zu begleiten. Smith, der bisher noch nie die britische Insel verlassen hatte, nahm das Angebot an. Er musste dafür seine Professur in Glasgow aufgeben, was ihm angesichts der deutlichen besseren Bezahlung der Tätigkeit als Privatlehrer bei gleichzeitig geringeren Verpflichtungen nicht sonderlich schwergefallen sein dürfte. Townshend zahlte Smith fast das Doppelte seines Professorengehalts und gewährte ihm außerdem eine beachtliche lebenslange Rente. Ferner durfte er sich Hoffnungen machen, in Frankreich die französischen Aufklärer zu treffen, die gerade an der monumentalen *Encyclopédie* arbeiteten, und schließlich weilte auch sein guter Freund David Hume zu dieser Zeit als Privatsekretär des britischen Botschafters in Paris.

Smith und der junge Herzog fuhren also 1764 nach Paris, blieben dort aber nur wenige Wochen. Ihr Ziel war das südfranzösische Toulouse, wo Smith begann, ein Buch über ökonomische Fragen zu schreiben. Schon in seinen Vorlesungen in Edinburgh ab 1748 hatte er ökonomische Themen behandelt, und in seinen *Vorlesungen über Jurisprudenz* finden sich bereits einige der Ideen, die er nun weiter ausarbeiten wollte. Nach ein paar Monaten kam noch der jüngere Bruder des Herzogs, Hew Campbell Scott, hinzu. Zu dritt reisten sie durch Frankreich und dann in die Schweiz, wo Smith Voltaire traf. Anfang 1766 reiste Smith mit den beiden Brüdern zurück nach Paris.

Smith traf dort mit d'Alembert, Denis Diderot, Baron Holbach, der die erste Übersetzung der *Theorie der moralischen Gefühle* betreut hatte, André Morellet und Jacques Turgot viele Vertreter der französischen Aufklärung und herausragende Geister seiner Zeit. Allerdings sollte der Aufenthalt in Frankreich ein tragisches Ende nehmen. Im Oktober 1766 verstarb Hew Campbell Scott plötzlich. Smith, als Privatlehrer auch für das Wohl der Brüder verantwortlich, war erschüttert und kehrte umgehend mit dem Herzog und dem Leichnam des Bruders nach London zurück. Dort war Charles Townshend inzwischen Schatzkanzler geworden und beschäftigte sich in dieser Funktion intensiv mit der Organisation der Verhältnisse zwischen Großbritannien und den amerikanischen Kolonien. Smith wurde nun zu einem seiner Berater.

Als der Herzog von Buccleuch 1767 heiratete, endeten Smith' Aufgaben als Privatlehrer. Er reiste zurück in seine Heimat und verbrachte die nächsten sechs Jahre in Kirkcaldy, wo er intensiv an seinem neuen Buch arbeitete, das auch Passagen zur Besteuerung der Siedler und zu anderen Themen beinhaltet, die Smith in London mit Townshend und anderen diskutiert hatte. Anders als vorgesehen, schlug der Herzog keine politische Laufbahn ein, sondern widmete sich der Verwaltung seiner nicht gerade kleinen Güter. Infolge einer allgemeinen Kreditklemme gründete er eine eigene Bank und verlor damit sehr viel Geld. Nicht nur über diese Probleme hat sich der Herzog in den folgenden Jahren noch oft mit Smith beraten. Die Familie hat die Verluste offenbar gut verkraftet; der heutige Herzog von Buccleuch, Richard Scott, gilt als der größte Grundbesitzer Großbritanniens.[99]

Anfang 1773 kehrte Smith nach London zurück, um die Publikation seines Buches voranzutreiben und zu überwachen. Die Kolonialpolitik Charles Townshends, insbesondere in Bezug auf die Besteuerung der Siedler in Amerika, war mitursächlich für die Boston Tea Party im Dezember 1773. Smith war aber nicht nur durch seinen engen Kontakt zum Schatzkanzler mitten im Geschehen. Er tauschte sich in London auch oft mit Benjamin Franklin aus. Die Kolonialpolitik war also nicht zufällig ein wichtiger Teil des neuen Buches.

Der *Reichtum der Völker* – Smith' zweites und letztes Buch – wurde schließlich in zwei Bänden im Frühjahr 1776 in London veröffentlicht. Die für diesen Band genutzte deutsche Übersetzung des Buches von Monika Streissler hat einen Umfang von mehr als 800

99 Streminger, *Adam Smith*, S. 147.

Seiten. Obwohl es also sehr umfangreich ist und zudem weit weniger mit den Überzeugungen der meisten Leser in Einklang stand als die 17 Jahre zuvor publizierte *Theorie der moralischen Gefühle*, fand auch dieses Buch großen Absatz und wurde schnell in etliche Sprachen übersetzt. Die erste genaue Übersetzung ins Deutsche (von Christian Garve) wurde bis 1796 veröffentlicht.[100] Selbst von denen, die von Smith eigentlich nicht viel hielten, wurde das Buch sehr gelobt. Der damals berühmte Autor und Kritiker Samuel Johnson, mit dem Smith nicht wenige Auseinandersetzungen hatte, verteidigte Smith, indem er schrieb, »nichts benötigt mehr Erläuterung durch die Philosophie als der Handel. [...] Ein Kaufmann denkt selten über seinen eigenen Handel hinaus. Um ein gutes Buch darüber schreiben zu können, muss man eine umfassende Übersicht haben.«[101] Und auch politisch war das Buch äußerst einflussreich: Unter Premierminister Lord Frederick North wurden für Großbritannien Steuern vorgesehen, die auf Ideen basieren, die Smith im *Reichtum der Völker* entwickelt hat, und als nach dem Frieden von Paris 1783 Handelsverträge zwischen Großbritannien und den Vereinigten Staaten verhandelt wurden, folgten die Protagonisten im Wesentlichen Smith' Idee des Freihandels.[102] Das Buch war in seiner ganzen Anlage und Methode innovativ und gilt als eine der ersten ausgearbeiteten Theorien der politischen Ökonomie. Die Ökonomen Heinz Kurz und Richard Sturn bringen es so auf den Punkt:

> Ein solches Werk ist nicht von dauerhaftem Interesse, weil es ganz bestimmte Empfehlungen, Prognosen oder Schlussfolgerungen präsentiert, sondern weil es Konzepte, Modelle, Methoden und Argumentationsweisen bereitstellt, welche je nach Problemstellung, Prämissen und Kontext verschiedene Anwendungen und Schlussfolgerungen erlauben.[103]

Der *Reichtum der Völker*, von dem Smith zu Lebzeiten vier Auflagen herausgebracht hat, ist in fünf Teile (Bücher I bis V) gegliedert. Buch I widmet sich der Produktion und der Verteilung der Produkte auf die verschiedenen gesellschaftlichen Klassen in Form von Lohn, Profit bzw. Zins und Grundrente. Hier wird auch die

100 Zur Aufnahme in Deutschland siehe Ballestrem, *Adam Smith*, S. 184-190.

101 Zitiert nach Streminger, *Adam Smith*, S. 190.

102 Ebd., S. 191.

103 Heinz D. Kurz, Richard Sturn, *Die größten Ökonomen. Adam Smith,* München 2013, S. 24.

Idee relativer Preise entwickelt. Buch II behandelt die Verwendung gesellschaftlichen Reichtums. Dort wird argumentiert, die Anhäufung von Kapital und die damit verbundene Ausdehnung der Märkte seien Ursache der Steigerung der Produktivität. Buch III beschreibt Phasen der Wirtschafts- und Sozialgeschichte vor dem Hintergrund des Einflusses von Gesetzen und Institutionen und dem Zusammenspiel zwischen urbanen und ländlichen Gegenden. Buch IV behandelt in kritischer Absicht alternative Wirtschaftsmodelle, nämlich den Merkantilismus und die Physiokratie, wobei nach Smith' Ansicht deutlich mehr für Letztere spricht als für Erstere. Buch V diskutiert, welche Aufgaben der Staat haben soll und wie diese zu finanzieren sind.

Die in diesem Band abgedruckten Textauszüge stammen aus Buch I und aus Buch IV. Smith' gesamtes Werk ist voll von Bemerkungen über Institutionen und Praktiken, in denen für die Gesellschaft Nützliches geschieht, ohne dass dies von den Handelnden beabsichtigt worden wäre. Diesen Punkt macht er auch in einer Passage aus dem zweiten Kapitel von Buch IV, in der er den berühmt gewordenen Begriff der unsichtbaren Hand benutzt. In diesem Kapitel listet Smith eine ganze Reihe von Gründen gegen den Merkantilismus auf – also gegen die Idee, Reichtum sei am Besitz von Edelmetallen und Geld zu bemessen. In diesem Zuge bespricht er die Tendenz von Händlern, auch dann in heimische Märkten zu investieren, wenn es keine Regularien gibt, die sie dazu motivieren oder zwingen. In Smith' Worten:

> Wenn [der einzelne Händler] die heimische Erwerbstätigkeit der ausländischen vorzieht, denkt er nur an seine eigene Sicherheit; und wenn er diese Erwerbstätigkeit so ausrichtet, dass die größte Wertschöpfung erfolgt, denkt er nur an seinen eigenen Vorteil, und dabei wird er, wie in vielen anderen Fällen auch, von einer unsichtbaren Hand geleitet, einem Zweck zu dienen, der nicht in seiner Absicht lag. […] Indem er sein eigenes Interesse verfolgt, fördert er häufig das der Gesellschaft wirksamer, als wenn er sich tatsächlich vornimmt, es zu fördern.[104]

In diese eigentlich wenig bemerkenswerte Passage wurde erstaunlich viel hineininterpretiert. Es hat sich bis ins allgemeine kulturelle Wissen hinein die Meinung festgesetzt, Smith habe gezeigt oder

104 Oben, S. 214.

zumindest vertreten, dass das eigennützige ökonomische Verhalten eines jeden Einzelnen für die Gesellschaft insgesamt positive Effekte hätte, auch wenn (oder sogar gerade weil) niemand diese Effekte beabsichtigt hätte, was vor allem dann gelte, wenn es keine hinderlichen Regularien gibt.[105]

Das ist natürlich ein Missverständnis. Smith listet etliche Beispiele für egoistisches ökonomisches Verhalten auf, das, wenn es nicht reguliert wird, gesellschaftlich schädlich ist. Es handelt sich für Smith außerdem zwar um ein verbreitetes Phänomen, nicht aber um ein ausnahmslos gültiges ökonomisches Gesetz.[106] Ferner wäre es für Smith absolut unüblich, wenn ein so wichtiger Punkt – ein allgemeines ökonomisches Gesetz – in einer relativ esoterischen Diskussion in der Mitte dieses umfangreichen Buchs versteckt wäre. Wie das Beispiel der Arbeitsteilung in Buch I des *Reichtums der Völker* ebenso zeigt wie der Einstieg in die *Theorie der moralischen Gefühle* mit dem Konzept der Sympathie, wusste er sehr wohl, wo man die wichtigsten Ideen eines Werks zu platzieren hat, wenn man will, dass sie wahrgenommen werden. Und tatsächlich legt Smith in Buch I die Grundlagen seiner ökonomischen Theorie dar. Dazu gehört auch die Idee, dass die natürlichen Anlagen die Menschen tendenziell zu Handlungen führen, die gesellschaftlich wertvoll sind. Aber an keiner Stelle sagt er, dass dies immer so sei oder gar, dass es eine »unsichtbare Hand des Marktes« gebe, die den Eigennutz der Menschen in gemeinnützige Bahnen lenke.

Auch in der *Theorie* verwendet Smith den Begriff der unsichtbaren Hand. Hier steht er aber für die Idee, dass ökonomische Aktivität grundsätzlich für die Reichen genauso gut sei wie für die Armen:

> Von einer unsichtbaren Hand werden sie dahin geführt, beinahe die gleiche Verteilung der zum Leben notwendigen Güter zu verwirklichen, die zustande gekommen wäre, wenn die Erde zu gleichen Teilen unter alle ihre Bewohner verteilt worden wäre; und so fördern sie, ohne es zu beabsichtigen, ja ohne es zu wissen, das Interesse der Gesellschaft und gewähren die Mittel zur Vermehrung der Gattung.[107]

Diese Bemerkung ist nur die Wiederholung eines Punkts, den Smith oft macht, nämlich, dass der natürliche Lauf der Dinge dazu

105 Kurz/Sturn, *Die größten Ökonomen*, S. 38-46.
106 Fleischacker, *Adam Smith*, S. 285.
107 Oben, S. 117.

führe, dass es in (damals) modernen Gesellschaften auch den armen Menschen gut genug gehe – besser jedenfalls, als es selbst den reicheren Menschen in früheren Gesellschaften ging. Dieser Punkt ist jedoch kompatibel mit merkantilistischen und physiokratischen Organisationsformen. Hätte Smith also tatsächlich die Idee vertreten wollen, dass unreguliertes eigennütziges ökonomisches Verhalten immer gesellschaftlich positiv sei, wäre es sehr schwer, aus seiner Argumentation für (relativ) freie Märkte und gegen Merkantilismus und Physiokratie Sinn zu machen. Schließlich ist der Punkt gerade, dass (relativ) freie Märkte zu größerem Reichtum führen. Für diejenigen, die von der »Verteilung der zum Leben notwendigen Güter« profitieren, wäre das Ausmaß des Reichtums des Volkes aber nahezu irrelevant.

Mitunter wird auch behauptet, das Konzept der unsichtbaren Hand habe in Smith' Wirtschaftstheorie einen religiösen Überbau. Sein Deismus äußere sich derart, dass ein wohlwollender Gott alles zum Besten füge.[108] Wie wir gesehen haben, gibt es eine religiöse Verknüpfung des Begriffs der unsichtbaren Hand in der »Geschichte der Astronomie«, und auch die *Theorie* beinhaltet viele religiöse Verweise. Im *Reichtum* findet sich freilich nichts dergleichen. Es geht Smith dort eher um soziale Dynamiken denn um religiöse Steuerung. In einer freien Marktgesellschaft führte die komplexe wechselseitige Befriedigung individueller Bedürfnisse langfristig dazu, dass jeder seine soziale Position verbessern kann.[109] Schließlich könne man nur dann ökonomisch erfolgreich sein, wenn das eigennützige Verhalten am Markt auf einen real existierenden Bedarf trifft, wenn also nach dem, was man anbietet, auch eine Nachfrage besteht. Diesen Bedarf zu decken, sei gesellschaftlich wertvoll. Jeder könne umso mehr eigene Bedürfnisse befriedigen und Wünsche erfüllen, je besser er jene anderer bediene. Dieser Gedanke ist zwar bestechend, aber auch recht simpel. Vermutlich hat Smith ihn deswegen nicht prominenter platziert oder weiter erläutert. Stattdessen kommt er wieder auf die Arbeitsteilung zurück, die ebenfalls gesellschaftlich wertvolle Konsequenzen habe, die auch dann eintreten, wenn niemand sie beabsichtigt: »Der Schneider

108 Athol Fitzgibbons, *Adam Smith's System of Liberty, Wealth, and Virtue. The Moral and Political Foundations of the Wealth of Nations*, Oxford 1995, S. 89.

109 Siehe Fleischacker, *Adam Smith*, S. 286.

versucht nicht, seine Schuhe selbst zu machen, sondern kauft sie vom Schuhmacher. Der Schuhmacher versucht nicht, seine eigenen Kleider zu nähen, sondern beschäftigt einen Schneider.«[110] Normalerweise führe die Orientierung an den eigenen Interessen ohne Beachtung der Interessen anderer zu schlechten Konsequenzen. Nicht aber, so Smith, im Bereich der Wirtschaft, und zwar weil genau dieses Verhalten hier zu Arbeitsteilung führt. Er verbindet die Idee der unsichtbaren Hand also direkt mit der Arbeitsteilung, wobei letztere für ihn offenbar die viel wichtigere Idee ist.

Das berühmte Beispiel der Stecknadelfabrik[111] verdanken wir vermutlich Eindrücken, die Smith als Kind in Kirkcaldy gewinnen konnte, wenn er dort kleine Werkstätten besuchte.[112] Gerade wegen der Schlichtheit des Produkts ist das Beispiel besonders eingängig. Wie Smith erläutert, führen im Wesentlichen drei Ursachen zu einer schier unglaublichen Steigerung der Produktivität: Je kleinteiliger die Arbeitsprozesse, desto besser werde mit der Zeit die spezifische Fertigkeit eines jeden Arbeiters; nicht mehr zwischen verschiedenen Tätigkeiten hin- und herwechseln zu müssen, spare Zeit; die Entwicklung und der Einsatz immer besserer Hilfsmittel und Maschinen erleichtere die Arbeit. »Ich habe eine kleine Fabrik dieser Art gesehen«, berichtet Smith, die pro Tag und Arbeiter »achtundvierzigtausend Stecknadeln herstellte«, was, so klärt er uns auf, gegenüber der Herstellung ohne Arbeitsteilung mindestens eine Produktivitätssteigerung um das 240-Fache bedeutet, vielleicht sogar um das 4800-Fache. Es ist schwer vorstellbar, welche Maßnahme einen ähnlich großen Effekt auf die Produktivität haben könnte.

Den Gedanken, dass Gutes entsteht, ohne dass es jemand beabsichtigt hat, wendet Smith auch auf die Arbeitsteilung selbst an: Sie sei »ursprünglich nicht das Werk menschlicher Weisheit, die jenen allgemeinen Wohlstand, zu dem sie führt, vorhergesehen und bezweckt hätte. Sie ist die notwendige, wenn auch sehr langsame und allmähliche Folge einer bestimmten Neigung der menschlichen Natur, der kein so weitreichender Nutzen vorschwebt: der Neigung, zueinander in Beziehung zu treten, zu handeln und zu

110 Oben, S. 214 f.
111 Oben, S. 184 f.
112 Streminger, *Adam Smith*, S. 22-25.

tauschen«; indem wir sagen, »[g]ib mir, was ich will, und du wirst das bekommen, was du willst«.[113]

Diese Neigung sei eine spezifisch menschliche Eigenschaft. Schließlich seien Menschen ihr gesamtes Leben lang auf andere angewiesen. Das menschliche Leben sei ein durch und durch soziales, die vielfältigen menschlichen Bedürfnisse könnten nicht verlässlich auf Basis von Freundschaft und Wohlwollen befriedigt werden. Auch wenn ich mich sehr freue, wenn mir ein Freund einen selbstgebackenen Kuchen bringt, möchte ich nicht darauf vertrauen müssen, dass immer dann ein Freund mit Kuchen vorbeikommt, wenn ich darauf Appetit habe. »Nicht vom Wohlwollen des Metzgers, Brauers oder Bäckers erwarten wir unsere Mahlzeit, sondern von deren Bedachtnahme auf ihr eigenes Interesse. Wir wenden uns nicht an ihre Menschenliebe, sondern an ihre Eigenliebe und sprechen ihnen nie von unseren eigenen Bedürfnissen, sondern von ihren Vorteilen.«[114]

Smith erläutert, wie diese Neigung zu tauschen auch zur Entwicklung der Arbeitsteilung führe: Schon in Gesellschaften von Jägern und Sammlern konnten diejenigen, die gut darin waren, Pfeile herzustellen, die Pfeile, die sie selbst nicht brauchten, gegen andere Dinge eintauschen. So bekamen sie insgesamt mehr Dinge, als sie hatten, bevor sie sich aufs Pfeilemachen konzentrierten. Ihre Spezialisierung führte also zu höherem Wohlstand. Und so, wie der eine Pfeilhersteller wurde, wurde ein anderer Zimmermann, ein dritter Schmied usw. Und durch die Beschäftigung mit nur einer Sache wurden sie besser darin, erkannten Möglichkeiten, Arbeitsschritte aufzuteilen und neue Werkzeuge oder Maschinen zu entwickeln.

Smith hat auch bereits die negativen Folgen der Arbeitsteilung erkannt. So schreibt er im Kontext der Bildung der Bevölkerung als Staatsaufgabe:

> Mit zunehmender Arbeitsteilung beschränkt sich die Tätigkeit der überwiegenden Mehrzahl derjenigen, die von ihrer Arbeit leben, […] auf einige wenige, sehr einfache Verrichtungen, häufig auf ein oder zwei. Nun wird aber der Verstand der meisten Menschen notwendigerweise durch ihre gewöhnlichen Tätigkeiten geformt. Wer sein ganzes Leben damit zubringt, einige wenige einfache Verrichtungen auszuführen, deren Wirkung vielleicht noch dazu immer oder fast immer dieselben sind, hat keinen Anlaß,

113 Oben, S. 194.
114 Ebd.

seinen Verstand anzustrengen oder seine Erfindungsgabe zu bemühen, um Auswege aus Schwierigkeiten zu ersinnen, die doch nie auftreten. Natürlich entwöhnt er sich solcher Anstrengungen und wird im allgemeinen so dumm und unwissend, wie es ein Mensch nur werden kann. Seine geistige Abstumpfung macht ihn nicht nur unfähig, an einem vernünftigen Gespräch Gefallen zu finden oder teilzunehmen, sondern auch unfähig zu jeder großmütigen, edlen oder zarten Regung und infolgedessen auch zum richtigen Urteil selbst über viele alltägliche Aufgaben des Privatlebens. [...] Seine Fertigkeit in seinem eigenen Beruf dürfte auf diese Weise auf Kosten seiner geistigen, gesellschaftlichen und soldatischen Fähigkeiten erworben sein. Doch in jeder entwickelten und zivilisierten Gesellschaft ist dies der Zustand, in den die erwerbstätigen Armen, das heißt die große Masse des Volkes, notwendigerweise geraten müssen, wenn nicht der Staat gewisse Anstrengungen unternimmt, das zu verhindern.[115]

Die gebotenen Anstrengungen bestehen laut Smith vor allem in einer für alle zugänglichen Bildung. Da, wie er an anderer Stelle betont, die »Verschiedenheit einander besonders unähnlicher Charaktere, zum Beispiel eines Philosophen und eines einfachen Lastträgers, [...] nicht so sehr aus der Natur als vielmehr aus Lebensweise, Gewohnheit und Erziehung«[116] entstehe, müsse Bildung sowohl vom Stand als auch von den zunächst vermuteten Begabungen des Einzelnen unabhängig gewährt werden.

Vor dem Hintergrund dieser Bemerkungen zum *Reichtum* und zur *Theorie* oben ist noch kurz auf ein Problem einzugehen, das keines ist. Es wurde vor allem in Deutschland gesehen und heißt daher auch in der internationalen englischsprachigen Debatte »das Adam-Smith-Problem«.[117] Es basiert auf der Annahme, Smith' Ethik gehe davon aus, dass Menschen im Kern altruistisch seien und einander immer mit Sympathie begegnen, während seine ökonomische Theorie auf Eigeninteresse oder Egoismus beruhe. Daraus ergebe sich das Problem, dass diese beiden Teile seines Werks nicht kohärent seien. Smith habe in jungen Jahren eine Art Gefühlsethik entwickelt, aber später, während seiner Reise durch Frankreich, eingesehen, dass diese auf falschen Annahmen über die Natur des Menschen beruhe. Der Egoismus seiner Ökonomie sei in späteren Jahren seine Ansicht über die Natur des Menschen und

115 Smith, *Untersuchung über Wesen und Ursachen des Reichtums der Völker*, S. 747 f.
116 Oben, S. 195.
117 Haakonssen/Winch, »The Legacy of Adam Smith«, S. 370.

über Moralität gewesen. Das also soll das »Adam-Smith-Problem« sein. Freilich stimmt nichts davon.[118]

Wie wir bereits gesehen haben, entspricht das Konzept der Sympathie dem, was wir heute »Empathie« nennen. Es hat nicht primär oder gar ausschließlich damit zu tun, dass man anderen gegenüber positiv eingestellt ist oder sich in Wohlwollen oder Altruismus zu üben habe. Es beschreibt vielmehr die Fähigkeit und das Bedürfnis, an den moralischen Gefühlen anderer teilzuhaben, und das gilt für positive Gefühle ebenso wie für negative. Gegen die Annahme, dass er später, bei Abfassung des *Reichtums*, kein Anhänger dieses Konzepts der Sympathie mehr gewesen sei, spricht deutlich, dass er die Kernelemente der *Theorie* nie abgeschwächt, geschweige denn grundlegend korrigiert hat, obwohl immer neue Auflagen erschienen. Außerdem zeigen die *Vorlesungen über Jurisprudenz* deutlich, dass und wie seine Überlegungen zu Ethik, Politik, Recht und Ökonomie ineinandergreifen. In der *Theorie* entwickelt Smith eine generelle Theorie der Psychologie der Moral, die man auch als normativ-ethische Theorie lesen kann. Auch hier spielt Eigeninteresse eine Rolle, aber eben nur als eines unter vielen möglichen Motiven. Im *Reichtum* hat er die Bedeutung des Eigeninteresses für sozioökonomische Fragen ausbuchstabiert, dabei aber natürlich immer vorausgesetzt, dass es sich nur um ein Element der menschlichen Disposition handelt, dass es mit anderen Elementen in Einklang gebracht werden muss und dass es nur unter bestimmten Bedingungen zu erwünschten gesellschaftlichen Konsequenzen führen kann. So steht der Egoismus nicht nur unter dem Vorbehalt der negativen Tugend der Gerechtigkeit. Auch seine unerwünschten Folgen werden behandelt und etwa seine Auswüchse in Form von Ehrgeiz, Geschäftemacherei und Machthunger kritisiert.

Die *Theorie* und den *Reichtum* verbindet die Idee, dass es eine Art natürlicher Ordnung gibt, die besser ist als alles, was Menschen jemals planen könnten, was natürlich auch Fürsten und Könige einschließt. Beide Werke basieren auf dieser Idee, deren emanzipatorischer Charakter nicht unterschätzt werden sollte. Schließlich schrieb Smith zu einer Zeit, in der die Obrigkeiten in vielen Le-

118 Pratap Bhanu Mehta, »Self-Interest and Other Interests«, in: Haakonssen (Hg.), *The Cambridge Companion to Adam Smith*, S. 246-269; Haakonssen/Winch, »The Legacy of Adam Smith«, S. 369-372; Ballestrem, *Adam Smith*, S. 195-198.

bensbereichen aus heutiger Sicht unvorstellbar dominant waren. Smith war eben nicht nur ein Newton nacheifernder Naturalist, sondern hat als Aufklärer sozialreformerische Ziele verfolgt. Anders als andere Aufklärer formuliert er jedoch keine radikalen Reformpläne. Sein Zugang ist subtiler. Er formuliert seine Gesellschaftskritik fast immer anhand konkreter praktischer Probleme, indem er weithin vertretene Meinungen Seite um Seite seziert. Am Ende bleibt vom Status quo selten Substantielles übrig. Auch seine Alternativvorschläge formuliert er nicht als Prediger der einen unumstößlichen Wahrheit. Oft kommen sie nüchtern als logische Folge der vorangegangenen Kritik daher. Dass dabei alle Menschen – die Menschen in den Kolonien und die Sklaven eingeschlossen – selbstverständlich als Gleiche angesehen werden; dass es nicht an der Bevölkerung liegt, wenn ein Land schlecht entwickelt ist, sondern an den staatlichen Institutionen sowie an ökonomischen Fehlvorstellungen; dass oberstes Ziel wirtschaftspolitischer Überlegungen nicht der Reichtum des Volkes sei, sondern die Verbesserung der Situation der jeweils Ärmsten einer jeden Gesellschaft – all dies trägt Smith in seinen Werken nicht wie ein Banner vor sich her. Er erwähnt es schlicht mit allergrößter Selbstverständlichkeit an unzähligen Stellen.[119]

Nachahmende Künste

1773, drei Jahre vor der Publikation von *Reichtum der Völker*, war Smith erkrankt und musste fürchten, sein großes ökonomisches Werk nicht mehr abschließen zu können. Die Lage war so ernst, dass er Hume als seinen Nachlassverwalter einsetzte. Dieser sollte die Veröffentlichung des Buches in die Hand nehmen, alle sonstigen Manuskripte aber vernichten. Glücklicherweise gesundete Smith wieder und konnte das Buch selbst veröffentlichen. Nachdem Hume den jahrelangen Entstehungsprozess des Werkes begleitet und immer wieder Befürchtungen hatte, das Buch könne unvollendet bleiben, schrieb er: »Ich bin sehr erfreut über Ihre Leistung, und die Lektüre hat mich aus einem Zustand großer Be-

119 Rothschild, Sen, »Adam Smith's Economics«; Bhanu Mehta, »Self-Interest and Other Interests«.

sorgnis befreit. Es war ein Werk, das von Ihnen selbst, von Ihren Freunden und vom Publikum so sehr erwartet wurde, dass ich um seine Veröffentlichung bangte, aber jetzt bin ich sehr erleichtert.«[120]

Wenige Monate später, im August 1776, ist Hume gestorben. Vor seinem Tod wollte er Smith immer wieder dazu bewegen, sich der Veröffentlichung der *Dialogues Concerning Natural Religion* (*Dialoge über natürliche Religion*) anzunehmen. Hume hatte sich überzeugen lassen, diese in Dialogform verfasste Abrechnung mit dem Deismus nicht zu Lebzeiten zu veröffentlichen, weil man heftige Kritik erwarten durfte. Smith, der dem Deismus bekanntlich anhing, wenn auch in sehr gemäßigter Form, bat Hume, ihn nicht mit dieser Aufgabe zu belasten, schließlich erwartete er nicht nur Kritik am Autor des Werks, sondern auch Nachteile für die Aussichten des Herausgebers, bald ein hohes öffentliches Amt bekleiden zu können. Außerdem hatte Smith bereits Erfahrungen mit der öffentlichen Meinung über seinen Freund. Seine Bemühungen, Hume zu einer Professur zu verhelfen, scheiterten daran, dass es Widerstand gegen den bekannten religiösen Skeptiker gab. Smith musste einsehen, dass es besser wäre, seine Bewerbung nicht weiter zu unterstützen.

Vielleicht hat sich Smith aber auch aus einem anderen Grund geweigert. Humes *Alter Ego* in den *Dialogen* ist Philo, der sich mit seinem guten Freund, dem gebildeten und vernünftigen Deisten Cleanthes, über die Bedeutung der Religion für Politik und Moral auseinandersetzt. Es liegt nahe, dass Hume an Smith gedacht hat, als er den fiktiven Cleanthes erschuf. Jedenfalls ist es naheliegend, dass Smith sich in Cleanthes wiederentdeckt hat, und es ist gut möglich, dass er die sicher brisanten Auseinandersetzungen über Religion zwischen den beiden Freunden lieber unter Verschluss halten wollte.[121]

Die *Dialoge über natürliche Religion* wurden schließlich (von Humes Neffen) 1779 anonym herausgegeben. Smith hat sich zwar in diesem Fall geweigert, kümmerte sich allerdings um die Neuauflagen der anderen Werke Humes und schrieb einen Bericht über

120 Brief von David Hume vom 1. April 1776, in: Mossner/Ross (Hg.), *The Correspondence of Adam Smith*, S. 186 [Übersetzung: N. P.].

121 Karl Graf Ballestrem, »David Hume und Adam Smith. Zur philosophischen Dimension einer Freundschaft«, in: Fricke/Schütt (Hg.), *Adam Smith als Moralphilosoph*, S. 331-346.

die letzten Tage seines Freundes. Überraschenderweise sorgte nicht die Publikation der *Dialoge* für einen Skandal, sondern die äußerst wohlwollende, ja fast schon liebevolle Darstellung, die Smith im Bericht über Humes letzte Tage von dessen Charakter gegeben hat.

Auf Betreiben des Herzogs von Buccleuch wurde Smith Anfang 1780 zu einem der fünf Mitglieder der königlichen Zollkommission für Schottland ernannt. Dies war zwar ein sehr gut dotiertes und ehrwürdiges öffentliches Amt, allerdings war Smith eigentlich finanziell unabhängig und hätte mit der Zeit, die das Amt als Zollkommissar von ihm beanspruchte, vielleicht Besseres anfangen können. Jedenfalls durchkreuzte es seine Pläne, die zwei oben erwähnten Bücher abzuschließen, nämlich eine »Theorie und Geschichte des Rechts und der Regierung« und eine »philosophische Geschichte der verschiedenen Zweige der Literatur, der Philosophie, der Poesie und der Redekunst«.[122]

Smith starb am 17. Juli 1790 in Edinburgh. Noch kurz vor seinem Tod bat er seine Freunde James Hutton und Joseph Black, die meisten seiner Manuskripte zu vernichten, damit sie nicht unvollendet veröffentlicht würden. Ausgenommen waren nur die Texte, die Hutton und Black wenige Jahre später als *Essays on Philosophical Subjects* herausgeben sollten. Ein paar dieser Essays waren zu diesem Zeitpunkt schon Jahrzehnte alt, andere noch relativ jungen Datums. Zur ersten Gruppe gehört etwa die »Geschichte der Astronomie«, zur zweiten Gruppe der Aufsatz »Von der Natur der Nachahmung in den nachahmenden Künsten«. An diesem Text und dem größeren Themenfeld der Ästhetik hat er offenbar in seinen letzten Lebensjahren gearbeitet.[123]

Während für Smith das Kernkonzept der Moralphilosophie die Empathie ist und das der Wirtschaft die Arbeitsteilung, versteht er die Nachahmung als jenes der Ästhetik. Nachahmung bestehe darin, dass ein Gegenstand durch ein anderes Medium als das, in dem er natürlicherweise auftritt, dargestellt wird. So stellt der Maler etwa eine Landschaft dar, indem er sie mit Farben und Pinsel auf eine Leinwand bringt. Eine malerische Nachahmung eines schönen Gegenstands könne aber noch so akkurat sein – schön sei sie dadurch

122 Brief an Duc de la Rochefoucauld vom 1. November 1785 in: Mossner/Ross (Hg.), *The Correspondence of Adam Smith*, S. 287 [Übersetzung: N. P.].

123 Neil de Marchi, »Smith on Ingenuity, Pleasure, and the Imitative Arts«, in: Haakonssen (Hg.), *The Cambridge Companion to Adam Smith*, S. 136.

noch lange nicht. Worauf es ankomme, sei, dass die Nachahmung mit großer Kunstfertigkeit vollbracht werde. Die Kunstfertigkeit bestehe beim Maler unter anderem darin, eine dreidimensionale Landschaft in zwei Dimensionen darzustellen. Dieser Unterschied zwischen zwei und drei Dimensionen sei für den Maler ein Hindernis, und je größer das Hindernis für den Künstler, desto größer unsere Bewunderung für die kreative Leistung: »Der Unterschied zwischen dem Gegenstand, der imitiert, und dem Gegenstand, der imitiert wird, ist in der einen Kunst viel größer als in der anderen; und das Vergnügen, das aus der Nachahmung entsteht, scheint in dem Maße größer zu sein, wie dieser Unterschied größer ist.«[124]

Diese Hindernisse für die Nachahmung spielen hier eine ähnliche Rolle wie Anomalien im Aufsatz zur Geschichte der Astronomie. Sie durch Kreativität zu überwinden, also Möglichkeiten zu finden, zwischen zwei vermeintlich unzusammenhängenden Dingen einen Zusammenhang herzustellen, beruhigt das Gemüt. Smith ist also der Meinung, dass die Freude, die wir an Kunst empfinden, kognitiver Art ist – Kunst basiert grundsätzlich auf den gleichen psychologischen Dispositionen des Menschen wie die Wissenschaften.[125]

Ferner müsse das Kunstwerk nachvollziehbar sein. Wenn es neu oder einzigartig ist, staunen wir zwar darüber, allerdings schwinde das Staunen und damit unser Interesse durch den allmählichen Gewöhnungseffekt wieder. Dies ist einer der Gründe, warum Smith – entgegen dem damaligen Zeitgeist[126] – die Freude an der kunstfertigen Nachahmung gerade nicht in der Vortäuschung sah, etwa indem ein Gegenstand so originalgetreu nachgebildet wird, dass man ihn für echt halten könnte. Es sei diese Nachvollziehbarkeit, die Transparenz der kreativen Verbindung zwischen Nachgebildetem und Nachbildung, die das Gemüt beruhige und dem Betrachter gefalle: »Wer wundert sich über die Maschinerie des Opernhauses, wenn er einmal hinter die Kulissen schauen durfte?« Zwar kommt es »[b]ei den Wundern der Natur [...] selten vor, dass wir diese Verbindungskette so deutlich entdecken können«,[127] ein Kunstwerk kann aber so gestaltet sein, dass der Betrachter versteht,

124 Oben, S. 222.
125 Fleischacker, *Adam Smith*, S. 33.
126 Marchi, »Smith on Ingenuity, Pleasure, and the Imitative Arts«, S. 137 f.
127 Oben, S. 15.

wie es imitiert. Das Kunstwerk selbst offenbart dann also seine eigene »Maschinerie«.[128]

Der erste Teil des Aufsatzes über die nachahmenden Künste ist der Malerei und der Bildhauerei gewidmet, der zweite Teil behandelt Musik und Tanz. Im dritten Teil, der offensichtlich unvollendet geblieben ist, geht Smith der These nach, das griechische Theater habe im Wesentlichen aus Pantomime und Tanz bestanden. Mit diesem Aufbau des Textes wollte Smith keine Rangfolge des ästhetischen Werts nahelegen. Er scheint vielmehr der bestmöglichen Darstellung einiger Kernideen geschuldet zu sein. Bildhauerei und Malerei sollen verdeutlichen, was er mit Vorstellungskraft meint und welche Rolle diese in den Künsten spielt. Diese entspreche weitgehend ihrer Rolle in der Ethik und in den Naturwissenschaften.[129]

Im Teil zu Musik und Tanz wird dargelegt, wie sich die Nachahmung mit anderen ästhetischen Elementen – beispielsweise dem Rhythmus – verbindet. Tanz hat für Smith nur wenig mit Nachahmung zu tun, er könne allerdings nachahmend werden, wenn er durch Musik ergänzt wird. In einer bestimmten Hinsicht könne Tanz relativ leicht nachahmen, nämlich indem der Tänzer typische Gesten oder Bewegungen imitiere. Dann sei allerdings der Unterschied zwischen Nachgeahmtem und Nachahmung nur marginal, jedenfalls viel geringer als etwa in der Bildhauerei. Tanz könne dynamische Entwicklungen, Ursachen und deren Wirkungen darstellen, Malerei und Bildhauerei hingegen seien typischerweise auf die Nachahmung von einzelnen Momenten oder Szenen beschränkt.

Gesang habe eine deutlich größere nachahmende Kraft als Tanz und Instrumentalmusik, und zwar schon deswegen, weil er Dinge deutlich und unmissverständlich ausdrücken könne. Selbst dann, wenn ein Tanz oder ein Instrumentalstück eine bestimmte Bedeutung haben sollen, sei es unmöglich, diese mit den Mitteln dieser Künste auf eindeutige und unmissverständliche Art zum Ausdruck zu bringen. Wenn der Gesang die Situation einer konkreten Person darstellt, könne der Zuhörer mittels seiner Vorstellungskraft versuchen, am Gefühlsleben dieser Person empathisch teilzuhaben. Das Prinzip der Sympathie spiele insofern auch in der Ästhetik eine

128 Marchi, »Smith on Ingenuity, Pleasure, and the Imitative Arts«, S. 140-142.
129 Fleischacker, *Adam Smith*, S. 44.

wichtige Rolle. Dies gelte insbesondere, wenn die Möglichkeiten der für die emotionale Einfühlung wichtigen Wiederholung und der Darstellungskunst beim Singen genutzt werden.

Im Gegensatz dazu gefällt die Instrumentalmusik, so Smith, nicht primär wegen ihrer Möglichkeiten der Nachahmung, sondern weil sie unsere Gefühle direkt anspricht. Auch mache sie sich nicht das Prinzip der Sympathie zunutze: »Was immer wir bei instrumentaler Musik empfinden, ist ein ursprüngliches und kein mitfühlendes Gefühl: es ist unsere eigene Fröhlichkeit, Gelassenheit oder Melancholie, nicht die reflektierte Stimmung einer anderen Person.«[130] Die Künste, die nicht primär nachahmend sind und damit kognitiv wirken, sind für Smith aber nicht aus diesem Grund den nachahmenden Künsten nachrangig. Die Freude, die sie dem Hörer vermitteln, und der Eindruck, den sie ihm machen, können ungleich größer und wertvoller sein als der Wert der Gemütsruhe, der einer nachvollziehbaren und kunstfertigen Nachahmung zukommt. Für Smith handelt es sich schlicht um verschiedene Funktionsweisen verschiedener Künste.[131] Auch in der Ästhetik greift Smith also auf Ideen zurück, die er schon in jungen Jahren in der »Geschichte der Astronomie« grundsätzlich formuliert hat.

Wie die Textauszüge in diesem Band zeigen, durchziehen einige Grundgedanken und eine einheitliche Methode Smith' gesamtes Werk. Obwohl er vielleicht weniger originell als Hume war und einige seiner Ideen übernommen hat, steht er dennoch zu Unrecht in dessen Schatten. Schließlich hat er diese Ideen viel besser ausgearbeitet, korrigiert und insgesamt ein sehr systematisches philosophisches Gesamtwerk entwickelt.

130 Oben, S. 241.

131 Marchi, »Smith on Ingenuity, Pleasure, and the Imitative Arts«, S. 146 f.

Zeittafel

1723	Adam Smith wird am 16. Juni in Kirkcaldy, Schottland, getauft (und vermutlich auch geboren); sein Vater stirbt wenige Monate vor der Geburt des Sohnes; Smith wächst bei seiner Mutter Margaret Douglas in Kirkcaldy auf
1737-1740	Studium in Glasgow
1740-1746	Studium in Oxford, England
1746	Kirkcaldy
1748-1751	Edinburgh: intensive Vortragstätigkeit
1751	Ernennung zum Professor für Logik an der Universität Glasgow
1752	Smith übernimmt ebendort die Professur für Moralphilosophie
1759	Veröffentlichung von *Theory of Moral Sentiments*
1764-1766	Als Privatlehrer des Herzogs von Buccleuch Reise nach Frankreich und in die Schweiz
1766-1767	London: Berater des Schatzkanzlers
1767-1773	Kirkcaldy: Arbeit an *Wealth of Nations*
1773-1776	London: Veröffentlichung von *Wealth of Nations*; kurz danach stirbt David Hume
1777	Ernennung zum königlichen Zollkommissar
1778	Umzug nach Edinburgh
1787	Lord-Rector-Ehrentitel der Universität Glasgow
1790	Smith stirbt am 17. Juli in Edinburgh

Chronologische Übersicht über die Werke von Adam Smith

Von Smith veröffentlichte Werke

1748 Vorwort zu William Hamiltons *Poems on Several Occasions*
1755 Rezension von Samuel Johnsons *A Dictionary of the English Language*
1756 »Letter to the Authors of the Edinburgh Review«
1759 *Theory of Moral Sentiments*
1761 »Considerations Concerning the First Formation of Languages«
1776 *Wealth of Nations*
1777 »Letter to Strahan« (über die letzten Tage Humes)

Posthum publizierte Werke

1795 »History of Astronomy« (vor 1758 entstanden)
»History of the Ancient Physics«
»History of the Ancient Logics and Metaphysics«
»Of the External Senses«
»The Imitative Arts« (in den 1780er Jahren entstanden)
»Of the Affinity between Music, Dancing, and Poetry«
»Of the Affinity between certain English and Italian Verses« (vor 1783 entstanden)
1896 *Lectures on Jurisprudence* (LJ(B), 1763-1764 gehalten)
1963 *Lectures on Rhetoric and Belles Lettres* (1762-1763 gehalten)
1978 *Lectures on Jurisprudence* (LJ(A), 1762-1763 gehalten)

Literaturhinweise

Ausgaben der Werke von Adam Smith

Die erste Ausgabe der Werke (in fünf Bänden) ist: Dugald Stewart (Hg.), *The Works of Adam Smith. With an Account of his Life and Writings*, London 1811-1812

Heute maßgeblich ist diese sechsbändige Ausgabe: *The Glasgow Edition of the Works and Correspondence of Adam Smith*

Band I: D. D. Raphael, A. L. Macfie (Hg.), *The Theory of Moral Sentiments*, Oxford 1976; deutsch: Horst D. Brandt (Hg.), *Theorie der ethischen Gefühle*, Hamburg 2010 (übersetzt von Walther Eckstein)

Band II (in zwei Teilbänden): R. H. Campbell u. a. (Hg.), *An Inquiry into the Nature and Causes of the Wealth of Nations*, Oxford 1976; deutsch: Erich W. Streissler (Hg.), *Untersuchung über Wesen und Ursache des Reichtums der Völker*, Tübingen 2012 (übersetzt von Monika Streissler)

Band III: W. P. D. Wightman (Hg.), *Essays on Philosophical Subjects*, Oxford 1980

Band IV: J. C. Bryce (Hg.), *Lectures on Rhetoric and Belles Lettres*, Oxford 1983

Band V: R. L. Meek u. a. (Hg.), *Lectures on Jurisprudence*, 2. Auflage, Oxford 1978; deutsch: Daniel Brühlmeier (Hg.), *Vorlesungen über Rechts- und Staatswissenschaften*, Sankt Augustin 1996 (übersetzt von Daniel Brühlmeier)

Band VI: E. C. Mossner, I. S. Ross (Hg.), *Correspondence of Adam Smith*, Oxford 1987

Der Liberty Fund betreibt eine Website, auf der Teile der *Glasgow Edition* frei zugänglich sind: ⟨www.adamsmithworks.org/texts⟩, letzter Zugriff 11. 2. 2023.

Biographien und Übersichtswerke

Es gibt eine große Anzahl an Biographien und Übersichtswerken zu Adam Smith. Hervorzuheben sind die folgenden:

Michael Aßländer, *Adam Smith zur Einführung*, Hamburg 2007

Christopher Berry u. a. (Hg.), *The Oxford Handbook of Adam Smith*, Oxford 2013

Samuel Fleischacker, *Adam Smith*, London 2021

Karl Graf Ballestrem, *Adam Smith*, München 2001

Knud Haakonssen (Hg.), *The Cambridge Companion to Adam Smith*, Cambridge 2006

Heinz Kurz, Richard Sturn, *Die größten Ökonomen. Adam Smith*, München 2013

Leonidas Montes, Eric Schliesser (Hg.), *New Voices on Adam Smith*, London 2006

Nicholas Phillipson, *Adam Smith. An Enlightened Life*, London 2010

D. D. Raphael, *Adam Smith*, Oxford 1985; deutsch: *Adam Smith*, Frankfurt/M. 1991 (übersetzt von Udo Rennert)

Horst Claus Recktenwald, *Adam Smith. Sein Leben und sein Werk*, München 1976

Ian Simpson Ross, *The Life of Adam Smith*, 2. Auflage, Oxford 2010; deutsche Übersetzung der ersten Auflage: *Adam Smith, Leben und Werk*, Stuttgart 1998 (übersetzt von Hans Günter Holl); diese sehr umfassende Biographie ist Teil der *Glasgow Edition*

Gerhard Streminger, *Adam Smith. Wohlstand und Moral*, München 2017

Ausgewählte Sekundärliteratur

Georg Johannes Andree, *Sympathie und Unparteilichkeit. Adam Smiths System der natürlichen Moralität*, Paderborn 2003

Daniel Brühlmeier, *Die Rechts- und Staatslehre von Adam Smith und die Interessentheorie der Verfassung*, Berlin 1988

Tom Campbell, *Adam Smith's Science of Morals*, London 1971

Samuel Fleischacker, *Being Me Being You. Adam Smith and Empathy*, Chicago 2019

Samuel Fleischacker, *On Adam Smith's Wealth of Nations. A Philosophical Companion*, Princeton 2004

Christel Fricke, Hans-Peter Schütt (Hg.), *Adam Smith als Moralphilosoph*, Berlin 2005

Charles Griswold, *Adam Smith and the Virtues of Enlightenment*, Cambridge 1999

Knud Haakonssen, *The Science of a Legislator. The Natural Jurisprudence of David Hume & Adam Smith*, Cambridge 1981

Hendrik Hansen, Tim Krasky (Hg.), *Politischer und wirtschaftlicher Liberalismus. Das Staatsverständnis von Adam Smith*, Baden-Baden 2019

Lisa Herzog, *Inventing the Market. Smith, Hegel, and Political Theory*, Oxford 2013

V. M. Hope, *Virtue by Consensus. The Moral Philosophy of Hutcheson, Hume, and Adam Smith*, Oxford 1990

Ronald Meek, *Smith, Marx and After. Ten Essays in the Development of Economic Thought*, London 1977

Arnold Meyer-Faje, Peter Ulrich (Hg.), *Der andere Adam Smith. Beiträge zur Neubestimmung von Ökonomie als Politischer Ökonomie*, Bern 1991

Jens Petersen, *Adam Smith als Rechtstheoretiker*, Berlin 2012
D. D. Raphael, *The Impartial Spectator. Adam Smith's Moral Philosophy*, Oxford 2007
Bastian Ronge, *Das Adam-Smith-Projekt. Zur Genealogie der liberalen Gouvernementalität*, Wiesbaden 2015
Emma Rothschild, *Economic Sentiments. Adam Smith, Condorcet, and the Enlightenment*, Cambridge/MA 2001
Eric Schliesser, *Adam Smith. Systematic Philosopher and Public Thinker*, New York 2017
Gerhard Streminger, *Der natürliche Lauf der Dinge. Essays zu Adam Smith und David Hume*, Marburg 1995
Manfred Trapp, *Adam Smith – politische Philosophie und politische Ökonomie*, Göttingen 1987

Editorische Notiz

»Die Prinzipien, welche philosophische Untersuchungen leiten und lenken, illustriert durch: Die Geschichte der Astronomie« (Auszüge); Original: »The Principles which Lead and Direct Philosophical Enquiries; Illustrated by The History of Astronomy«, in: W. P. D. Wightman (Hg.), *Glasgow Edition of the Works and Correspondence of Adam Smith, Band III: Essays on Philosophical Subjects*, Oxford 1980, S. 31-105 (übersetzt von Norbert Paulo)

Theorie der moralischen Gefühle (Auszüge); Original: D. D. Raphael, A. L. Macfie (Hg.), *Glasgow Edition of the Works and Correspondence of Adam Smith, Band I: The Theory of Moral Sentiments*, Oxford 1976; deutsch: *Theorie der ethischen Gefühle*, hg. von Horst D. Brandt, Hamburg 2010 (übersetzt von Walther Eckstein)

Vorlesungen über Jurisprudenz (Auszüge); Original: R. L. Meek u. a. (Hg.), *Glasgow Edition of the Works and Correspondence of Adam Smith, Band V: Lectures on Jurisprudence*, 2. Auflage, Oxford 1978; deutsch: Daniel Brühlmeier (Hg.), *Vorlesungen über Rechts- und Staatswissenschaften*, Sankt Augustin 1996 (übersetzt von Daniel Brühlmeier)

Untersuchung über Wesen und Ursache des Reichtums der Völker (Auszüge); Original: R. H. Campbell u. a. (Hg.), *Glasgow Edition of the Works and Correspondence of Adam Smith, Band II: An Inquiry into the Nature and Causes of the Wealth of Nations*, Oxford 1976; deutsch: Erich W. Streissler (Hg.), *Untersuchung über Wesen und Ursache des Reichtums der Völker*, Tübingen 2012 (übersetzt von Monika Streissler)

»Von der Natur der Nachahmung in den nachahmenden Künsten« (Auszüge); Original: »Of the Nature of that Imitation which takes place in what are called The Imitative Arts«, in: W. P. D. Wightman (Hg.), *Glasgow Edition of the Works and Correspondence of Adam Smith, Band III: Essays on Philosophical Subjects*, Oxford 1980, S. 176-209 (übersetzt von Norbert Paulo)

Die für diesen Band genutzten Übersetzungen habe ich behutsam korrigiert und modernisiert, was auch eine Änderung hin zur neuen Rechtschreibung bedeutete. Außerdem habe ich die Absätze an die *Glasgow Edition* angepasst. In allen Textauszügen habe ich die Fußnoten der jeweiligen Herausgeber gestrichen; die wenigen verbleibenden Fußnoten stammen von Smith. Meine äußerst sparsamen Anmerkungen stehen in eckigen Klammern im Text und sind als solche ausgewiesen. Allerdings habe ich in allen Textauszügen auf die Seitenzahlen des jeweiligen Texts in der *Glasgow Edition* verwiesen (jeweils in eckigen Klammern und fett hervorgehoben), um einen Vergleich mit dem Original sowie den Zugriff auf die umfangreiche Kommentierung der *Glasgow Edition* zu erleichtern.

Ich habe mich entschieden, von Walther Ecksteins Titel *Theorie der ethischen Gefühle* abzuweichen, denn meines Erachtens trifft *Theorie der moralischen Gefühle* besser, was Smith gemeint hat. Dieser Titel liegt außerdem sprachlich näher am Original (*Theory of Moral Sentiments*). Ecksteins Übersetzung ist inzwischen fast 100 Jahre alt; ich habe sie behutsam korrigiert und modernisiert.

Auch bei den *Vorlesungen über Jurisprudenz* habe ich mich entschieden, vom Titel der deutschen Übersetzung abzuweichen. Bei Daniel Brühlmeier heißt es *Vorlesungen über Rechts- und Staatswissenschaften.* In der *Glasgow Edition* sind die Vorlesungen aber mit *Lectures on Jurisprudence* betitelt, was mir auch den Kern der Texte besser zu treffen scheint. Schließlich geht es Smith nie ums positive Recht, um Rechtsdogmatik, sondern, wie er am Ende der *Theorie der moralischen Gefühle* und am Anfang der *Vorlesungen* sagt, um eine Art System des Naturrechts, also eher um eine Rechtslehre oder Rechtsphilosophie.

Die Übersetzung Brühlmeiers folgt im Wesentlichen einer Mitschrift von Vorlesungen (»LJ(B)« genannt), die Smith vermutlich 1763/64 an der Universität Glasgow gehalten hat. Sie wurde 1896 von Edwin Cannan veröffentlicht. Im Jahr 1958 wurde eine weitere Mitschrift der Vorlesungen Smith' entdeckt, die er wohl 1762/63 in Glasgow gehalten hat (»LJ(A)« genannt). LJ(A) und LJ(B) betreffen im Wesentlichen die gleichen Inhalte, allerdings gibt LJ(A) nicht die ganzen Vorlesungen wieder, sondern bricht nach etwa zwei Dritteln ab. Die Mitschriften unterscheiden sich auch in stilistischer Hinsicht. LJ(A) ist weniger sorgfältig ausformuliert und teilweise fragmentarisch. Interessant ist ein Vergleich zwischen beiden Mitschriften vor allem, weil sie mitunter für die gleichen inhaltlichen Punkte unterschiedliche Erläuterungen oder Beispiele beinhalten. Teilweise strukturieren sie die Inhalte auch unterschiedlich. Die Übersetzung Brühlmeiers basiert wesentlich auf LJ(B), wird aber durch Einschübe aus LJ(A) ergänzt. Diese Einschübe habe ich im Text kursiv hervorgehoben. Die Verweise auf die Seitenzahlen von LJ(A) in der *Glasgow Edition* habe ich immer vor Beginn des jeweiligen Einschubs gesetzt und kursiv hervorgehoben, die Verweise auf LJ(B) finden sich wie bei allen anderen Textauszügen fett hervorgehoben und in eckigen Klammern. Die Überschriften in den *Vorlesungen* stammen nur teilweise von den Autoren der Mitschriften. Den größeren Teil der Überschriften habe ich von Brühlmeier übernommen und durch eckige Klammern markiert.

50 Jahre suhrkamp taschenbuch wissenschaft
1973-2023
Das Jubiläumsprogramm

Aleida Assmann. Im Dickicht der Zeichen. stw 2429. 360 Seiten

Judith Butler. Die Macht der Geschlechternormen und die Grenzen des Menschlichen. Übersetzt von Karin Wördemann und Martin Stempfhuber. stw 2422. 414 Seiten

Esther Duflo. Kampf gegen die Armut. Übersetzt von Andrea Hemminger. stw 2428. 182 Seiten

Philippa Foot. Die Natur des Guten. Übersetzt von Michael Reuter. stw 2421. 162 Seiten

Eva Illouz. Gefühle in Zeiten des Kapitalismus. Übersetzt von Martin Hartmann. stw 2423. 170 Seiten

Rahel Jaeggi. Kritik von Lebensformen. stw 2424. 451 Seiten

Karin Knorr Cetina. Die Fabrikation von Erkenntnis. Zur Anthropologie der Wissenschaft. Mit einem Vorwort von Rom Harré. stw 2427. 372 Seiten

Martina Löw. Raumsoziologie. stw 2425. 320 Seiten

Beate Rössler. Autonomie. Ein Versuch über das gelungene Leben. stw 2426. 443 Seiten

Lucie Varga. Zeitenwende. Mentalitätshistorische Studien 1936-1939. Herausgegeben, übersetzt und eingeleitet von Peter Schöttler. stw 2430. 247 Seiten

NF 185/1/1.23

Immanuel Kant
im Suhrkamp Verlag

Werkausgabe

stw-Werkausgabe in zwölf Bänden. Herausgegeben von Wilhelm Weischedel. (Die Ausgabe ist text- und seitenidentisch mit der 1968 erschienenen zwölfbändigen Theorie-Werkausgabe.) 12 Bände mit Gesamtregister in Kassette. 5245 Seiten. Die Bände sind auch einzeln lieferbar

- Band I: Vorkritische Schriften bis 1768/1. stw 186. 524 Seiten

- Band II: Vorkritische Schriften bis 1768/2. stw 187. 519 Seiten

- Band III/IV: Kritik der reinen Vernunft. Zwei Bände. stw 55. 724 Seiten

- Band V: Schriften zur Metaphysik und Logik 1. stw 188. 384 Seiten

- Band VI: Schriften zur Metaphysik und Logik 2. stw 189. 327 Seiten

- Band VII: Kritik der praktischen Vernunft. Grundlegung zur Metaphysik der Sitten. stw 56. 302 Seiten

- Band VIII: Die Metaphysik der Sitten. stw 190. 896 Seiten

- Band IX: Schriften zur Naturphilosophie. stw 191. 172 Seiten

- Band X: Kritik der Urteilskraft. stw 57. 468 Seiten

NF 130/1/6.09

- Band XI: Schriften zur Anthropologie, Geschichtsphilosophie, Politik und Pädagogik 1. stw 192. 404 Seiten
- Band XII: Schriften zur Anthropologie, Geschichtsphilosophie, Politik und Pädagogik 2. Register. stw 193. 532 Seiten

Schriften zur Ästhetik und Naturphilosophie. Herausgegeben von Manfred Frank und Véronique Zanetti. Zwei Bände und ein Kommentarband. stw 1517. 1400 Seiten

Theoretische Philosophie. Textausgabe und Kommentar. Herausgegeben von Georg Mohr. Drei Bände und ein Kommentarband. stw 1518. 1500 Seiten

NF 130/2/6.09

Philosophie und Ästhetik um 1800 Eine Auswahl

Gernot Böhme. Philosophieren mit Kant. Zur Rekonstruktion der Kantischen Erkenntnis- und Wissenschaftstheorie. stw 642. 253 Seiten

Gernot Böhme/Hartmut Böhme. Das Andere der Vernunft. Zur Entwicklung von Realitätsstrukturen am Beispiel Kants. stw 542. 516 Seiten

Forum für Philosophie Bad Homburg (Hg.). Die Ideen von 1789 in der deutschen Rezeption. stw 798. 262 Seiten

Forum für Philosophie Bad Homburg (Hg.). Kants transzendentale Deduktion und die Möglichkeit von Transzendentalphilosophie. stw 723. 326 Seiten

Manfred Frank
- Selbstgefühl. Eine historisch-systematische Erkundung. stw 1611. 280 Seiten
- »Unendliche Annäherung«. Die Anfänge der philosophischen Frühromantik. stw 1328. 960 Seiten

Manfred Frank (Hg.). Selbstbewusstseinstheorien von Fichte bis Sartre. stw 964. 599 Seiten

Christoph Halbig/Michael Quante/Ludwig Siep (Hg.). Hegels Erbe. stw 1699. 434 Seiten

G. W. F. Hegel. Philosophie der Kunst. Vorlesung von 1826. Herausgegeben von Annemarie Gethmann-Siefert, Jeong-Im-Kwon und Karsten Berr. stw 1722. 297 Seiten

NF 106/1/04.13

Dieter Henrich. Grundlegung aus dem Ich. Untersuchungen zur Vorgeschichte des Idealismus.
1740 Seiten. Kartoniert und Leinen

Otfried Höffe
- Ethik und Politik. Grundmodelle und -probleme der praktischen Philosophie. stw 266. 489 Seiten
- Politische Gerechtigkeit. Grundlegung einer kritischen Philosophie von Recht und Staat. stw 800. 512 Seiten

Christoph Menke. Die Gegenwart der Tragödie. Versuch über Urteil und Spiel. stw 1649. 278 Seiten

Friedrich Wilhelm Joseph von Schelling. Ausgewählte Schriften. Band I-VI. Sechs Bände in Kassette.
stw 521-526. 4180 Seiten. Auch einzeln lieferbar

Gerhard Schönrich. Kategorien und transzendentale Argumentation. Kant und die Idee einer transzendentalen Semiotik.
384 Seiten. Kartoniert

Gerhard Schönrich/Yasushi Kato (Hg.). Kant in der Diskussion der Moderne. stw 1223. 590 Seiten

Martin Seel
- Eine Ästhetik der Natur. stw 1231. 389 Seiten
- Ethisch-ästhetische Studien. stw 1249. 299 Seiten
- Die Kunst der Entzweiung. Zum Begriff der ästhetischen Rationalität. stw 1337. 373 Seiten

NF 106/2/04.13